Rundfunk-, Multimedia- und Telekommunikationsrecht

SCHRIFTEN ZUM WIRTSCHAFTS- UND MEDIENRECHT, STEUERRECHT UND ZIVILPROZEßRECHT

Herausgegeben von Jürgen Costede
und Gerald Spindler

Band 22

PETER LANG
Frankfurt am Main · Berlin · Bern · Bruxelles · New York · Oxford · Wien

Thomas Miserre

Rundfunk-, Multimedia- und Telekommunikationsrecht

Abgrenzung der Anwendungsbereiche von Art. 5 I 2 GG, Rundfunkstaatsvertrag, Teledienstegesetz, Mediendienstestaatsvertrag und Telekommunikationsgesetz

PETER LANG
Europäischer Verlag der Wissenschaften

Bibliografische Information Der Deutschen Bibliothek
Die Deutsche Bibliothek verzeichnet diese Publikation in der Deutschen Nationalbibliografie; detaillierte bibliografische Daten sind im Internet über <http://dnb.ddb.de> abrufbar.

Zugl.: Göttingen, Univ., Diss., 2005

D 7
ISSN 1614-2071
ISBN 3-631-55141-X

www.peterlang.de

Meinen Eltern

Vorwort

Die vorliegende Arbeit wurde im Sommersemester 2005 von der Juristischen Fakultät der Georg-August-Universität Göttingen als Dissertation angenommen.

Danken möchte ich zunächst meinem Doktorvater Herrn Prof. Dr. Gerald Spindler für die gute persönliche und fachliche Betreuung, insbesondere auch für die Aufnahme der Arbeit in diese Schriftenreihe. Ebenso danke ich Herrn Prof. Dr. Thomas Mann für die zügige Erstellung des Zweitgutachtens.

Diese Arbeit widme ich meinen Eltern, *Gundel und Günter Miserre*. Sie haben mir eine unbeschwerte und gute Ausbildung ermöglicht, indem sie mich auf diesem Weg stets umfassend unterstützt und liebevoll mit Rat und Tat begleitet haben. Dafür möchte ich ihnen an dieser Stelle ganz herzlich danken!

Göttingen, im Dezember 2005 *Thomas Miserre*

Inhaltsverzeichnis

Abkürzungsverzeichnis

a.A. .... anderer Ansicht
a.a.O. .... am angegebenen Ort
ABl. .... Amtsblatt
Abschn. .... Abschnitt
a.E. .... am Ende
a.F. .... alte Fassung
AK-GG .... Alternativkommentar Grundgesetz
ALM .... Arbeitsgemeinschaft der Landesmedienanstalten in der Bundesrepublik Deutschland
Amtl. Begr. .... Amtliche Begründung
AöR .... Archiv des öffentlichen Rechts
Art. .... Artikel
Aufl. .... Auflage

BayMG .... Gesetz über die Entwicklung, Förderung und Veranstaltung privater Rundfunkangebote und anderer Mediendienste in Bayern (Bayerisches Mediengesetz)
BayVBl. .... Bayerische Verwaltungsblätter
Bd. .... Band
Begr. .... Begründung
BK .... Bonner Kommentar
BLM .... Bayerische Landeszentrale für neue Medien
BMWi .... Bundesministerium für Wirtschaft und Technologie
BR-Drs. .... Bundesrats-Drucksache
BremLMG .... Bremisches Landesmediengesetz
BT .... Deutscher Bundestag
BT-Drs. .... Bundestags-Drucksache
BVerfGE .... Bundesverfassungsgerichtsentscheidung

CR .... Computer und Recht

ders. .... derselbe
DFG .... Deutsche Forschungsgemeinschaft
dies. .... dieselbe(n)
DIW .... Deutsches Institut für Wirtschaftsforschung
DJT .... Deutscher Juristentag
DLM .... Direktorenkonferenz der Landesmedienanstalten
DÖV .... Die Öffentliche Verwaltung
Drucks. .... Drucksache

ECRL .... E-Commerce-Richtlinie
EG .... Europäische Gemeinschaft
EGG .... Gesetz über rechtliche Rahmenbedingungen für den elektronischen Geschäftsverkehr (Elektronischer Geschäftsverkehr-Gesetz)
EGV .... Vertrag zur Gründung der Europäischen Gemeinschaft
EMRK .... Europäische Menschenrechtskonvention (Konvention zum Schutze der Menschenrechte und Grundfreiheiten)
etc. .... et cetera
EU .... Europäische Union
EuGH .... Europäischer Gerichtshof

f .... folgende [Seite]
ff .... folgende [Seiten]
Fn. .... Fußnote
FS .... Festschrift
ftp .... File Transfer Protocol
FuR.......................... Film und Recht

G .... Gesetz
GG .... Grundgesetz für die Bundesrepublik Deutschland
GWB .... Gesetz gegen Wettbewerbsbeschränkungen

HAM .... Hamburgische Anstalt für neue Medien
Hdb. d. PresseR...... Handbuch des Presserechts
HdbVerfR .... Handbuch des Verfassungsrechts
HmbMedienG .... Hamburgisches Mediengesetz
HPRG .... Gesetz über den privaten Rundfunk in Hessen (Hessisches Privatrundfunkgesetz)
hrsg. .... herausgegeben
Hrsg. .... Herausgeber
Hs. .... Halbsatz
HStR .... Handbuch des Staatsrechts
http .... Hypertext Transfer Protocol

IP .... Internet Protocol
i.S.v. .... im Sinne von
i.Ü. .... im Übrigen
i.V.m. .... in Verbindung mit

JöR(NF) .... Jahrbuch des öffentlichen Rechts der Gegenwart
JZ .... Juristenzeitung

Kap. .... Kapitel
K&R .... Kommunikation & Recht

LfR .... Landesanstalt für Rundfunk Nordrhein-Westfalen
LMG .... Landesmediengesetz
LRG .... Landesrundfunkgesetz
LRG NRW .... Rundfunkgesetz für das Land Nordrhein-Westfalen

MDStV .... Staatsvertrag über Mediendienste (Mediendienste-Staatsvertrag)
MedienG LSA .... Mediengesetz des Landes Sachsen-Anhalt
MUD .... Multi-User-Dungeon (auch: Multi-User-Dimension/ Multi-User-Domain)
m.w.N. .... mit weiteren Nachweisen

Nds. .... niedersächsisches
NdsLRG .... Niedersächsisches Landesrundfunkgesetz
NJW .... Neue Juristische Wochenschrift
Nr. .... Nummer
NVwZ .... Neue Zeitschrift für Verwaltungsrecht

o.ä. .... oder ähnliches

RL .... Richtlinie
Rn. .... Randnummer
RRL .... Rahmenrichtlinie
RRZN Hannover ..... Regionales Rechenzentrum für Niedersachsen/ Universität Hannover
RStV .... Rundfunkstaatsvertrag
RuF .... Rundfunk und Fernsehen
RundfG-M-V .... Rundfunkgesetz für das Land Mecklenburg-Vorpommern (Landesrundfunkgesetz)

s. .... siehe
S. .... Seite
SächsPRG .... Gesetz über den privaten Rundfunk und neue Medien in Sachsen (Sächsisches Privatrundfunkgesetz)
sog. .... sogenannte
StV .... Staatsvertrag

TCP .... Transmission Control Protocol
TDG .... Gesetz über die Nutzung von Telediensten (Teledienstegesetz)
TED .... Teledialog
TRG .... Thüringer Rundfunkgesetz

u.a. .... und anderen
u.ä. .... und ähnliche(s)
u.a.m. .... und andere(s) mehr
u.v.m. .... und viele(s) mehr

v. .... von/ vom
vgl. .... vergleiche
v.H. .... vom Hundert
VPRT....................... Verband Privater Rundfunk und Telekommunikation e.V.
VVDStRL................ Veröffentlichungen der Vereinigung der Deutschen Staatsrechtslehrer

WWW .... World Wide Web
W3C .... World Wide Web Consortium

ZG .... Zeitschrift für Gesetzgebung
ZUM .... Zeitschrift für Urheber- und Medienrecht

A. Einleitung

Die Medienlandschaft hat sich insbesondere im Bereich der elektronischen Medien in den letzten Jahren deutlich verändert. So sind eine Vielzahl neuartiger Informations- und Kommunikationsangebote entstanden, die sich erheblich von den klassischen Medien, wie etwa Rundfunk, Presse, Film unterscheiden. Diese Entwicklung hatte auch erhebliche Auswirkungen auf das Medienrecht. Während sich die verschiedenen Medien bislang ohne größere Probleme überwiegend entsprechend ihrer technischen Verbreitung unterscheiden ließen, bereitet dieses Abgrenzungskriterium bei fortschreitender Konvergenz der Medien zunehmend Schwierigkeiten[1]. Eine Differenzierung anhand des Kriteriums der technischen Verbreitung ist schließlich völlig unmöglich, wenn die verschiedensten Informations- und Kommunikationsangebote, wie etwa Fernsehsendungen, Telefonate, Online-Zeitungen, über ein und denselben Übertragungsweg zum Nutzer gelangen und von diesem mittels eines einheitlichen Empfangsgeräts genutzt werden können. Aber auch der Prozeß zunehmender Individualisierung überindividueller Kommunikation und der teilweisen Entindividualisierung von Individualkommunikation brachte erhebliche Schwierigkeiten mit sich, die neuartigen Informations- und Kommunikationsangebote einem angemessenen Regulierungsrahmen zu unterstellen[2]. Insbesondere die strengen Regelungen des Rundfunkstaatsvertrags konnten nicht auf alle neuen elektronischen Informations- und Kommunikationsdienste ausgedehnt werden. Dennoch bestand auch hier ein Regulierungsbedürfnis[3]. Zum einen sollten einheitliche Rahmenbedingungen für die neuen Informations- und Kommunikationsdienste geschaffen werden, um Wettbewerbsverzerrungen zu vermeiden und Investitionshemmnisse aufgrund von Rechtsunsicherheiten beziehungsweise Überregulierung zu verhindern. Zum anderen galt es, berechtigte Nutzerinteressen zu schützen. Dazu wurde von den Ländern der Mediendienstestaatsvertrag und vom Bund das Informations- und Kommunikationsdienstegesetz, welches unter anderem das Te-

---

[1] Zum Thema Konvergenz der Medien s. EU-Kommission, Grünbuch zur Konvergenz der Branchen, KOM (1997) 623, S. 1ff; Gounalakis, Konvergenz der Medien, Gutachten C, 64. DJT, C12ff; Hoffmann-Riem/ Schulz/ Held, Konvergenz und Regulierung, S. 19ff.

[2] Vgl. hierzu Bullinger/ Mestmäcker, Multimediadienste, S. 21ff.

[3] Vgl. hierzu Amtl. Begr. zum MDStV, A. Allgemeines und B., zu § 1, abgedruckt bei Ring, Medienrecht, Bd. II, G II 1.300; Begr. zum Regierungsentwurf des IuKDG, BT-Drs. 13/ 7385, Begründung, A. Allgemeiner Teil, Notwendigkeit eines neuen Gesetzes und B. Besonderer Teil, Zu Artikel 1, Zu § 1.

ledienstegesetz enthält, geschaffen. Die elektronischen Informations- und Kommunikationsangebote sind heute also den unterschiedlichsten Regelungsbereichen zuzuordnen. So kann es sich um Rundfunk im Sinne des Rundfunkstaatsvertrags, um Teledienste, um Mediendienste oder um Angebote im Sinne des Telekommunikationsgesetzes handeln. Die Zuordnung von Informations- und Kommunikationsangeboten zu den verschiedenen Regelungsbereichen kann im konkreten Einzelfall erhebliche Schwierigkeiten bereiten.

Vorrangiges Ziel dieser Arbeit ist es, derartige Abgrenzungsprobleme auszuräumen. Dazu sollen die Anwendungsbereiche von **Rundfunkstaatsvertrag (B.III.)**[4], **Teledienstegesetz (D.)**[5], **Mediendienstestaatsvertrag (E.)**[6] und **Telekommunikationsgesetz (F.)**[7] deutlich herausgearbeitet und voneinander abgegrenzt werden. Anhand der gewonnenen Ergebnisse, werden sodann **eine Reihe neuartiger Informations- und Kommunikationsangebote** den jeweils einschlägigen Regulierungsrahmen zugeordnet **(G.)**[8]. Die rechtliche Qualifizierung solcher Angebote hängt in vielen Fällen entscheidend von deren konkreter Ausgestaltung ab. Darum ist es unerläßlich, sich hinreichend mit der Funktionsweise, der zu bewertenden Dienste, vertraut zu machen. Entsprechend findet sich am Ende der Arbeit ein **Glossar**, in welchem ein Großteil der in der Arbeit vorkommenden Informations- und Kommunikationsangebote aufgeführt und technisch erläutert werden **(J.)**[9]. Gleich zu Beginn der nachfolgenden Ausführungen soll auf den **verfassungsrechtlichen Rundfunkbegriff** näher eingegangen werden **(B.I.)**[10]. Obschon es hierzu bereits eine Fülle von Rechtsprechung und eine intensive Diskussion in der juristischen Literatur gibt, bedurfte es dennoch, speziell auch mit Blick auf die veränderte Medienlandschaft, einer umfassenden Auseinandersetzung mit diesem Themengebiet. So galt es insbesondere auf die Problematik einzugehen, daß die Rundfunkfreiheit heute mehr denn je in einem Spannungsfeld zwischen einer eher traditionellen, objektiv-rechtlichen Sichtweise und der Forderung nach einer völligen Liberalisierung steht. Es galt, die tradierten Auffassungen mit den kritischen Stimmen zu konfrontieren und gleichzeitig letztere auf ihre juristische Stichhaltigkeit hin zu überprüfen. Dabei ist es gelungen, die stringente Rechtsprechung des Bundesverfassungsgerichts anschaulich darzustellen und gegen die vielfältige Kritik von seiten der Literatur zu verteidigen. Im übrigen liegt ein besonderes Gewicht bei den Untersuchun-

[4] Vgl. S. 165ff.
[5] Vgl. S. 215ff.
[6] Vgl. S. 245ff.
[7] Vgl. S. 269ff.
[8] Vgl. S. 281ff.
[9] Vgl. S. 333ff.
[10] Vgl. S. 5ff.

gen zum verfassungsrechtlichen Rundfunkbegriff auch auf den Tatbestandsmerkmalen Allgemeinheit und Eignung zur Meinungsbildung. Die Ausrichtung eines Informations- und Kommunikationsdienstes auf eine Allgemeinheit ist das grundlegende Kriterium für die Abgrenzung von Individual- und Massenkommunikation und ist heute gerade deshalb von Bedeutung, da diese Bereiche sich mehr und mehr miteinander verzahnen. Trotz dieses Konvergenzprozesses ist eine Unterscheidung individualkommunikativer und massenkommunikativer Angebote aufgrund unterschiedlicher Wirkungsintensitäten und Gefahrenpotentiale unerläßlich und entgegen anders lautender Ansichten durchaus möglich. Die Untersuchungen zeigen weiterhin, daß dem Merkmal der Eignung zur Meinungsbildung, wenn überhaupt, nur eine ganz geringe Abgrenzungswirkung beigemessen werden kann, denn nahezu allen Kommunikationsinhalten kann eine bestimmte - wenn auch noch so geringe - meinungsbildende Kraft zugesprochen werden. Dabei darf freilich nicht übersehen werden, daß die einzelnen Informations- und Kommunikationsangebote durchaus ganz unterschiedliche Wirkung auf die öffentliche Meinungsbildung ausüben können[11]. Hierauf wird dann bei der Abgrenzung der einfachgesetzlichen Normen, wie Rundfunkstaatsvertrag, Teledienstegesetz und Mediendienstestaatsvertrag näher eingegangen. Im übrigen bilden die Untersuchungen zu den Tatbestandsmerkmalen des verfassungsrechtlichen Rundfunkbegriffs generell eine umfassende Basis, auf die im Laufe der Arbeit mehrfach zurückgegriffen werden kann.

Am Ende der rechtlichen Untersuchungen findet sich ein Abschnitt, in dem ein **Fazit** über die Tauglichkeit der Aufspaltung des Rechts der elektronischen Informations- und Kommunikationsangebote in verschiedene Gesetze gezogen werden soll, verbunden mit einem **Ausblick** auf eventuell notwendige Veränderungen oder Verbesserungen des bestehenden Regelungssystems **(H.)**[12]. Im Anschluß daran sollen die Ergebnisse dieser Arbeit schwerpunktmäßig noch einmal in Form von **Thesen** zusammengefaßt werden **(I.)**[13].

---

[11] Vgl. hierzu auch unter B.II. Exkurs, S. 138ff.

[12] Vgl. S. 299ff.

[13] Vgl. S. 301ff.

B. Rundfunk

I. Verfassungsrechtlicher Rundfunkbegriff

Art. 5 I 2 GG gewährleistet neben der Pressefreiheit auch die Freiheit der Berichterstattung durch Rundfunk und Film. Rundfunk ist somit auch ein verfassungsrechtlicher Begriff.

1. Definitionsbedürfnis

Das Verfassungsrecht gibt im Bereich der Informations- und Kommunikationsdienstleistungen klare Gesetzgebungskompetenzen vor. So steht dem Bund gemäß Art. 75 I Nr. 2 GG die Rahmengesetzgebungskompetenz für die Presse und gemäß Art. 73 Nr. 7 GG die ausschließliche Gesetzgebungskompetenz für Telekommunikation zu. Der Bund hat jedoch keinen Kompetenztitel für Reglementierungen im Bereich des Rundfunks. Damit liegt gemäß Art. 30 und 70 GG die Gesetzgebungskompetenz für den Rundfunk bei den Ländern. Schon aus diesem Grund ist eine eindeutige Abgrenzung des verfassungsrechtlichen Rundfunkbegriffs, insbesondere vom Presse- beziehungsweise Telekommunikationsbegriff nötig.

Auch andere Gründe sprechen für eine genaue Definition des Rundfunkbegriffs bereits auf Verfassungsebene. So ergeben sich aus der Gewährleistung der Rundfunkfreiheit in Art. 5 I 2 GG vielfältige Anforderungen an den Gesetzgeber hinsichtlich der einfach-gesetzlichen Umsetzung. Bei der Reglementierung von Informations- und Kommunikationsdiensten muß dieser prüfen, welche Dienstleistungen von dem verfassungsrechtlichen Rundfunkbegriff umfaßt sind. Auch können sich Rundfunkanbieter unmittelbar auf ihre Rechte aus Art. 5 I 2 GG berufen. Es muß also ermittelt werden, wann ein Informations- beziehungsweise Kommunikationsdienstleister Rundfunk im Sinne von Art. 5 I 2 GG anbietet.

Bei der Frage der Reglementierung von Informations- und Kommunikationsdiensten kann folglich nicht auf eine genaue Definition des verfassungsrechtlichen Rundfunkbegriffs verzichtet werden.

2. Definition

In der Verfassung selbst findet sich keine Definition des Begriffs Rundfunk. Vereinzelt wird daher bei der Begriffsbestimmung auf die Rundfunkdefinition in § 2 I RStV zurückgegriffen. Auch wenn sich einige der Merkmale des Rundfunkbegriffs aus Art. 5 I 2 GG und aus § 2 I RStV gleichen[14], steht einem solchen Rückgriff jedoch der Vorrang des Verfassungsrechts gemäß Art. 1 III GG entgegen[15]. Bei der Definition von Rundfunk im Sinne von Art. 5 I 2 GG kann folglich nicht der einfach-gesetzliche Rundfunkbegriff aus § 2 I RStV herangezogen werden. Eine Begriffsbestimmung muß somit auf dem Wege der Auslegung erfolgen.

a. Grammatikalische Auslegung

Hier kommt zum einen die grammatikalische Auslegung in Betracht, bei der man Rundfunk in die Wortbestandteile "Rund" und "Funk" zerlegen kann.

Wenn man bedenkt, daß es bei der grammatikalischen Auslegungsmethode entscheidend auf den allgemeinen Sprachgebrauch ankommt, so wird man unter "Funk" primär die drahtlose Verbreitung elektromagnetischer Wellen verstehen. Dem widerspricht jedoch seit jeher die rechtliche Wirklichkeit. So umfaßte der Rundfunkbegriff bereits in der Drahtfunkverordnung von 1939 auch den leitergebundenen Funk[16]. Ebenso wird das Kabelfernsehen heute ohne weiteres dem Rundfunkbegriff zugeordnet und es bestehen keine Bedenken bei der Verbreitung mittels Satelliten oder Glasfaserkabel[17]. Doch kann man im Rahmen der grammatikalischen Auslegung nicht etwa auf ein bestehendes subjektives Verständnis des Gesetzgebers abstellen, sondern entscheidend ist der allgemeine Sprachgebrauch im Zeitpunkt der Verfassungsinterpretation. Die Auffassungen des Gesetzgebers finden dagegen erst in der teleologischen Auslegung Berücksichtigung.

Bei der Frage nach dem allgemeinen Sprachgebrauch werden regelmäßig Lexika zitiert. Hier stößt man aber im konkreten Fall auf Definitionen, welche aus dem Bereich der Rechtswissenschaft übernommen wurden und somit nicht primär dem allgemeinen Sprachgebrauch entsprechen. Dem könnte man entgegenhalten, daß die Umgangssprache stetigen Veränderungen und Anpassungen

---

[14] Siehe dazu unten, unter: Einfachgesetzlicher Rundfunkbegriff, S. 165ff.
[15] Ausführlich: Gersdorf, Rundfunkbegriff, S. 81ff; BVerfGE 74, 297, 352.
[16] Ausführlich zur Entwicklung des Rundfunkbegriffs und mit weiteren Nachweisen: Schulte-Kellinghaus, S. 39ff; Lieb, Kabelfernsehen, S. 67ff.
[17] Schulte-Kellinghaus, S. 40f.

unterworfen ist und daß wissenschaftliche Definitionen durchaus Bestandteil des allgemeinen Sprachguts werden können. Hierfür würde sprechen, daß umgangssprachlich keinerlei Unterschiede gemacht werden zwischen Rundfunkprogrammen, welche mittels Ätherschwingungen übertragen werden und solchen, die via Satellit oder Glasfaserkabel zu uns gelangen. Eine solche Auslegungsvariante verkennt jedoch, daß der allgemeine Sprachgebrauch nicht an die Übertragungswege, wohl aber an die Inhalte der Rundfunkprogramme anknüpft. Dies wird dadurch deutlich, daß umgangssprachlich unter Rundfunk weitestgehend nur Radioprogramme verstanden werden, nicht jedoch Fernsehsendungen. Inhaltlich verbindet der allgemeine Sprachgebrauch mit dem Rundfunkbegriff daher dessen ursprüngliche Bedeutung[18]. Er ist also von gesicherten rechtswissenschaftlichen Erkenntnissen bereits überholt und kann somit insbesondere unter dem Aspekt der rechtlichen Einordnung neuer Medien nicht mehr weiterhelfen. Allenfalls ergibt sich hier ein Indiz dafür, daß Veranstaltungen, welche inhaltlich dem tradierten - auf Radio fixierten, also nonvisuellen - Rundfunkbild entsprechen, von dem allgemeinen Sprachgebrauch auch dann als Rundfunk angesehen werden, selbst wenn aus rechtswissenschaftlicher Sicht daran erhebliche Zweifel bestehen würden.

Auch bei der rein wörtlichen Betrachtung des Begriffsbestandteils "Rund" bestehen Zweifel an dessen Bedeutung. Man könnte hier auf die technische Verbreitung abstellen und Rundfunk als Gegenbegriff zum Richtfunk verstehen oder aber unter "Rund" die Vielzahl der zu erreichenden Rezipienten annehmen[19]. Eine grammatikalische Auslegung des tradierten Rundfunkbegriffs ermöglicht mithin keine eindeutige Definition des Begriffs Rundfunk.

b. Systematische Auslegung

Vielversprechender erscheint es, die Einbettung der Rundfunkfreiheit in das System des Grundgesetzes zu betrachten, insbesondere das Verhältnis zu den anderen in Art. 5 I GG normierten Freiheiten.

aa. Adressierung an die Allgemeinheit

Ausgangspunkt einer systematischen Betrachtung ist die Annahme, daß die in Art. 5 I 1 GG normierte Informations- und Meinungsäußerungsfreiheit, welche

---

[18] *A.A.*: Schulte-Kellinghaus, S. 41f.
[19] Ausführlich hierzu: Schulte-Kellinghaus, S. 42ff.

jedermann die Möglichkeit gewährt, seine Meinung frei zu äußern und zu verbreiten sowie sich mittels frei zugänglicher Quellen ungehindert unterrichten zu dürfen, grundsätzlich ausreichenden Schutz für den Austausch von Meinungen und Informationen bietet. Auf dieses sogenannte Jedermannsgrundrecht könnten sich auch Rundfunkanstalten, Verlage oder Filmhersteller berufen. Darum gilt es der Frage nachzugehen, warum spezielle Freiheiten für Presse, Rundfunk und Film in Art. 5 I 2 GG normiert sind:

Art. 5 I 1 GG stellt primär ein Individualgrundrecht dar, welches jeder Person freie Meinungsäußerung und Informationszugang gewährt. Art. 5 I 1 GG enthält aber auch eine demokratische Komponente[20]. Der freie Austausch von Informationen und die öffentliche Meinungsbildung sind für eine freiheitliche Demokratie schlechthin konstituierend, denn sie ermöglichen erst eine ständige geistige Auseinandersetzung, den Kampf der Meinungen, der ihr Lebenselement ist[21].

In diesem Prozeß der öffentlichen Meinungsbildung nimmt neben Presse und Film insbesondere die Berichterstattung durch Rundfunk eine herausragende und unentbehrliche Funktion wahr[22]. Diese liegt vornehmlich in der Vermittlung von Meinungen und Informationen, welche auf Grund der technischen Gegebenheiten von Presse, Rundfunk und Film an einen breiten Querschnitt der Bevölkerung erfolgen kann, selbst wenn dieser sich in räumlicher oder zeitlicher Distanz befindet. Aber auch bei der Beschaffung von Informationen, ihrer qualitativen Auswahl und der Zusammenstellung kommt insbesondere dem Rundfunk eine bedeutende Funktion zu. Einzelnen Personen ist es nur schwer möglich, sich gezielt der Fülle von Informationsquellen zu bedienen und daraus für die Meinungsbildung relevante Informationen herauszufiltern. Sie sind auf die Vermittlung durch Medien angewiesen. Der Rundfunk ist jedoch mehr als nur ein "Medium" der öffentlichen Meinungsbildung; er ist ein eminenter "Faktor" der öffentlichen Meinungsbildung[23]. Dabei beschränkt sich diese Mitwirkung keinesfalls nur auf das Senden von Nachrichten oder politischen Problemen, sondern ganz entscheidend ist auch die Auswahl und Gestaltung der Sendung[24]. Ihr kann insbesondere durch die Entscheidung, welche Informationen gesendet werden sollen, was das Publikum nicht zu interessieren braucht, was für die öf-

[20] So Hesse, Rundfunkrecht, 2. Kap., II., 1., Rn. 31.
[21] BVerfGE 5, 85, 205; 7, 198, 208; 12, 113, 125; 20, 56, 97; 33, 1, 15; 35, 202, 222; 42, 163, 168; 59, 231, 266; 93, 266, 292.
[22] BVerfGE 12, 113, 125; 12, 205, 260.
[23] BVerfGE 12, 205, 260.
[24] BVerfGE 12, 205, 260.

fentliche Meinungsbildung unwichtig ist, eine bestimmte Tendenz verliehen werden[25].

Die Rundfunkfreiheit hat mithin weniger Bedeutung als Individualgrundrecht, sondern eine objektiv-rechtliche Funktion tritt entscheidend in den Vordergrund. Sie entfaltet ihre Wirkung nicht primär im Interesse der Rundfunkveranstalter, sondern im Interesse freier individueller und öffentlicher Meinungsbildung und wird damit als sogenannte dienende Freiheit angesehen[26].

Hieraus ergeben sich nunmehr die Gründe, welche es notwendig erscheinen lassen, den Rundfunk neben Presse und Film in Art. 5 I 2 GG gesondert verfassungsrechtlich zu normieren.

Zum einen ist insbesondere der Rundfunk in seiner medialen Wirkung, also der freien Vermittlung von Meinungen und Informationen, ein immanent wichtiges, für eine funktionierende Demokratie unentbehrliches Kommunikationsmittel. Es muß also gewährleistet sein, daß hier eine ausgewogene Berichterstattung erfolgt, welche meinungsoffen bleibt und eine private, unvoreingenommene Meinungsbildung beim Rezipienten möglich macht.

Zum anderen ist ebenso die besondere Art der Informationsverbreitung von Bedeutung. Rundfunk wird in einer Weise ausgestrahlt, daß jeder, der ein entsprechendes Empfangsgerät besitzt oder sich beschafft, am Kommunikationsprozeß teilnehmen kann, ohne daß der Rundfunkveranstalter sich direkt an den Rezipienten wenden muß. Eine solche Vermittlung von Meinungen und Informationen an einen nicht fest umrissenen Empfängerkreis, der sich in räumlicher oder zeitlicher Distanz befindet, wird als Massenkommunikation bezeichnet[27]. Die Medienfreiheiten in Art. 5 I 2 GG, also auch die Rundfunkfreiheit, sind demnach dem Bereich der Massenkommunikation zuzuordnen[28]. Gerade diese potentielle publizistische Breitenwirkung eines Mediums hebt die so verbreitete Kommunikation von der individuell organisierten, nur bestimmten Teilnehmern zugänglichen Kommunikation ab und rechtfertigt, auf Grund der Gefahr von Fehlgebrauch beziehungsweise Mißbrauch publizistischer Macht, eine besondere Regelung[29].

Die spezifische Gefährlichkeit ergibt sich dabei nicht nur aus der suggestiven Beeinflussungsmöglichkeit von Massen, sondern speziell auch aus der Tat-

---

[25] BVerfGE 12, 205, 260.

[26] BVerfGE 57, 295, 319; 83, 238, 295f; 87, 181, 197; 90, 60, 87.

[27] Jarass, Massenmedien, S. 29ff; Hoffmann-Riem, HdbVerfR, § 7, Rn. 24ff; Rossen, Freie Meinungsbildung, S. 41ff; s. auch den kommunikationswissenschaftlichen Ansatz bei: Maletzke, Massenkommunikation, S. 32ff.

[28] BVerfGE 12, 205, 228.

[29] Hoffmann-Riem, AfP 1996, 9, 10.

sache, daß es dem Kommunikator in der Regel unbekannt bleibt, wer seine Kommunikationsinhalte nutzt.

Dies macht den systematischen Unterschied zwischen Art. 5 I 1 GG und Art. 5 I 2 GG deutlich. Massenmedien wie Presse, Rundfunk und Film überschreiten mit ihren Möglichkeiten des Meinungsaustausches die in Art. 5 I 1 GG für jedermann real verfügbaren Äußerungsformen von Wort, Schrift und Bild[30]. Sie bleiben nicht auf einen abgrenzbaren Bereich von Kommunikationsteilnehmern beschränkt, sondern ihr Betätigungs- und Wirkungsfeld ist gerade die Öffentlichkeit - ein nicht individuell bestimmbarer Kreis von Personen[31]. Im Bereich der Individualkommunikation, welche im Umkehrschluß dann vorliegt, wenn die Kommunikation innerhalb eines genau bestimmbaren Personenkreises erfolgt, können sich die Teilnehmer nur auf Art. 5 I 1 GG berufen. Den Massenmedien steht dagegen auch Art. 5 I 2 GG offen, soweit die Vermittlung von Meinungen betroffen ist.

Wenn man nun zwischen der von Art. 5 I 1 GG geschützten Individualkommunikation und der von Art. 5 I 2 GG geschützten Massenkommunikation differenziert, ergibt sich für das Massenmedium Rundfunk ein erstes Tatbestandsmerkmal: Die Kommunikationsinhalte sind nicht an einen genau bestimmten Empfängerkreis gerichtet, sondern an die *Allgemeinheit* adressiert[32].

aaa. Allgemeinheit

Die Voraussetzung der Adressierung an die *Allgemeinheit* ist als solche unstreitig[33]. Jedoch führt die weiter zunehmende Individualisierung der Medien[34] dazu, daß die Frage, welche Anforderungen an dieses Merkmal zu stellen sind, immer problematischer wird.

Schon die Einführung von Fernsehtext (früher: Videotext) und Bildschirmtext (Btx bzw. Datex-J)[35] ermöglichte weitgehend die Entscheidung der Rezipienten,

---

[30] Wolf, Medienfreiheit, S. 32ff; Schulze-Fielitz, in: Dreier, GG I, Art. 5 I,II, Rn. 65f.
[31] Wolf, Medienfreiheit, S. 35; s. auch: BVerfGE 74, 352.
[32] Degenhart, BK, GG, Art. 5 Abs. 1 und 2, Rn. 678; Hoffmann-Riem, HdbVerfR, § 7, Rn. 25; Schulze-Fielitz, in: Dreier, GG I, Art. 5 I,II, Rn. 65; Gersdorf, Rundfunkbegriff, S. 102.
[33] Hoffmann-Riem, AfP 1996, 9, 10; Gersdorf, Rundfunkbegriff, S. 102; s. auch Fn. 32, mit ausführlichen Nachweisen.
[34] Siehe oben; Hoffmann-Riem, HdbVerfR, § 7, Rn. 24.
[35] Im Mai 1984 wurde der Bildschirmtext (BtX) eingeführt, welcher heute als Datex-J bezeichnet wird.

wann und auf welche der bereitstehenden Informationen sie zugreifen wollen beziehungsweise solche abrufen können. Beim Pay-TV ist der Kreis der Rezipienten begrenzt, die das ausgestrahlte Programm tatsächlich nutzen können. Fraglich ist daher, ob solche individualisierten Angebote noch immer dem Bereich der Massenkommunikation zuzuordnen sind, das heißt, ob sie trotz Individualisierung noch immer von einer *Allgemeinheit* genutzt werden.

Zunächst ist also zu klären, ob das mit Massenkommunikation typischerweise verbundene Merkmal der *Allgemeinheit* an die Tatsache anknüpft, daß eine solche *Allgemeinheit* tatsächlich in den Kommunikationsprozeß eingetreten sein muß oder aber ob es genügt, daß die Kommunikationsinhalte einer unbestimmten Vielzahl von Personen lediglich zur Nutzung bereit gestellt werden, also potentiell einer *Allgemeinheit* zugänglich sind. Diese Problematik wird beispielsweise bei Abrufdiensten besonders deutlich. Hier werden die Angebote nicht zeitgleich und mit gleichem Inhalt von einer Vielzahl von Personen genutzt, sondern jeder Nutzer stellt sich sein persönliches "Programm" selbst zusammen. Dies könnte die Annahme rechtfertigen, daß es hier an dem für die Massenkommunikation ausschlaggebenden Merkmal der *Allgemeinheit* fehlt, erfolgt doch die Kommunikation auf höchst individuellem Wege - von jedem autonom - gestaltet[36]. Zu beachten ist jedoch, daß die Sonderregelung der Massenmedien in Art. 5 I 2 GG darin begründet liegt, daß diese eine gesteigerte Beeinflussungskraft haben und ihnen daher ein hohes Mißbrauchspotential zu eigen ist[37]. Die Regulierung der Massenmedien soll solchen Risiken entgegenwirken. Eine zumindest abstrakte Gefahr besteht aber bereits im Bereitstellen von Kommunikationsinhalten, welche von einer unbestimmten Vielzahl von Personen genutzt werden können und sollen[38]. Ausschlaggebendes Kriterium für Art. 5 I 2 GG ist daher nicht, daß die *Allgemeinheit* die angebotenen Kommunikationsdienste gleichzeitig nutzt[39], sondern, daß sie einer unbestimmten Öffentlichkeit bereitgestellt werden, also an die *Allgemeinheit* adressiert sind[40] und von dieser ge-

---

[36] So etwa Funke, in: Prinz/ Peters, Medienrecht im Wandel, S. 146; Degenhart, MMR 1998, 137, 138; Ricker/ Schiwy, Rundfunkverfassungsrecht, Kap. B d, Rn. 74; Es muß sorgfältig differenziert werden zwischen der individuellen Auswahl von vorgefertigten Inhalten und der interaktiven Beeinflussung von Inhalten. Bei letzterem liegt tatsächlich keine Allgemeinbestimmtheit vor. (dazu mehr a. E. dieses Kapitels).

[37] Hoffmann-Riem, AfP 1996, 9, 10.

[38] Siehe dazu auch Schmitt Glaeser, Kabelkommunikation, S. 186ff (188), der jedoch andere Schlußfolgerungen zieht.

[39] Starck, in: v.Mangoldt/ Klein/ Starck, GG I, Art. 5 Abs. 1,2, Rn. 96.

[40] Jarass/ Pieroth, GG, Art.5, Rn. 36; Degenhart, BK, GG, Art. 5 Abs. 1 und 2, Rn. 678ff (694).

nutzt werden können[41]. Massenkommunikation wird folglich nicht schon deshalb zur Individualkommunikation, weil die Rezipienten, wie im Falle des Pay-TV, mit dem Veranstalter zunächst in eine vertragliche Beziehung treten müssen. Entscheidend ist vielmehr die Tatsache, daß es jedem Interessenten möglich ist, eine solche Beziehung einzugehen[42] und damit das angebotene Programm nutzen zu können[43]. Gleiches gilt für Abruf- oder Zugriffsdienste. Auch diese müssen nicht durch die *Allgemeinheit* in gleicher Weise genutzt werden, es genügt, wenn sie sich an eine *unbestimmte Öffentlichkeit* richten und für diese nutzbar sind.

Das Kriterium der *Allgemeinheit* ist allerdings dann nicht mehr erfüllt, wenn bei einem Angebot (das zwar einer *unbestimmten Öffentlichkeit* zugänglich sein kann) die Kommunikationsinhalte von jedem einzelnen Nutzer höchst individuell gestaltet werden. Das heißt, es werden keine vorgefertigten Inhalte einer *Allgemeinheit* bereitgestellt, sondern die Inhalte ergeben sich erst aus den verschiedenen, von den Nutzern autonom bestimmten Kommunikationen.

bbb. Öffentlichkeit

Fraglich ist nunmehr, was unter einer *unbestimmten Öffentlichkeit* zu verstehen ist. Problematisch erscheinen in diesem Zusammenhang Informations- und Kommunikationsdienste, welche sich von vornherein an eine begrenzte Zahl von Rezipienten richten oder gar auf abgegrenzte Räumlichkeiten beschränkt sind. Exemplarisch seien hier Zielgruppen- und Spartenangebote wie reine Kinder-, Wissenschafts- oder Sportprogramme erwähnt, beziehungsweise räumlich begrenzte Angebote wie "Ladenfunk"[44] oder "Hotel-Fernsehen"[45]. Verschiedentlich wird die Auffassung vertreten, daß Angebote, denen ein derart begrenzter Empfängerkreis immanent ist, schon aus diesem Grund nicht mehr an die All-

---

[41] Im übrigen führt auch die steigende Anzahl von Rundfunkprogrammen zu einer Abkehr von der früheren medialen "Vollversorgung" hin zum "Angebotsset". Der fragmentierte Rundfunk wird somit partiell zum funktionalen Äquivalent für individuelle Abrufdienste, ohne daß hier den einzelnen Programmen ihre Rundfunkqualität abgestritten würde. Schoch, AfP 1998, 253, 255.

[42] Dies ist regelmäßig der Fall, wollen doch die Anbieter ein größtmögliches Publikum, also eine Vielzahl von zahlenden Kunden erreichen: Hoffmann-Riem, AfP 1996, 9, 11.

[43] Schließlich muß man eine Zeitung auch erst käuflich erwerben, um sie lesen zu können, und dennoch wird sie deshalb niemand aus dem Bereich der Massenkommunikation herausnehmen wollen.; Hoffmann-Riem, AfP 1996, 9, 11; Gersdorf, AfP 1995, 565, 569f; Diesbach, S. 44ff.

[44] OVG NRW, Media Perspektiven 1976, 538ff.

[45] VG Saarbrücken, ZUM 1995, 642, 648.

gemeinheit gerichtet sind[46]. Das hieße, die Annahme von Massenkommunikation und mithin auch von Rundfunk wäre bei einem kleinen Empfängerkreis nicht möglich. Fraglich ist allerdings, wann ein Empfängerkreis so klein ist, daß er plötzlich nicht mehr als *Öffentlichkeit* beziehungsweise Allgemeinheit angesehen werden kann. Hier einen Richtwert festzulegen, ab wann eine Anzahl von Rezipienten anfängt eine Masse zu werden, wäre ein Akt der Willkür[47]. Folglich wird man unter *Allgemeinheit* jede Mehrzahl von Personen, unabhängig von ihrer tatsächlichen Anzahl, verstehen müssen[48].

Zu diesem Ergebnis führen gleichfalls andere Erwägungen. Eine besonders große Masse von Kommunikationsteilnehmern führt nicht zwangsläufig zu dem Ergebnis, daß der stattfindende Kommunikationsprozeß Massenkommunikation ist. Vielmehr lassen sich solche "Massen" auch mit typischerweise der Individualkommunikation zuzurechnenden Instrumenten wie Brief oder Telefonat erreichen, selbst wenn dies mit unter Umständen unverhältnismäßig höheren finanziellen, organisatorischen oder zeitlichen Aufwand als bei Massenkommunikationsmitteln erfolgt.

Zielgruppen- und Spartenprogramme, aber auch Hotel- und Ladenfunk sind also insoweit vom Rundfunkbegriff umfaßt[49].

Wie schon erwähnt, liegt die besondere Gefahr der Beeinflussung durch Massenmedien gerade darin, daß eine vorher nicht bestimmte, also beliebige Öffentlichkeit erreicht werden kann; es also nicht gewiß ist, wie weit die Meinungen und Informationen gestreut werden. Anknüpfungspunkt für die Definition von *Allgemeinheit*, als entscheidendes Abgrenzungskriterium zwischen Massen- und Individualkommunikation, ist folglich nicht primär eine breite Öffentlichkeit (es

---

46 Siehe dazu Ricker/ Schiwy, Rundfunkverfassungsrecht, B a aa, Rn. 36.

47 Unter diesem Aspekt würde man ansonsten sagen können, daß die vielgesehene Tagesschau Rundfunk ist, ein Wissenschaftsmagazin aber, welches mit einem Sendeplatz etwa gegen Mitternacht kaum noch Zuschauer vorweisen kann, diesem Begriff nicht mehr unterfallen würde. Der Erfolg eines Programms würde dessen rechtliche Zuordnung bestimmen. Vgl. zur einfachgesetzlichen Umsetzung dieser Problematik auch S. 176ff; s. auch Maletzke, Massenkommunikation, S. 29.

48 Gersdorf, Rundfunkbegriff, S. 110; Hoffmann-Riem, Pay-TV, S. 46; Dörr, in: Dittmann/ Fechner/ Sander, Rundfunkbegriff, S. 125; Diesbach, S. 44; s. hierzu auch: König, Teletexte, S. 26ff (28).

49 Hoffmann-Riem, Pay-TV, S. 45f; s. auch Holznagel/ Vesting, Sparten- und Zielgruppenprogramme.

kann sich vielmehr auch um eine Teilöffentlichkeit[50] handeln), sondern das Merkmal der *Beliebigkeit* der erreichbaren Rezipienten[51].

ccc. Beliebigkeit

Auf Grund der Tatsache, daß das Tatbestandsmerkmal *Allgemeinheit*, also die *beliebige Öffentlichkeit*, das entscheidende Kriterium bei der Abgrenzung von Individualkommunikation und Massenkommunikation darstellt[52], liegt es zunächst nahe, das Merkmal der *Beliebigkeit* des Rezipientenkreises im Wege einer Negativdefinition zu erschließen. Eine *beliebige Öffentlichkeit* wäre somit anzunehmen, wenn die Rezipienten nicht Teilnehmer einer Individualkommunikation sind[53].

Im sogenannten Schliersee-Papier[54] haben die Länder eine Negativabgrenzung wie folgt versucht[55]: Eine Sendung ist nur dann nicht im rundfunkrechtlichen Sinn an die Allgemeinheit gerichtet, wenn sich der Adressatenkreis vorher in der Weise bestimmen läßt, daß es sich hierbei ausschließlich um Personen handelt, die durch gegenseitige Beziehungen oder durch Beziehungen zum Veranstalter persönlich untereinander verbunden sind[56].

Dem Wortlaut nach beansprucht die Definition Allgemeingültigkeit bei der Abgrenzung von Individual- und Massenkommunikation. Diesem Anspruch wird sie jedoch nicht gerecht. Zwar kann ein solches Abstellen auf persönliche Beziehungen zwischen Rezipienten und Kommunikator beziehungsweise Mitrezipienten als taugliches Merkmal angesehen werden, um Massenkommunikation auszuschließen, denn gerade in Kommunikationsgruppen, in denen die Teilnehmer untereinander durch persönliche Beziehungen bekannt sind, fehlt es an dem für die Massenkommunikation kennzeichnenden Merkmal der Unbestimmtheit des Rezipientenkreises. Auch wird man einer solchen Definition zu Gute halten können, daß im Falle des Bestehens persönlicher Beziehungen zwischen allen

---

[50] So Hoffmann-Riem, AfP 1996, 9, 11.

[51] Lerche, Rundfunkmonopol, S. 29.

[52] Gersdorf, Rundfunkbegriff, S. 102; Lerche, Rundfunkmonopol, S. 27ff; Scherer, Telekommunikationsrecht, S. 599 (a.E.).

[53] Vgl. Starck, in: v.Mangoldt/ Klein/ Starck, GG I, Art. 5 Abs. 1,2, Rn. 94.

[54] Schliersee-Papier: abgedruckt in Ring, Medienrecht, Bd. III, D-I.

[55] Allenfalls mit Wirkung für den einfachgesetzlichen Rundfunkbegriff; ausführlicher dazu unten.

[56] Schliersee-Papier: B. II. 1. a); Vom Rundfunkbegriff werden ausdrücklich ausgenommen: Darbietungen im Familienkreis, im kleinen Verein, Telefongespräche zwischen zwei Personen u.ä.

Rezipienten und dem Kommunikator stets eine Individualkommunikation anzunehmen sein wird. Dennoch ist sie nicht trennscharf genug. So kann man nicht zwangsläufig von Massenkommunikation ausgehen, nur weil keine persönlichen Beziehungen zwischen den am Kommunikationsprozeß beteiligten Personen bestehen. Anderenfalls müßte man beispielsweise auch individuell adressierte Werbepost als Massenkommunikation ansehen, allein auf Grund der Tatsache, daß die versendenden Unternehmen keinerlei persönliche Kontakte zu den Rezipienten unterhalten, sondern die Adressen lediglich von Dritten erworben haben. Auch im Fall der Sonderfunkdienste würde ein Abstellen auf persönliche Beziehungen zu unberechtigten Ergebnissen führen[57].

Zur genaueren Bestimmung dessen, was zum Bereich der Individualkommunikation zu zählen ist, wird verschiedentlich auch auf das von § 3 I S. 2 und 3 Btx-StV[58] gezeichnete Begriffsbild der "geschlossenen Teilnehmergruppe" verwiesen[59].

Eine solche soll dann vorliegen, wenn die Dienstangebote an bestimmte Teilnehmer gerichtet sind, die durch gemeinsame berufliche, ideelle oder vergleichbare persönliche Merkmale untereinander und durch vertragliche, mitgliedschaftliche oder öffentlich-rechtliche Beziehungen mit dem jeweiligen Anbieter verbunden sind, und das Angebot inhaltlich auf diese Merkmale bezogen ist.

Solche Gruppen sollen einen hinreichend bestimmten Adressatenkreis darstellen, welcher sich deutlich von einer *beliebigen Öffentlichkeit* abgrenzt. Im Rahmen der Bestimmung verfassungsrechtlicher Begriffe kann eine solch einfachgesetzliche Definition aber allenfalls indizielle Bedeutung haben[60]. Andernfalls könnte der Gesetzgeber mit der Schaffung einfachgesetzlicher Normen die Reichweite von Verfassungsrecht beeinflussen, was eindeutig gegen Art. 1 III GG verstoßen würde. Des weiteren kann man nicht davon ausgehen, daß die Länder bei der Herausarbeitung dessen, was zu den "geschlossenen Benutzergruppen" zählt, eine allgemeingültige, insbesondere auch verfassungsrechtliche Definition des Begriffs Individualkommunikation schaffen wollten.

Wenn man dennoch die in § 3 I S. 2 und 3 Btx-StV normierten Tatbestandsmerkmale zu Hilfe nehmen möchte, so ist es notwendig, zu überprüfen, ob sie den verfassungsrechtlichen Wertungen des Art. 5 I GG entsprechen.

---

[57] Siehe Gersdorf, Rundfunkbegriff, S. 107, mit weiteren Nachweisen.

[58] Gemäß § 23 III MDStV a.F. wurde der Btx-StV mit Inkrafttreten des MDStV am 01.08.1997 außer Kraft gesetzt.

[59] Gersdorf, Rundfunkbegriff, S. 107; Hoffmann-Riem, AfP 1996, 9, 10; Diesbach, S. 44.

[60] So auch: Gersdorf, Rundfunkbegriff, S. 107; Hoffmann-Riem, AfP 1996, 9, 10; Diesbach, S. 44; welche trotz Bezug auf § 3 I Btx-StV diesen Fakt nicht verkennen.

Die ausdrückliche Erwähnung der Massenkommunikationsmittel Presse, Rundfunk und Film liegt in ihrer spezifischen Bedeutung für den demokratischen Meinungsaustausch und den damit verbundenen Gefahren für beziehungsweise von Medien. Grund dieser besonderen Stellung, ist die Möglichkeit der Massenmedien, wesentlich mehr Informationen aufzunehmen, zu verarbeiten und zu verbreiten und in diesem Prozeß wesentlich mehr Informanten beziehungsweise Rezipienten zu erreichen, als dies jedermann möglich wäre. Dabei geht der Kommunikator nicht gezielt auf bestimmte Personen zu, sondern er bietet Informationen an, die von einer potentiellen "Rezipientenmasse" durch freie Entscheidung genutzt werden können.

Dem widersprechen sämtliche Tatbestandsmerkmale von "geschlossenen Benutzergruppen" im Sinne des § 3 I S. 2 und 3 Btx-StV. Während Ziel und Aufgabe von Massenmedien im Sinne des Art. 5 I 2 GG die Übermittlung von pluralistischen Meinungen und Informationen an einen unbestimmten Empfängerkreis ist, stellt die "geschlossene Benutzergruppe" genau das Gegenteil dar, wenn sie davon ausgeht, daß die Teilnehmer einer solchen Gruppe beziehungsweise Kommunikator und Rezipienten durch unterschiedlichste Beziehungen miteinander verbunden oder wenigstens bekannt sind und das Angebot speziell auf deren Rezeptionsbedürfnisse ausgerichtet ist. Die für die "geschlossenen Benutzergruppen" entwickelten Tatbestandsmerkmale sind folglich kennzeichnend für die Individualkommunikation. Mithin ließen sie sich für eine Negativbestimmung dessen, was zur Massenkommunikation, beziehungsweise zum Rundfunk zu zählen ist, heranziehen[61].

Diese Auffassung ist allerdings nicht mehr recht zeitgemäß. Mit den modernen Medien, welche zum Teil eine höchst individuelle, mitunter sogar interaktive[62] Nutzung erlauben, scheint die klassische Zweiteilung der Kommunikationsangebote zu verwischen[63]. Ursprünglich konnte man danach unterscheiden, ob sich ein Angebot an eine bestimmte Nutzergruppe beziehungsweise an einen vorher nicht festgelegten Personenkreis richtet. Auf die konkrete Nutzung kam es nicht an, denn diese war weitestgehend vorgezeichnet. Angebote, die einem unbestimmten Personenkreis zugänglich waren, ließen sich, mangels Rückkanaltechnik, nur in der vorgefertigten Form rezipieren.

Nunmehr können jedermann offenstehende Angebote mitunter höchst individuell gestaltet werden. Die Nutzer haben in solchen Fällen direkten Einfluß

---

[61] Siehe auch Starck, in: v.Mangoldt/ Klein/ Starck, GG I, Art. 5 Abs. 1,2, Rn. 94.

[62] Zum Begriff Interaktivität s. weiter unten, S. 140ff.

[63] Gersdorf, Rundfunkbegriff, S. 86; Bullinger, Kommunikationsfreiheit, S. 33ff; s. dazu aber auch Scherer, Telekommunikationsrecht, S. 585ff.

auf die Kommunikationsinhalte, so daß mit jedem Nutzer eine andere, eine neue, eine zusätzliche Kommunikation entsteht.

Individualkommunikation ist also nicht nur dann anzunehmen, wenn die Zugangsmöglichkeit zu Kommunikationsangeboten von vornherein auf einen abgegrenzten Personenkreis beschränkt ist, sondern auch dann, wenn jedermann zugängliche Angebote eine individuelle, von jedem Nutzer autonom bestimmte Kommunikation ermöglichen. In beiden Fällen bleiben Dritte von der jeweiligen Kommunikation ausgeschlossen.

Fraglich ist, ob man die neuen Kommunikationsformen stets den Bereichen von Individual- beziehungsweise Massenkommunikation zuordnen sollte. Verschiedentlich wird in diesem Zusammenhang darauf verwiesen, daß diese Kategorien keine Rechtsbegriffe, zumindest nicht im verfassungsrechtlichen Sinne seien[64] und sich daher in inhaltlicher und struktureller Hinsicht praktisch beliebig interpretieren lassen, weshalb auch Zwischenformen denkbar wären[65]. Wie im weiteren Verlauf der Arbeit noch deutlich wird, gibt es in einem Kontinuum zwischen herkömmlicher Massen- beziehungsweise Individualkommunikation durchaus solche Zwischenstufen[66]. Dennoch bedeutet dies nicht, daß die ursprünglichen Kategorien aufweichen oder gar verloren gehen. Sondern die Abstufungen werden in den jeweiligen Bereichen von Massen- und Individualkommunikation vorgenommen. Selbst wenn der Einfluß auf die öffentliche Meinungsbildung und die damit verbundenen Gefahren von Machtmißbrauch bei der untersten Stufe der Massenkommunikation bereits deutlich geringer sind, als etwa beim herkömmlichen Rundfunk, so bleibt noch immer ein nennenswerter Unterschied zu individualkommunikativen Angeboten. Sobald Kommunikationsinhalte nicht mehr auf einen bestimmten Personenkreis beschränkt bleiben, sondern jedermann zur Verfügung stehen, besteht immer die Möglichkeit, daß sie einen besonders hohen Verbreitungsgrad und damit auch mehr Meinungsmacht erlangen beziehungsweise daß sie besonders zu schützende Personengruppen, wie Kinder- und Jugendliche erreichen.

Das heißt also, sobald keine Individualkommunikation mehr vorliegt, beginnen die typischen Gefahren von Massenkommunikationsmitteln. Zwischenformen gibt es nur innerhalb dieser Kategorien. Deshalb ist es weiterhin legitim, davon auszugehen, daß Massenkommunikation immer dann vorliegt, wenn die Tatbestandsmerkmale einer Individualkommunikation nicht gegeben sind[67].

---

[64] Gersdorf, Rundfunkbegriff, S. 86; Hoffmann-Riem, AK-GG, Art. 5 Abs. 1,2, 6.2.1; ders., HdbVerfR, § 7, Rn. 25.

[65] Gersdorf, Rundfunkbegriff, S. 86.

[66] Vgl. S. 150ff.

[67] König, Teletexte, S. 17; Jarass/ Pieroth, GG, Art. 5, Rn. 36; s. auch Paschke, Medienrecht, § 1, Rn. 34ff.

Individualkommunikation ist entsprechend den obigen Ausführungen dann anzunehmen, wenn die Kommunikationsinhalte ausschließlich für einen begrenzten und feststehenden Personenkreis bestimmt und zugänglich sind, Dritte also nicht an der Kommunikation teilhaben können.

Mithin wendet sich ein Angebot an eine *beliebige Öffentlichkeit* und ist daher als Massenkommunikation zu bezeichnen, wenn nicht nur der Dienst allein für jedermann bestimmt und zugänglich ist, sondern auch die konkreten Kommunikationsinhalte[68].

ddd. Einzelfragen

Im folgenden sollen verschiedene Dienste mit Hilfe der ermittelten Definition des Allgemeinheitskriteriums beurteilt werden. Dabei ist zunächst auf einige Angebote einzugehen, deren rechtliche Einordnung schon seit langem Bestandteil von Diskussionen ist, um für die anschließende Betrachtung neuer Dienste eine Grundlage zu schaffen und eventuell bereits gefestigte Ergebnisse fruchtbar zu machen.

(1) Funksonderdienste/ Funk innerhalb begrenzter Räume

Die herausgearbeitete Definition des Begriffs Allgemeinheit verdeutlicht, daß die bereits angesprochenen Funksonderdienste, wie Polizei-, See- und Flugnavigationsdienste nicht mehr vom Rundfunkbegriff umfaßt werden[69]. Bei diesen handelt es sich um die Befriedigung von bereichsspezifischen Informations- und Kommunikationsbedürfnissen einer homogenen Gruppe. Der Veranstalter will nur für einen, durch bestimmte Merkmale (vertragliche, mitgliedschaftliche oder öffentlich-rechtliche Beziehungen) verbundenen Personenkreis Informations- und Kommunikationsmöglichkeiten bereitstellen; Dritte sollen von diesen Angeboten ausgeschlossen sein.

Problematischer wird es bei Hotel- und Werksfunk. Bei Werksfunk handelt es sich regelmäßig nicht um eine bloße Unterhaltung mit beliebigen Inhalten, sondern hier werden wichtige Informationen an die Belegschaft des Unternehmens vermittelt, es werden also Informations- und Kommunikationsbedürfnisse

[68] Vgl. Degenhart, BK, GG, Art. 5 Abs. 1 und 2, Rn. 694; Stammler, AfP 1975, 742, 747f.
[69] Siehe auch Lieb, Kabelfernsehen, S. 130 ff.

einer homogenen Gruppe erfüllt. Werksfunk richtet sich mithin nicht an eine unbestimmte Öffentlichkeit[70].

Beim Hotelfunk wird man schon differenzieren müssen. Geht man von einem Funk aus, der überall im Haus zu hören ist, also auch in der Lobby, könnte durchaus von einem an die Allgemeinheit adressierten Angebot im Sinne des Rundfunkbegriffs gesprochen werden, schließlich haben zu einer Hotelhalle nicht nur die Hotelgäste Zutritt, sondern nahezu jeder (sei es um jemanden abzuholen oder Geschäfte in der Halle zu besuchen etc.). Typischer für den Hotelfunk sind aber Fernseh- und Hörfunkangebote, welche der Gast in seinem Zimmer empfangen kann. Diese Programme sind vom jeweiligen Hotel beziehungsweise der Hotelgruppe zusammengestellt und wenden sich ausschließlich an die Gäste. Hier wird also eine bestimmte Personengruppe angesprochen, welche mit dem Veranstalter vertraglich verbunden ist. Der Kreis der Rezipienten könnte folglich eine geschlossene Gruppe, mithin keine Allgemeinheit sein[71]. Diese Ansicht fand auch im sogenannten "Schliersee-Papier" Niederschlag[72], wonach Sendungen in Einrichtungen aus dem Rundfunkbegriff ausgeschlossen sein sollen. Doch bei näherer Betrachtung zeigt sich, daß hier schon Einschränkungen gemacht wurden. So sollte nicht nur auf die räumliche Begrenzung der Sendungen abgestellt werden, sondern vielmehr auch darauf, daß sich die Sendungen nicht an Empfänger als Mitglieder der Allgemeinheit richten, sondern als Benutzer der jeweiligen Einrichtung. Während man mit diesem Argument durchaus den Werksfunk und auch Gefängnisfunk aus dem Rundfunkbegriff herausnehmen kann, ist dies bei anderen geschlossenen Einrichtungen sehr zweifelhaft. Hotelfunk enthält im wesentlichen Informationen und Unterhaltungsprogramme, welche nicht auf die speziellen Bedürfnisse der aktuell anwesenden Gäste ausgerichtet sind, sondern sie sind regelmäßig so allgemein gehalten, daß sie jeden Gast ansprechen sollen, also auch potentielle Gäste. Hotelfunk wird deshalb nicht für bestimmte Benutzer gemacht, sondern für eine unbestimmte Vielzahl von Personen. Besonders wenn er von einer zentralen Einrichtung an mehrere Hotels ausgestrahlt wird, zeigt sich die Ausrichtung des Programms auf eine Allgemeinheit. Schließlich unterliegt die Belegung von Hotels einem stetigen Wandel; Gäste reisen ab, neue kommen hinzu. Hotelfunk fällt also nicht aus dem Rundfunkbegriff heraus[73].

---

[70] *A.A.:* Lerche, Rundfunkmonopol, S.29; Starck, in: v.Mangoldt/ Klein/ Starck, GG I, Art. 5 Abs. 1,2, Rn. 94; s. aber die Entscheidung des Bundesverfassungsgerichts (BVerfGE 95, 28, 35), wonach auch Werkszeitungen zur Presse im Sinne des Art. 5 I 2 GG gehören.

[71] Klein, Die Rundfunkfreiheit, S. 27; Degenhart, BK, GG, Art. 5 Abs. 1 und 2, Rn. 680; Herrmann, Rundfunkrecht, S. 30, Rn. 77.

[72] Siehe 1. Ergänzung zum "Schliersee-Papier", abgedruckt bei Ring, Medienrecht, D-II.

[73] Gersdorf, Rundfunkbegriff, S. 111; *a.A.* Lent, Rundfunk-, Medien-, Teledienste, S. 108ff.

Beim Krankenhausfunk liegt eine ähnliche Situation wie beim Hotelfunk vor. Auch hier wendet sich das Programm nicht an einen festen Kreis von Rezipienten, schließlich unterliegt dieser ebenfalls einem stetigen Wechsel, sei es durch Besucher oder durch Patienten. Mithin ist der Krankenhausfunk an eine Allgemeinheit gerichtet[74].

Hotel- und Krankenhausfunk können zudem nicht mit der Begründung, daß Rezipienten in solchen Einrichtungen keine ausgewogene Gesamtberichterstattung erwarten, aus dem Rundfunkbegriff ausgeschlossen werden[75]. Zwar ist es zutreffend, daß beispielsweise Werbung für das eigene Haus zweifelsfrei als solche identifiziert und nicht dem Bereich ausgewogener redaktioneller Darbietungen zugeordnet wird, doch werden die Rezipienten den angebotenen Programmen kaum soviel Mißtrauen entgegenbringen, daß sie auch subtil gestaltete Einflußnahmen erkennen und als solche bewerten. Wenn in einem Hotelfunkprogramm etwa ein Testbericht über Restaurants der Stadt ausgestrahlt wird, werden die Gäste nicht zwangsläufig davon ausgehen, daß der Testsieger zur selben Unternehmensgruppe wie das Hotel gehört. Auch würde eine Ausgrenzung solcher Angebote aus dem Rundfunkbegriff dazu führen, daß zum Beispiel spezielle Jugendschutzvorschriften aus dem Rundfunkrecht nicht anwendbar wären. Wenn ein Hotel jugendgefährdende Programme anbietet, kann wohl kaum von einem privaten Raum ausgegangen werden, der staatlichen Regelungen nicht unterworfen sein soll. Es kann mithin nicht der Ansicht gefolgt werden, wonach Hotel- und Krankenhausfunk nicht an die Allgemeinheit gerichtet sind.

Am deutlichsten zeigt sich der Allgemeinbezug eines Programms beim Ladenfunk. Warenhäuser werden ständig von unterschiedlichem Publikum frequentiert. Ziel der Darbietungen sind deshalb nicht nur die aktuell anwesenden, sondern auch die potentiellen Kunden.

Die hier vertretene Ansicht ist ebenso im Rundfunkstaatsvertrag zu finden. In § 20 III RStV wurde eine Grundlage geschaffen, wonach obig beschriebene Sendungen in Einrichtungen mitunter nur ein vereinfachtes Zulassungsverfahren durchlaufen müssen oder gar zulassungsfrei bleiben. Gemäß § 1 I RStV gelten die Vorschriften des Rundfunkstaatsvertrages für die Veranstaltung und Verbreitung von Rundfunk. Folglich sind die unter § 20 III RStV subsumierbaren Angebote, also auch Hotelfunk, Ladenfunk, Krankenhausfunk etc., dem Rundfunkbegriff zuzuordnen[76].

---

[74] Starck, in: v.Mangoldt/ Klein/ Starck, GG I, Art. 5 Abs. 1,2, Rn. 94; Gersdorf, Rundfunkbegriff, S. 111; *a.A.* Lent, Rundfunk-, Medien-, Teledienste, S. 108ff.

[75] So jedoch Ricker/ Schiwy, Rundfunkverfassungsrecht, B a aa, Rn. 38.

[76] Hartstein/ Ring/ Kreile/ Dörr/ Stettner, Rundfunkstaatsvertrag, B5, § 2, Rn. 15f; § 20, Rn. 18.

Es wurde bereits nachgewiesen, daß es für die Einordnung solcherlei Sendungen zum Rundfunkbegriff völlig unproblematisch ist, daß jeweils nur ein kleiner Ausschnitt einer "beliebigen Öffentlichkeit" erreicht wird. Dennoch trägt § 20 III RStV einer damit verbundenen geringeren Gefahrensituation Rechnung und läßt geringere Anforderungen bei der Zulassung zu.

(2) Pay-TV

Pay-TV-Angebote können nur jene Personen nutzen, die vorher ein entsprechendes Entgelt entrichtet haben. Verschiedentlich wird deshalb vertreten, daß die ausgestrahlten Programme nicht an die Allgemeinheit, sondern nur an diejenigen gerichtet sind, die mit dem Veranstalter einen entsprechenden Vertrag geschlossen haben und einen speziellen Decoder besitzen[77]. Wie bereits festgestellt, ist es für den verfassungsrechtlichen Rundfunkbegriff aber ohne Belang, daß die Angebote tatsächlich von einer Allgemeinheit genutzt werden, sondern entscheidend ist vielmehr, daß alle Kommunikationsinhalte für eine Allgemeinheit zugänglich und bestimmt sind. Die Verschlüsselung der Programme im Pay-TV dient dem Veranstalter vornehmlich zur Absicherung der Entgeltleistung, wird also aus rein finanziellen Überlegungen betrieben[78]. Die Pay-TV-Anbieter wollen ihre Programme keinesfalls nur an bereits vertraglich gebundene Rezipienten richten, sondern sie werden es begrüßen, wenn sich dieser Kreis stetig erweitert[79]. Es besteht daher für jedermann die Möglichkeit, einen entsprechenden Pay-TV-Vertrag zu schließen und somit Zugang zu den angebotenen Programmen zu erlangen.

Schließlich spricht auch die Verscrambelung der Signale nicht gegen eine Übermittlung an eine unbestimmte Vielzahl von Personen[80]. In welcher Form die Inhalte vermittelt werden, ist nicht entscheidend, es kommt lediglich auf die Allgemeinbestimmtheit beziehungsweise Allgemeinzugänglichkeit an.

---

[77] Schwarz-Schilling, ZUM 1989, 487, 490; Paptistella, DÖV 1978, 495, 499f (dort Fn. 64); *a.A.:* die Unerheblichkeit von Entgeltleistungen für den Rundfunkempfang klingt schon in den Beratungen zur Entstehung der Rundfunkfreiheit an: Grundsatzausschuß des Parlamentarischen Rates, 25. Sitzung, 24. November 1948, in: Der Parlamentarische Rat, Band 5/ II, S. 654f.

[78] Stammler, AfP 1975, 742, 748; Stender, "Staatsferne" und "Gruppenferne", S. 306; BVerfGE 74, 297, 344ff; *a.A.* Lieb, Kabelfernsehen, S. 131f, der das vertraglich vereinbarte Abonnemententgelt als "do ut des" Verhältnis ansieht, welches sich von den öffentlich-rechtlichen Rundfunkgebühren unterscheiden soll. Er sieht in der Beziehung Veranstalter/ Abonnent daher eine solch enge Verbindung, die es rechtfertigen soll, das Pay-TV aus dem Rundfunkbegriff herauszunehmen.

[79] Ausführlich hierzu: Gersdorf, Rundfunkbegriff, S. 115; Ory, ZUM 1988, 225, 226.

[80] Ring, ZUM 1990, 279, 280; *a.A.* Schwarz-Schilling, ZUM 1989, 487, 490.

Mithin kann auch beim Pay-TV von einer Darbietung an die Allgemeinheit ausgegangen werden[81], selbst wenn es sich nicht um Pay-per-Channel Angebote handelt, sondern um Pay-per-View oder Video-on-demand Angebote, welche einen noch höheren Grad von Individualisierung aufweisen[82].

(3) Teletexte

In der Diskussion der vergangenen Jahre waren ebenso die Teletexte von besonderer Bedeutung[83]. Mit ihnen, speziell mit dem Videotext, wurde es einer breiten Masse von Rezipienten möglich, individuelle Auswahl- beziehungsweise Selektionsentscheidungen zu treffen. Beim *Videotext* werden die Informationen ebenso wie beim Fernsehen für alle Rezipienten parallel und in einer festen Reihenfolge bereitgestellt. Jedoch besteht hier die Option, auf einzelne Seiten aus dem Angebot zuzugreifen[84] und sie nach Belieben zu nutzen. Der Rezipient kann sowohl das Thema als auch die Reihenfolge der gewünschten Informationen bestimmen und diese so lange er möchte konsumieren. *Bildschirmtext* geht noch einen Schritt weiter. Der Nutzer ist hierbei nicht mehr darauf angewiesen, zu warten, bis die von ihm ausgewählte Seite in der festgelegten Programmreihenfolge erscheint, sondern er kann direkt die gewünschten Informationen abrufen[85].

Die Teletexte waren also ein erster entscheidender Schritt in Richtung zunehmender Individualisierung der Kommunikation. Es wurde möglich, daß unter Umständen nur ein einziger Konsument, zu einem bestimmten Zeitpunkt, eine der angebotenen Informationstafeln nutzt. Zudem ist bei diesen Angeboten davon auszugehen, daß die Zusammenstellung der Informationen auf Grund der von Rezipient zu Rezipient divergierenden Informationsbedürfnisse stets unterschiedlich sein wird. Insofern stellt sich wiederum die Frage, ob von einer an die Allgemeinheit gerichteten Massenkommunikation ausgegangen werden kann.

---

[81] Gersdorf, Rundfunkbegriff, S. 112; Hoffmann-Riem, Pay-TV, S. 46f; Ring, ZUM 1990, 279.

[82] Ausführlich hierzu: Hoffmann-Riem, Pay-TV, § 6, S. 76ff.

[83] Hervorzuheben sind hier Videotext und Bildschirmtext; ausführlich zu diesem Thema: König, Teletexte (1980); siehe auch: Tettinger, Neue Medien und Verfassungsrecht (1980); Klein, Die Rundfunkfreiheit (1978).

[84] Videotext ist also ein sogenannter Zugriffsdienst. Bullinger, NJW 1984, 385, 386; Degenhart, BK, GG, Art. 5 Abs. 1 und 2, Rn. 682; Gersdorf, AfP 1995, 565, 567.

[85] Bildschirmtexte (Btx/ später Datex-J) gehören somit zu den Abrufdiensten. Degenhart, BK, GG, Art. 5 Abs. 1 und 2, Rn. 682; Gersdorf, AfP 1995, 565, 567.

Zunächst steht fest, daß sowohl Videotext als auch Bildschirmtext freie Zugangsmöglichkeiten für jedermann gewähren. Denn es kommt nicht darauf an, daß eine unbestimmte Vielzahl von Personen dieselben Inhalte tatsächlich nutzt. Entscheidend für das Allgemeinheitskriterium ist, daß die Inhalte für eine unbestimmte Vielzahl von Personen zur Nutzung bereitgestellt werden. Folglich kann insoweit auch bei den erwähnten Teletexten von massenkommunikativen Diensten ausgegangen werden.

Neben diesem allgemeingültigen Kriterium, welches schon an anderer Stelle hinreichend erörtert wurde, entwickelte sich in der Diskussion um die Teletexte ein weiteres Tatbestandsmerkmal. Grundlegend für die Massenkommunikation ist die Vermittlung von Informations- und Kommunikationsangeboten an ein disperses Publikum[86]. Mit der Möglichkeit, sich Informationen selbst zusammenzustellen, trat die Frage auf, ob die Informationen noch immer allein von Seiten des Diensteanbieters dargeboten werden. Denn auch der Nutzer, der die Inhalte selbst auswählt, könnte als Herr der übermittelten Informationen angesehen werden und somit nicht nur Empfänger sondern zugleich Kommunikator sein. Letzteres wäre mit dem Begriff der Massenkommunikation unvereinbar. Selbst wenn man stark individualisierte Kommunikationsformen nicht per se vom Bereich der Massenkommunikation ausnimmt, so ist es schon begriffsimmanent und vom Telos der Normierung massenkommunikativer Mittel umfaßt, daß einem Kommunikator auf der einen Seite, eine unbestimmte Vielzahl von Rezipienten auf der anderen Seite gegenüberstehen[87]. Der Informationsempfänger kann nicht in die Rolle des Informierenden schlüpfen, dem die Gestaltungsbefugnisse für die Kommunikationsinhalte obliegen[88]. Fraglich ist nun, ob solch ein Rollentausch bei den Teletexten gegeben ist. Informierender zu sein, sprich Herr der Informationen, bedeutet, daß man Einfluß auf die angebotenen Inhalte hat, daß man sie modifizieren kann. Nutzer von Teletexten haben zwar die Möglichkeit, sich Informationen frei und nach ihren Interessen zusammenzustellen, sie können diese als solche aber nicht selbsttätig beeinflussen. Die Rezipienten können die vorgefertigten Inhalte nur konsumieren, nicht jedoch verändern[89]. Damit rücken sie nicht in die Stellung als Kommunikator ein[90].

---

[86] Jarass, Massenmedien, S. 30.
[87] Pieper/ Wiechmann, ZUM 1995, 82, 89; Maletzke, Massenkommunikation, S. 24f; BVerfGE 74, 297, 352.
[88] König, Teletexte, S. 44; Pieper/ Wiechmann, ZUM 1995, 82, 89.
[89] König, Teletexte, S. 45ff; Libertus, ZG 1999, 161, 167f; Gersdorf, AfP 1995, 565, 571; Dill, Rundfunkbegriff und Telekommunikationsdienste, S. 87.
[90] Vgl. dazu auch Maletzke, Massenkommunikation, S. 43f.

Teletexte bieten unveränderbare Inhalte zur Nutzung - wenn auch individuell - durch eine unbestimmte Vielzahl von Personen an. Sie sind mithin an eine Allgemeinheit gerichtet.

(4) Neue Dienste

Im folgenden soll nur vereinzelt auf einige neue Dienste eingegangen werden. Dies genügt allerdings, um zu verdeutlichen, daß im Rahmen des Merkmals *Allgemeinheit* keine zusätzlichen Probleme entstehen.

Anknüpfend an die Problematik des Pay-TV kann zunächst festgestellt werden, daß die Einordnung neuer Informations- und Kommunikationsdienste zum Rundfunkbegriff nicht daran scheitern wird, daß zunächst etwa eine vertragliche Beziehung zwischen Rezipient und Anbieter eingegangen werden muß beziehungsweise wenn das Angebot nur durch vorherige Entgeltleistung mittels Kreditkartennummer oder anderen Zahlungssystemen genutzt werden kann. Solange diese Dienste also für eine unbestimmte Vielzahl von Personen zugänglich und bestimmt sind, erfüllen sie auch das Kriterium der Allgemeinheit, unabhängig davon, wie sie ihre Finanzierung sicher stellen.

Da Sparten- und Zielgruppenprogramme durchaus allgemeinbestimmt sein können, spricht nichts dagegen, auch jene neuen Informations- und Kommunikationsangebote, die sich an einen bestimmten Personenkreis wenden, sei es, daß sie besondere Interessen oder eine spezielle Altersgruppe ansprechen, ebenfalls dem Rundfunkbegriff zuzuordnen.

Die neuen Multimediadienste sind durch Interaktivität und Individualität gekennzeichnet. Damit stellt sich hier um so mehr die bereits im Rahmen der Teletexte erörterte Frage, ob die Möglichkeit, Informationen selbst zusammenzustellen, die Zuordnung der Dienste zum Begriff der Massenkommunikation ausschließt[91]. Selbstverständlich können die bei den Teletexten gewonnenen Ergebnisse hierher übertragen werden. Das unter individuellen Gesichtspunkten vorgenommene, selektive Herunterladen beziehungsweise Betrachten von Informationen im Internet, schließt nicht von vornherein aus, daß diese Inhalte zur Nutzung durch eine unbestimmte Vielzahl von Personen bereitgestellt wurden[92].

---

[91] Dies wird wohl von der Enquete Kommission "Zukunft der Medien in Wirtschaft und Gesellschaft - Deutschlands Weg in die Informationsgesellschaft" bejaht (S. 27f).

[92] Auch wenn die bereitgestellten Informationsstücke unter Umständen sehr klein sind (einzelne Web-Sites) und man sie in beliebiger Reihenfolge zusammenstellen kann, so sind sie in

Doch gibt es nunmehr auch Angebote, wo die Grenzen zwischen Kommunikator und Rezipienten verschwimmen beziehungsweise die Möglichkeit besteht, Einfluß auf die vom Anbieter vorgefertigten Daten auszuüben.

So sind etwa "Schwarze Bretter" und offene Diskussionsgruppen dadurch gekennzeichnet, daß die Nutzer solcher Dienste die dargebotenen Informationen nicht nur konsumieren, sondern auch aktiv in den Kommunikationsprozeß eintreten, indem sie neue Informationen darbieten beziehungsweise ihre Meinung zu bestehenden Inhalten äußern. Fraglich ist, ob ein solch wechselseitiger Informationsaustausch noch immer als Massenkommunikation angesehen werden kann[93]. Ausgehend von den gewonnenen Ergebnissen bei den Teletexten, gilt es zu beachten, daß die Gestaltungsbefugnisse für die Inhalte beim Kommunikator liegen müssen, also daß der Rezipient nicht in die Rolle des Informierenden schlüpfen darf[94]. Wenn jedoch der Nutzer eines "Schwarzen Bretts" nicht nur die dargebotenen Inhalte konsumiert sondern auch selbst Informationen bereitstellt, so nimmt er beide Rollen war. Daher könnten solche Angebote bei oberflächlicher Betrachtung aus dem Begriff der Massenkommunikation herausfallen. Analysiert man aber die Kommunikationsbeziehungen zwischen den Nutzern von "Schwarzen Brettern" oder vergleichbaren Angeboten genauer, kommt man zu einem anderen Ergebnis. Zwar wird ein Raum geschaffen, in dem jeder Nutzer sowohl Rezipient als auch Kommunikator sein kann, wodurch wechselseitiger Informationsaustausch möglich ist. Dies gilt jedoch nur, wenn man es in einer Gesamtheit sieht. Betrachtet man hingegen den einzelnen Kommunikationsvorgang, so liegt wieder die, für Massenkommunikation übliche, Struktur vor: Ein einzelner Kommunikator wendet sich an ein disperses Publikum. Wenn aus diesem Publikum heraus Informationen zurückgesendet werden, so wird dieser Kommunikationsprozeß nicht zur Individualkommunikation, sondern es entsteht ein gänzlich neuer Vorgang, der seinerseits massenkommunikative Merkmale

---

ihrer Gesamtheit dennoch vorgefertigt und für eine unbestimmte Vielzahl von Personen bestimmt. Zudem bietet das "surfen" entlang der Verknüpfungen zwar eine ungeheure Vielzahl von Kombinationsmöglichkeiten, letztlich sind sie aber über die eingefügten Links bereits vorgezeichnet; vgl. hierzu auch Ricker, AfP 1998, 437, 443.

[93] Auf Grund der technischen Gegebenheiten wurde dies früher abgelehnt. Massenkommunikation war typischerweise stets einseitig. Eventuelle Reaktionen der Rezipienten spielten auf Grund ihrer geringen Breitenwirkung keine Rolle. Maletzke, Massenkommunikation, S. 101ff (109f); Auch Rossen, Freie Meinungsbildung, S. 59ff, sah die Möglichkeit eines Rollenwechsels von Rezipient und Kommunikator als außerordentlich gering an, hat dies aber nicht verneint, sondern er hat nur die tatsächlichen und zu diesem Zeitpunkt absehbaren Verhältnisse analysiert.

[94] König, Teletexte, S. 44; Pieper/ Wiechmann, ZUM 1995, 82, 89; Hoffmann-Riem, AK-GG, Art. 5 Abs. 1, 2, 6.2.3, Rn. 151.

aufweist[95]. Dies wird insbesondere dadurch deutlich, daß der Teilnehmerkreis solcher Kommunikationsforen sich stetig ändert. Auch wenn ein Teilnehmer ursprünglich Informationsempfänger war, nun aber als Kommunikator antwortet, so mag seine Antwort zwar thematisch auf den vorhergehenden Kommunikationsprozeß bezogen sein, wendet sich nunmehr aber als selbständige Meinungsäußerung an ein allgemeines Publikum, welches inzwischen eine durchaus andere Zusammensetzung aufweisen kann[96]. Mithin lassen sich auch derartige Informations- und Kommunikationsangebote als an die Allgemeinheit gerichtet qualifizieren[97].

Dies gilt jedoch nur für solche Diskussionsforen und Newsgroups, bei denen der Meinungsaustausch primär in aller Öffentlichkeit stattfindet und der einzelne Kommunikator ein solches Medium gerade deshalb gewählt hat, weil er seine Information beziehungsweise Meinung an eine unbestimmte Vielzahl von Personen kundtun möchte. Dienste, bei welchen die Teilnehmer lediglich ihre Gesprächsbereitschaft signalisieren, indem sie sich etwa in eine Liste - mit einem vorgegebenen oder selbst gewählten Thema - eintragen, woraufhin andere Teilnehmer dann reagieren und in eine individuelle Kommunikation eintreten[98], stellen hingegen eher Angebote im Bereich der Individualkommunikation dar. Gleiches gilt für Chatforen und E-Mail-Listen, wenn deren Teilnehmerkreis von vornherein feststeht und die Inhalte auf die gruppenspezifischen Rezeptionsbedürfnisse abgestimmt sind.

Im Ergebnis bleibt festzuhalten, daß es für die Annahme von Massenkommunikation nicht entscheidend ist, daß eine festgefügte Rollenverteilung zwischen Kommunikator und Rezipient aufrechterhalten wird. Ein Wechsel erscheint durchaus möglich. Unvereinbar mit dem Begriff der Massenkommunikation ist hingegen, wenn der Rezipient sich seine Informationen nicht nur selbst aussucht oder zusammenstellt, sondern durch völlig individualisierte Handlungen zum Schöpfer der Inhalte wird und somit bezogen auf ein und dieselbe Informationsvermittlung sowohl Kommunikator als auch Rezipient ist. Dies trifft auf Diskus-

---

[95] Vergleichbar ist dieser Vorgang mit den sogenannten "offenen Kanälen", s. dazu: Herrmann, Rundfunkrecht, § 17, Rn. 76ff.

[96] Diese Annahme wird zudem dadurch bestätigt, daß solche Foren die Diskussionen zum Teil für einige Zeit archivieren und damit einem gänzlich neuen Publikum, zu einem späteren Zeitpunkt, zur Verfügung stellen.

[97] So auch: Spindler, in: Roßnagel, Recht der Multimedia-Dienste, § 2 TDG, Rn. 57, 73, 75 (im Ergebnis aber anders); Kressin, S. 111; Bullinger/ Mestmäcker, Multimediadienste, S. 20 (II. 1. (a.E.)).

[98] "Virtueller Markt der Meinungen": Spindler, in: Roßnagel, Recht der Multimedia-Dienste, § 2 TDG, Rn. 73.

sionsgruppen nicht zu. Problematisch sind in diesem Zusammenhang aber Telespiele.

Allerdings lassen sich unter dem Begriff Telespiele höchst unterschiedlichste Angebote zusammenfassen. Folglich gilt es zu differenzieren.

So werden Spiele mitunter im Rahmen herkömmlicher Rundfunkveranstaltungen offeriert. Hierbei handelt es sich um Angebote, bei denen zwar der konkrete Spielverlauf durch die jeweiligen Teilnehmer beeinflußt wird, das dadurch mitgestaltete Gesamtprogramm aber einer unbestimmten Vielzahl von Personen zugänglich ist und somit als Massenkommunikation bezeichnet werden kann. Gleiches gilt für Spielformen wie MUDs etc., die nicht auf einen bestimmten Teilnehmerkreis beschränkt sind und bei denen die Aktionen jedes Nutzers das Spiel in seiner Gesamtheit beeinflussen. Trotz individueller Mitwirkung sind die Kommunikationsinhalte auch hier einer Allgemeinheit zugänglich.

Etwas anderes gilt bei solchen Telespielen, die zwar für jedermann nutzbar sein können, bei denen aber das konkrete Spiel jeweils nur von einer Person beziehungsweise einer feststehenden Personengruppe ausgeführt wird. Die hierbei stattfindenden Interaktionen führen zu einer individuellen Gestaltung des Spielverlaufs.

Zwar sind auch die wesentlichen Programmteile der Telespiele vom Anbieter vorgefertigt, so daß man behaupten könnte, die einzelne Aktion des Spielenutzers wäre ein Abruf eines vorprogrammierten, wenn auch winzigen Teils des Angebots, welches jedem Nutzer bereit stünde. Eine solche Betrachtung wäre jedoch wenig praxisgerecht und haarspalterisch. Wenn man die vielfältigen, schier unendlichen Möglichkeiten einer Spielgestaltung betrachtet, so erscheint es höchst unrealistisch zu behaupten, daß hier einer unbestimmten Vielzahl von Personen die gleiche Angebotspalette dargeboten wird.

Die jeweilige Kommunikation ist mithin, trotz eines für alle Nutzer gleichen Ausgangspunktes, stets unterschiedlich und da sie zudem nicht von einer Allgemeinheit verfolgt werden kann, handelt es sich bei solchen Telespielen nicht um Massenkommunikation.

An dieser Stelle wird ein ganz entscheidender Kontrast zwischen den neuen und den alten Medien deutlich. Herkömmliche Massenmedien und selbst solche, wie Teletexte und Pay-TV, die schon eine gewisse Individualisierung mit sich brachten, waren immer dadurch gekennzeichnet, daß sie sich an eine Allgemeinheit richteten und die Inhalte auch von einer Allgemeinheit genutzt wurden. Selbst wenn die Zusammenstellung von Informationen bei Teletexten von Nutzer zu Nutzer je nach ihren Interessen unterschiedlich ausfällt, so handelt es sich dennoch immer um die gleichen, vom Kommunikator vorgefertigten Seiten beziehungsweise Inhalte.

Bei modernen Kommunikationsformen, wie den eben erwähnten Telespielen, können die Nutzer direkten Einfluß auf die Inhalte ausüben, die Kommunikation wird von ihnen also mitgestaltet. Daher ist nicht mehr allein der Zugang zu den Angeboten entscheidend für die Abgrenzung von Individual- und Massenkommunikation, sondern die Tatsache ob die konkreten Kommunikationsinhalte auf einen festgelegten Teilnehmerkreis beschränkt bleiben oder jedermann zugänglich sind.

eee. Zwischenergebnis

Die moderne Medienlandschaft ist in ihrer Entwicklung durch fortschreitende Individualisierung gekennzeichnet. Eine klare Grenzziehung zwischen Individualkommunikation und Massenkommunikation wird damit immer schwieriger. Dennoch kann auf eine Abgrenzung nicht verzichtet werden. Sobald keine Individualkommunikation vorliegt, beginnen die typischen Gefahren von Massenkommunikation, welche Grund und Rechtfertigung einer solchen Differenzierung sind. Zwischenformen kann es demnach nicht geben.

Individualkommunikation liegt dann vor, wenn die Kommunikationsinhalte ausschließlich für einen begrenzten und feststehenden Personenkreis bestimmt und zugänglich sind, Dritte also nicht an der Kommunikation teilhaben können.

Zur Massenkommunikation zählen jene Angebote, bei denen die konkreten Kommunikationsinhalte für eine *beliebige Öffentlichkeit* bestimmt und zugänglich sind.

Für die Annahme einer solchen *Öffentlichkeit* ist es nicht entscheidend, daß die dargebotenen Inhalte tatsächliche von einem besonders großen Personenkreis genutzt werden. Die Festsetzung einer bestimmten Zahl als Grenze wäre ein Akt der Willkür. Ausreichend sind folglich auch Teilöffentlichkeiten, weshalb Pay-TV oder Spartenprogramme etc. durchaus der Massenkommunikation zugeordnet werden können. Letztlich wird man jede Mehrzahl von Personen als *Öffentlichkeit* ansehen müssen.

Wenn jedoch eine äußerst überschaubare Personenzahl ebenso eine Allgemeinheit darstellen kann, so kommt es für die klare Abgrenzung zur Individualkommunikation entscheidend auf das Merkmal der *Beliebigkeit* des Personenkreises an. Davon ist auszugehen, wenn die dargebotenen Inhalte einer unbestimmten Vielzahl von Personen zugänglich gemacht werden.

Ein Kommunikationsangebot, welches von vornherein nur für einen abgegrenzten Teilnehmerkreis bestimmt und zugänglich ist, scheidet damit aus dem Bereich der Massenkommunikation aus. Das ist vornehmlich dann der Fall, wenn die Teilnehmer durch vertragliche, mitgliedschaftliche oder andere Beziehungen mit dem jeweiligen Anbieter oder untereinander verbunden sind und das Angebot der Befriedigung spezifischer Rezeptionsbedürfnisse der Gruppe dient.

Individualkommunikation ist ebenso anzunehmen, wenn jedermann zugängliche Angebote eine individuelle, von jedem Nutzer autonom bestimmte Kommunikation ermöglichen. Die Teilnehmer haben mittels Rückkanaltechnik direkten Einfluß auf die Kommunikationsinhalte, so daß jeder Einzelne eine eigenständige Kommunikation führt, von der Dritte ausgeschlossen bleiben.

Hiervon zu unterscheiden und der Massenkommunikation zuzuordnen sind Angebote, bei denen eigene Beiträge der Nutzer nicht zur Begründung einer individuellen Kommunikation führen, sondern für jedermann zugänglich sind.

Ebenso werden Zugriffs- und Abrufdienste nicht schon deshalb zu Individualkommunikation, weil die Nutzer bestimmte Inhalte, die Reihenfolge der Übermittlung oder den Zeitpunkt der Nutzung frei auswählen können. Solange die Kommunikationsinhalte vom Anbieter vorgegeben und jedermann zugänglich sind, ist auch hier von Massenkommunikation auszugehen.

Mit der Formel, wonach zur Massenkommunikation jene Angebote zählen, bei denen die konkreten Kommunikationsinhalte für eine beliebige Öffentlichkeit bestimmt und zugänglich sind, ist folglich auch in einer individualisierten Medienlandschaft eine sichere Zuordnung von modernen Informations- und Kommunikationsdiensten zu Individual- beziehungsweise Massenkommunikation möglich.

bb. Redaktionelle Darbietung

Für die Bestimmung des Rundfunkbegriffs ist die Adressierung an die Allgemeinheit ein ganz entscheidendes Merkmal. Denn bereits darin manifestiert sich der Unterschied zwischen Art. 5 I 1 GG, der Meinungs- und Informationsfreiheit für jedermann garantiert und Art. 5 I 2 GG, der die Massenmedien betrifft. Allein genommen erscheint es dennoch unzureichend. Das bloße Abstellen auf einen freien Zugang zu Informations- und Kommunikationsangeboten würde zu weit führen. Andernfalls käme der Schutzbereich des Art. 5 I 2 GG auch für eine Rede in Frage, welche mittels eines Lautsprechers auf einem öffentlich zugänglichen Platz vorgetragen wird, für eine künstlerische Darbietung auf einem Volksfest, die automatische Zeitansage via Telefon oder aber auch für einen im Internet verbreiteten Aufruf, bei der Suche nach einem entlaufenen Hund behilflich zu sein. In allen Fällen ist jedoch eine Anwendung von Art. 5 I 2 GG ausgeschlossen[99].

Des weiteren unterscheiden sich die modernen, vornehmlich durch Individualität und Interaktivität gekennzeichneten Informations- und Kommunikationsangebote besonders in ihrer Nutzungsweise vom herkömmlichen Rundfunk, wie Hörfunk und Fernsehen.

Mithin wird deutlich, daß es für die Definition von Rundfunk eines weiteren Merkmals bedarf.

aaa. Funktion der Rundfunkfreiheit

Vergleicht man altbekannte Rundfunkangebote mit den modernen Zugriffs- und Abrufdiensten, wie etwa Video-on-demand oder einer privaten Homepage, so werden, trotz der ihnen gemeinsamen Allgemeinzugänglichkeit und -bestimmtheit, grundlegende Unterschiede augenfällig. Während auf der einen Seite Information und Unterhaltung für einen möglichst großen Kreis von Rezipienten im Vordergrund stehen, welche herkömmlicherweise in einem gesamthaft verketteten, kontinuierlich ablaufenden Gesamtprogramm dargeboten werden, liegt andererseits das Hauptmerkmal in einer individuellen und interaktiven Kommunikation. Daran anknüpfend wird in der Literatur verschiedentlich die Auffassung vertreten, daß Abrufdienste - teilweise auch Zugriffsdienste - nicht dem verfassungsrechtlichen Rundfunkbegriff zuzuordnen sind[100]. Begründet wird diese Auffassung zum einen damit, daß die Eigenart der massenmedialen Wirkung des Rundfunks in einer besonderen Faszinationskraft beziehungsweise Fesselungswirkung liegt, die in einem planmäßig ablaufenden Gesamtprogramm begründet ist[101]. Des weiteren wird angeführt, daß die mit dem Rundfunk verbundenen typischen Gefahren der Meinungsmanipulation, um so weniger zu be-

---

[99] Bullinger/ Mestmäcker, Multimediadienste, S. 51; Jarass, Online-Dienste, S. 11.

[100] Bullinger, JZ 1996, 385, 388; Bullinger/ Mestmäcker, Multimediadienste, S. 57; Degenhart, BK, GG, Art. 5 Abs. 1 und 2, Rn. 695; Fuhr/ Krone, FuR 1983, 513, 519; Schmitt Glaeser, Kabelkommunikation, S. 186ff (188); Schroeder, ZUM 1994, 471, 476; Schwarz-Schilling, ZUM 1989, 487, 490; Stender, "Staatsferne" und "Gruppenferne", S. 44.

[101] Bullinger, JZ 1996, 385, 387; siehe dazu auch: Bullinger/ Mestmäcker, Multimediadienste, S. 52ff.

fürchten sind, je individualisierter die bereitgestellten Inhalte genutzt werden können[102].

Ob diese Argumente zutreffen oder nicht, sei zunächst dahingestellt; jedoch wird in Folge solcher Überlegungen in den Landesmediengesetzen einiger Länder zwischen "Rundfunk" und "rundfunkähnlichen Kommunikationsdiensten" unterschieden[103].

Auch das Bundesverfassungsgericht hatte sich mit dieser Thematik zu beschäftigen[104]. In seiner Entscheidung machte es zutreffend und mit ausführlicher Begründung deutlich, daß "Rundfunk" im Sinne des Art. 5 I 2 GG kein statischer Begriff ist, der nur herkömmliche Formen von Rundfunkveranstaltungen umfaßt, sondern daß auch moderne Kommunikationsmittel, wie Abruf- oder Zugriffsdienste - verschiedentlich als sogenannte "rundfunkähnliche Kommunikationsdienste" bezeichnet - vom Schutzbereich des Art. 5 I 2 GG umfaßt sein können.

Wörtlich heißt es: "Der in Art. 5 Abs. 1 Satz 2 GG verwendete Begriff 'Rundfunk' läßt sich nicht in einer ein für allemal gültigen Definition erfassen. Inhalt und Tragweite verfassungsrechtlicher Begriffe und Bestimmungen hängen (auch) von ihrem Normbereich ab; ihre Bedeutung kann sich bei Veränderungen in diesem Bereich wandeln [...]. Das gilt auch für den Rundfunkbegriff. Soll die Rundfunkfreiheit in einer sich wandelnden Zukunft ihre normierende Wirkung bewahren, dann kann es nicht angehen, nur an eine ältere Technik anzuknüpfen, den Schutz des Grundrechts auf diejenigen Sachverhalte zu beschränken, auf welche diese Technik bezogen ist, und auf diese Weise die Gewährleistung in Bereichen obsolet zu machen, in denen sie ihre Funktion auch angesichts der neuen technischen Möglichkeiten durchaus erfüllen könnten. Zur Gewährleistung freier individueller und öffentlicher Meinungsbildung bedarf es vielmehr der [...] Schutzwirkungen des Art. 5 Abs. 1 Satz 2 GG auch bei den 'rundfunkähnlichen Kommunikationsdiensten'. Deren Einbeziehung in den Schutzbereich der Gewährleistung erscheint daher geboten, zumal die hier in Betracht zu ziehenden Dienste sich vom herkömmlichen Rundfunk nicht wesentlich unterscheiden"[105]. Denn es besteht "kein Unterschied zwischen den als 'Rundfunk' und den als 'rundfunkähnliche Kommunikation' bezeichneten Sen-

---

[102] Degenhart, BK, GG, Art. 5 Abs. 1 und 2, Rn. 695; Bullinger, Kommunikationsfreiheit, S. 34f; Bullinger/ Mestmäcker, Multimediadienste, S. 57ff; Ferger/ Junker, DÖV 1981, 439, 445.

[103] Dabei werden die Abruf- und/ oder Zugriffsdienste zumeist als "rundfunkähnliche Kommunikationsdienste" eingeordnet; siehe dazu ausführlich: Gersdorf, Rundfunkbegriff, S. 77f, Fn. 197ff.

[104] Zunächst im sog. Baden-Würtemberg-Beschluß: BVerfGE 74, 297ff.

[105] BVerfGE 74, 297, 350f.

dungen [...] in den Punkten, die unter dem Blickwinkel des Art. 5 Abs. 1 GG allein entscheidend sein könnten: dem Inhalt der Sendungen und den am Kommunikationsprozeß Beteiligten. In beiden Fällen werden Sendungen gleichen Inhalts verbreitet; hier wie dort sind die Veranstalter und eine unbestimmte Vielzahl von Zuschauern oder Hörern beteiligt; hier wie dort trifft der Teilnehmer Auswahlentscheidungen durch Ein- und Ausschalten"[106].

Das Bundesverfassungsgericht legt also einen dynamischen, weiten Rundfunkbegriff zugrunde, der sich an der Funktion der in Art. 5 I 2 GG geregelten Rundfunkfreiheit orientiert.

Diese Ansicht hat es im sogenannten "NRW-Urteil"[107] noch einmal bekräftigt: "Soll die Rundfunkfreiheit unter den Bedingungen raschen technischen Wandels ihre normative Kraft bewahren, dann darf bei der Bestimmung von Rundfunk nicht nur an eine bereits eingeführte Technik angeknüpft werden. Andernfalls könnte sich die grundrechtliche Gewährleistung nicht auf jene Bereiche erstrecken, in denen gleichfalls die Funktion des Rundfunks, wenn auch mit neuen Medien, erfüllt würde"[108].

Der Schutzbereich der Rundfunkfreiheit im Sinne von Art. 5 I 2 GG ist mithin entwicklungsoffen und funktionsbezogen zu bestimmen.

Damit ist die Zuordnung von "Neuen Diensten" zum verfassungsrechtlichen Rundfunkbegriff mit der Frage verknüpft, ob diese funktionell an die Stelle des klassischen Rundfunks treten oder nicht. Folglich gilt es also zu klären, welches die typische Funktion des Rundfunks ist. Hier kommen verschiedene Punkte in Frage. Diese sollen zunächst nur im Überblick dargestellt werden. Ob sie für die Bestimmung des Rundfunkbegriffs tatsächlich relevant sind beziehungsweise als Tatbestandsmerkmal geeignet sind, wird im Anschluß näher untersucht.

- Zum einen nimmt der Rundfunk eine herausragende Stellung als "Medium" und eminenter "Faktor" der öffentlichen Meinungsbildung wahr[109].
- Zum anderen wird eine besondere "Vermittlungsfunktion" betont, welche verdeutlicht, daß die Gewährung der Rundfunkfreiheit in Art. 5 I 2 GG keineswegs eine Wiederholung der Meinungsfreiheit aus Art. 5 I 1 GG darstellt[110].

---

106 BVerfGE 74, 297, 352.
107 BVerfGE 83, 238ff.
108 BVerfGE 83, 238, 302.
109 BVerfGE 12, 205, 260.
110 Jarass, Massenmedien, S. 181ff (193); ders., Online-Dienste, S. 12ff; BVerfGE 83, 238, 296; 90, 60, 87.

- Mit der Rundfunkfreiheit als sogenannte "dienende Freiheit" sind außerdem verschiedene objektive Grundsätze verbunden, wie etwa Staatsfreiheit beziehungsweise ein allgemeiner Pluralitätsgedanke, wonach für eine ausgewogene Berichterstattung zu sorgen ist; und schließlich dient die Gewährung frei zugänglicher Rundfunkangebote auch einer effektiven Umsetzung der Informationsfreiheit aus Art. 5 I 1 GG.

bbb. Zur Meinungsbildung geeignet/ Darbietungen aller Art

(1) Grundlegung

Das Bundesverfassungsgericht hat seit seinem "1. Fernseh-Urteil"[111] immer wieder betont, daß Rundfunk zu den "unentbehrlichen Massenkommunikationsmitteln" zählt, "durch die Einfluß auf die öffentliche Meinung genommen und diese öffentliche Meinung mitgebildet wird"[112]. Rundfunk ist dabei "mehr als nur 'Medium' der öffentlichen Meinungsbildung; er ist ein eminenter 'Faktor' der öffentlichen Meinungsbildung"[113]. Aus der Rechtsprechung des Bundesverfassungsgerichts ergibt sich folglich eine herausragende Funktion des Rundfunks, nämlich die öffentliche Meinungsbildung. Bei gleichzeitiger Zugrundelegung eines entwicklungsoffenen und funktionsbezogenen Verständnisses des Rundfunkbegriffs wird eine weitere Voraussetzung für die Annahme von Rundfunk deutlich[114]:

Nur solche Informations- und Kommunikationsangebote unterfallen dem verfassungsrechtlichen Rundfunkbegriff, welche zur *öffentlichen Meinungsbildung geeignet* sind.

(2) Eignung zur Meinungsbildung

Damit stellt sich die Frage, welche Art von Darbietungen meinungsbildend sind. Der Wortlaut von Art. 5 I 2 GG ist auf "Berichterstattung durch Rundfunk" begrenzt. Nahezu einhellig anerkannt ist jedoch, daß der Schutzbereich der Norm nicht nur die "Berichterstattung" im engeren Sinne, also die Wiedergabe von

---

[111] BVerfGE 12, 205ff.
[112] BVerfGE 12, 205, 260; 31, 314, 325f; 57, 295, 319; 73, 118, 152; 83, 238, 296.
[113] BVerfGE 12, 205, 260; 57, 295, 320; 73, 118, 152; 83, 238, 296.
[114] Diese Voraussetzung ist üblicherweise mit dem Begriff "Darbietung" verbunden. Hoffmann-Riem, Pay-TV, S. 48; Gersdorf, AfP 1995, 565, 569.

Tatsachen, sondern jegliche Vermittlung von Information und Meinung umfaßt[115]. Die Mitwirkung an der öffentlichen Meinungsbildung beschränkt sich nicht nur auf Nachrichtensendungen oder politische Kommentare; vom Schutzbereich der Rundfunkfreiheit sind vielmehr Inhalte jeder Art umfaßt, solange sie geeignet sind, meinungsbildend auf den Adressaten zu wirken[116]. Daher werden auch musikalische Darbietungen oder Spielfilme, das heißt Unterhaltungssendungen jeglicher Art, als von der Rundfunkfreiheit geschützt angesehen[117]. Denn sie erlauben stets einen Rückschluß auf gesellschaftliche Anschauungen und enthalten mitunter sogar Botschaften[118]. Jedes Rundfunkprogramm wird durch die Auswahl und Gestaltung der Sendung eine Tendenz haben, die sich insbesondere in der Entscheidung, was gesendet werden soll und was nicht, manifestiert[119]. Selbst die Gestaltung von Überschriften kann Werturteile enthalten und meinungsbildend sein; ebenso wie der Tonfall eines Sprechers, denn es gibt keinen Menschen, der imstande wäre, auch nur die geringste Tatsache ohne irgendeine persönliche Regung zu referieren[120]. Schließlich gibt auch Werbung Aufschluß etwa über die wirtschaftlichen Verhältnisse eines Landes beziehungsweise über die Qualität der beworbenen Produkte und stellt somit durchaus eine Informationsquelle dar[121].

Die Geeignetheit zur Meinungsbildung wird mithin sehr weit gefaßt. Dennoch handelt es sich hier mehr um eine Kasuistik als um eine präzise Definition. Der Begriff der "öffentlichen Meinungsbildung" wird in der Rechtsprechung des Bundesverfassungsgerichts eher vorausgesetzt, als detailliert beschrieben. Dazu bestand aber auch kein Anlaß[122]. Die herkömmlichen Informations- und Kommunikationsangebote ließen sich recht unproblematisch in den Kreis der Darbietungen einordnen, welchen die Geeignetheit zur "öffentlichen Meinungsbildung"

---

115 BVerfGE 57, 295, 319; 60, 53, 63f; 74, 297, 332; BVerwGE 75, 67, 70f; Degenhart, BK, GG, Art. 5 Abs. 1 und 2, Rn. 676; Starck, in: v.Mangoldt/ Klein/ Starck, GG I, Art. 5 Abs. 1,2, Rn. 100; Schulze-Fielitz, in: Dreier, GG I, Art. 5 I, II, Rn. 79; Pieper/ Wiechmann, ZUM 1995, 82, 89; Schmitt Glaeser, AöR 112, 215, 223; s. aber auch: Hesse, Grundzüge des Verfassungsrechts, Rn. 396; ausschließlich auf die Berichterstattung abstellend: Böckenförde/ Wieland, AfP 1982, 77, 78.

116 BVerfGE 12, 205, 260f; 31, 314, 326; 57, 295, 320; 73, 118, 152; 74, 297, 323; siehe auch Pieper/ Wiechmann, ZUM 1995, 82, 89.

117 BVerfGE 12, 205, 260f; 31, 314, 326; 73, 118, 152; ausführlich zur Unterhaltung: Hoffmann-Riem, Pay-TV, S. 48f.

118 Pieper/ Wiechmann, ZUM 1995, 82, 89.

119 BVerfGE 12, 205, 260; siehe auch Scheuner, VVDStRL 22, 1, 64.

120 Herzog, in: Maunz/ Dürig, GG, Art. 5 Abs. I, II, Rn. 51.

121 Arndt, JZ 1965, 335, 339; Neft, Rundfunkwerbung, S. 34ff; Pieper/ Wiechmann, ZUM 1995, 82, 89; differenzierend: Schroeder, ZUM 1994, 471, 476.

122 Schwierigkeiten entstehen in zunehmendem Maße mit dem Übergang von Vollprogrammen zu Sparten- und Abrufdiensten: s. dazu: Bullinger, in: HStR VI, § 142, Rn. 135ff.

ohne weiteres zugestanden wurde. Neuartige Angebote, wie beispielsweise Teleshopping, Telespiele und Datendienste, unterscheiden sich allerdings erheblich von den klassischen Rundfunkprogrammen, insbesondere von denen, welche den Schöpfern der Verfassung bekannt beziehungsweise voraussehbar waren. Sie lassen sich deshalb nicht ohne weiteres in das Rundfunksystem integrieren. Eine präzise Definition des Begriffs der "öffentlichen Meinungsbildung" ist mithin erforderlich.

(a) Öffentliche Meinung/ Individuelle Meinung

Spricht man von öffentlicher Meinungsbildung, so läge zunächst die Vermutung nahe, daß es sich hier um den Prozeß der Bildung einer *öffentlichen Meinung* handelt[123]. Diese Annahme soll jedoch im folgenden widerlegt werden.

Bei obigem Wortspiel ist bereits auffällig, daß trotz Beibehaltung der Wortbestandteile letzterer Begriff wesentlich enger erscheint. Denn öffentliche Meinungsbildung muß nicht zwangsläufig dahingehend verstanden werden, daß hier die Meinung einer Öffentlichkeit gebildet wird, sondern der Begriff läßt vielmehr auch eine andere Auslegung zu, nämlich daß er sowohl die Bildung einer öffentlichen, aber auch einer individuellen Meinung umfaßt. "*Öffentliche*" Meinungsbildung würde in diesem Zusammenhang lediglich bedeuten, daß sich der Meinungsbildungsprozeß nicht in einem individuellen Bereich vollzieht, sondern die zur Meinungsbildung erforderlichen Informationen werden auf einem für jedermann frei zugänglichen "Marktplatz" der Meinungen, Ideen, Informationen etc. dargeboten beziehungsweise konsumiert.

Folglich könnte die *öffentliche Meinung* lediglich ein Teilergebnis öffentlicher Meinungsbildung sein, was aber nur dann zuträfe, wenn:

- *öffentliche* Meinung und *individuelle* Meinung zu unterscheiden sind und
- der Begriff der "öffentlichen Meinungsbildung" nicht nur auf die Bildung einer *öffentlichen* Meinung beschränkt ist.

Diese Fragen sollen im folgenden untersucht werden.

---

[123] So wohl auch eine früher verbreitete Ansicht: s. dazu bei Rossen, Freie Meinungsbildung, S. 82, m.w.N.

(aa) Öffentliche Meinung

"*Öffentliche Meinung*" ist ein außerordentlich schwer zu beschreibendes "Phänomen". Der wohl erstmals von Rousseau[124] geprägte Begriff wird seither in Literatur, Rechts- und Sozialwissenschaft sowie Politik verwandt, ohne daß jedoch eine präzise Definition gefunden werden konnte[125]. Die Unbestimmtheit des Begriffs ermöglicht verschiedene Auslegungen[126]. "*Öffentliche Meinung*" wird zum Teil als "veröffentlichte", "offenstehende" oder "allgemein-politische" Meinung verstanden[127]. Diese Merkmale können zwar durchaus charakteristisch für den Begriff der "*öffentlichen Meinung*" sein, betrachtet man allerdings die Entstehungsgeschichte, so findet sich ein ganz anderer Anknüpfungspunkt[128]. Es wird nämlich auf den Träger der Meinung abgestellt[129]. Dies soll die Öffentlichkeit sein[130]. *Öffentliche Meinung* bringt also kollektive Bewußtseinsinhalte zum Ausdruck[131]; sie artikuliert die Ansicht einer breiten Öffentlichkeit, ohne daß jemand an exponierter Stelle diese Meinung formulieren muß[132]. Sie ist in der Öffentlichkeit vorhanden und wird von dieser wahrgenommen, ohne zwangsläufig expliziter Gegenstand eines offen geführten Kommunikationsprozesses zu sein. *Öffentliche Meinung* ist mehr als nur die Summe einer Vielzahl von zufällig gleichlautenden Ansichten, sondern das Ergebnis eines Meinungsbildungsprozesses, der regelmäßig zu einer allgemeinen Auffassung führt. Dies muß aber

---

[124] Im Jahre 1744; John Locke sprach vorher von "Law of Opinion"; siehe hierzu: Noelle, Öffentliche Meinung und Soziale Kontrolle, S. 8; sehr ausführlich: Noelle-Neumann, Öffentliche Meinung (1996).

[125] Aus der zahlreichen, insbesondere sozialwissenschaftlichen Literatur zu diesem Thema seien erwähnt: Flieger, Die öffentliche Meinung in der Staatsphilosophie von Thomas Hobbes (1975); Lenz, Werden und Wesen der öffentlichen Meinung (1956); Lippmann, Die öffentliche Meinung (1990); Löffler, Die öffentliche Meinung (1962); Noelle, Öffentliche Meinung und Soziale Kontrolle (1966); Noelle-Neumann, Öffentliche Meinung (1996); Schambeck, Staat, Öffentlichkeit und öffentliche Meinung (1992).

[126] Eine Zusammenstellung der verschiedenen Deutungen ist bei Löffler, Die öffentliche Meinung, S. 77f zu finden.

[127] Ebenda.

[128] Ausführlich zu diesem Thema: Noelle-Neumann, Öffentliche Meinung (1996).

[129] So die überwiegende Ansicht in der einschlägigen Literatur: s.o.

[130] Löffler, Die öffentliche Meinung, S. 78.

[131] Arndt, Begriff und Wesen der öffentlichen Meinung, in: Löffler, Die öffentliche Meinung, S. 3.

[132] So auch: Lenz, Werden und Wesen der öffentlichen Meinung (1956); Löffler, Die öffentliche Meinung (1962); Noelle, Öffentliche Meinung und Soziale Kontrolle (1966); Noelle-Neumann, Öffentliche Meinung (1996); Schambeck, Staat, Öffentlichkeit und öffentliche Meinung (1992).

nicht heißen, daß die Öffentlichkeit immer eine einheitliche Meinung bildet[133]. Eine pluralistische Gesellschaft kann zwar durchaus allgemeingültige Werte besitzen, ihr sind aber unterschiedliche Meinungen keineswegs fremd. Dies spiegelt sich auch in der *öffentlichen Meinung* wider. Man spricht in solchen Fällen von einer *gespaltenen oder geteilten öffentlichen Meinung*[134].

Selbst wenn öffentliche und individuelle Meinung durchaus identisch sein können, so lassen sich diese Begriffe dennoch deutlich voneinander unterscheiden und zwar je nach dem Träger der Meinung. Das Individuum hat seine *individuelle Meinung*, die gesellschaftliche Gruppe die *öffentliche*.

(bb) Beschränkung der öffentlichen Meinungsbildung auf die öffentliche Meinung?

Da individuelle und öffentliche Meinung zu trennen sind, stellt sich nunmehr die Frage, ob die *öffentliche Meinungsbildung* inhaltlich auf die Verbreitung der öffentlichen Meinung beschränkt ist oder ob zum Prozeß der *öffentlichen Meinungsbildung* auch individuelle Meinungen gehören.

Die öffentliche Meinung kann je nach inhaltlicher Ausrichtung[135] eine moralisierende, integrierende, politische, gesellschaftsverbindende oder gesellschaftsordnende etc. Bedeutung erlangen[136]. So kann die öffentliche Meinung insbesondere in einer Diktatur vor einer endgültigen Gleichschaltung der Meinungen schützen und wenigstens in einem begrenzten Maße Opposition ermöglichen. Aber auch in einer funktionierenden Demokratie kann sie eine gewichtige Kontrollfunktion wahrnehmen und einflußreicher Machtfaktor sein[137]. Öffentliche Meinung ist die Stimme des Volkes, mit der es auf die staatliche Willensbildung sehr gewichtig einwirkt; was insbesondere in einer mittelbaren, repräsentativen Demokratie einen wichtigen Ausgleich für das Minus an politischer Einflußnahme des Individuums darstellt[138]. Damit erlangt die öffentliche Meinung also

---

[133] Löffler, Die öffentliche Meinung, S. 79; auch: Schambeck, Staat, Öffentlichkeit und öffentliche Meinung, S. 33.

[134] Löffler, Die öffentliche Meinung, S. 79.

[135] Es muß sich um Angelegenheiten von allgemeinem Interesse handeln: Schambeck, Staat, Öffentlichkeit und öffentliche Meinung, S. 24; Löffler, Die öffentliche Meinung, S. 77; Allerdings aber ohne Begrenzung auf rein politische etc. Äußerungen. Bezüglich letzterem, mit *a.A.:* Lenz, Werden und Wesen der öffentlichen Meinung, S. 32.

[136] Ausführlich dazu: Noelle-Neumann, Öffentliche Meinung (1996).

[137] Löffler, Die öffentliche Meinung, S. 20ff; Schambeck, Staat, Öffentlichkeit und öffentliche Meinung, S. 23 ff.

[138] Löffler spricht hier mit Bezug auf die USA von einem "Oberparlament": Die öffentliche Meinung, S. 21; insoweit bestehen auch nicht die Gefahren wirklicher plebiszitärer Einfluß-

durchaus eine wichtige Bedeutung für das Funktionieren einer Demokratie. Wenn das Bundesverfassungsgericht in ständiger Rechtsprechung dem Prozeß der öffentlichen Meinungsbildung ebenfalls eine "schlechthin konstituierende" Bedeutung für die freiheitliche Demokratie zuspricht[139], so ist dies aber noch lange kein Indiz dafür, daß *öffentliche Meinungsbildung* auf die Verbreitung der öffentlichen Meinung beschränkt ist, selbst wenn diese durchaus wichtige Aufgaben innerhalb einer Demokratie wahrnimmt. Vielmehr ist zu beachten, daß der Prozeß der öffentlichen Meinungsbildung in einer freiheitlichen Demokratie weder dem Staat, noch einer bestimmten gesellschaftlichen Gruppe ausgeliefert werden darf[140]. Zwar spiegelt die öffentliche Meinung die Ansichten einer breiten Bevölkerungsschicht wider und ist - wie bereits gezeigt - in der Lage, auch heterogene Stimmungslagen zu vermitteln, dennoch darf die *öffentliche Meinungsbildung* nicht auf die Verbreitung "der" öffentlichen Meinung beschränkt sein. Die Demokratie lebt ja gerade davon, daß unterschiedliche Meinungen um Anerkennung ringen und daß Mehrheiten wechseln[141]. Auch die öffentliche Meinung paßt sich immer wieder den, sich mitunter rasch verändernden, gesellschaftlichen Strömungen an. Es ist also notwendig, daß neben einer bereits bestehenden öffentlichen Meinung auch andere Ansichten zu Wort kommen.

Mithin ist es falsch, *öffentliche Meinungsbildung* und öffentliche Meinung begrifflich gleichzusetzen und beispielsweise undifferenziert von der Bedeutung des Rundfunks als Medium und Faktor der öffentlichen Meinung zu sprechen[142]; denn die Massenmedien sind - auch wenn sie entscheidenden Einfluß auf die öffentliche Meinung ausüben - eben nicht nur Medium der öffentlichen Meinung, sondern sie sollen vielmehr eine offene und pluralistische Meinungslandschaft herstellen, in der sich jeder Einzelne autonom positionieren kann, welche andererseits aber auch befruchtend auf die Entwicklung der öffentlichen Meinung wirkt.

In einer freiheitlichen Grundordnung muß insbesondere auch die persönliche Entfaltung des Individuums gewährleistet sein. Nur durch eine pluralistische Meinungslandschaft kann dem Einzelnen, entsprechend seinen individuellen Informationsbedürfnissen, eine Orientierungsmöglichkeit geboten werden. Die

möglichkeiten, da Lenkung, Leitung und Entscheidung noch immer staatlichen Organen obliegen.

139 BVerfGE 5, 85, 205; 7, 198, 208; 12, 113, 125; 20, 56, 97; 33, 1, 15; 35, 202, 222; 42, 163, 168; 59, 231, 266; 93, 266, 292.

140 BVerfGE 12, 205, 262.

141 Siehe dazu auch: BVerfGE 35, 202, 222.

142 So aber Arndt, Begriff und Wesen der öffentlichen Meinung, in: Löffler, Die öffentliche Meinung, S. 1; der in seinen weiteren Ausführungen aber durchaus Staatsfreiheit und Pluralismus der Massenmedien anerkennt und fordert: S. 13ff; ebenfalls: Schulte-Kellinghaus, S. 63ff.

öffentliche Meinungsbildung muß inhaltlich also eine breite Angebotspalette bereithalten und darf nicht nur auf einzelne, wenn auch gewichtige Meinungsströmungen beschränkt sein. Mit einer individuellen Persönlichkeitsentfaltung wäre es schnell vorbei, wenn nur Meinungen mit breiter gesellschaftlicher Akzeptanz öffentlich Gehör finden würden. Eine derart farblose Gesellschaft würde in ihrer Entwicklung gebremst. Oft waren es gerade die unorthodoxen und der tradierten Erfahrungswelt grundlegend widersprechenden Ansichten, die zu bahnbrechenden Fortschritten, etwa in der Wissenschaft geführt haben[143]. Gerade hier zeigt sich die Notwendigkeit, daß auch Meinungen ohne breite Anerkennung ein Forum bekommen, in dem sie um neue Mehrheiten werben können. Mithin muß in einer demokratischen Gesellschaft die *öffentliche Meinungsbildung* gerade dafür Sorge tragen, daß individuelle Meinungen dem Anpassungsdruck der öffentlichen Meinung standhalten können und ihr nicht erliegen, indem sie einverleibt werden[144].

Es läßt sich also feststellen, daß sowohl die Freiheit des demokratischen Meinungswettstreits, als auch die Freiheit der individuellen Entfaltung - mithin zwei herausragend wichtige Grundprinzipien einer Demokratie - es erfordern, daß der Prozeß der öffentlichen Meinungsbildung nicht ausschließlich auf die Verbreitung einer öffentlichen Meinung beschränkt sein darf, sondern daß auch für die Vermittlung abweichender individueller Meinungen Raum sein muß.
"*Öffentliche Meinungsbildung*" läßt sich also nicht über die öffentliche Meinung definieren, damit stellt sich noch immer die Frage, was unter diesem Begriff zu verstehen ist.

(b) Öffentliche Meinungsbildung/ Individuelle Meinungsbildung

Soeben wurde auf den Vermittlungsprozeß eingegangen und festgestellt, daß dieser inhaltlich nicht auf die öffentliche Meinung beschränkt werden darf, sondern daß er vielmehr auch individuelle Meinungen umfassen muß. Nun soll der

[143] Wie beispielsweise die Aufstellung der Theorie vom heliozentrischen Weltsystem durch Nikolaus Kopernikus/ Galileo Galilei; Schon Galilei sah die Kraft der öffentlichen Meinung, welche - wenn man ihr nachgab - in der Lage ist, Fortschritt zu blockieren: "[...] und da es ferner die Art der [heiligen] Schrift ist, daß sie - um mit dem allgemeinen Verständnis übereinzustimmen - viele Dinge sagt, die offenbar von der absoluten Wahrheit abweichen [...]" Galileo Galilei, Le opere di Galileo Galilei, Vol. 5., S. 316.

[144] Zur öffentlichen Meinung als Feind des Individuums: Rousseau, siehe bei Noelle-Neumann, S. 119ff: um öffentliche Anerkennung zu erlangen, ordnet der Einzelne seine individuelle Meinung vielfach der öffentlichen unter.

Frage nachgegangen werden, welcher Kreis von Rezipienten angesprochen werden soll.

Das Bundesverfassungsgericht hat in seiner 1. Rundfunkentscheidung besonders die Bedeutung des Rundfunks für die öffentliche Meinungsbildung betont[145]. Daran anknüpfend wird auch in der Literatur vielfach von "öffentlicher Meinungsbildung" gesprochen[146]. Es könnte mithin der Eindruck entstehen, daß die Funktion des Rundfunks in der *öffentlichen Meinungsbildung* beschränkt ist; daß es also Aufgabe des Rundfunk ist, eine öffentliche Meinung, eine allgemeine Auffassung der Gesellschaft zu bilden und nicht etwa auch individuelle Meinungen. Das wird den Intentionen des Bundesverfassungsgerichts aber nicht gerecht. So macht das Gericht in der 3. Rundfunkentscheidung deutlich, daß alle Garantien des Art. 5 I GG der Gewährleistung freier individueller und öffentlicher Meinungsbildung dienen[147]. Somit sieht es auch die Rundfunkfreiheit nicht auf die *öffentliche Meinungsbildung* beschränkt.

Eine trennscharfe Abgrenzung der Bereiche *individueller* beziehungsweise *öffentlicher Meinungsbildung* läßt sich ohnehin nicht vornehmen[148]. Die Grenzen sind fließend. Es sind sowohl die Meinungen einzelner als auch die Meinungen von Gruppen, Verbänden, Parteien etc., welche in die "öffentliche Diskussion" eingehen. Gerade diese "öffentliche Diskussion" ist es aber auch, welche ihrerseits die Meinungsbildung der einzelnen, Gruppen etc. initiiert, befruchtet und orientiert[149].

Individuelle und öffentliche Meinung setzen einander folglich voraus und beeinflussen sich. Sie lassen sich nicht trennen. Mithin kann nur von einem einheitlichen Prozeß der Meinungsbildung gesprochen werden[150].

Eine Beschränkung der Funktion des Rundfunks auf die *öffentliche Meinungsbildung* scheidet somit aus. Rundfunk gewährleistet *Meinungsbildung*, ohne zwischen öffentlich und individuell zu trennen.

(c) Meinungsbildung

Doch was genau ist unter *Meinungsbildung* zu verstehen? Welche Inhalte muß ein Informations- und Kommunikationsangebot vermitteln, um als *meinungsbildend* qualifiziert werden zu können?

---

[145] BVerfGE 12, 205, 260.
[146] Siehe oben.
[147] BVerfGE 57, 295, 319.
[148] Siehe auch Degenhart, BK, GG, Art. 5 Abs. 1 und 2, Rn. 41ff.
[149] Rossen, Freie Meinungsbildung, S. 97.
[150] Vgl. hierzu auch: Herrmann, Fernsehen und Hörfunk, S. 218ff.

Zum einen ließe sich die Auffassung vertreten, daß *Meinungsbildung* jeden Sachbereich erfassen kann, also daß jede beliebige Information meinungsbildend ist[151]. Eine solche Ansicht würde mit dem weiten Verständnis der Meinungsfreiheit korrespondieren. Meinung kann demnach jede Stellungnahme zu allen möglichen sachlichen Gegenständen und Personen sein[152]; was im Umkehrschluß bedeuten muß, daß diese meinungsbildend sind. Ein derart extensives Verständnis trifft jedoch auf Kritik[153]. Wenn jede beliebige Information meinungsbildend ist, so scheint diesem Begriff keine Definitionskraft innezuwohnen, was dann im Widerspruch zu der Rechtsprechung des Bundesverfassungsgerichts stehen könnte, das den dynamischen Rundfunkbegriff gerade auch an der Bedeutung des Rundfunks für die Meinungsbildung ausrichtet.

Eine deutliche Abgrenzungswirkung käme dem Begriff der *Meinungsbildung* zu, wenn er auf bestimmte Inhalte beschränkt wäre, etwa auf politische, gesellschaftliche oder zumindest auf Inhalte öffentlichen Interesses. Dafür könnte die Entstehungsgeschichte sprechen. Die Gewährleistung der Rundfunkfreiheit ist durch die Erfahrungen mit dem Nationalsozialismus geprägt, was den Schluß zuließe, daß es um politische Meinungsbildung geht, denn hier liegt eine Gefahr, die es zu bannen gilt. Rundfunkfreiheit könnte also als Gewährleistung freier politischer Meinungsbildung angesehen werden. Einer solchen Auffassung ist aber das Bundesverfassungsgericht von Anfang an entgegengetreten, indem es deutlich gemacht hat, daß *Meinungsbildung* sich nicht nur auf Nachrichtensendungen oder politische Kommentare beschränkt, sondern daß Meinungsbildung ebenso in Hörspielen, musikalischen Darbietungen und Übertragungen kabarettistischer Programme stattfindet[154]. Eine eindeutige Öffnung des Begriffs *Meinungsbildung* hin zu jeglichen Inhalten läßt sich trotz aller Weite der diesbezüglichen Rechtsprechung des Gerichts nicht entnehmen. Auch die exemplarisch aufgezählten Erweiterungen über den Bereich politischer Bildung hinaus sind Veranstaltungen, welche einen eindeutig gesellschaftlichen Bezug herstellen. Vielfach wird deshalb eine uferlose Ausdehnung des Begriffs der *Meinungsbildung* abgelehnt und eine Beschränkung für richtig gehalten. Im selben Atemzug wird aber immer betont, daß keine Zensur darüber stattfinden darf, was *meinungsbildend* im Sinne des Art. 5 I GG ist.

---

[151] Jarass, Online-Dienste, S. 12; ders. AfP 1998, 133, 134.

[152] Starck, in: v.Mangoldt/ Klein/ Starck, GG I, Art. 5 Abs. 1,2, Rn. 23; Wendt, in: v.Münch/ Kunig, GG I, Art. 5, Rn. 8; BVerfGE 33, 1, 14; 93, 266, 289.

[153] Etwa Micklitz, NJW 1990, 1569, 1572, der seine Kritik sehr pointiert zum Ausdruck bringt: "Der Tag kann nicht mehr fern sein, an dem Kaffeefahrten ein Bildungswert zugesprochen wird."

[154] BVerfGE 12, 205, 260; s. auch Hoffmann-Riem, AK-GG, Art. 5 Abs. 1, 2, 2.1, Rn. 10.

Mithin wird zwar eine umfassende Ausdehnung des Begriffs *Meinungsbildung* abgelehnt; aber eine eindeutige Definition dessen, was *meinungsbildend* sein soll, findet nicht statt. Dieses Merkmal eröffnet damit Rechtsunsicherheiten. Zuordnungen sind immer Einzelfallentscheidungen, welche nicht auf andere Informations- und Kommunikationsangebote erstreckt werden können. Die Rechtsunsicherheit hat sich in den letzten Jahren besonders deutlich am Beispiel des Teleshoppings gezeigt, dem die Eignung zur *Meinungsbildung* einerseits zugesprochen wurde, anderseits aber auch nicht.

Die Vielfalt der modernen Informations- und Kommunikationsdienste fordert neue, verläßliche Kriterien zur rechtlichen Einordnung. Wenn dies zur Aufgabe von unscharfen Tatbestandsmerkmalen führt, so müssen neue, präzisere Merkmale gefunden werden. Im folgenden wird daher untersucht, ob sich für den Begriff der *Meinungsbildung* ein klar zu umreißender Anwendungsbereich finden läßt oder ob *Meinungsbildung* Bestandteil jeglicher Kommunikation ist.

(aa) Dienende Freiheit/ positive Rundfunkordnung

Bei der Auslegung von Art. 5 I GG ist zunächst die vom Bundesverfassungsgericht im Lüth-Urteil grundlegend formulierte Auffassung zu berücksichtigen, daß Grundrechte nicht nur "Abwehrrechte des Bürgers gegen den Staat" sind, sondern auch objektive Prinzipien, die "als verfassungsrechtliche Grundentscheidungen für alle Bereiche des Rechts gelten"[155]. Dementsprechend sieht das Bundesverfassungsgericht in der Rundfunkfreiheit nicht nur ein subjektives Recht auf Gewährung freier rundfunkpublizistischer Betätigung[156], sondern vielmehr auch eine objektive Wertentscheidung, denn es wählt einen funktionellen Begründungsansatz: Eigenart und Bedeutung der Rundfunkfreiheit sind durch die Aufgabe bestimmt, der freien Meinungsbildung zu dienen[157]. Das Bundesverfassungsgericht betrachtet die Rundfunkfreiheit also vornehmlich als eine "dienende Freiheit"[158]. Damit wird die allumfassende Freiheitsgewährung im Sinne eines klassischen Individualgrundrechts funktional eingeschränkt.

Bei objektiv-rechtlicher Betrachtung von Art. 5 I 2 GG ergeben sich weitere Konturen der Rundfunkfreiheit: Zur Gewährleistung ihrer Aufgabe bedarf die Rundfunkfreiheit einer positiven Ordnung, die sicherstellt, daß die Vielfalt der

155 BVerfGE 7, 198, 204f.
156 BVerfGE 57, 295, 320.
157 BVerfGE 57, 295, 320.
158 So ausdrücklich in: BVerfGE 57, 295, 320; aber schon in den ersten Rundfunkentscheidungen vorgezeichnet: s. etwa: BVerfGE 12, 205, 262f; s. dazu auch Fink, DÖV 1992, 805ff; Engel, AfP 1994, 185.

bestehenden Meinungen im Rundfunk in möglichster Breite und Vollständigkeit Ausdruck findet und daß auf diese Weise umfassende Information geboten wird[159]. Das Maß an subjektiver Rechtsstellung soll demnach nicht erst im Rahmen von Art. 5 II GG begrenzt werden, sondern von vornherein unter einem Parlamentsvorbehalt im Sinne eines grundrechtsermöglichenden Ausgestaltungsvorbehalt des Gesetzgebers stehen[160].

Eine wie oben verstandene Rundfunkfreiheit weist im Gegensatz zu klassischen Individualgrundrechten zwei Besonderheiten auf: den rundfunkspezifischen Ausgestaltungsvorbehalt und das Verständnis der Rundfunkfreiheit als eine dienende Freiheit. Beide Spezifika begrenzen den Gewährleistungsumfang des Grundrechts. Genau in dieser Freiheitsbeschränkung liegt die Notwendigkeit sich im folgenden damit zu beschäftigen, ob einer solchen objektiv-rechtlichen Ansicht der Vorzug zu geben ist oder ob vielmehr ein individualrechtliches Verständnis (subjektives Abwehrrecht) zu sachgerechteren Lösungen gelangt. Bei objektiv-rechtlicher Betrachtung tritt die allumfassende Freiheitsgewährung in den Hintergrund; die Freiheit wird begrenzt. Damit würden Konturen entstehen, welche bei der hier angestrebten Definition der Rundfunkfreiheit zu beachten sind.

(aaa) Dienende Freiheit

Im Anschluß an die Rechtsprechung des Bundesverfassungsgerichts[161] wird die Rundfunkfreiheit vielfach als eine dienende Freiheit bezeichnet, das heißt, im Unterschied zu anderen Freiheitsrechten des Grundgesetzes handelt es sich bei der Rundfunkfreiheit nicht um ein Grundrecht, das seinem Träger zum Zweck der Persönlichkeitsentfaltung oder Interessenverfolgung eingeräumt ist[162]. Es wird daher nicht primär im Interesse der Rundfunkveranstalter gewährleistet, sondern im Interesse freier individueller und öffentlicher Meinungsbildung[163].

[159] BVerfGE 57, 295, 320; 73, 118, 152ff; 74, 297, 324; 83, 238, 296; 87, 181, 198; 89, 144, 152; 90, 60, 88.

[160] Determann, Kommunikationsfreiheit im Internet, S. 399; vgl. dazu auch: Starck, in: Mestmäcker, Kommunikation ohne Monopole II, S. 294: "Herr des 'Grundrechts' der Rundfunkfreiheit ist demnach wenigstens auf den ersten Blick der Landesgesetzgeber, der im einzelnen bestimmen darf, welches Maß an subjektiver Rechtsstellung gewährt oder wieder entzogen wird."

[161] BVerfGE 57, 295, 319; 73, 118, 152; 83, 238, 295; 87, 181, 197; 90, 60, 87.

[162] BVerfGE 87, 181, 197.

[163] BVerfGE 83, 238, 315.

Diese Ansicht des Bundesverfassungsgerichts stößt aber auf heftige Kritik: die klassische Freiheit "wovon" verenge sich zu einer Freiheit "wozu"[164]. Das Grundrecht gerät infolgedessen zu einer Grundpflicht[165]. Die Freiheit wird zu einem bloßen Mittel verfremdet[166]. Ausgangspunkt dieser Kritik ist eine bestimmte Grundhaltung, nämlich die Annahme, die Rundfunkfreiheit sei als individuelles Freiheitsgrundrecht geschaffen worden[167]. So wird vielfach auch von einer Entindividualisierung der Rundfunkfreiheit gesprochen, was voraussetzt, daß das Grundrecht ursprünglich rein individualrechtlich ausgestaltet war. Ist dies der Fall, so muß der Kritik an der dienenden Freiheit statt gegeben werden, denn Freiheit, die zum Dienen verpflichtet wird, ist keine Freiheit mehr[168]. Zunächst steht dies nicht im Gegensatz zur Ansicht des Bundesverfassungsgerichts, denn Rundfunkfreiheit sei nicht im Interesse der Rundfunkveranstalter, sondern im Interesse freier individueller und öffentlicher Meinungsbildung gewährleistet, also im Interesse der Rezipienten. Nach diesem Verständnis sollen folglich nicht primär die Rundfunkveranstalter frei sein, sondern der Prozeß der Meinungsbildung. Den Rundfunkveranstaltern obliegt es daher nicht, über den vollen Umfang der Rundfunkfreiheit zu entscheiden.

Der Dissens ist somit auf grundlegenderer Ebene angesiedelt und zwar, wie bereits angedeutet, im Grundverständnis der Gewährleistung, das heißt in der Frage, ob hier ein Individualgrundrecht auf freien Zugang zu rundfunkpublizistischer Betätigung gewährleistet werden sollte oder nicht.

Die Begründung einer solchen individualrechtlichen Sicht stützt sich zunächst auf systematische Argumente. Danach solle schon die Verankerung der Rundfunkfreiheit im Grundrechtsteil des Grundgesetzes und insbesondere die Einbindung in das Gewährleistungsgefüge der übrigen Kommunikationsfreiheiten des Art. 5 I GG vermuten lassen, daß die Rundfunkfreiheit als Individualgrundrecht

---

[164] Kull, AfP 1981, 378, 380.

[165] Siehe dazu: Bethge, DVBl 1983, 369, 371; ders., NJW 1982, 2145; Isensee, DÖV 1982, 609; Badura, DVBl 1982, 861; v. Mangoldt machte in den Beratungen des Grundsatzausschusses des Parlamentarischen Rates deutlich, daß die Statuierung von Grundpflichten im Grundgesetz ausgesprochen problematisch ist; es sich aber nicht in jedem Falle vermeiden ließe, solche aufzunehmen: wie etwa die Sozialbindung des Eigentums. s. 3. Sitzung des Grundsatzausschusses, 21. September 1948, in: Der Parlamentarische Rat 1948-1949, Band 5/I, S. 49.

[166] Klein, DVBl 1994, 489, 494.

[167] Vgl. Lieb, Kabelfernsehen, S. 157.

[168] Hesse, Rundfunkrecht, 2. Kap., II, 3b, Rn. 46; Fink, DÖV 1992, 805, 811f.

anzusehen ist[169]. Eine hierfür sprechende Vermutung wird aber bereits durch den Schutz von Ehe und Familie in Art. 6 I GG, die staatliche Schulaufsicht gemäß Art. 7 I GG, die Verpflichtung zum Wehrdienst gemäß Art. 12a I GG und die Sozialbindung von Eigentum gemäß Art. 14 II GG relativiert, denn diese Normen stellen keine individualrechtlichen Gewährleistungen dar. Ein Nebeneinander von Institutsgarantien und Individualrechten ist dem Grundgesetz also nicht fremd; vielmehr sind die objektivrechtlichen Wertentscheidungen eine "prinzipielle Verstärkung der Geltungskraft der Grundrechte"[170].

Um aus Art. 5 I 2 GG eine Rundfunkgründungsfreiheit abzuleiten, wird auch der historische Hintergrund der Vorschrift angeführt[171]. So wird darauf hingewiesen, daß der Rundfunk in Deutschland ursprünglich durch private Gesellschaften und mit privatem Kapital veranstaltet wurde. Zum anderen lehnte der Grundsatzausschuß des Parlamentarischen Rates einen Vorschlag *v. Mangoldts* ab, in das Grundgesetz einen Betriebsvorbehalt zugunsten der öffentlich-rechtlichen Rundfunkanstalten aufzunehmen[172]. Privatwirtschaftliche Modelle dürften nicht von vornherein ausgeschlossen werden. Dieser eindeutige Verzicht auf eine Festschreibung der Rundfunkordnung und ein bewußtes Offenlassen der Möglichkeit privatwirtschaftlicher Strukturen verdeutlicht gewiß, daß nicht ausschließlich an öffentlich-rechtlichem Rundfunk festgehalten werden sollte; aber der Wille zur Schaffung einer Rundfunkveranstaltungsfreiheit geht daraus nicht hervor[173]. Die tatsächliche Entwicklung der Rundfunklandschaft hat vielmehr gezeigt, daß sich privater Rundfunk auch unter den Bedingungen objektivrechtlicher Regulierung entwickeln kann. Die Entstehungsgeschichte der Rundfunkfreiheit enthält insoweit keinerlei Gründe, welche einen zwingenden Schluß erfordern würden, Art. 5 I GG als klassisches Freiheitsrecht auch im Sinne einer Rundfunkveranstaltungsfreiheit zu verstehen.

Dennoch lohnt es sich, den historischen Hintergrund der Vorschrift ein wenig genauer zu beleuchten[174]. Hauptmotivationsgrund für die Schaffung der Kom-

---

[169] Vgl. Klein, Die Rundfunkfreiheit, S. 41; so auch Marko, Subjektiv öffentliche Rechte, S. 114f.

[170] BVerfGE 7, 198, 205; s. hierzu auch: Jarass, Die Freiheit des Rundfunks vom Staat, S. 14ff.

[171] Ausführlich hierzu: Wieland, Die Freiheit des Rundfunks, S. 59f, 97ff; Böckenförde/ Wieland, AfP 1982, 77, 78ff.

[172] Siehe dazu v. Mangoldt, Grundgesetz (1. Auflage), Art. 5, Rn. 5.

[173] *A.A.* Klein, Die Rundfunkfreiheit, S. 42; mit widersprechender Behauptung auch: Marko, Subjektiv öffentliche Rechte, S. 115.

[174] Ausführlich dazu: Der Parlamentarische Rat 1948-1949 (insbesondere die Bände 2, 5/ I, 5/ II); Parlamentarischer Rat, GG (Entwürfe); JöR(NF) 1,79; v. Mangoldt, Grundgesetz (1. Auf-

munikationsfreiheiten des heutigen Art. 5 I GG waren die Erfahrungen mit der NS-Diktatur, welche nicht nur bestimmte Meinungsäußerungen kriminalisierte, sondern auch die Nutzung verschiedener Informationsquellen verbot. Vornehmlich kam es daher darauf an, sowohl die freie Meinungsäußerung als auch die freie Unterrichtung und Meinungsbildung aus allgemein zugänglichen Quellen zu gewährleisten[175]. Die Schaffung von Medienfreiheiten blieb im Hintergrund. Lediglich der freie Zugang zu Informationen stand im Fokus der Diskussionen. Dies wird bereits in dem Grundgesetzentwurf des Herrenchiemseer Verfassungskonvents deutlich:

Art. 7 I des Entwurfs lautet: "Jeder hat das Recht, seine Meinung frei und öffentlich zu äußern und sich über die Meinung anderer zu unterrichten. Beschränkungen des Rundfunkempfanges und des Bezuges von Druckerzeugnissen sind unzulässig.[176]"

Auch in einem ersten Entwurf des Parlamentarischen Rates heißt es: "Die Freiheit der Meinungsäußerung in Wort, Schrift und Bild ist unverletzlich" (Art. 8 I) und: "Jede Beschränkung in der freien Unterrichtung und Meinungsbildung aus allgemein zugänglichen Quellen insbesondere beim Rundfunkempfang oder dem Bezug von Druckerzeugnissen ist unstatthaft." (Art. 8 II)[177].

Wenn in Art. 8 III GG-Entwurf des Parlamentarischen Rates[178] davon gesprochen wird, daß Presse, Rundfunk und Film ein "Recht" auf Berichterstattung und Stellungnahme haben, so ist darin noch keine subjektive Veranstaltungsfreiheit zu erblicken, sondern lediglich die Verbürgung einer Staatsfreiheit der publizistischen Betätigung. Explizit kommt dies in Art. 7 II des Entwurfs von Herrenchiemsee zum Ausdruck, welcher nicht nur von einem Recht, sondern auch von einer Aufgabe zur wahrheitsgemäßen Berichterstattung spricht.

Im Vordergrund der Normierung der Kommunikationsfreiheiten standen also die Freiheit der Meinungsäußerung und die Freiheit des Zugangs zu Informationen. Gleichzeitig wurde aber auch die besondere Bedeutung beziehungsweise die Gefahr der Massenmedien für den Kommunikationsprozeß erkannt. Zum

---

lage), Art. 5; Wieland, Die Freiheit des Rundfunks, S. 59f, 97ff; Böckenförde/ Wieland, AfP 1982, 77, 78ff.

175 Siehe dazu die Protokolle der Sitzungen des Grundsatzausschusses des Parlamentarischen Rates: insbesondere 5. Sitzung (29.09.1948), 25. Sitzung, (24.11.1948), 32. Sitzung (11.01.1949), abgedruckt in: Der Parlamentarische Rat 1948-1949, Band 5/ I und 5/ II.

176 Abgedruckt in: Der Parlamentarische Rat 1948-1949, Band 2, S. 580f.

177 Abgedruckt in: Parlamentarischer Rat, Drucks. Nr. 203, in: Parlamentarischer Rat, GG (Entwürfe), S. 2.

178 Art. 8 III: "Presse, Rundfunk und Film haben das Recht, ohne Behinderung durch Zensur über Angelegenheiten von allgemeinem Interesse wahrheitsgetreu zu berichten und zu ihnen Stellung zu nehmen.", abgedruckt in: Parlamentarischer Rat, Drucks. Nr. 203, in: Parlamentarischer Rat, GG (Entwürfe), S. 2.

einen können nur die Massenmedien die wachsenden Bedürfnisse nach umfassender und möglichst vielseitiger Information ausreichend befriedigen und eine effektive Schnittstelle zwischen Meinungsäußerung und Informationszugang bilden. Zum anderen besteht aber die Gefahr der einseitigen Einflußnahme - sei es durch den Staat oder aber durch andere gesellschaftliche Gruppierungen. Gerade dieser Gefahr galt es auf Grund der Erfahrungen aus der NS-Zeit, in der sich das Regime insbesondere des Rundfunks zu einseitiger Propaganda bemächtigt hatte, zu begegnen. Die Spannungslage beschreibt *v. Mangoldt*, welcher an den Beratungen des Grundsatzausschusses des Parlamentarischen Rates maßgeblich beteiligt war, wie folgt: "...eine freie Meinungsbildung [ist] kaum mehr denkbar, ohne daß [Rundfunk und Film] in ihren Dienst gestellt werden. Zugleich wird es erforderlich, die Freiheit der Berichterstattung durch sie zu gewährleisten.[179]" Dementsprechend zieht sich durch die Beratungen des Grundsatzausschusses stetig das Verlangen nach Unabhängigkeit der Massenmedien von staatlichen oder anderen einseitigen Beeinflussungen beziehungsweise nach Wahrhaftigkeit der Berichterstattung[180]. Aber auch der Mißbrauch der Medien zu insbesondere verfassungswidrigen Zwecken sollte verhindert werden[181]. Die Diskussion verlief also hauptsächlich unter dem Gesichtspunkt, wie ein freier und unbeeinflußter Prozeß der Meinungsbildung gewährleistet werden kann. Nicht im Vordergrund standen zunächst Erörterungen über die Freiheit eines Jedermann, Presseerzeugnisse zu verlegen oder Rundfunk zu veranstalten.

Erst in der 25. Sitzung des Grundsatzausschusses stellte der Abgeordnete *Lensing* fest, daß sowohl die "Freiheit der publizistischen Äußerung und die passive Funktion der Pressefreiheit geschützt" sind, aber "die Freiheit der Verbreitung von Presseerzeugnissen völlig ausgelassen worden" ist[182]. Er schlug vor, einen besonderen Absatz im Grundgesetz aufzunehmen: "Niemand darf daran gehindert werden, Presseerzeugnisse zu verlegen oder Filme herzustellen."; gleichzeitig machte er aber - unwidersprochen - deutlich, daß eine solche Freiheit nicht auf den Rundfunk ausgedehnt werden kann, denn: "Beim Rundfunk ist das ja

[179] Siehe v. Mangoldt, Grundgesetz (1. Auflage), Art. 5, Rn. 5.

[180] Das Recht beziehungsweise die Pflicht wahrheitsgetreu zu berichten wird erst in der Fassung der 4. Lesung des Hauptausschusses nicht mehr ausdrücklich erwähnt, zum Werdegang der Norm: s. Parlamentarischer Rat, GG (Entwürfe).

[181] So fanden sich in den Entwürfen eines Kommunikationsgrundrechtes immer wieder Formulierungen wie: "Pflicht zur Treue gegenüber der Verfassung" (Art. 8 IV/ Parlamentarischer Rat, Drucks. Nr. 203) oder "Pflicht zur Achtung der Verfassung" (Art. 8 III/ Stellungnahme des allgemeinen Redaktionsausschusses - 10.11. bis 05.12.1948), abgedruckt in: Parlamentarischer Rat, GG (Entwürfe).

[182] Abgedruckt in: Der Parlamentarische Rat 1948-1949, S. 651.

etwas anderes.[183]" In wirtschaftlicher Hinsicht wurde also schon immer zwischen Presse und Rundfunk unterschieden. Nur die Freiheit zur Berichterstattung sollte sowohl der Presse also auch dem Rundfunk und Film gleichermaßen zustehen[184]. Gegen eine explizite Festschreibung einer Art Gewerbefreiheit im Pressewesen sprach sich jedoch der Abgeordnete *Heuss* aus[185]; er hielt sich aber gemeinsam mit *Lensing* die Möglichkeit offen, in der Erwähnung einer Freiheit der Meinungsverbreitung bereits eine Gewerbefreiheit für die Presse zu sehen. Eine solche Vermischung hielt hingegen *v. Mangoldt* für bedenklich und äußerte, daß die Regulierung der Presse wohl besser in einem gesonderten Absatz erfolgen sollte[186]. Aber auch er schien in der Gewährleistung der Pressefreiheit mehr zu sehen als nur die Freiheit der Berichterstattung. Denn er begründete die auf einen Vorschlag von ihm zurückgehende, unterschiedliche Formulierung der Gewährleistungen, nämlich Pressefreiheit einerseits und Freiheit der Berichterstattung durch Rundfunk und Film andererseits damit, daß sich bei Rundfunk und Film die Freiheit nur auf die Berichterstattung bezieht[187]. Pressefreiheit soll also die umfassendere Gewährleistung darstellen. Pressefreiheit sei ein "fester Begriff"[188]. *Von Mangoldt* knüpft somit an ein bestehendes Bild von der Presse an, welche im übrigen schon immer an einem wettbewerbsorientierten Modell ausgerichtet war. Ob er damit also auch Zulassungsfreiheit gewährleistet sehen wollte, läßt sich nur vermuten. Eines ist aber deutlich geworden: Die Freiheitsgewährleistungen von Rundfunk und Film sollten weniger umfassend ausgestaltet werden als die Pressefreiheit. Dies verdeutlichen noch einmal die Äußerungen *v. Mangoldts*: "Der Rundfunk soll ja möglichst auf die objektive Berichterstattung beschränkt werden.[189]" und "Rundfunkfreiheit kann man nicht sagen. Man kann nur Freiheit der Berichterstattung durch Rundfunk und Film sagen.[190]" Die Textdifferenzierung in Art. 5 I 2 GG ist folglich nicht auf sprachästhetische Gründe zurückzuführen, sondern wurde bewußt gewählt.

---

[183] Ebenda.
[184] Siehe etwa die Äußerung v. Mangoldts: Der Parlamentarische Rat 1948-1949, S. 656: "Rundfunk und Film haben beide sehr begrüßt, daß neben der Pressefreiheit auch ihnen die Freiheit der Berichterstattung gewährleistet wird."
[185] Der Parlamentarische Rat 1948-1949, S. 652.
[186] Ebenda; mit dieser Meinung konnte sich v. Mangoldt wohl auch durchsetzen, jedenfalls gab es keinen Widerspruch.
[187] Der Parlamentarische Rat 1948-1949, S. 658.
[188] Ebenda.
[189] Der Parlamentarische Rat 1948-1949, S. 659.
[190] Der Parlamentarische Rat 1948-1949, S. 661; Wenn heute dennoch vielfach von Rundfunkfreiheit gesprochen wird, so dient dies der sprachlichen Vereinfachung. Inhaltlich ändert dies aber nichts an dem, im Verhältnis zur Pressefreiheit, begrenzten Schutzbereich.

Hieraus ergibt sich aber kein Widerspruch zu obigen Äußerungen, wonach eine Beschränkung der Rundfunkfreiheit auf Berichterstattung abgelehnt wurde. Dies erfolgte im Zusammenhang mit der Frage, welche Äußerungen vonseiten des Rundfunks frei getätigt werden dürfen; was im Ergebnis dazu führte, daß nicht nur die Wiedergabe von Tatsachen, sondern jegliche Vermittlung von Information und Meinung vom Schutzbereich der Freiheit der Berichterstattung durch Rundfunk umfaßt ist. Im Bezug auf die inhaltliche Seite der freien publizistischen Betätigung wird Rundfunk also durchaus der Presse gleichgestellt[191]. Dennoch wurde die Freiheit des Rundfunks gerade auf diese Betätigung beschränkt. Neben dem "eingeführten Begriff"[192] der Pressefreiheit sollte nicht von einer "Rundfunkfreiheit" gesprochen werden[193].

Diese eindeutige begriffliche Unterscheidung erklärt sich aus dem historischen Kontext. Mit der Pressefreiheit hatte man seit langem Erfahrungen sammeln können. Auch waren ausreichende Strukturen vorhanden, welche es erlaubten, die notwendige Ausgewogenheit in der Berichterstattung der Presse der vielfältigen Konkurrenz auf dem Pressemarkt zu überlassen[194]. Der Rundfunk war hingegen noch sehr jung. Sein Aufleben war verbunden mit diktatorischem Mißbrauch. Es stand also gar nicht zur Debatte, dieses Medium im Sinne einer Rundfunkveranstaltungsfreiheit jedermann zur Verfügung zu stellen - zumal die technischen Voraussetzungen dies nicht zuließen. Vielmehr wurde der Rundfunk - entsprechend seiner hervorragenden Bedeutung als Informationsquelle - für die freie Meinungsbildung der Menschen in Anspruch genommen: Zum einen wurde zunächst die "freie Unterrichtung und Meinungsbildung aus allgemein zugänglichen Quellen, insbesondere der Rundfunkempfang"[195] gewährleistet, zum anderen sollten die Massenmedien, insbesondere auch der Rundfunk, zu wahrheitsgemäßer Berichterstattung verpflichtet werden. Wenn dennoch eine Freiheit der Berichterstattung durch Rundfunk gewährleistet wurde, so geschah dies im Interesse einer pluralistischen - insbesondere staatsfreien und von einzelnen gesellschaftlichen Gruppierungen unbeeinflußten - Vermittlung von Informationen, also im Interesse einer freien Meinungsbildung.

---

[191] In diesen Kontext gehört die Aussage des Bundesverfassungsgerichts: "Trotz der engeren Fassung des Wortlauts ('Berichterstattung') unterscheidet sich die Rundfunkfreiheit wesensmäßig nicht von der Pressefreiheit."

[192] Vgl. die Äußerung v. Mangoldts: Der Parlamentarische Rat 1948-1949, S. 662.

[193] Siehe v. Mangoldts, abgedruckt in: Der Parlamentarische Rat 1948-1949, S. 661.

[194] So später auch das Bundesverfassungsgericht : BVerfGE 12, 205, 261.

[195] So etwa der Entwurf von Art. 8 II GG in der Fassung der Stellungnahme des allgemeinen Redaktionsausschusses des Parlamentarischen Rates (10.11.-05.12.1948), abgedruckt in: Parlamentarischer Rat, GG (Entwürfe), S. 18.

Mithin ergibt sich zunächst eine klare Aussage: Die Rundfunkfreiheit sollte von vornherein nicht zum Zweck der Persönlichkeitsentfaltung oder Interessenverfolgung seitens der Rundfunkveranstalter normiert werden. Die systematische Einordnung der Rundfunkfreiheit in den Grundrechtskatalog und insbesondere die enge Verbindung mit der Pressefreiheit mögen zwar ein Indiz dafür sein, daß die Rundfunkfreiheit als umfassendes klassisches Freiheitsrecht verstanden werden kann, aber die Gesetzesmaterialien belegen eindeutig, daß so eine Gleichstellung nicht beabsichtigt war[196]. Im Gegenteil: die Freiheit des Rundfunks sollte auf die Freiheit der Berichterstattung beschränkt bleiben. Auch wurde gerade im Zusammenhang mit den Medienfreiheiten über die Aufnahme von sogenannten Grundpflichten nachgedacht, wie etwa die Pflicht, wahrheitsgetreu zu berichten[197]. Letzteres widerlegt gleichsam die These, daß alle Normierungen im Grundrechtsteil des Grundgesetzes als klassische Freiheitsrechte, frei von objektiven Wertungen beziehungsweise Anforderungen, ausgestaltet sein müssen.

Geht man folglich davon aus, daß die Rundfunkfreiheit von vornherein nicht im Sinne einer Rundfunkveranstaltungsfreiheit ausgestaltet wurde, so entzieht man der Kritik an der dienenden Freiheit ihre Grundlage. Es wird nicht eine Freiheit der Rundfunkveranstalter in Anspruch genommen, weshalb auch nicht von einer Entindividualisierung gesprochen werden kann.

Dem Terminus "dienende Freiheit" ist eine deskriptive Bedeutung beizumessen[198]. Die Aussage des Bundesverfassungsgerichts, daß die Rundfunkfreiheit der Gewährleistung freier individueller und öffentlicher Meinungsbildung dient, stellt keine Beschränkung der gewährleisteten Freiheit dar, sondern verdeutlicht lediglich Sinn und Zweck der Norm. Nicht die wirtschaftliche Betätigung der Rundfunkveranstalter stand bei Schaffung des Grundgesetzes im Blickpunkt der Abgeordneten, sondern wie bei allen anderen Kommunikationsfreiheiten, stand die freie Meinungsbildung der Menschen im Vordergrund. Mit Recht macht das Bundesverfassungsgericht deshalb deutlich, daß die Rundfunkfreiheit der gleichen Aufgabe wie alle Garantien des Art. 5 I GG dient[199]. Wenn Meinungsfreiheit und Informationsfreiheit in gleicher Weise der Meinungsbildung dienen wie die Rundfunkfreiheit, so kann mit dem Begriff "dienen" keine Freiheitsbe-

---

[196] *A.A.* Klein, Die Rundfunkfreiheit, S. 41f; ebenso *a.A.* Marko, Subjektiv öffentliche Rechte, S. 115.

[197] Siehe Äußerung v. Mangoldts, in der 25. Sitzung des Grundsatzausschusses des Parlamentarischen Rates (24.11.1948), abgedruckt in: Der Parlamentarische Rat 1948-1949, S. 658.

[198] Vgl. auch: Schmitt Glaeser, AöR 112, 215, 232f; s. aber: Kull, "Dienende Freiheit" - dienstbare Medien?, in: FS Lerche, S. 663ff.

[199] BVerfGE 57, 295, 319.

schränkung verbunden sein, schließlich wird eine Entindividualisierung dieser klassischen, subjektiven Freiheiten nicht beklagt. Wird davon gesprochen, daß die Rundfunkfreiheit der individuellen und öffentlichen Meinungsbildung dient, so wird damit nicht der Schutzbereich der Rundfunkfreiheit begrenzt, sondern lediglich der Normzweck verdeutlicht[200].

Hält man also den im Verhältnis zur Pressefreiheit begrenzten Schutzumfang der Rundfunkfreiheit auf Grund tatsächlicher Veränderungen für unzeitgemäß, so darf man die Kritik jedoch nicht am Begriff "dienen" festmachen. Seine Beseitigung führt, wegen der lediglich deskriptiven Funktion, eben nicht zur Aufhebung einer vermeintlichen Entindividualisierung und Rückkehr zu einem klassischen, allumfassenden Freiheitsrecht. Am Schutzumfang der Rundfunkfreiheit würde sich nichts ändern. Will man diesen etwa auf Grund der heute zur Verfügung stehenden Vielzahl von Frequenzen, welche ein Wettbewerbsmodell unter Umständen auch im Rundfunkbereich rechtfertigen würden, verändern, so müßte die Kritik direkt auf die Erweiterung des Schutzbereichs ausgerichtet werden. Ob die Vervielfältigung der Übertragungswege und weniger kostenintensive Möglichkeiten der Meinungsverbreitung (Internet) es tatsächlich erlauben werden, die objektiv-rechtliche Absicherung der Rundfunklandschaft - etwa die Forderung nach Pluralismus - aufzugeben und damit den Weg für eine Rundfunkveranstaltungsfreiheit auch in tatsächlicher Hinsicht freizugeben, erscheint fraglich. Dies soll aber an späterer Stelle explizit geklärt werden, denn im Zusammenhang mit der Kritik an der "dienenden Freiheit" entfaltet diese Problematik nur mittelbare Bedeutung.

Selbst wenn die Rundfunkfreiheit nicht mehr nur auf die Unabhängigkeit der Berichterstattung von staatlichem oder anderweitig einseitigem Einfluß beschränkt wäre, sondern im Schutzumfang der Pressefreiheit gleichstünde, so wäre sie noch immer in den Prozeß der Meinungsbildung eingebunden. Wie bereits gesagt, dienen auch die anderen Freiheiten des Art. 5 I GG der freien Meinungsbildung, welche grundlegend für die gesellschaftliche Entwicklung aber auch für die persönliche Entfaltung eines Jeden ist. Dieser herausragenden Bedeutung wegen, sind die Freiheiten des Art. 5 I GG normiert worden. Denn freie Meinungsbildung bedarf eines ungehinderten Kommunikationsprozesses. Dazu genügt es nicht, nur die freie Äußerung von Meinungen und den ungehinderten Zugang zu Informationen zu gewährleisten, sondern auch der Vermittlungsprozeß zwischen Meinungsäußerung und Informationsbeschaffung muß frei von staatlicher Einflußnahme oder solcher einzelner gesellschaftlicher Gruppierun-

[200] Entgegen der Auffassung Engels hatte das Bundesverfassungsgericht es folglich in keinster Weise nötig, seine Auffassung "stimmig zu machen"; s. aber: Engel, AfP 1994, 185.

gen sein[201]. Die Gewährleistung aller Kommunikationsfreiheiten war also notwendig für die Erreichung des Schutzzwecks der Norm, nämlich der freien Meinungsbildung.

Daraus ergibt sich auch eine Konsequenz für den Schutzumfang der Norm: und zwar in der rechtlichen Behandlung bewußter beziehungsweise grob fahrlässiger Äußerungen von unwahren Tatsachen. Solche schließt das Bundesverfassungsgericht vom Schutzbereich des Art. 5 I GG aus[202] und macht damit deutlich, daß nicht eine freie Kommunikation im Sinne eines "Alles-äußern-dürfens" gewährt wird: Art. 5 I GG dient der freien Meinungsbildung, welche Grundlage für autonome Wertvorstellungen und ungehinderte Persönlichkeitsentfaltung ist. Ziel des Grundgesetzes kann es nicht sein, daß das Wertegefüge und die Persönlichkeit der Menschen auf unwahren Tatsachen basieren. Sie treten deshalb im Wege der Abwägung hinter verletzten Persönlichkeitsrechten zurück, beziehungsweise werden sie im Falle bewußter oder grob fahrlässiger Äußerungen gar nicht erst vom Schutzbereich des Art. 5 I GG umfaßt[203].

Anläßlich einer Entscheidung des Bundesverfassungsgerichts, welche sich mit der Frage der Zulassung eines Rundfunkanbieters zu beschäftigen hatte[204], wird nunmehr auch in dessen Rundfunkrechtsjudikatur eine verstärkte Anerkennung der grundrechtlichen Garantie individueller Kommunikationsfreiheit gesehen[205]. Auf den Schutz der Rundfunkfreiheit aus Art. 5 I 2 GG sollen sich auch Bewerber um eine Rundfunklizenz berufen können[206]. Die Reichweite des Grundrechtsschutzes hänge im wesentlichen von den Gefahren ab, die dem grundrechtlichen Schutzgut drohen[207]. Besonders groß sei die Gefahr der Einflußnahme auf die im Kern der Grundrechtsgarantie stehende Programmfreiheit bei der Auswahl der Bewerber, denn es sei nicht auszuschließen, daß die Einstellung zu den angebotenen Programmen in die Auswahlentscheidung einfließt oder daß Bewerber sich durch entsprechende Programmgestaltung eine Erhöhung ihrer Zulassungschancen versprechen[208]. Zur Sicherung des Auswahlprozesses hat das Bundesverfassungsgericht mithin seit jeher strikte gesetzliche Vorkehrungen

[201] Vgl. BVerfGE 90, 60, 87.
[202] BVerfGE 54, 208, 219; 61, 1, 8; 90, 241, 247f.
[203] Ausführlich hierzu: Grimm, NJW 1995, 1697ff.
[204] BVerfGE 97, 298.
[205] Siehe etwa: Schoch, AfP 1998, 253, 257.
[206] BVerfGE 97, 298, 312.
[207] Ebenda.
[208] BVerfGE 97, 298, 313.

gefordert[209]. Zwar dienten diese objektiv-rechtlichen Verpflichtungen des Gesetzgebers bereits der Gewährleistung der grundrechtlichen Position der Rundfunkveranstalter; nunmehr erkennt das Bundesverfassungsgericht aber auch explizit eine subjektiv-rechtliche Position der Rundfunkveranstalter oder -bewerber an[210]. Denn der Sicherungszweck der objektiv-rechtlichen Verpflichtungen wäre gefährdet, wenn die Betroffenen keine Möglichkeit hätten, eine Pflichtverletzung geltend zu machen[211]. Das Bundesverfassungsgericht sieht in Art. 5 I 2 GG folglich auch einen Anspruch der Bewerber (gleichgültig, ob öffentlich-rechtlich oder privatrechtlich; kommerziell oder gemeinnützig; natürliche oder juristische Person[212]), daß bei der Auslegung und Anwendung der objektiv-rechtlichen Zulassungsvoraussetzungen seine Position als Träger des Grundrechts der Rundfunkfreiheit hinreichend beachtet wird[213]. Der Bewerber erhält damit eine rundfunkspezifische Rechtsposition, die ihm bei der Auswahlentscheidung einen umfassenderen Schutz gewährleistet, als ein allgemeines Willkürverbot.

Mit dieser Entscheidung nimmt das Bundesverfassungsgericht bei weitem keinen Richtungswechsel in seiner Rechtsprechung vor[214]. Vielmehr knüpft es - an exponierter Stelle - an eine ständige Rechtsprechung an[215], nämlich daß Rundfunkfreiheit in ihrem Kern Programmfreiheit ist, also daß Rundfunk frei von externer Einflußnahme entscheiden kann, wie er seine publizistische Aufgabe erfüllt[216]. Im Vordergrund steht also noch immer die Freiheit der Meinungsbildung, unbeeinflußt durch staatliche oder andere gesellschaftliche Mächte. Nunmehr konnte das Bundesverfassungsgericht aber auf eine Problematik eingehen, welche bislang noch nicht entscheidungsrelevant war. Auch den Rundfunkbewerbern steht eine publizistische Freiheit im Sinne eines subjektiven Abwehrrechts zu. Ihre Zulassung darf nicht mittelbar zu einer Einschränkung der Programmfreiheit führen.

Damit hat das Bundesverfassungsgericht allerdings eine Richtung gewiesen, wie sich in Zukunft eine Rundfunkveranstaltungsfreiheit aus Art. 5 I 2 GG ableiten ließe, ohne jedoch von der dienenden (funktionalen) Freiheit abrücken zu müssen. Noch immer hat Rundfunk seine meinungsbildende Funktion wahrzunehmen, derentwillen die Rundfunkfreiheit geschaffen wurde. Noch immer kön-

---

209 Ebenda.
210 Ebenda.
211 Ebenda.
212 BVerfGE 97, 298, 310.
213 BVerfGE 97, 298, 314.
214 Hartstein/ Ring/ Kreile/ Dörr/ Stettner, Rundfunkstaatsvertrag, B 5, § 20, Rn. 5.
215 BVerfGE 59, 231, 258; 87, 181, 201; 90, 60, 87.
216 BVerfGE 97, 298, 310.

nen beziehungsweise müssen objektiv-rechtliche Regeln für die Zulassung und Durchführung von Rundfunkveranstaltungen gegebenenfalls geschaffen beziehungsweise eingehalten werden. Darüber hinausgehend darf sich eine Zulassungsentscheidung aber nicht auf die Programmfreiheit auswirken. Eine so verstandene Zulassungsfreiheit würde dem Normzweck von Art. 5 I 2 GG, nämlich der Gewährleistung eines freien, unbeeinflußten, pluralistischen Meinungsmarktes gerecht und würde eben nicht im Widerspruch zu der Aussage des Bundesverfassungsgerichts stehen, wonach die Rundfunkfreiheit seinem Träger nicht zum Zweck der Persönlichkeitsentfaltung oder Interessenverfolgung eingeräumt ist, denn eine Auswahlentscheidung, die sich auf die publizistische Programmgestaltung auswirkt und sei es nur mittelbar, beeinträchtigt die Meinungspluralität.

Damit hat das Bundesverfassungsgericht in seiner Entscheidung lediglich verdeutlicht, daß den Bewerbern die Rundfunkfreiheit in gleicher Weise zusteht, wie den Veranstaltern von Rundfunk[217]. Trotz der Betonung einer dienenden Funktion und der Forderung nach einer positiven Rundfunkordnung sah das Bundesverfassungsgericht in Art. 5 I 2 GG immer auch ein subjektives Abwehrrecht der Rundfunkveranstalter[218]. Auch wenn die Rundfunkfreiheit nicht im Sinne einer allumfassenden Persönlichkeitsentfaltung der Rundfunkveranstalter geschaffen wurde, sondern zum Zwecke der Sicherung freier Meinungsbildung, so handelt es sich dennoch um ein Freiheitsrecht. Die Rundfunkveranstalter können sich auf die Rundfunkfreiheit gemäß Art. 5 I 2 GG berufen und damit jegliche staatliche Einflußnahme auf den Vermittlungsprozeß (Informationsbeschaffung, -verarbeitung, -weitergabe) im Rahmen des Art. 5 II GG abwehren. Wenn sie dies tun, so erfolgt es zwar im Interesse der freien Meinungsbildung, also quasi im Interesse der Rezipienten, dennoch sind nur die Rundfunkveranstalter beziehungsweise entsprechende Bewerber Adressaten der Rundfunkfreiheit.

Wie schon gezeigt, wird neben dieser Programmfreiheit auch eine Zugangsfreiheit gefordert. Denn jede Freiheit der Betätigung sei unvollständig, wenn der Zugang zu ihr unfrei ist und die Betätigung als Ganzes jederzeit unterbunden werden kann[219]. Auch wenn dieser Aussage prinzipiell nicht widersprochen werden kann, so liefert sie dennoch kein stichhaltiges Argument gegen eine positive Rundfunkordnung. Aus dem historischen Kontext heraus wurde die Rundfunkfreiheit ebenso wie die anderen Kommunikationsfreiheiten im Interesse ei-

---

[217] Siehe auch Herzog, in: Maunz/ Dürig, GG, Art. 5 Abs. I, II, Rn. 213.
[218] BVerfGE 57, 295, 320; 73, 118, 152; 83, 238, 296; 87, 181, 201; 90, 60, 87f.
[219] Krause-Ablaß, DÖV 1962, 249, 252.

ner freien Meinungsbildung geschaffen. Denn hier galt es Lehren zu ziehen aus den Folgen der Unterdrückung freier Meinungsäußerung und -verbreitung seitens der NS-Diktatur. Die ungehinderte wirtschaftliche Betätigung von Rundfunkanbietern stand dabei zu Recht im Hintergrund, denn diesbezüglich ließe sich durchaus auch auf andere Freiheitsgewährungen zurückgreifen, wie etwa die Berufsfreiheit gemäß Art. 12 I GG, die Eigentumsgarantie gemäß Art. 14 I GG, die Freiheit der Meinungsverbreitung gemäß Art. 5 I 1 GG aber auch die allgemeine Handlungsfreiheit gemäß Art. 2 I GG. Freie Meinungsbildung bedurfte jedoch einer speziellen Gewährleistung. Die Sondersituation (insbesondere Frequenzknappheit) des Rundfunks erforderte eine positive Rundfunkordnung. Nur durch eine positive Gestaltung der Rundfunklandschaft - zunächst durch öffentlich-rechtliche Rundfunkanstalten, welche zu pluralistischer Berichterstattung verpflichtet wurden - konnte eine freie Meinungsbildung gewährleistet werden. Eine objektiv-rechtliche Gestaltung führt also nicht zwangsläufig zu Beschränkungen beziehungsweise gar Unterbindungen von Rundfunkveranstaltungen, sondern war zunächst einmal notwendig zur Herstellung einer pluralistischen Rundfunklandschaft. Denn anders als bei der Presse existierte kein funktionierender Rundfunkmarkt.

Mit zunehmender Zahl der Frequenzen beziehungsweise Sendemöglichkeiten wurden mehr und mehr auch private Rundfunkanstalten zugelassen. Nunmehr stand nicht die Schaffung von Rundfunk im Vordergrund sondern die Auswahl zwischen verschiedenen Bewerbern. Solange aber von einer Sondersituation des Rundfunks auszugehen war beziehungsweise ist, bedurfte beziehungsweise bedarf es weiterhin eines objektiv-rechtlichen Rahmens. Wenn eine Zulassungsentscheidung beziehungsweise -versagung zur Umsetzung dieser positiven Ordnung beiträgt, so ist sie durchaus mit Art. 5 I 2 GG vereinbar, dient sie doch der Gewährleistung freier Meinungsbildung. Bei Anwendung beziehungsweise Auslegung der Auswahl- und Zulassungsregeln ist jedoch zu beachten, daß auch einem Rundfunkbewerber die Rundfunkfreiheit im Sinne einer Programmfreiheit zusteht. Eine gänzliche Versagung der Zulassung - wie von Krause-Ablaß befürchtet[220] - würde die Programmfreiheit und damit die Rundfunkfreiheit des Bewerbers beeinträchtigen, soweit sie nicht im Interesse freier Meinungsbildung erforderlich ist. In diesem Fall stünde Art. 5 I 2 GG dem Bewerber als subjektives Abwehrrecht zur Verfügung[221] ohne daß die Rundfunkfreiheit damit schon zwingend im Sinne einer Rundfunkzulassungsfreiheit verstanden werden müßte.

---

[220] Siehe oben.
[221] Vgl. BVerfGE 97, 298, 313f.

Etwas anderes wäre es wohl, wenn die Sondersituation des Rundfunks, welche die Schaffung einer positiven Rundfunkordnung im Sinne einer freien Meinungsbildung erforderlich machte, heute nicht mehr bestünde. Ohne einen solchen zwingenden objektiv-rechtlichen Rahmen wäre jede Auswahlentscheidung eine Billigung beziehungsweise Mißbilligung programmspezifischer Entscheidungen und damit ein Eingriff in die Rundfunkfreiheit gemäß Art. 5 I 2 GG[222].

Im Folgenden soll daher die sogenannte Sondersituation des Rundfunks und die damit verbundene positive Rundfunkordnung thematisiert werden.

(bbb) Sondersituation des Rundfunks - positive Rundfunkordnung

Die umfassende Diskussion der Problematik, ob eine objektiv-rechtliche Ausgestaltung der Rundfunkordnung notwendig, insbesondere noch zeitgemäß ist, würde den Umfang dieser Arbeit sprengen. Dennoch wird aber gerade im Zusammenhang mit den neuen Medien, insbesondere dem Internet die Auffassung vertreten, daß hier ein objektiv-rechtlicher Ordnungsrahmen - etwa zur Vielfaltssicherung - zum einen unrealistisch sei, zum anderen wegen der spezifischen, originären Vielfältigkeit gerade des Internets eine solche Regulierung überflüssig wäre. Dies macht es notwendig, der Frage nachzugehen, ob die faktischen Veränderungen in der Medienlandschaft eine Abkehr von der positiven Rundfunkordnung hin zu einem völlig liberalen Verständnis des Art. 5 I 2 GG im Sinne einer Rundfunkveranstaltungsfreiheit rechtfertigen beziehungsweise gar fordern würden.

(α) Sondersituation des Rundfunks

Das Bundesverfassungsgericht betont bereits seit seiner 1. Rundfunkentscheidung eine Sondersituation im Bereich des Rundfunkwesens, welche besondere Vorkehrungen zur Verwirklichung und Aufrechterhaltung der in Art. 5 I 2 GG gewährleisteten Freiheit des Rundfunks erfordert[223]. Im Unterschied zur Presse wollte man sich beim Rundfunk nicht auf die ausgleichenden Kräfte eines freien Marktes verlassen[224]. Die bloße Staatsfreiheit, also die Gewährleistung der Rundfunkfreiheit im Sinne eines klassischen Abwehrrechtes erschien auf Grund der Sondersituation im Rundfunkwesen als unzureichend[225]. Um sicherzustellen,

---

[222] Siehe dazu auch: Herzog, in: Maunz/ Dürig, GG, Art. 5 Abs. I, II, Rn. 236.
[223] BVerfGE 12, 205, 261.
[224] BVerfGE 12, 205, 261.
[225] BVerfGE 57, 295, 320.

daß die Vielfalt der bestehenden Meinungen im Rundfunk in möglichster Breite und Vollständigkeit Ausdruck finden, bedurfte es einer positiven Rundfunkordnung[226].

Die unterschiedliche Ausgestaltung der gemeinsam in Art. 5 I 2 GG normierten Rundfunk- beziehungsweise Pressefreiheit beruht also auf einer Sondersituation des Rundfunkwesens. Sie läßt sich jedoch nur solange rechtfertigen, wie das subjektive Recht den erforderlichen Umfang der Schutzgarantie allein nicht zu bieten vermag[227]. Im Folgenden ist daher zu klären, worin die Sondersituation des Rundfunkwesens begründet liegt und ob sie unter den Bedingungen der heutigen Medienlandschaft noch immer als aktuell einzuschätzen ist.

(αα) Frequenzknappheit

Hauptargument für die Annahme einer Sondersituation war ursprünglich die sehr begrenzte Anzahl terrestrischer Frequenzen, auf welche die Verbreitung der Rundfunkprogramme zunächst beschränkt war. Während innerhalb des Pressewesens davon ausgegangen werden konnte, daß eine "relativ große Zahl von selbständigen und nach ihrer Tendenz, politischen Färbung oder weltanschaulichen Grundhaltung miteinander konkurrierenden Presseerzeugnissen existiert"[228], waren die Möglichkeiten im Bereich des Rundfunks zunächst begrenzt, einen freien und dennoch ausgewogenen Markt der Meinungen zu statuieren. Die Knappheit der Übertragungskapazitäten ließ es nicht zu, allen gesellschaftlich relevanten Gruppen die Möglichkeit zu eröffnen, autonom Rundfunkprogramme anzubieten, worüber sie ihre individuellen Meinungen artikulieren konnten.

Um dennoch die vornehmliche Funktion des Art. 5 I 2 GG, nämlich die Gewährleistung einer freien und umfassenden Meinungsbildung der Menschen, mittels eines ausgewogenen und fairen Gesamtangebots wirksam umzusetzen, bedurfte es ordnungsrechtlicher Maßnahmen. Denn es war wohl kaum zu erwarten, daß ein paar wenige private Rundfunkanbieter selbständig ein Gesamtangebot bereitstellen, welches einen Querschnitt aller in der Gesellschaft vertretenen, relevanten Meinungsströmungen bietet.

Auch in anderen Ländern wurden auf Grund der Frequenzknappheit Maßnahmen staatlicher Ausgewogenheitspflege für notwendig erachtet[229]. So war

[226] BVerfGE 57, 295, 320.

[227] Schmitt Glaeser, AöR 112, 215, 240.

[228] BVerfGE 12, 205, 261.

[229] Siehe hierzu bspw. Schellenberg, AöR 1994, 427ff (zu Italien und Frankreich); Grimm, in: FS für Mahrenholz, S. 529ff (zur USA); König, Die Einführung des digitalen Fernsehens, S. 78.

man in den USA zwar ebenfalls der Auffassung, daß die Pressefreiheit am besten im Sinne eines "free trade in ideas" gewährleistet wird, also ein Markt der Meinungen bestehen soll, der sich nicht durch staatliche Kontrolle, sondern durch die Überzeugungskraft der Argumente reguliert; andererseits hielt es aber der Supreme Court ebenso wie das Bundesverfassungsgericht für gerechtfertigt, im Bereich des Rundfunks, auf Grund der Frequenzknappheit, staatliche Regelungen, etwa für die Zulassung als Rundfunkveranstalter, zu erlassen[230].

Während insoweit also Einigkeit über das "ob" staatlicher Reglementierung bestand, gab es auf Grund verschiedener Traditionen, Unterschiede in der Ausgestaltung einer positiven Rundfunkordnung. In den USA setzte man auf die Regulierung des Zuganges privater Interessenten zum Rundfunk. In Deutschland wurde zunächst ein öffentlich-rechtliches Rundfunkmonopol mit einer binnenpluralistischen Ausgestaltung[231] statuiert. Allerdings hat das Bundesverfassungsgericht von vornherein betont, daß dies nicht die einzig mögliche Organisationsform darstellt, sondern daß auch privatrechtlich organisierte Rundfunkveranstalter - wenn auch unter gewissen Voraussetzungen - denkbar wären[232].

Auf Grund der ursprünglich extremen Frequenzknappheit erschien das binnenpluralistische Modell durchaus folgerichtig. Aber schon bald bot die technische Entwicklung immer mehr Übertragungsmöglichkeiten. Die Verfeinerung der Sendetechnik erlaubte eine effektivere Auslastung der bereits benutzten Frequenzspektren; neue Wellenbereiche wurden erschlossen. Dazu kamen völlig neuartige Übertragungsmöglichkeiten, wie die Satelliten- beziehungsweise Kabeltechnik. Dem Rechnung tragend, erkennt auch das Bundesverfassungsgericht in seiner 3. Rundfunkentscheidung eine zunehmende Entspannung im Bereich der Übertragungsmöglichkeiten an, ohne jedoch die Notwendigkeit einer positiven Rundfunkordnung in Frage zu stellen. Allerdings erlaubt es dem Gesetzgeber bei Einführung privaten Rundfunks zwischen einem "binnenpluralistischen" und einem "außenpluralistischen" Modell zu wählen. Nunmehr muß nicht jedem

[230] Grimm, in: FS für Mahrenholz, S. 529, 531; Dies war zum einen notwendig, um den teils chaotischen Zuständen im amerikanischen Rundfunkwesen zu begegnen, welche durch den ungehinderten Zugriff auf die verfügbaren Frequenzen in den zwanziger Jahren ausgelöst wurden; zum anderen, um eine faire und ausgewogene Programmgestaltung zu erreichen: Grimm, in: FS für Mahrenholz, S. 529, 530.

[231] In einem binnenpluralistischen Modell soll der Vielfalt der Meinungen und Informationen dadurch Rechnung getragen werden, daß alle gesellschaftlich relevanten Gruppen an der Willensbildung in den Leitungsorganen (Rundfunk- beziehungsweise Fernsehräten) der jeweiligen Rundfunkveranstalter beteiligt werden, so daß jeder einzelne Betreiber ein in sich ausgewogenes Programm anbietet: Herzog, in: Maunz/ Dürig, GG, Art. 5 Abs. I, II, Rn. 218, 233; Zur Kritik an diesem Modell soll in diesem Zusammenhang nicht näher eingegangen werden, s. hierzu etwa: Herzog, in: Maunz/ Dürig, GG, Art. 5 Abs. I, II, Rn. 220.

[232] BVerfGE 12, 205, 262.

einzelnen Veranstalter inhaltliche Ausgewogenheit abverlangt werden, sondern es soll genügen, wenn "das Gesamtangebot der inländischen Programme der bestehenden Meinungsvielfalt auch tatsächlich im wesentlichen entspricht"[233]. Die Vielzahl der verfügbaren Programme erlaubt den "Tendenzbetrieb"[234]. Die demokratische Ausgewogenheit wird durch den Ausgleich zwischen den verschiedenen - unter Umständen tendenziösen - Programmen erreicht[235].

Mit weiter fortschreitender Technik und insbesondere mit Einführung der Glasfasertechnik vermehrten sich die Übertragungsmöglichkeiten deutlich. Gleichzeitig verstärkte sich die Kritik an der objektiv-rechtlichen Ausgestaltung der Rundfunkfreiheit. In sehr breiter Front wurde zunehmend vorgebracht, daß die neuen Technologien eine fast unbegrenzte Menge an Übertragungsmöglichkeiten bieten und somit jedermann die Möglichkeit hätte, seine Meinung via Rundfunk darzustellen; nunmehr seien auch im Rundfunkwesen die Voraussetzungen für einen freien Markt der Meinungen geschaffen, auf dem die unterschiedlichen Auffassungen in einem freien Spiel der Kräfte um Beachtung kämpfen können und sollen, schließlich sei mit der Vermehrung der Übertragungskapazitäten ein wesentliches Kriterium für die Ungleichbehandlung von Presse und Rundfunk entfallen[236]. Art. 5 I 2 GG soll mithin auch einen Anspruch auf Zulassung zu Rundfunk gewährleisten[237].
Auch das Bundesverfassungsgericht erkannte die veränderte technische Situation und die künftigen Entwicklungspotentiale[238]. Im Gegensatz zu den Stimmen in der Literatur hielt es aber an der Notwendigkeit ausgestaltender gesetzlicher Regelungen fest[239].

Mit dem Aufkommen der Digitaltechnik und den neuen Online-Diensten, vornehmlich dem Internet, hat sich das Angebot an Übertragungsmöglichkeiten von Meinungen und Informationen an eine unbestimmte Vielzahl von Personen

---

[233] BVerfGE 57, 295, 323, 325; "An dieser Notwendigkeit ändert es auch nichts, wenn die Anforderungen der Rundfunkfreiheit als wenigstens durch die bestehenden öffentlich-rechtlichen Anstalten erfüllt anzusehen sind." BVerfGE 57, 295, 324.

[234] Herzog, in: Maunz/ Dürig, GG, Art. 5 Abs. I, II, Rn. 234; BVerfGE 57, 295, 326; Im übrigen gilt zu beachten, daß die einzelnen Veranstalter auch weiterhin zu sachgemäßer, umfassender und wahrheitsgemäßer Information und einem Mindestmaß an gegenseitiger Achtung verpflichtet bleiben: BVerfGE 57, 295, 326.

[235] Herzog, in: Maunz/ Dürig, GG, Art. 5 Abs. I, II, Rn. 234.

[236] Auch das zweite Hauptkriterium - der besondere Kostenfaktor - wurde als nicht mehr erheblich angesehen. Dazu aber später (s.u.).

[237] Herzog, in: Maunz/ Dürig, GG, Art. 5 Abs. I, II, Rn. 236; Starck, NJW 1992, 3257, 3261f; Starck, in: v.Mangoldt/ Klein/ Starck, GG I, Art. 5 Abs. 1,2, Rn. 106.

[238] BVerfGE 57, 295, 322.

[239] Ebenda.

noch einmal erheblich vergrößert[240]. Nunmehr wird endgültig und nahezu einhellig von der Beendigung der sogenannten Frequenzknappheit gesprochen und eine umfassende Liberalisierung der Rundfunkordnung gefordert[241].

Zunächst ist durchaus zuzustimmen, daß speziell das Internet für nahezu jedermann die Möglichkeit eröffnet, seine Meinung einem unbestimmten Personenkreis zugänglich zu machen, der in seiner Zahl dem Rezipientenkreis herkömmlicher Rundfunkanbieter in nichts nachstehen muß. Auch scheint jetzt tatsächlich die Möglichkeit zu bestehen, daß jeder mit seinen Ansichten am Meinungsbildungsprozeß der Gesellschaft selbständig teilnehmen kann.

Soviel zu den theoretischen Möglichkeiten des Internets. Aber haben wirklich alle individuellen Ansichten faire Chancen, sich am Wettstreit der Meinungen zu beteiligen? Führt die Vielzahl der verfügbaren Übertragungsmöglichkeiten automatisch zu demokratischer, sprich fairer und ausgewogener Meinungs- beziehungsweise Willensbildung, so daß tatsächlich kein Grund mehr besteht, welcher eine positive Rundfunkordnung rechtfertigen würde? Trotz aller positiven Aspekte der medialen Entwicklung, die auch und gerade ein Mehr an demokratischer Beteiligung des Einzelnen bewirken können, sollten eventuelle Bedenken nicht voreilig in den Wind geschrieben werden, denn es gilt zu beachten: "Die Demokratie der Zukunft hängt eng mit den demokratischen oder undemokratischen Strukturen der Netze zusammen"[242]. In diesem Sinne soll, zunächst unter dem Gesichtspunkt der Frequenzknappheit, im Folgenden darauf eingegangen werden, ob die neueren technischen Entwicklungen und die zu erwartenden Veränderungen tatsächlich die Möglichkeit bieten, ohne positive Ausgestaltung der Rundfunkordnung zu leben.

Vorausgeschickt sei, daß im Rahmen der rundfunkrechtlichen Diskussion von einer Entspannung der Frequenzsituation, bedingt durch Online-Angebote, wie dem Internet, überhaupt nur dann ausgegangen werden kann, wenn die elektronischen Medien tatsächlich derart konvergieren, daß zwischen einzelnen, individuellen Meinungen und solchen, welche in ein Rundfunkprogramm klassischer Art eingebunden sind, Chancengleichheit herrscht. Utopisch wäre es zwar zu glauben, daß hier die Ansicht eines Privatmannes mit der, etwa eines großen Verbandes, gleichberechtigt konkurrieren könnte. Letzterer würde auch in einem Medium wie dem Internet regelmäßig mit höherem finanziellem Aufwand, einen größeren Bekanntheitsgrad erlangen. Aber wenigstens in der faktischen Zugäng-

---

[240] Zur Digitaltechnik s. etwa: Ziemer, Digitalisierung und Bouquet, in: ZDF-Schriftenreihe 58, S. 14 oder auch: Digitales Fernsehen - eine neue Medienwelt?, ZDF-Schriftenreihe 50.

[241] Stellvertretend für die Forderung nach einer prinzipiellen Neuordnung des Rundfunkwesens siehe etwa: Gutachten des Wissenschaftlichen Beirats beim BMWi, "Offene Medienordnung", 1999.

[242] Dieter Otten, so zitiert in: Die Welt, vom 29.07.00, S. 5.

lichkeit müßten gleiche Ausgangsbedingungen herrschen, damit Online-Dienste einen Beitrag zur Ausgewogenheitspflege im - dann ursprünglichen - Rundfunksektor leisten. Solange ein Nebeneinander von klassischem Rundfunk und Online-Diensten besteht, also keine echte Konvergenz, erscheint es höchst zweifelhaft, ob letztere wirklich zum Pluralismus im Rundfunkwesen beitragen.

Im Übrigen gibt es gute Gründe, von einer fortbestehenden Knappheit an Übertragungswegen auszugehen:

- Entscheidend ist dabei zum einen, daß die Frequenzen immer umfassender und für eine Vielzahl von unterschiedlichen Anwendungen herangezogen werden und
- zum anderen, daß die Betreiber von Übertragungswegen zunehmend auch als Programmanbieter agieren.

Das Frequenzspektrum ist ein Eckpfeiler einer Vielzahl gewerblicher Tätigkeiten. Funkanwendungen finden sich dabei in den unterschiedlichsten Bereichen[243], sei es in der Telekommunikation[244], dem Rundfunk, im Verkehr[245] oder staatlichen Anwendungen[246], aber auch in scheinbar so banalen Feldern, wie Garagentüröffnern und Babymonitoren. Die Nachfrage nach Frequenzen steigt auf Grund der technologischen, marktwirtschaftlichen und rechtlichen Entwicklung ständig[247]. Nach Ansicht der EU-Kommission wird diese Tatsache nicht etwa dadurch kompensiert, daß mit der Einführung neuer, effizienterer Technologien - wie die Digitalsysteme für den Rundfunk - zusätzliche Frequenzen verfügbar werden[248]. Vielmehr betont die Kommission, daß das Frequenzspektrum eine immer knapper werdende Ressource ist[249] und daß die Konkurrenz zwischen den Rundfunksendern und anderen Interessenten um die Frequenzen sich voraussichtlich verschärfen wird[250]. Diese Entwicklung verstärkt sich auch dadurch, daß frequenzabhängige Dienste häufig konvergieren[251] und in Folge dessen ihre herkömmlichen Frequenzbereiche verlassen beziehungsweise ihre Tätigkeit auf neue Frequenzen ausweiten. Dies veranlaßte die EU-Kommission zur Forderung

[243] Vgl. Übersicht bei: EU-Kommission, Grünbuch zur Frequenzpolitik, S. 6.
[244] Z.B.: Telefondienste (GSM, DECT, UMTS, CB,...), Funkrufsysteme, Datenübertragung (GSM, UMTS, Satelliten-Breitband,...), Private Funksysteme, u.v.m.
[245] Z.B.: Luftverkehr (Verkehrsleitung, Navigation), Seeverkehr, Straßenverkehr, Schienenverkehr, u.v.m.
[246] Verteidigung, Notrufdienste, Weltraumforschung, Erdbeobachtung, Umweltschutz, u.v.m.
[247] EU-Kommission, Grünbuch zur Frequenzpolitik, S. 1, 12.
[248] EU-Kommission, Grünbuch zur Frequenzpolitik, S. 1, 12.
[249] EU-Kommission, Grünbuch zur Frequenzpolitik, Zusammenfassung (am Anfang).
[250] EU-Kommission, Grünbuch zur Frequenzpolitik, S. 9f.
[251] EU-Kommission, Grünbuch zur Frequenzpolitik, S. 12.

nach einer exakt festgelegten Frequenzverwaltung, insbesondere auch unter dem Aspekt einer Harmonisierung bei der internationalen Frequenzvergabe[252]. Das zeigt, daß die Frequenzen noch immer Anlaß zu speziellen Regelungen geben. Auch der VPRT hält an einem Fortbestehen der Knappheit an Übertragungswegen fest, weshalb auch künftig eine spezielle Ressourcenverwaltung erforderlich sein soll[253]. Die Frequenzverteilung dürfe nicht allein wirtschaftlichen Kriterien unterworfen sein[254]. Ein wirtschaftlicher Auswahlmodus bei der Frequenzvergabe (Auktionsverfahren) würde Rundfunkanwendungen gegenüber Anwendungen der reinen Individualkommunikation (Sprachtelefonie) auf Grund der verschiedenen Refinanzierungsbedingungen benachteiligen[255].

Selbstverständlich darf man nicht darüber hinweg täuschen, daß frequenzvermittelte Informations- und Kommunikationsangebote nur einen Teilbereich darstellen. Zur Vermehrung der Übertragungswege leisteten in den letzten Jahren besonders auch kabelgebundene Systeme einen erheblichen Beitrag. Allerdings bestehen hier ebenso Bedenken gegen die vorschnelle Annahme einer jedermann offenstehenden, schier unbegrenzten Anzahl von Übertragungswegen.

Zunehmend läßt sich die Tendenz beobachten, daß die Betreiber der Übertragungswege auch zu Programmanbietern werden[256]. Zum einen liegt dies darin begründet, daß die bloße Zugangsvermittlung zu Information und Kommunikation, auf Grund des verstärkten Wettbewerbs in diesem Sektor, unter Gewinnaspekten zunehmend eine geringere Rolle spielen wird. Zum anderen ist es heute möglich, daß der Rezipient eine Vielzahl von Informationen und Meinungen ganz individuell abrufen kann. Der direkte Abruf ermöglicht es, dem Rezipienten genau die Informationsangebote in Rechnung zu stellen, welche er konkret genutzt hat. Während heute die überwiegende Zahl der Informationen im Internet noch weitestgehend kostenlos zu erhalten sind und eine Entgeltleistung regelmäßig nur für den technischen Zugang zu erbringen ist, so zeichnet sich bereits die Entwicklung ab, daß nicht mehr für die Zugangsvermittlung sondern für die Inhalte bezahlt wird. Hierauf müssen auch die Netzbetreiber reagieren und bieten daher verstärkt eigene Inhalte an. Wenn diese nun aber selbst Programmanbieter werden, so droht die Gefahr, daß sie ihre eigenen Angebote den Pro-

---

[252] Siehe EU-Kommission, Grünbuch zur Frequenzpolitik, u.a.: S. 9.
[253] VPRT (Verband Privater Rundfunk und Telekommunikation e.V.), Doetz, Welchen Rahmen braucht eine "offene Medienordnung"?
[254] Ebenda.
[255] Ebenda.
[256] Ebenda; König, Die Einführung des digitalen Fernsehens, S. 186ff.

grammen unabhängiger Dritter bei der Ressourcenvergabe bevorzugen[257]. Folglich bestehen auch hier Anhaltspunkte für ein Festhalten an einer objektiven Rundfunkordnung, um eine faire Nutzung der bestehenden Übertragungswege zu gewährleisten[258]. Denn das Wettbewerbsrecht würde erst dann eingreifen, wenn Mißbrauch nachgewiesen ist, dann könnte aber bereits ein irreparabler Schaden für die Demokratie entstanden sein[259].

Eine rechtliche Kontrolle der Zuordnung von Übertragungskapazitäten darf im Übrigen auch die Interessen der Netzbetreiber nicht außer Acht lassen. Gerade auf Grund der erheblichen Investitionen, welche diese für den Aufbau und das Betreiben der Netze erbringen müssen, wird man ihnen nicht gänzlich die Verfügungsbefugnis hierüber beschneiden können. Insoweit wäre wohl das Wettbewerbsrecht die sachgerechtere Lösung. Aber auch spezielle Rundfunkregeln könnten selbstverständlich einen Ausgleich schaffen.

Letztendlich liefert sogar die neue UMTS-Technologie[260] Argumente dafür, an der Überzeugung festzuhalten, daß noch immer nicht genügend Übertragungswege vorhanden sind, welche ein gleichgewichtiges Nebeneinander der verschiedenen gesellschaftlichen Meinungsströmungen, auch ohne staatliche Reglementierung, garantieren würden. UMTS stellt im mobilen Bereich alle bisherigen Übertragungstechnologien in den Schatten. Die immens hohen Datenübertragungsraten erlauben nun erstmals den sekundenschnellen und mobilen Abruf von Internetseiten, Musiktiteln oder Videos. UMTS ist damit eine herausragende Technologie der nächsten Jahre und wird einen entscheidenden Beitrag zur Konvergenz der Informations- und Kommunikationsangebote leisten. Zum jetzigen Zeitpunkt ist nicht abzusehen, aber durchaus vorstellbar, daß die Medienangebote derart konvergieren, daß sich UMTS-Endgeräte zu universellen Informations- und Kommunikationsgeräten entwickeln, welche vielleicht nicht ausschließlich, doch aber in einem sehr entscheidenden Umfang zur Information und Kommunikation dienen werden. Dies hätte zur Folge, daß Anbieter, die eine der 6 deutschen UMTS-Lizenzpakete[261] ersteigern konnten, ganz entscheidende Machtfaktoren im Bereich der Informations- und Kommunikationsangebote

[257] Ebenda; s. auch: Holznagel, ZUM 1996, 16, 19.
[258] Vgl. Holznagel, ZUM 1996, 16, 19, s. auch: BVerfGE 95, 163, 172f.
[259] Siehe auch: BVerfGE 95, 163, 173; Die Frage, ob Wettbewerbsrecht eine spezielle Rundfunkordnung ersetzen kann, wird im Verlauf dieser Arbeit noch eingehend behandelt.
[260] UMTS: Universal Mobile Telecommunications System.
[261] Das zur Verfügung stehende Frequenzspektrum von 2 x 60 MHz (gepaart) wurde in 12 abstrakten Blöcken zu je 2 x 5 MHz (gepaart) zur Versteigerung gegeben, von denen mindestens 2 ersteigert werden mußten und höchstens 3 ersteigert werden durften. Die Ressourcen waren also von Anfang an auf 4 - 6 Lizenznehmer begrenzt.

werden. Das bestätigen auch die Erwartungen der Unternehmen im Vorfeld der Lizenzversteigerungen: Nur wer eine der Lizenzen erwerben kann, soll auch in Zukunft noch eine wirklich konkurrenzfähige Stellung innehaben[262]. Gerade diese zu vermutende wirtschaftliche Macht läßt auch Meinungsmacht befürchten. Insbesondere wenn UMTS nicht nur ergänzend neben die herkömmlichen Informations- und Kommunikationsangebote tritt, sondern diese verdrängt, wenigstens aber eine Spitzenposition einnimmt[263], dann besteht auch hier wieder die Situation, daß eine geringe Zahl an Übertragungswegen nicht einfach der autonomen Verfügung seitens ihrer Betreiber überlassen werden darf. Wie diese Entwicklung tatsächlich verlaufen wird, läßt sich heute schwerlich abschätzen. Schon jetzt sind, zumindest im Bereich der Festnetze[264], andere, noch schnellere Technologien zu erwarten. Jedenfalls sollte in Zeiten, in denen sich kaum erahnen läßt, welche Anwendungsfelder durch die Technik der Zukunft eröffnet werden, nicht vorschnell auf spezielle Regelungen verzichtet werden, welche notfalls eventuelle Fehlentwicklungen ausgleichen beziehungsweise verhindern könnten[265].

Im Ergebnis läßt sich festhalten, daß zwar durchaus von einer gewissen Entspannung im Bereich der Übertragungsmöglichkeiten gesprochen werden kann, denn nunmehr stehen neben dem terrestrischen Funk auch Satelliten, Breitbandkabel, Mobilfunk und die Digitaltechnik zur Verfügung. Dennoch bieten die Übertragungswege noch immer genügend spezifische Probleme, die durchaus eine positive Rundfunkordnung rechtfertigen könnten.

(ββ) Hohe Produktionskosten

Die Sondersituation im Bereich des Rundfunkwesens begründete das Bundesverfassungsgericht neben der Frequenzknappheit auch mit einem außergewöhnlich großen finanziellen Aufwand für die Veranstaltung von Rundfunkdarbietungen[266]. Aber mit steigender Zahl an Übertragungswegen sieht sich dieses Argument gleichfalls zunehmender Kritik ausgesetzt[267]. So sei es nunmehr möglich, sehr spezialisierte, wenig kostenaufwendige Spartenprogramme anzubie-

---

[262] Pointiert wurde dies wie folgt ausgedrückt: "Buy or bye-bye".

[263] Schon heute gibt es weltweit mehr Mobilfunkkunden, als Besitzer von Computern und es wird erwartet, daß auch der Fernseher bald hinter dem Handy zurück bleibt.

[264] Bspw.: Breitbandkabel, Elektronetze, Glasfaserkabel.

[265] VPRT, Doetz, Welchen Rahmen braucht eine "offene Medienordnung"?

[266] BVerfGE 12, 205, 261.

[267] Auch das Bundesverfassungsgericht selbst, scheint es in Frage zu stellen: BVerfGE 57, 295, 322.

ten[268]. Dies erscheint im ersten Augenblick sicher folgerichtig. Denn ein Vollprogramm hat viel mehr Personal- und Materialaufwand, muß es doch Fachkompetenz und Sendetechnik für alle Programmbereiche zur Verfügung haben. Spartenprogrammen ist es hingegen möglich, sich auf spezielle Inhalte zu konzentrieren und ihre Kosten dahingehend zu bündeln. Somit können bestimmte Spartenangebote - etwa jene, die in der Herstellung günstig und im Publikumsinteresse sehr beliebt sind - durchaus wesentlich preiswerter produziert werden, als herkömmliche Vollprogramme.

Aber der Grund, weshalb eine spezielle rundfunkrechtliche Normierung entfallen soll, wenn eine Vielzahl von Spartenprogrammen angeboten wird, liegt in der Erwartung, daß über die einzelnen Spartenprogramme die verschiedenen gesellschaftlichen Meinungsströmungen selbständig zu Wort kommen. Denn nur so wäre der Gedanke des Art. 5 I 2 GG gewahrt. Aber kann dies erreicht werden? Gerade unter dem Aspekt der Kosten erscheint es höchst zweifelhaft. Ausgewogene öffentliche Meinungsbildung läßt sich selbstverständlich nicht nur mit gut verkäuflichen Sport-, Kinder- und sonstigen Unterhaltungsprogrammen erreichen. Hierzu sind vielmehr auch unpopuläre, hoch spezielle und anspruchsvolle Darbietungen notwendig. In diesem Sektor würden Spartenprogramme wohl kaum mit geringem finanziellen Aufwand hergestellt werden können. Denn zum einen bedarf es hier vielfach intensiver Recherche und zum anderen leben solche Inhalte, welche überwiegend aus dem politisch, wissenschaftlichen Bereich stammen, von Aktualität und lassen sich daher nur selten durch häufige Wiederholungen hinreichend wirtschaftlich "ausschlachten". Im Übrigen würden sich diese Programme noch einmal deswegen verteuern, da sie auf Grund ihrer Spezifität weniger interessant für die Werbewirtschaft sind. In Vollprogrammen könnten sie indessen in ein populäres Gesamtangebot eingebunden und durch weniger kostenintensive aber populärere Inhalte wirtschaftlich neutralisiert werden.

Spartenprogramme sind hauptsächlich dann kostengünstiger, wenn sie lediglich ausgegliederte Inhalte großer Sender oder Rechteinhaber zum wiederholten Male verwerten. Dies führt zu einem "Mehr vom Gleichen"[269], welches als unerwünscht angesehen werden muß, ist es doch genau das Gegenteil der beabsichtigten Meinungsvielfalt.

Den Produktionskosten für Rundfunkprogramme wird gleichfalls mit Blick auf die neuen Technologien immer geringere Bedeutung beigemessen. Allerdings sind auch in diesem Zusammenhang wieder zwei Seiten zu betrachten. So er-

268 König, Die Einführung des digitalen Fernsehens, S. 83.
269 Dazu später eingehender.

möglicht etwa die Digitaltechnik ein kostengünstigeres Arbeiten, besonders im Bezug auf die Personalkosten. Gleichsam sind die Anschaffungskosten für die DAB-Technik nicht unerheblich und besonders für alternative, nicht-kommerzielle Medienangebote, insbesondere freie Radiosender, kaum zu finanzieren[270].

Auch die Erstellung und Unterhaltung von Internetseiten ist im Vergleich zu herkömmlichen Rundfunkangeboten theoretisch ein zu vernachlässigender Kostenfaktor. Damit bietet es ohne Kostenbarriere für jedermann die Möglichkeit, sich mit seinen Ansichten an eine unbestimmte Vielzahl von Personen zu wenden. Schaut man sich allerdings die Breitenwirkung verschiedener Internetseiten an, so wird man feststellen, daß im Regelfall nur solche von hoher Bekanntheit und Beliebtheit sind, welche gehaltvolle, qualitativ hochwertige und abwechslungsreiche Inhalte bieten und zudem aufwendige Werbemaßnahmen unternehmen. Um diesen Ansprüchen zu genügen, muß in die Internetauftritte ein erheblicher Arbeitsaufwand gesteckt werden, der vielfach unterschätzt wird. Die aufwendige Gestaltung und Pflege der Seiten - vor allem auch in redaktioneller Hinsicht - und die finanziellen Aufwendungen für Werbung sind dem normalen Bürger regelmäßig nicht möglich. Somit wird Meinungsmacht auch im Internet von großen Unternehmen, Vereinen oder sonstigen Gruppierungen ausgeübt[271].

Des weiteren gilt es zu bedenken, daß auch noch so gut gestaltete und inhaltsreiche Internetseiten nicht die besondere Eindringlichkeit von Fernsehbildern erreichen können. Jedermann mögliche Internetauftritte sind in ihrer Wirkungskraft erst dann so machtvoll, wie herkömmlicher Rundfunk, wenn echte Konvergenz herrscht und ganze Dokumentar- oder Spielfilme etc. in Internetangebote eingebunden sind. Doch dann müssen für solche Auftritte komplexe und qualitative Programme produziert werden, gleichsam wie schon heute beim Rundfunk.

Mithin läßt sich feststellen, daß die neuen Technologien - besonders das Internet - es sehr wohl erlauben, daß nahezu jedermann Darbietungen an die Allgemeinheit richtet. Um jedoch in der inhaltlichen Auseinandersetzung ernsthaft wahrgenommen zu werden, bedarf es - in aller Regel - auch künftig erheblichen fi-

---

[270] Entwurf eines Zwischenberichts der Fraktion BÜNDNIS 90/ DIE GRÜNEN über die Ergebnisse der Enquete Kommission "Zukunft der Medien in Wirtschaft und Gesellschaft - Deutschlands Weg in die Informationsgesellschaft", S. 144; s. aber auch: Ziemer, Digitalisierung und Bouquet, in: ZDF-Schriftenreihe 58, S. 15.

[271] So wohl auch Schulz, ZUM 1996, 487, 494.

nanziellen Aufwands. Fraglich ist allerdings, ob dieser so groß sein wird, um eine Ungleichbehandlung von Presse und Rundfunk zu rechtfertigen[272].

(γγ) Tendenz zur Oligopolisierung

Die Produktion von Rundfunkprogrammen erfordert sowohl für anspruchsvolle Dokumentationen etc. aber auch für massenattraktive Unterhaltungssendungen einen hohen wirtschaftlichen Aufwand. Deshalb besteht auch und gerade im Rundfunksektor eine Tendenz zur Oligopolisierung[273]. Wirtschaftliche Macht erlaubt zum einen zwar die Herstellung von kostenintensiven Programmen, was sogar zum Nutzen der Rezipienten sein kann[274], zum anderen entstehen aber auch Gefahren für die Meinungsvielfalt[275]. Damit liegt ein weiterer Grund vor, von einer Sondersituation des Rundfunkwesens zu sprechen. Konzentrationsbestrebungen sind im Mediensektor und speziell im Rundfunkbereich momentan sehr aktuell[276]. Es entstehen immer größere und weltumspannendere Unternehmen, welche nicht nur wettbewerbsrechtliche Probleme aufwerfen, sondern auch die Gefahren von Meinungsmacht und Machtmißbrauch. Aber auch die kulturellen Identitäten von Ländern beziehungsweise Regionen drohen bei global agierenden Rundfunkveranstaltern zu verkümmern. Damit entstehen gleichsam neue Probleme, welchen sich das Rundfunkrecht anzunehmen hat. So wurde etwa auf europäischer Ebene, mit Art. 4ff EU-Fernsehrichtlinie, bereits Regelungen erlassen, wonach ein Teil der Sendezeit beziehungsweise der Haushaltsmittel von Rundfunkveranstaltern für unabhängige europäische Werke zu reservieren ist[277].

---

[272] Herzog, in: Maunz/ Dürig, GG, Art. 5 Abs. I, II, Rn. 221ff und Schmitt Glaeser, AöR 112, 215, 229ff bspw. sehen eine derartige Rechtfertigung nicht.

[273] Schulze-Fielitz, in: Dreier, GG I, Art. 5 I,II, Rn. 39, 41; Konzentration dient insbesondere auch der Mehrfachverwertung produzierter beziehungsweise eingekaufter Programme und damit erhöhter wirtschaftlicher Effizienz: so auch: Engel, Medienrechtliche Konzentrationsvorsorge, in: Die Sicherung der Meinungsvielfalt, S. 228f.

[274] Engel, Medienrechtliche Konzentrationsvorsorge, in: Die Sicherung der Meinungsvielfalt, S. 230f.

[275] Später ausführlicher.

[276] Siehe dazu EU-Kommission, Grünbuch zur Konvergenz der Branchen, S. 7f.

[277] EU-Fernsehrichtlinie 1989, RL 89/ 552/ EWG in der durch EU-Fernsehrichtlinie 1997, RL 97/ 36/ EG geänderten Fassung.

(δδ) Faszinationskraft des Rundfunks

Eine besondere Bedeutung des Rundfunks ergibt sich ferner wegen seiner Breitenwirkung, Aktualität und Suggestivkraft[278]. Speziell das Fernsehen kann eine große Wirkungsintensität aufweisen, die so von einem anderen Massenmedium kaum erreicht wird[279].

Die besondere Faszinationskraft des Rundfunks wird sehr anschaulich von *Bullinger* beschrieben[280]: sie liegt in einem kontinuierlich ablaufenden Gesamtprogramm begründet, das eine künstliche[281], "virtuelle Welt" schafft und die Seher oder Hörer darin mit ihrer ganzen Persönlichkeit einbindet. Zudem wird durch entsprechende inhaltliche Gestaltung und Verkettung der Einzelsendungen der Versuch unternommen, den Rezipienten an das laufende Programm zu binden. Eine solche psychische "Fesselung" des Publikums gelingt um so mehr, wie das Eingeschaltetlassen des Empfangsgerätes keine individuellen Kosten

---

[278] BVerfGE 90, 60, 87; s. auch Lent, Rundfunk-, Medien-, Teledienste, S. 40ff: mit besonderer Berücksichtigung sozialwissenschaftlicher Erkenntnisse; ablehnend hierzu Hain, Rundfunkfreiheit und Rundfunkordnung, S. 56ff.

[279] Siehe dazu etwa Noelle-Neumann, in: Publizistik/ Massenkommunikation, S. 518ff (546ff). Die spezifische Medienwirkung ist abhängig von der Aktivität/ Passivität des Medienpublikums. Die Aktivität der Rezipienten drückt sich in einer kritischen Haltung und einer selektiven Wahrnehmung von Inhalten aus, weshalb bei aktiver Nutzung von einer geringeren Medienwirkung auszugehen ist, als bei einem passiven Publikum, welches sich weitgehend den Medien überläßt. Ob und in welchem Ausmaß die Rezipienten überhaupt selektiv Zuwendung und Wahrnehmung praktizieren können, hängt aber nicht allein von ihrer Tatkraft, sondern insbesondere auch von den speziellen Vermittlungsbedingungen der Medien ab. So ist das Fernsehen, mit seiner *zeitlichen Organisation,* einer selektiven Wahrnehmung weniger zugänglich, als etwa ein Presseprodukt, bei dem die Inhalte *räumlich* auf den Druckseiten verteilt sind und man so, sehr bequem, einen thematischen Überblick gewinnt und durch überlesen beziehungsweise umblättern auswählen kann. Das Fernsehen erreicht daher schon aufgrund seiner Vermittlungsbedingungen eine größere Wirkung als etwa die Presse. Zwar besteht gewiß eine größere Aufnahmebereitschaft für selbst gewählte Informationen, doch wird dies konterkariert durch die selektive Auswahl der Medieninhalte entsprechend der eigenen kognitiven Bedürfnisse, also unter Vermeidung von Dissonanzen zwischen Information und persönlicher Meinung. Die besondere Wirkung des Fernsehens wird durch zwei weitere Faktoren unterstützt. Zum einen hat der Zuschauer beim Fernsehen aufgrund von Seh- und Hörerlebnissen den Eindruck von Realität; er empfindet sich als Augenzeuge - ohne sich der Selektion bewußt zu sein, mit der die Fernsehkamera seine Augen führt. Zum anderen bestehen beim Publikum mehrheitlich passive Rezeptionsgewohnheiten. (Ausführlich zu der vorstehenden Thematik: Noelle-Neumann, in: Publizistik/ Massenkommunikation, S. 518ff; Donsbach, in: Medienwirkungen, S. 25ff.) Pointiert merkt Meyn, Massenmedien, S. 13 an, daß "die Erfahrung lehrt, daß die meisten Leute, die nach Hause kommen und sich vor den Fernseher setzen, keine andere Interaktivität als die mit dem Kühlschrank wollen."

[280] Bullinger, JZ 1996, 385, 387.

[281] Hoffmann-Riem, RuF 1995, 125, 131, spricht von einer „medialen Scheinwelt“.

verursacht, weil das Gesamtprogramm werbefinanziert ist oder für einen längeren Zeitraum durch Gebühren oder ein Abonnement abgegolten ist. Des weiteren kann die besondere Wirkungsintensität des Rundfunks gegenüber anderen, insbesondere den herkömmlichen Massenmedien auch in der Tatsache gesehen werden, daß Rundfunk die Fähigkeit besitzt, in die privaten Haushalte geradezu einzudrängen[282].

Vornehmlich in der Faszinationskraft des Rundfunks liegt dessen herausragende Eignung für die öffentliche Meinungsbildung, aber ebenso die besondere Gefahr des Machtmißbrauches begründet. Verkettete Programme, die das Publikum "gefangennehmen", ermöglichen leicht eine tendenziöse Berichterstattung. Sie können Wahrheiten suggerieren, die keine sind und stetig auf die Verfestigung bestimmter Meinungen hinwirken. Daher ist es gerade im Rundfunksektor um so wichtiger, positive Regelungen zu schaffen, die derartigem Machtmißbrauch bereits von vornherein begegnen.

Nun weist indes die technische Entwicklung der letzten Jahre einen deutlichen Trend auf, nämlich weg von einem verketteten, kontinuierlich ablaufenden Gesamtprogramm, hin zu einem individualisierten Angebot, bei dem sich jeder Rezipient die ihn interessierenden Inhalte selbst zusammenstellen kann. Die Multiplikation der Kanäle und Segmentierung des Angebots - bis hin zu einer großen Anzahl von Spartenkanälen - führt zum einen zu einer Verringerung der Marktanteile und damit zum Abbau der Meinungsmacht einzelner Anbieter. Zum anderen wird es mit zunehmender Konkurrenz immer schwerer, das Publikum an ein und dasselbe Programm zu binden. Gerade der digitale Rundfunk verdeutlicht und fördert diesen Prozeß sehr nachhaltig. Die Anzahl der Übertragungswege wird sich noch einmal erheblich vergrößern und die Rückkanaltechnik erlaubt es dem Rezipienten die von ihm gewünschten Inhalte selbst auszuwählen und den Programmablauf autonom zusammenzustellen. Besonders offenbarer wird die Individualisierung auch beim Internet. Hier entscheidet der Nutzer zwischen noch kleineren Informationseinheiten. Es werden nicht ganze Sendungen oder Filme ausgewählt, sondern einzelne Web-Sites. Die Anzahl solcher scheint nahezu unerschöpflich und schon nicht mehr zu fassen sind die verschiedenen Möglichkeiten, den auf diesen Seiten enthaltenen Links zu folgen.

Es liegt daher nahe, auch im Bezug auf die Faszinationskraft, die Sondersituation des Rundfunks zu relativieren. Gerade Pay-per-view-Angeboten wird die gesamthafte Verkettung und die daraus resultierende Gefahr eines manipulativen

---

[282] Siehe abweichende Meinung von Brennan, in: FCC v. Pacifica Foundation, 438 U.S. 726 (1978), S. 763 (a.E.).

und tendenziösen Gesamtprogramms abgesprochen[283]. Denn der Rezipient kann Inhalt und Zeitpunkt "seines" Programms unabhängig wählen, ebenso wie er entscheidet, eine Zeitung oder eine Illustrierte zu lesen[284]. Des weiteren wird das "Festhalten" des Publikums beim Einzelentgeltfernsehen erheblich erschwert[285]. Der Nutzer muß sich bei jedem Angebot fragen, ob ihm der Erwerb der Sendung tatsächlich wert ist. Ein unreflektiertes "Dranbleiben" wird hierbei jedenfalls nicht unterstützt.

Die Entwicklung des Rundfunks führt folglich dazu, daß dieser mehr und mehr an seiner speziellen Faszinationskraft und seiner Bindungswirkung verliert, was jedoch naturgemäß den Interessen des Veranstalters zuwiderlaufen muß. Dieser hat auch künftig - primär aus wirtschaftlichen Gesichtspunkten - ein Interesse daran, den Zuschauer so lange wie möglich an sein Programmbouquet zu binden. Der Veranstalter, der ein kundenfreundliches Pay-per-view-Angebot bereitstellt, weiß gewiß um das Risiko, daß der Rezipient eventuell nur eine Sendung erwirbt und anschließend zu einem Konkurrenten wechselt, weil dieser im konkreten Fall mehr fürs Geld bietet. Auch wenn er dies mit seiner Angebotsform in Kauf nimmt, so wird er dennoch immer bestrebt sein, den Kunden so lange wie möglich mit geschickten stilistischen Mitteln, mit Werbung oder mit besonderen Marketinginstrumenten zu binden[286]. Im Ergebnis läßt sich also festhalten, daß der Rundfunk, bedingt durch die technische Entwicklung, durchaus an Bindungswirkung verliert und verlieren wird, daß aber die Rundfunkveranstalter bestrebt sein werden, diese Verluste so weit wie möglich auszugleichen. Damit scheint es auch in Zukunft nicht völlig ausgeschlossen, daß der Rundfunk suggestive und tendenziöse Gesamtprogramme anbieten wird.

Gleiches gilt im Internet. Hier bieten sogenannte Links die Möglichkeit, einzelne Web-Sites und damit Inhalte miteinander zu verknüpfen. Durch geschickte Verknüpfungen läßt sich wunderbar eine Tendenz in der Meinungsäußerung beziehungsweise Information begründen. Begünstigt wird dies, durch die Vielzahl der Seiten im Internet, welche man trotz Suchmaschinen kaum in ihrer gesamten Breite erfassen kann. Vielmehr besteht die Gefahr, daß man sich, hat man einmal eine gute und einschlägige Seite gefunden, auf die von dort weiterführenden Links verläßt und so nur eine Meinungstendenz, nicht aber das gesamte Meinungsspektrum kennenlernt.

---

[283] Bullinger, JZ 1996, 385, 387; s. auch: König, Die Einführung des digitalen Fernsehens, S. 84.

[284] Bullinger, JZ 1996, 385, 387f; König, Die Einführung des digitalen Fernsehens, S. 84.

[285] Siehe dazu auch: Bullinger/ Mestmäcker, Multimediadienste, S. 56.

[286] Wohl *a.A.:* Bullinger/ Mestmäcker, Multimediadienste, S. 56.

Zudem wird die geschickte Verkettung von Internetseiten, welche den Nutzer möglichst lange auf den eigenen Seiten halten soll - zumindest bei kommerziellen Angeboten - noch einmal dadurch gefördert, daß es eine Tendenz weg vom Entgelt für den technischen Zugang, hin zum entgeltpflichtigen Inhalt gibt.

Das Internet, welches Informationen zu beinahe allen Themenbereichen bietet, macht deutlich, welche Probleme bei einer unüberschaubaren Angebotsvielfalt entstehen können: nämlich daß man die Angebote gar nicht findet beziehungsweise nicht geneigt ist, die Vielzahl von Informationen nach ihrer Bedeutung und ihrem Gehalt zu durchsuchen und zu gewichten. Wenn also behauptet wird, Meinungsvielfalt lasse sich am besten mit "chaotischen" Dialogen herstellen[287], also daß man etwa im Internet die widerstreitenden Interessen frei miteinander kommunizieren läßt, so sei dem entgegengehalten, daß das Medium Internet zwar grundsätzlich chancengleichen Zugang zu Information und Kommunikation bietet, aber die Informationen müssen eben erst gefunden werden. Wird eine populäre Portalsite tendenziös ausgestaltet, so finden sich im Internet mit Sicherheit eine Vielzahl von entgegenstehenden Ansichten. Aber wo? Und: verlangt man vom Rezipienten nicht ein wenig viel, wenn man ihm aufgibt jede Information zu hinterfragen und mit entsprechenden Gegenmeinungen abzuwägen? Viele Menschen haben immer weniger Freizeit zur Verfügung. Sie wollen deshalb kurz aber umfassend und gleichzeitig unterhaltsam informiert werden und nicht erst mühsam die verschiedenen Informationen und Meinungen zusammensuchen. Folglich wird es auch künftig ein Bedürfnis nach Vollprogrammen geben, welche den berühmten "bunten Strauß" an Informationen bieten. Eine solche Funktion nehmen im Internet die - sowohl von Nachfrageseite als auch von Anbieterseite immer beliebter werdenden - Portalsites wahr. Derartige "Vollprogramme" können durchaus tendenziös gestaltet werden und eine den herkömmlichen Rundfunkprogrammen vergleichbare Faszinationskraft aufweisen[288]. Es muß also auch weiterhin die Frage erlaubt sein, ob man hier auf eine positive Ausgewogenheitspflege verzichten kann.

Wenn man aber meint, man könnte den elektronischen Markt dem weniger regulierten Pressemarkt angleichen, bei dem es schließlich auch eine Vielzahl von Tendenzblättern gibt, wird man sagen müssen, daß dies nicht die wahre Lösung sein kann, denn es besteht wohl die Möglichkeit, sich aus mehreren Angeboten zu informieren, aber zum einen liest man gern seine eigene, vorgefaßte Meinung

---

[287] Bullinger, JZ 1996, 385, 390.

[288] Vgl. hierzu auch Spindler, Konvergenz der Medien, Referat zum 64. DJT, M 138.

und will sich gar nicht anders belehren lassen[289] und zum anderen liest die große Mehrheit der Bevölkerung kaum zwei oder mehr Zeitungen unterschiedlicher Tendenz, sondern überwiegend die Regionalzeitung, welche oft eine Monopolstellung inne hat oder es wird eine überregionale Zeitung und gegebenenfalls zusätzlich eine Zeitschrift gleicher "Couleur" gelesen. Die Deregulierung des Pressewesens kann nicht unbedingt als glanzvolles Beispiel herhalten und sollte dem Rundfunk nicht uneingeschränkt als Vorbild dienen[290].

Zusammenfassend soll schließlich noch einmal betont werden, daß die spezielle Faszinationskraft des Rundfunks, mit der stetig zunehmenden Zahl von Rundfunkanbietern oder entsprechenden Äußerungsmöglichkeiten, durchaus an Intensität einbüßt. Dennoch bieten auch die neuen Gegebenheiten hinreichend Möglichkeiten der Meinungsmanipulation, die deutlich über das Maß, welches bei der Presse erreichbar scheint, hinausgehen.

(β) Fortbestehen der Sondersituation im Rundfunkwesen?

Bei der vorangegangenen Prüfung der Argumente, welche die Sondersituation des Rundfunks im wesentlichen begründen, ist ein starker Bedeutungsverlust dieser traditionellen Rechtfertigungsgründe deutlich geworden, obwohl im Ergebnis noch genügend Anhaltspunkte bestehen, nicht vorschnell auf einen speziellen rundfunkrechtlichen Ordnungsrahmen zu verzichten[291].

Aber dennoch wird vielfach in der Literatur eine Sondersituation des Rundfunkwesens nicht mehr anerkannt[292]. Die Vermehrung der Übertragungswege und der mitunter geringere Finanzbedarf bei der Gründung von Rundfunkunternehmen würden nunmehr eine umfassende marktwirtschaftliche Öffnung der reglementierten Kommunikationsordnung gebieten. Die Gewährleistung von Meinungspluralität könne dem Markt und mithin dem freien Spiel der Kräfte überlassen bleiben; nicht mehr rechtlich abgesichert durch rundfunkspezifische

---

[289] Zum Stand der Medienwirkungsforschung hierzu: Noelle-Neumann, in: Publizistik/ Massenkommunikation, S. 518ff (539ff); zur selektiven Zuwendung zu Medieninhalten s. daneben auch: Donsbach, in: Massenkommunikation, S. 392ff; ders., in: Medienwirkungen, S. 25ff.

[290] Zu den Problemen des freien Pressemarktes: s. später.

[291] So auch Holznagel, ZUM 1996, 16, 19; Schulze-Fielitz, in: Dreier, GG I, Art. 5 I,II, Rn. 41; Hoffmann-Riem, Rundfunkrecht neben Wirtschaftsrecht, S. 15ff; s. auch Spindler, Konvergenz der Medien, Referat zum 64. DJT, M 105ff, M 111.

[292] Scholz, AfP 1995, 357ff; Gutachten des Wissenschaftlichen Beirats beim BMWi, "Offene Medienordnung", 1999; Hain, Rundfunkfreiheit und Rundfunkordnung, S. 46ff.

Regelungen, sondern durch das allgemeine Wirtschaftsrecht, also Wettbewerbs- und Kartellrecht.

Anders das Bundesverfassungsgericht. Auch wenn das Gericht die Frequenzknappheit nicht mehr als entscheidend ansieht, so hält es dennoch an einer positiven Rundfunkordnung fest, denn es könne nicht mit Sicherheit davon ausgegangen werden, daß freier Wettbewerb zwingend zu Meinungsvielfalt führt[293]. So müssen sich private Rundfunkunternehmen über Werbung finanzieren und sind folglich bestrebt, massenattraktive Programme zu möglichst geringen Kosten anzubieten[294]. Sendungen für einen kleinen Interessenkreis sind unwirtschaftlich und werden vernachlässigt[295]. Es dürfe nicht erst abgewartet werden, bis aus dem freien Spiel der Kräfte Fehlentwicklungen, etwa im Sinne von konzentrierter Meinungsmacht beziehungsweise Machtmißbrauch, entstanden sind, sondern es bedarf von vornherein einer positiven Ordnung[296]. Schließlich ist dem Bundesverfassungsgericht nicht ersichtlich, daß das Gebot der Vielfaltsicherung durch neuere Entwicklungen an Gewicht verlieren könnte[297]. Vielmehr muß es auch künftig, auf Grund der im Vergleich zur Presse fortgeschrittenen und weiter fortschreitenden Konzentration im Rundfunksektor, hinreichend Beachtung finden[298].

Damit gehen die Ansichten darüber, welchen Einfluß die technische Entwicklung des Rundfunksektors auf den zukünftigen Regulierungsbedarf hat, deutlich auseinander. Während einerseits auf die ausgleichenden Kräfte eines freien Marktes vertraut wird, zeichnen sich andererseits neue Gefahren ab, welche eine positive Rundfunkordnung auch weiterhin nicht entbehrlich erscheinen lassen.

(aa) Neue Gefahr: "Verspartung" der Gesellschaft

Trotz der Bedenken, welche zur Problematik der Übertragungswege geäußert wurden, ist selbstverständlich zu konstatieren, daß eine Vielzahl neuer Rundfunkprogramme entstanden sind und insbesondere im Zuge der Digitalisierung noch entstehen werden. Kennzeichnend für diese Entwicklung ist die Zunahme von Spartenkanälen[299]. Wie viele solcher Kanäle aufkommen, läßt sich heute

293 BVerfGE 57, 295, 322.
294 BVerfGE 73, 118, 155.
295 BVerfGE 73, 118, 155f.
296 BVerfGE 57, 295, 323.
297 BVerfGE 95, 163, 173.
298 Ebenda; s. auch Hoffmann-Riem, Rundfunkrecht neben Wirtschaftsrecht, S. 15ff.
299 Stolte, Bleibt Fernsehen Fernsehen?, in: ZDF-Schriftenreihe 52, S. 11.

schwerlich abschätzen. Aber bis zu 1000 Programme und mehr wird als realistisch angesehen[300]. Dies eröffnet die Möglichkeit, eine Vielzahl hoch spezialisierter Themenkanäle anzubieten, die dem Rezipienten erlauben, seinen ganz individuellen Interessen nachzugehen und die ihm folglich ein Mehr an kommunikativer Souveränität gewähren[301]. Neben diesem durchaus positiven Effekt gibt es jedoch auch Nachteile. Schon heute erleben immer weniger Menschen das gleiche Programm und können sich infolgedessen nicht darüber austauschen[302]. Diese Entwicklung wird sich weiter verstärken und die vergleichsweise homogene Fernsehöffentlichkeit der Vergangenheit wird sich in unterschiedlich informierte Teilöffentlichkeiten aufspalten[303]. Die Verspartung birgt also eine neue Gefahr für die freiheitlich-demokratische Staatsordnung, deren Lebenselement die ständige geistige Auseinandersetzung, der Kampf der Meinungen ist, in sich[304].

Rundfunk erfüllt bislang in diesem Zusammenhang eine wichtige Funktion, nämlich, "[to enable] the nation as a whole [...] to talk to itself"[305]. Er soll die Bevölkerung in einem gemeinsamen Kommunikationsprozeß integrieren und ihr damit nicht zuletzt auch kulturelle Identität vermitteln, um zu verhindern, daß die potentiell auseinanderstrebenden Interessengruppen sich im Staatsganzen nicht mehr wiederfinden[306]. Aber genau dies kann passieren bei einer unüberschaubaren Anzahl parzellierender Spartenprogramme. Weder greifen sie die verschiedenen gesellschaftlichen Meinungsströmungen auf, noch führen sie dazu, daß über vermittelte Themen gesamtgesellschaftlich diskutiert wird. Es steht zu befürchten, daß der Rundfunk vor lauter Sparten das Ganze aus den Augen verliert und so eine Gesellschaft ohne Mitte und ohne Zusammenhalt entsteht[307]. Seine Integrationsfunktion[308] kann der Rundfunk bei zunehmender Verspartung jedenfalls nicht mehr erfüllen[309].

---

300 Krüger, Die Technik zum Bouquet-Fernsehen, in: ZDF-Schriftenreihe 58, S. 42.

301 Ricker, AfP 1998, 437, 438; Scholz, AfP 1995, 357, 358.

302 Stolte, Bleibt Fernsehen Fernsehen?, in: ZDF-Schriftenreihe 52, S. 12.

303 Ebenda; Ricker spricht von "Atomisierung der Gesellschaft": AfP 1998, 437, 438.

304 BVerfGE 7, 198, 208; BVerfGE 5, 85, 205; bzgl. der Gefahr für die Demokratie s. auch: Stolte, Bleibt Fernsehen Fernsehen?, in: ZDF-Schriftenreihe 52, S. 14f.

305 Report of the Committee on Financing the BBC, S. 78.

306 Siehe hierzu auch Herzog, in: Evangelisches Staatslexikon, Bd. II, Stichwort: Pluralismus; s. auch BVerfGE 35, 202, 222.

307 Stolte, Bleibt Fernsehen Fernsehen?, in: ZDF-Schriftenreihe 52, S. 18.

308 Ausführlich zum Integrationsmodell: s. Hoffmann-Riem, AK-GG, Art. 5 Abs. 1,2, 6.5.4, 6.5.6, 6.6.

309 So auch: Bleckmann, Öffentlich-rechtliche Spartenprogramme als Bestandteil der Grundversorgung?, Rechtsgutachten im Auftrag des VPRT, S. 60ff, (62).

In einer funktionierenden Gesellschaft braucht jeder jeden, so daß das gesellschaftliche Ganze nicht einfach in seine Einzelteile zerfallen darf[310]. Es werden daher auch künftig Vollprogramme notwendig sein[311]. Dies liegt nicht nur in ihrer integrativen Wirkung begründet und damit im Interesse einer lebendigen demokratischen Gesellschaft, sondern die Vollprogramme bieten auch dem einzelnen Nutzer einen Gewinn.

Sicher ermöglicht die individuelle Auswahl von Programminhalten, je nach Interessenschwerpunkt eine durchaus zu begrüßende kommunikative Souveränität, doch sind hiermit auch Nachteile verbunden: Aus der Fülle der dargebotenen Informationen wird es schwer fallen, relevante Themen zu filtern. Vollprogramme hingegen laden immer wieder zu neuen geistigen Entdeckungen ein. Man wird auf Themen hingewiesen, welche einem vorher unter Umständen noch nicht bekannt waren. Damit werden neue Interessen bei den Rezipienten geweckt. Special-interest-Programme können dies hingegen nicht bieten, denn sie sind inhaltlich auf einen Schwerpunkt begrenzt. Besonders die Kombination von Spartenprogrammen und Pay-TV würde einer thematischen Verengung der Rundfunkrezeption förderlich sein. So sind medizinische oder juristische Ratgeber Nischenprodukte und sicherlich nicht jedermanns Interesse und dennoch wird der ein oder andere beim Zappen durch die Programme hängen bleiben, weil ihn das aktuelle Thema interessiert. Hätte er nur die Möglichkeit zwischen den von ihm abonnierten Spartenprogrammen auszuwählen und läge sein Hauptinteresse etwa beim Sport, bei Politik oder Unterhaltung, so würde er beispielsweise den medizinischen oder juristischen Rat verpassen.

Damit liegt es auch im Interesse der Rezipienten, daß weiterhin Vollprogramme angeboten werden. Die Wahrnehmung einer solchen Aufgabe ist vornehmlich vom öffentlich-rechtlichen Rundfunk zu fordern[312]. Der ihm obliegende Grundversorgungsauftrag beinhaltet die chancengleiche und umfassende Vermittlung aller Meinungen beziehungsweise Informationen an die Allgemeinheit, welche zum Zwecke einer freien individuellen und öffentlichen Meinungsbildung unerläßlich sind[313]. Spartenprogramme, mit ihrer inhaltlichen Veren-

---

310 Stolte, Bleibt Fernsehen Fernsehen?, in: ZDF-Schriftenreihe 52, S. 20.

311 Stolte, Bleibt Fernsehen Fernsehen?, in: ZDF-Schriftenreihe 52, S. 17ff; s. auch: Kresse, Grundversorgung und integrative Pluralismussicherung, Rechtsgutachten im Auftrag des VPRT, S. 9ff, (12); Ricker, AfP 1998, 437, 439.

312 Bleckmann, Öffentlich-rechtliche Spartenprogramme als Bestandteil der Grundversorgung?, Rechtsgutachten im Auftrag des VPRT, S. 61f; Kresse, Grundversorgung und integrative Pluralismussicherung, Rechtsgutachten im Auftrag des VPRT, S. 10ff; Ricker, AfP 1998, 437, 438ff; dies für den öffentlich-rechtlichen Rundfunk anerkennend: Stolte, Bleibt Fernsehen Fernsehen?, in: ZDF-Schriftenreihe 52, S. 17ff.

313 Ausführlicher hierzu: Bleckmann, Öffentlich-rechtliche Spartenprogramme als Bestandteil der Grundversorgung?, Rechtsgutachten im Auftrag des VPRT, S. 54ff; Herrmann, Rund-

gung und dem begrenzten Teilnehmerkreis, erfüllen das Merkmal einer "umfassenden" Meinungsbildung nicht und fallen damit grundsätzlich aus dem Bereich der unerläßlichen Grundversorgung heraus[314]. Auch reicht es nicht aus, eine Vielzahl von Spartenprogrammen unter einer "Dachmarke" zu versammeln, denn damit würde nur eine oberflächliche Zusammenfassung verschiedener Teilöffentlichkeiten erreicht, welche ein Gemeinschaftsgefühl nicht aufkommen läßt[315]. Demnach kann der öffentlich-rechtliche Rundfunk seinem Grundversorgungsauftrag primär nur mit der Veranstaltung von Vollprogrammen nachkommen[316].

Das heißt aber nicht, daß den öffentlich-rechtlichen Anstalten die zusätzliche Darbietung von Spartenprogrammen verwehrt ist[317], auch wenn dies häufig von Seiten der Privaten gefordert wird[318]. Grundversorgungsauftrag bedeutet eben nicht Mindestversorgung[319]. "Ebensowenig handelt es sich um eine Grenzziehung oder Aufgabenteilung zwischen öffentlich-rechtlichem und privatem Rundfunk, etwa in dem Sinne, daß Programme oder Sendungen, die der Grundversorgung zuzurechnen sind, dem öffentlich-rechtlichen, alle übrigen dem privaten Rundfunk vorbehalten sind oder vorbehalten werden könnten"[320]. Vielmehr hat der Gesetzgeber auch jenseits der Grundversorgung durch den öffentlich-rechtlichen Rundfunk grundsätzlich die freie Veranstaltung von Rundfunkprogrammen zu gleichen Bedingungen zuzulassen[321]. "Insoweit tragen die Programme des öffentlich-rechtlichen Rundfunks zur Bereicherung und Vielfalt des Programmangebots bei; sie ermöglichen und erweitern publizistische Konkurrenz als Lebenselement der Meinungsfreiheit"[322]. Daher sieht das Bundesverfassungsgericht insbesondere solche Spartenprogramme des öffentlich-rechtlichen

---

funkrecht, § 6 Rn. 7 ff, § 10 Rn. 146ff, § 23 Rn. 21; Hesse, Rundfunkrecht, 4. Kap., II, 1, Rn. 4ff; Starck, NJW 1992, 3257ff (mit deutlicher Kritik an dem verwendungsoffenen Begriff der Grundversorgung).

[314] BVerfGE 74, 297, 345f.

[315] Ricker, AfP 1998, 437, 439.

[316] Etwas anderes würde gelten, wenn man mit Bullinger die Aufgabe des öffentlich-rechtlichen Rundfunks nicht in der Bereitstellung eines umfassenden und ausgewogenen Basisangebotes sehen würde (im Sinne eines Grundpfeilers des Pluralismus), sondern in einer bloßen Ausgleichsfunktion bei eventuellem Marktversagen: s. Bullinger, Kommunikationsfreiheit, S. 94f.

[317] BVerfGE 74, 297, 346.

[318] Bleckmann, Öffentlich-rechtliche Spartenprogramme als Bestandteil der Grundversorgung?, Rechtsgutachten im Auftrag des VPRT; Kresse, Grundversorgung und integrative Pluralismussicherung, Rechtsgutachten im Auftrag des VPRT; Ricker, AfP 1998, 437.

[319] BVerfGE 74, 297, 325f.

[320] BVerfGE 74, 297, 326.

[321] BVerfGE 74, 297, 332.

[322] Ebenda.

Rundfunks als von der Rundfunkfreiheit umfaßt an, welche Beiträge enthalten, die von privaten Anbietern nicht zu erwarten sind, wie etwa aus dem Kultur- beziehungsweise Bildungsbereich[323]. Denn solche Programme leisten einen entscheidenden Beitrag zu einem umfassenden und ausgewogenen Gesamtprogramm.

Mithin ist es wenig verwunderlich, wenn daher gefordert wird, daß die Programmfreiheit der öffentlich-rechtlichen Rundfunkanstalten dort ihre Grenze finden soll, wo massenattraktive Spartenprogramme erkennbar gegen private Rundfunkanbieter positioniert werden; was damit begründet wird, daß solche Programme keinen Beitrag zur Erweiterung des Programmspektrums darstellen; sie wären nur eine Wiederholung bereits vorhandener Angebote[324]. Entgegen dieser Ansicht gilt es zu bedenken, daß öffentlich-rechtliche Spartenangebote vielfach Vorreiter bestimmter special-interest-Programme waren, daß sie also nicht bestehendes kopiert, sondern vielmehr neues initiiert haben und somit zu einer Befruchtung des Programmspektrums beitrugen. Im Übrigen hat die Argumentation den Beigeschmack eines bloßen Konkurrenzschutzes. Gewiß ist es nicht Aufgabe der öffentlich-rechtlichen Programme in wirtschaftliche Konkurrenz mit den privaten Veranstaltern zu treten. Sondern sie sind Garant für eine ausgewogene Meinungsvielfalt als Voraussetzung freier individueller und öffentlicher Meinungsbildung. Aber in dieser Funktion ist Konkurrenz - publizistische Konkurrenz - geradezu erwünscht. "Dem Nebeneinander von öffentlich-rechtlichem und privaten Rundfunk liegt (unter anderem) der Gedanke zugrunde, daß der publizistische Wettbewerb zwischen beiden sich anregend und belebend auf das inländische Gesamtangebot auswirken und Meinungsvielfalt auf diese Weise gestärkt und erweitert werde. Damit ist es unvereinbar, dem privaten Rundfunk zwar die Aufgabe einer publizistischen Konkurrenz gegenüber dem öffentlich-rechtlichen Rundfunk zuzumessen, dem öffentlich-rechtlichen Rundfunk aber eine solche Konkurrenz gegenüber dem privaten zu versagen [...]"[325]. Es muß dem öffentlich-rechtlichen Rundfunk also erlaubt sein, auch neben bestehenden privaten Spartenprogrammen eigene Programme gleichen Genres zu veranstalten. Im Übrigen gewährt gerade die Struktur des öffentlich-rechtlichen Rundfunks die Möglichkeit, hochspezialisierte Sendungen anzubieten, bei denen ein wirtschaftlicher Erfolg nicht von vornherein abzusehen beziehungsweise gänzlich ausgeschlossen ist. Öffentlich-rechtlicher Rundfunk kann daher deutlich experimentierfreudiger und mithin viel innovativer als privater Rundfunk sein und so den Meinungsmarkt erheblich bereichern.

---

[323] BVerfGE 74, 297, 346.

[324] Ricker, AfP 1998, 437, 440.

[325] BVerfGE 74, 297, 332.

Folglich dürfen öffentlich-rechtliche Rundfunkprogramme neben ihrem Grundversorgungsauftrag durchaus Spartenprogramme anbieten. Dies gilt um so mehr, als daß sie trotz Gebührenfinanzierung auch in Zukunft zeitgemäß und wettbewerbsfähig bleiben müssen. Denn zum einen sind sie Voraussetzung für eine duale Rundfunkordnung und zum anderen ließe sich ein unzeitgemäßer und unattraktiver öffentlich-rechtlicher Rundfunk gegenüber dem Gebührenzahler nicht rechtfertigen. Sie dürfen darüber aber keinesfalls ihre besondere Integrationsfunktion aus den Augen verlieren. Es besteht folglich weiterhin eine Notwendigkeit für die Darbietung von Vollprogrammen[326]. Darüber hinaus können die öffentlich-rechtlichen Rundfunkanstalten Spartenprogramme anbieten. Dies sollte unter dem Aspekt einer drohenden "Verspartung" der Gesellschaft aber maßvoll geschehen und seine Grenzen dort finden, wo sich die special-interest-Programme besonders weit vom integrativen Kern entfernen[327].

Schließlich sei anzumerken, daß die öffentlich-rechtlichen Programme ihre integrative Wirkung - insbesondere bei einer fortschreitenden Konvergenz der Medien - über entsprechende Angebote auch im Internet entfalten können und damit einen wichtigen Beitrag leisten würden, zur tatsächlich chancengleichen Wahrnehmung der verschiedenen Ansichten im Netz[328].

Im Ergebnis ist letztlich festzuhalten, daß Spartenprogramme - ob im öffentlich-rechtlichen oder privaten Rundfunk - schon auf Grund der nicht zu bestreitenden Vorteile einer interessenspezifischen Angebotsform grundsätzlich zu begrüßen sind. Wenn sich damit aber die tatsächliche Entwicklung des gesamten Rundfunksektors, konträr zu einer gesamtgesellschaftlichen Integration verhält, so wird man diese Entwicklung nicht ihrem "freien" Lauf überlassen können, sondern mit speziellen Regelungen für einen Ausgleich sorgen müssen.

(ββ) Neue Gefahr: Medienkonzentration und Machtmißbrauch

Die Befürworter einer liberalen Rundfunkordnung halten den positiven Ordnungsrahmen für nicht mehr zeitgemäß. Denn Lizenzierungsvorschriften, Programmauflagen, Werbebeschränkungen, Konzentrationsregeln und restriktive Jugendschutzvorschriften (insbesondere mit Blick auf das digitale Pay-TV) wä-

---

326 Siehe hierzu auch Bullinger, ZUM 1994, 596, 608f.

327 Siehe auch Bleckmann, Öffentlich-rechtliche Spartenprogramme als Bestandteil der Grundversorgung?, Rechtsgutachten im Auftrag des VPRT, S. 52.

328 Vgl. hierzu auch Spindler, Konvergenz der Medien, Referat zum 64. DJT, M 130 ff (M 132).

ren Ausdruck eines tiefen Mißtrauens gegen die Leistungen des Wettbewerbs[329], der angesichts der positiven ökonomischen und programmlichen Entwicklungen des privaten Rundfunks in Deutschland nicht mehr zu rechtfertigen ist[330]. Es sei an der Zeit, nicht mehr auf die staatliche Pflege von Ausgewogenheit zu setzen[331]. Die Vielzahl der heute und in Zukunft möglichen Rundfunkprogramme erlaube es, auf die Kräfte des freien Marktes und das ihn regulierende Wirtschaftsrecht zu vertrauen.

Doch andererseits wird dem "freien Spiel der Kräfte" unter Vielfaltsaspekten nicht nur häufig mißtraut, sondern es wird sogar eine Gefahr für die Verwirklichung von Meinungsvielfalt vermutet und zwar erst recht, wenn sich diese Kräfte auch noch konzentrieren[332]. Derartige Befürchtungen vermögen eine positive Rundfunkordnung jedoch nur dann eigenständig zu rechtfertigen, wenn ein Marktversagen festzustellen ist beziehungsweise eine konkrete Gefahr vorliegt, denn in einer freiheitlichen Grundordnung sollte nicht staatliche Regulierung im Vordergrund stehen, sondern das Vertrauen in die "immanente Vernunft der Freiheit[333]".

Im Folgenden soll daher untersucht werden,
- ob Anbietervielfalt automatisch auch zu Meinungsvielfalt führt und
- ob in diesem Falle bereits Wettbewerbs- und Kartellrecht hinreichende Absicherungen darstellen würden.

(ααα) Anbietervielfalt gleichbedeutend mit Meinungsvielfalt?

Die Vertreter einer liberalen Rundfunkordnung sehen in der wirtschaftlichen Konkurrenz unabhängiger Rundfunkanbieter und in der Steuerung des Programmangebots durch die Konsumentenpräferenzen die besten Voraussetzungen für die Sicherung und Ausweitung freien publizistischen Wettbewerbs und umfassender Meinungsvielfalt[334]. Publizistische Vielfalt soll sich also automatisch

---

[329] Gutachten des Wissenschaftlichen Beirats beim BMWi, "Offene Medienordnung", 1999, S. 6ff.

[330] VPRT, Doetz, Welchen Rahmen braucht eine "offene Medienordnung"?

[331] Gutachten des Wissenschaftlichen Beirats beim BMWi, "Offene Medienordnung", 1999, S. 12.

[332] Vgl. Mailänder, Konzentrationskontrolle, S. 141; *a.A.* Hain, Rundfunkfreiheit und Rundfunkordnung, S. 44ff (57ff), der solche Befürchtungen nicht als ausreichend ansieht, um eine Sondernatur der Rundfunkfreiheit anzuerkennen.

[333] Klein, DVBl 1994, 489, 494.

[334] Kantzenbach, in: Lüder, Rundfunk im Umbruch, S. 162ff (163); Enquete Kommission "Zukunft der Medien in Wirtschaft und Gesellschaft - Deutschlands Weg in die Informationsgesellschaft", S. 40.

aus der Vielzahl neuer Anbieter ergeben, welchen es nach Fortfall der Frequenzknappheit nunmehr möglich ist, spezielle Programme anzubieten.

Gegen einen solchen Automatismus und die Gleichsetzung von Anbietervielfalt und Meinungsvielfalt sprechen verschiedene Gründe:

Zunächst ist festzustellen, daß schon heute wesentlich weniger Inhalte produziert werden, als vom Markt benötigt; was zu unzähligen Wiederholungen der Sendungen führt, also zu einem "Mehr vom Gleichen". Eine deutliche Veränderung dieser Situation ist nicht zu erwarten, denn wohl mögen die Kosten für die Verbreitung von Sendeinhalten sich verringert haben, aber die Herstellung - speziell von qualitativ hochwertigen Programmen - wird auch in Zukunft noch immer sehr teuer sein. Eine wachsende Zahl von Rundfunkveranstaltern muß also gemeinsam auf diese knappen Ressourcen zurückgreifen. Mithin gäbe es viele Anbieter, aber nur eine verhältnismäßig geringe Erweiterung der Angebotspalette.

Doch selbst wenn neue Programme produziert werden, so geschieht dies heute unter den Bedingungen eines Nachfragemarktes. Dieser orientiert sich am Massengeschmack. Der Wandel vom Angebots- hin zum Nachfragemedium ist sehr eng verknüpft mit dem Aufkommen der privaten Anbieter. Diese finanzieren sich ausschließlich über Werbung und müssen daher massenattraktive Programme zu möglichst geringen Kosten produzieren. Sendungen für einen kleinen Interessenkreis sind unwirtschaftlich und werden daher kaum angeboten. Aber nicht nur wirtschaftliche Zwänge bedingen den Nachfragemarkt, sondern dessen Komplexität wird auch durch gesellschaftliche Entwicklungen mitbestimmt, deren Ursache und tatsächliche Wirkung hier nicht näher untersucht werden können. Fest steht aber, daß der breite Rezipientenquerschnitt ein immer geringeres Bedürfnis etwa an politischen Sendungen hat und daß vermehrt seichte Unterhaltung nachgefragt wird. Diesem Trend können sich auch die öffentlich-rechtlichen Programme nicht länger entziehen[335]. Denn trotz Gebührenfinanzierung können sie nicht auf Dauer am Massengeschmack vorbei senden. Ebenso werden neue Anbieter bemüht sein, mit ihrem Programm noch stärker auf die Nachfrage des Publikums einzugehen, um sich so einen Wettbewerbsvorteil zu verschaffen. Resultat dieser Entwicklung ist ein negativer Qualitätswettbewerb um größtmögliche Zuschauerzahlen beziehungsweise Werbeanteile[336]. Die konsequente Ausrichtung des Programmangebotes am Zuschauerinter-

[335] Siehe etwa den Beitrag "Abkehr von der Politik", Der Spiegel 34/ 2000, S. 99, "Optimierte Klippschule", Der Spiegel 34/ 2000, S. 104f; informativ hierzu auch: Der Spiegel, 34/ 2000, S. 100.

[336] Brinkmann, MP 1986, 557, 560.

esse führt also ebenfalls zu einem "Mehr vom Gleichen" und gerade nicht zu Meinungsvielfalt. Hingegen hatte das Bundesverfassungsgericht an die duale Rundfunkordnung die Erwartung geknüpft, daß der Wettbewerb zwischen den Rundfunkanbietern und speziell zwischen dem öffentlich-rechtlichen und dem privaten Rundfunk zu einer Bereicherung der Meinungslandschaft und dem Informationsangebot beiträgt[337].

Der These, daß der Erfolg kommerzieller Programme einhergeht mit dem Trend zur Entpolitisierung und Entsolidarisierung der Mediengesellschaft[338] beziehungsweise der Annahme eines negativen Qualitätswettbewerbes[339], wird entgegengehalten, daß man sich damit in der Nachbarschaft elitärer Anmaßung befände[340]. Rundfunk würde hierbei zu einer Art Volkshochschule stilisiert, die man überdies an eine mehr oder minder geschlossene Gruppe von Journalisten ausliefert[341]. Dies träfe die Idee einer freien Gesellschaft in der Wurzel[342]. Doch gerade hier läßt sich entgegnen, daß die freie Gesellschaft vielmehr durch massenattraktiven Einheitsbrei gefährdet wird. Es ist unbestreitbar, daß sich unter Marktbedingungen bestimmte Sendungen nur schlecht verkaufen lassen. Auch bedienen die Veranstalter von werbefinanziertem Rundfunk in erster Linie die Präferenzen jener Zuschauer, die gleichzeitig besonders empfänglich und attraktiv für Werbung sind[343], also vornehmlich jüngere Personenkreise. Aber auch "schwerverdauliche Kost" wird vom privaten Rundfunk nur sehr eingeschränkt geboten. In einer freien Gesellschaft müssen jedoch alle gesellschaftlich relevanten Strömungen und Interessen Berücksichtigung finden. Ist dies nicht der Fall und werden nur Teilöffentlichkeiten bedient, so kommt es zu Verzerrungen des Programmangebotes. Damit läge ein Marktversagen vor[344]. Hier kann man sich schließlich nicht mit dem Verweis auf das Pay-TV aus der Affäre ziehen und sagen, es möge jeder Gegenstände etwa der Hochkultur beziehen, soweit er bereit ist, dafür einen Anbieter zu vergüten[345]. Gerade anspruchsvolle Programme sind in der Herstellung meist sehr teuer. Die Produktionskosten bestimmen den Abnahmepreis und führen somit zu hohen Kosten beim Rezipienten. Es entstün-

[337] BVerfGE 74, 297, 332.
[338] Vgl. Stolte, Bleibt Fernsehen Fernsehen?, in: ZDF-Schriftenreihe 52, S. 14.
[339] Brinkmann, MP 1986, 557, 560.
[340] Enquete Kommission "Zukunft der Medien in Wirtschaft und Gesellschaft - Deutschlands Weg in die Informationsgesellschaft", S. 39.
[341] Ebenda.
[342] Ebenda.
[343] Mailänder, Konzentrationskontrolle, S. 148.
[344] Ebenda.
[345] So aber die Enquete Kommission "Zukunft der Medien in Wirtschaft und Gesellschaft - Deutschlands Weg in die Informationsgesellschaft", S. 39.

de ein elitärer Zugang zu Informationen - Arm bliebe arm an Bildung[346]. Die Sozialgemeinschaft würde sich auflösen[347]. Aber gerade dies kann und darf nicht Prinzip einer freien Gesellschaft sein.

Im übrigen muß eins aber klar sein: Die Tendenz zum Nachfragemarkt, mit dem Streben nach Massenattraktivität, darf vom öffentlich-rechtlichen Rundfunk weder angeführt noch ausschlaggebend vorangetrieben werden. Er darf zwar am freien Wettbewerb teilnehmen, muß aber ganz entscheidend den Pluralismus bewahren. Die Gebührenfinanzierung ermöglicht ihm hierzu den notwendigen Spielraum.

Hauptargument gegen die Annahme, Anbietervielfalt würde automatisch auch zu Meinungsvielfalt führen, sind die starken Konzentrationstendenzen im Mediensektor.

Gerade in diesem Zusammenhang erscheint es wenig hilfreich, eine Angleichung der Rundfunkordnung an die Presseregulierung zu fordern. Die liberale Presseordnung, welche dem Vertrauen in das Funktionieren des Pressemarktes entsprang, muß sich heute zunehmend Kritik gefallen lassen. Angesichts der überaus intensiven Konzentration im Pressewesen wird ernsthaft bezweifelt, ob hier der Gesetzgeber seiner Pflicht zur Sicherung publizistischer Vielfalt ausreichend nachgekommen ist[348]. Der Pressemarkt wird heute von einigen wenigen großen Verlagen weitestgehend beherrscht und besonders im lokalen Bereich haben sich die sogenannten Einzeitungskreise herausgebildet[349]. Letzteres zeigt, daß hochspezialisierte Medienangebote (Man könnte auch Spartenangebote sagen!) offensichtlich noch stärker der Gefahr, mangelnder publizistischer Vielfalt, ausgeliefert sind. Aber auch dort, wo relativ intensive Wettbewerbsverhältnisse herrschen, fehlt es an Meinungs- und Themenvielfalt, weshalb entsprechende Studien zu dem Ergebnis gelangt sind, daß Wettbewerb oder eine Viel-

[346] Vgl. hierzu auch: Mailänder, Konzentrationskontrolle, S. 154; Entwurf eines Zwischenberichts der Fraktion BÜNDNIS 90/ DIE GRÜNEN über die Ergebnisse der Enquete Kommission "Zukunft der Medien in Wirtschaft und Gesellschaft - Deutschlands Weg in die Informationsgesellschaft", S. 144.

[347] Vgl. Stolte, Bleibt Fernsehen Fernsehen?, in: ZDF-Schriftenreihe 52, S. 17ff.

[348] Branahl, Publizistische Vielfalt als Rechtsgebot, in: Rager/ Weber, Publizistische Vielfalt, S. 94.

[349] Zu Wettbewerb und Konzentration im Pressesektor s. etwa: Europäisches Medieninstitut, Bericht über die Entwicklung der Meinungsvielfalt, in: Die Sicherung der Meinungsvielfalt, S. 135ff; Weber, Medienkonzentration, Marktzutrittsschranken und publizistische Vielfalt in: Rager/ Weber, Publizistische Vielfalt, S. 251ff; s. aber auch die Feststellung der Enquete Kommission "Zukunft der Medien in Wirtschaft und Gesellschaft - Deutschlands Weg in die Informationsgesellschaft", S. 37.

zahl an Zeitungen keineswegs zu Meinungsvielfalt führen[350]. Deshalb wird hier - entgegen der Diskussion im Rundfunkbereich - teilweise gefordert, daß auch im Pressesektor eine positive Vielfaltsicherung vorzunehmen ist[351].

Diese Erfahrungen werden in der rundfunkrechtlichen Diskussion scheinbar häufig übersehen, denn hier wird weiterhin sehr vehement für das Modell eines freien Wettbewerbs gestritten. Der Konzentrationstendenz wird sogar etwas Positives beigemessen. Von einem höher konzentrierten Medienmarkt werden differenziertere und qualitätvollere Inhalte erwartet, als von einem gering konzentrierten Markt[352]. Qualität würde kosten und könnte daher besser durch große Unternehmen gewährleistet werden. Zudem könnten die großen Anbieter selbst produzierte oder eingekaufte Programme unter der eigenen Dachmarke mehrfach verwerten, wodurch es ihnen möglich wäre, mehr beziehungsweise qualitätvollere Sendeinhalte anzubieten[353]. Schließlich seien kleine Einheiten im internationalen Wettbewerb nicht konkurrenzfähig[354].

Läßt man diese Argumente zunächst erst einmal dahin stehen, so werden primär negative Auswirkungen der Konzentration im Mediensektor augenfällig. Konzentration führt zwangsläufig zunächst zu einer Verringerung der Programmveranstalter und es gilt zu erwarten, daß in Folge dessen auch die Chancen für eine Vielgestaltigkeit der Programminhalte sinken[355]. Private Veranstalter unterliegen nicht dem Gebot von Binnenpluralität; gleichzeitig orientieren sie sich am Nachfragemarkt. Sie werden also entsprechend ihrer Zielgruppe ein, soweit wie möglich auf deren Bedürfnisse zugeschnittenes, Programm anbieten. Dabei greifen sie zwar auf die Ressourcen der ursprünglich selbständigen Unternehmen zurück, sie werden aber hausinterne Konkurrenz vermeiden beziehungsweise Sendungen anbieten, welche alle den gleichen Zielgruppenbedürfnissen entsprechen. Zwar erlaubt die Größe eines konzentrierten Unternehmens unter Umständen Experimente, wie neue Sendeformate beziehungsweise das Ansprechen neuer Zielgruppen; private Anbieter werden solche Wagnisse aber kaum riskieren. Mithin wird der Zusammenschluß von Rundfunkveranstaltern regelmäßig zu einer Verringerung der vom Rundfunk repräsentierten Meinungs-

[350] Jarren, Publizistische Vielfalt durch lokale und sublokale Medien?, in: Rager/ Weber, Publizistische Vielfalt, S. 74.

[351] Rager/ Weber, Publizistische Vielfalt zwischen Markt und Politik. Eine Einführung, in: Rager/ Weber, Publizistische Vielfalt, S. 15ff.

[352] Engel, Medienrechtliche Konzentrationsvorsorge, in: Die Sicherung der Meinungsvielfalt, S. 228ff; vgl. auch die Ausführungen bei Mailänder, Konzentrationskontrolle, S. 178ff (im Ergebnis aber mit anderer Meinung).

[353] Engel, Medienrechtliche Konzentrationsvorsorge, in: Die Sicherung der Meinungsvielfalt, S. 228f.

[354] Vgl. Mailänder, Konzentrationskontrolle, S. 178ff.

[355] Mailänder, Konzentrationskontrolle, S. 177.

richtungen und einer Angleichung der Sendeinhalte führen. Damit ist auch der Schritt in Richtung Machtmißbrauch nicht mehr weit. Befinden sich große Teile der Medien in einer Hand, so können diese unerwünschte Meinungen von der öffentlichen Meinungsbildung ausschließen und darüber hinaus die Verbreitung gefälliger Meinungen zum Zweck einseitiger Einflußnahme auf die öffentliche Meinung mißbräuchlich ausüben[356]. Ein jüngeres Beispiel hierfür war der grandiose politische Aufschwung des italienischen Unternehmers Silvio Berlusconi. Er nutzte gezielt seine wirtschaftliche Macht[357], insbesondere die von ihm kontrollierten Fernsehkanäle[358], welche zu den führenden Italiens gehören, um ausreichend Wählerstimmen für sich zu gewinnen und erlangte dadurch - bereits zum zweiten Mal - die Regierungsgewalt. Zwar werden in einem demokratischen Rundfunksystem immer auch konkurrierende Anstalten vorhanden sein (sei es letztlich durch eine öffentlich-rechtliche Absicherung), so daß tendenziöse Berichterstattung und einseitige Einflußnahme früher oder später aufgedeckt werden, und infolgedessen das Publikum seine entsprechenden Konsequenzen ziehen kann oder daß gar staatliche Maßnahmen getroffen werden müssen[359]. Aber gerade in dem "später" liegt eine große Gefahr. Meinungsmanipulation kann von langer Hand vorbereitet und suggestiv betrieben werden. Wenn sie dann entdeckt wird, ist es unter Umständen zu spät, entsprechende Gegenkampagnen zu starten. Damit wird deutlich, daß einer Steigerung von Meinungsmacht und der hiermit verbundenen Gefahr von Machtmißbrauch von vornherein kritisch entgegenzutreten ist.

Die Erlangung ökonomischer Macht, insbesondere die Kontrolle einer Vielzahl von Programmen, ermöglicht überhaupt erst die Ausübung von vorherrschender Meinungsmacht, denn wirtschaftlicher Zusammenschluß ist der Wegbereiter von Verengung publizistischer Vielfalt und Entstehung von Meinungsmacht[360]. Im Ergebnis ist daher auch festzustellen, daß die Wahrscheinlichkeit negativer publizistischer Auswirkungen mediärer Konzentration eventuelle positive Effekte deutlich überwiegen.

---

[356] Ebenda, S. 178.

[357] Neben einer Vielzahl in- und ausländischer Rundfunkanstalten gehören Berlusconi auch Produktionsstudios, (Fernseh-)Zeitungen, Supermärkte u.v.m. Einen Überblick über die vielfältigen wirtschaftlichen Betätigungen gibt: Die Zeit, 18/ 2001, Berlusconis Imperium.

[358] Canale Cinque, Italia Uno, Rete Quattro.

[359] Siehe allerdings: Die Zeit, 32/ 2001, S. 1, Schaut auf dieses Land. Hier wird auf die einseitige Berichterstattung im italienischen Fernsehen über die Demonstrationen zum G-8-Gipfel in Genua (2001) hingewiesen.

[360] Mailänder, Konzentrationskontrolle, S. 178, 182; vgl. auch Mestmäcker, in: Immenga/ Mestmäcker, GWB, Vor § 23 Rn. 54.

Dies gilt im Übrigen um so mehr, als sich wirtschaftliche und publizistische Macht aus intermediärer, vertikaler[361] oder diagonaler[362] Konzentration ergeben[363]. Denn die Gefahr von Machtmißbrauch und Vielfaltsdefiziten steigt um so mehr, als sich mächtige Presse- und Rundfunkkonsortien beziehungsweise Internetunternehmen zusammenschließen[364].

Die fortgeschrittene und fortschreitende Konzentration des Rundfunkmarktes birgt mithin neue Gefahren für die Medienlandschaft in sich[365]. Auch aus diesem Grund kann man nicht der Annahme folgen, daß sich Meinungsvielfalt allein aus dem "freien Spiel der Kräfte" heraus ergibt[366].

(βββ) Wirtschaftsrecht oder spezielles Rundfunkrecht?

Nun werden derlei Gefahren, wie die Konzentrationsbestrebungen im Medienbereich, auch von den Vertretern einer liberalen Rundfunkordnung anerkannt. Sie setzen jedoch ihr Vertrauen in das allgemeine Wirtschaftsrecht, wie dem Wettbewerbs- beziehungsweise Kartellrecht, dessen konsequente Anwendung ausreichen soll, mittelbar über die Sicherung der Funktionsfähigkeit des wirtschaftlichen Wettbewerbs, zugleich die Meinungsvielfalt zu schützen[367]. Das rundfunkspezifische Ordnungsmodell "Ausgewogenheitspflege", sei durch ein Wettbewerbsmodell "Offenheitspflege" abzulösen[368].

Grundlegend für diese Ansicht ist eine undifferenzierte Betrachtung von Meinungswettbewerb einerseits und dem Wettbewerb zwischen Anbietern von Waren beziehungsweise Dienstleistungen andererseits[369]. Dem ist zu entgegnen, daß der freie Austausch von Meinungen und Informationen keinesfalls mit dem Verkauf von Autos[370] oder dem Anbieten von sonstigen Konsumgütern bezie-

361 Zusammenschluß von vor- und nachgelagerten Produktionsstufen.
362 Zusammenschluß von Unternehmen verschiedener Produktionsstufen und Märkte.
363 Mailänder, Konzentrationskontrolle, S. 182; BVerfGE 95, 163, 173; Erläuterungen zu den einzelnen Konzentrationstypen finden sich etwa bei: Mailänder, Konzentrationskontrolle, S. 163; Europäisches Medieninstitut, Bericht über die Entwicklung der Meinungsvielfalt, in: Die Sicherung der Meinungsvielfalt, S. 148f, 179ff.
364 Vgl. auch BVerfGE 73, 118, 175.
365 BVerfGE 95, 163, 173.
366 Vgl. auch Gounalakis, Konvergenz der Medien, Gutachten C, 64. DJT, C 39f.
367 Vgl. etwa: Gutachten des Wissenschaftlichen Beirats beim BMWi, "Offene Medienordnung", 1999, S. 14f; s. auch EU-Kommission, Grünbuch zur Konvergenz der Branchen, S. 22.
368 Vgl. Enquete Kommission "Zukunft der Medien in Wirtschaft und Gesellschaft - Deutschlands Weg in die Informationsgesellschaft", S. 44; Bullinger/ Mestmäcker, Multimediadienste, S. 27.
369 Wie dies etwa bei Engel, AfP 1994, 185, 187f der Fall ist.
370 Ebenda.

hungsweise Dienstleistungen verglichen werden kann. Während etwa Preisabsprachen im Mineralölbereich oder Fehlentwicklung auf Grund der relativ geringen Konkurrenz im Automobilbau[371] durchaus im Nachhinein wirksam ausgeglichen, wenigstens aber geahndet werden können[372], so lassen sich entstandene Meinungsmacht und damit möglicher Machtmißbrauch nur schwer oder gar nicht rückgängig machen[373]. Zudem ist Rundfunk, mit seiner herausragenden Funktion für die freie öffentliche Meinungsbildung, gerade keine Ware wie jede andere[374], sondern er nimmt für das Funktionieren der freiheitlich demokratischen Grundordnung eine ganz entscheidende Aufgabe wahr[375]. Schließlich wird die Rundfunkfreiheit auch nicht zuvörderst im Interesse ungehinderter wirtschaftlicher Betätigung der Rundfunkunternehmer gewährleistet, sondern im Interesse freier öffentlicher Meinungsbildung[376]. Das Wettbewerbsrecht bietet primär Regelungen für die freie wirtschaftliche Entfaltung und eben nicht zur Sicherung von Meinungspluralismus, denn Anknüpfungspunkt des Wettbewerbsrechts ist die ökonomische Macht, beim Medienkonzentrationsrecht ist es die publizistische Macht[377].

Will man dennoch darauf vertrauen, daß Meinungspluralismus über die Steuerung eines freien Wettbewerbs bewahrt werden kann, so begegnet man weiteren Schwierigkeiten. Das Wettbewerbsrecht knüpft mit seinen Regulierungen an die Verhältnisse der verschiedenen Märkte an. Bei der Bestimmung, ob eine Marktbeherrschung und somit eine Gefahr für die freie Meinungsbildung gegeben ist, ist etwa zu prüfen, welche Anteile ein Unternehmen an einem bestimmten Markt hat. Doch gerade im Medienbereich bestehen erhebliche Zweifel bei der Abgrenzung von Märkten. So wird angesichts der unterschiedlichen Finanzierungsformen bezweifelt, ob öffentlich-rechtlicher und privater Rundfunk überhaupt auf demselben Markt agieren[378]. Noch schwieriger ist der Fall im intermediären Bereich, wie etwa bei Presse und Rundfunk[379]. Im Falle eines solchen intermediären Zusammenschlusses läge ein wettbewerbsrechtlich relevanter Sachverhalt solange nicht vor, wie man keinen gemeinsamen Medien-

---

[371] Vgl. ebenda.
[372] Siehe etwa die Bemühungen der EU-Wettbewerbskommission.
[373] Hesse, Rundfunkrecht, 5. Kap., IV, 2a, Rn. 68; BVerfGE 95, 163, 173.
[374] So auch Entwurf eines Zwischenberichts der SPD-Fraktion über die Ergebnisse der Enquete Kommission "Zukunft der Medien in Wirtschaft und Gesellschaft - Deutschlands Weg in die Informationsgesellschaft", S. 51.
[375] BVerfGE 73, 118, 157f.
[376] BVerfGE 83, 238, 315.
[377] Vgl. hierzu auch Hoffmann-Riem, Diskussionsbeitrag zum 64. DJT, M 228.
[378] Siehe Kübler, Konzentrationskontrolle des bundesweiten Rundfunks, in: Die Sicherung der Meinungsvielfalt, S. 300.
[379] König, Die Einführung des digitalen Fernsehens, S. 80.

markt definiert, sondern von einem Rundfunk- und einem Pressemarkt ausgeht[380]. Gleichzeitig könnte ein solcher Zusammenschluß aber die Meinungsvielfalt gefährden. Damit zeigt sich bereits, daß die Instrumente des Wirtschaftsrechts nicht geeignet sind, die für den Medienbereich typischen Formen der Konglomerate aus diagonalen und speziell intermediären Konzentrationen befriedigend zu erfassen und Pluralität auf dem Meinungsmarkt sicher zu gewährleisten[381].

Hierfür sprechen auch andere Gründe: das allgemeine Kartellrecht knüpft im wesentlichen an Fusionstatbestände an und erfaßt unternehmensinternes Wachstum nicht. Aber gerade beim Ausbau einer marktbeherrschenden Stellung beziehungsweise der Gründung von Tochterunternehmen und der damit einhergehenden Vergrößerung von Meinungsmacht, handelt es sich um eine typische Gefahr für den Pluralismusgedanken, welcher entgegenzutreten wäre. Um dennoch das Kartellrecht anwenden zu können, behelfen sich die Anhänger dieser Lösung mit dem Vorschlag, man könne etwa die Lizenzerteilung als Zusammenschlußfall fingieren und somit eine Erscheinungsform des internen Unternehmenswachstums an denselben Kontrollmaßstäben messen, wie externes Wachstum[382]. Aber genau eine solche Konstruktion verrät, wie wenig das allgemeine Wirtschaftsrecht in der Lage ist, rundfunkspezifische Regelungen zu ersetzen[383]. Schließlich würde sich auch die Eingriffsschwelle zur Verhinderung von Meinungsmacht noch einmal erhöhen. Gemäß § 26 II RStV gilt die Vermutung, daß ein Unternehmen dann vorherrschende Meinungsmacht erlangt, wenn alle ihm zuzurechnenden Programme im Durchschnitt eines Jahres einen Zuschaueranteil von 30 v.H. erreichen. Schon dieser Regelung wurde vorgeworfen, daß die Grenze so hoch angesetzt ist, daß auf Risiken und Gefahrenlagen im Vorfeld grundsätzlich nicht mehr reagiert werden kann; die Meinungsvielfalt wäre schon beeinträchtigt, bevor die 30 v.H. Grenze überhaupt erreicht ist[384]. Bei Anwendung des § 22 III Nr. 1 GWB würde Marktbeherrschung sogar erst ab einem Marktanteil von mindestens einem Drittel angenommen. Wenn aber bereits die rundfunkrechtliche Regelung kritikwürdig ist, so muß das Heraufsetzen der Eingriffsschwelle erst recht auf Ablehnung stoßen, würde sich damit doch die Ge-

---

[380] Ebenda.

[381] Vgl. hierzu auch Mailänder, Diskussionsbeitrag zum 64. DJT, M 250ff.

[382] Enquete Kommission "Zukunft der Medien in Wirtschaft und Gesellschaft - Deutschlands Weg in die Informationsgesellschaft", S. 42.

[383] So auch Mestmäcker, Referat zum 56. DJT, O 24ff (O26), obwohl er ausdrücklich die im Bereich des Rundfunks geltende "Leitidee der Meinungsfreiheit" um die Prinzipien des Wirtschaftsrechts ergänzt sehen will, a.a.O., O13.

[384] Stock, Konzentrationskontrolle in Deutschland, in: Stock/ Röper/ Holznagel, Medienmarkt und Meinungsmacht, S. 40.

fahr nochmals erhöhen, nicht rückgängig zu machende Einbußen an Meinungsvielfalt hinnehmen zu müssen.

Anhaltspunkte dafür, daß Rundfunk wie ein beliebiges Wirtschaftsgut zu behandeln ist, sollen sich schließlich aus dem EU-Recht ergeben[385]: Nach gefestigter Rechtsprechung des EuGH ist der klassische Rundfunk eine Dienstleistung im Sinne der Freiheitsgewährung von Art. 59 EGV[386]. Damit ist jedoch längst nicht gesagt, daß der Rundfunkmarkt völlig offen und liberalisiert sein muß. Im Unterschied zu diskriminierenden können die unterschiedslos anwendbaren Beschränkungen der Dienstleistungsfreiheit, also jene, die für in- wie ausländische Anbieter gleichermaßen gelten, mit zwingenden Gründen des Allgemeininteresses, in den Grenzen von Art. 10 EMRK, gerechtfertigt werden[387]. Dazu gehört natürlich die Gewährleistung demokratischer Meinungspluralität, als Motor einer freiheitlichen Gesellschaft. Welche Mittel hier einzusetzen sind, bleibt offen. Spezielle rundfunkrechtliche Regelungen - bis hin zu Lizenzierungen - sind jedenfalls nicht von vornherein ausgeschlossen. Im Gegenteil: Die EU-Fernsehrichtlinie stellt in zahlreichen Artikeln explizite Anforderungen an die Herstellung und Verbreitung von Fernsehprogrammen. Hier sei insbesondere Art. 5 genannt, der eine Quote für europäische Programme festlegt und damit einen deutlichen Einschnitt in die Freiheit der wirtschaftlichen Betätigung der Rundfunkanbieter vornimmt. Folglich kann auch mit dem EU-Recht nicht die Notwendigkeit einer liberalen Wirtschaftsordnung im Rundfunksektor begründet werden.

(γγγ) Zwischenergebnis: Rundfunk und Marktprinzipien

Die fortschreitende technische Entwicklung ermöglicht eine immense Vervielfältigung der Rundfunkangebote, ohne daß dies automatisch zu Meinungspluralismus führt. Vielmehr bewirkt die nachfrageorientierte Ausrichtung der Programme eine Vereinheitlichung des Angebots. Zudem werden immer weniger bildende beziehungsweise informative Inhalte nachgefragt, sondern das Publikumsinteresse geht mehrheitlich in Richtung schlichte Unterhaltung. Überließe man diese Entwicklung ihrem freien Lauf, so stünde eine Verringerung des Meinungsspektrums zu befürchten. Es reicht nicht aus, auf ein ausgeglichenes Angebot des öffentlich-rechtlichen Rundfunks zu vertrauen - quasi als letzte Bastion und gutes Gewissen der Medienlandschaft. Mit Zunahme der privaten An-

---

[385] Vgl. Enquete Kommission "Zukunft der Medien in Wirtschaft und Gesellschaft - Deutschlands Weg in die Informationsgesellschaft", S. 46f.

[386] Ausführlich hierzu: Bullinger/ Mestmäcker, Multimediadienste, S. 95ff.

[387] Vgl. Bullinger/ Mestmäcker, Multimediadienste, S. 102ff.

bieter hat der öffentlich-rechtliche Rundfunk mehr und mehr an marktbeherrschender Stellung verloren und wird daher deutliche Fehlentwicklungen im privaten Sektor - wie etwa vorherrschende Meinungsmacht - nur noch unzureichend ausgleichen können.

Aber gerade die Notwendigkeit des werbefinanzierten Rundfunks, die Programme möglichst kostengünstig anzubieten, führt zu intensiven Konzentrationsbestrebungen und damit zur Herausbildung nicht nur von wirtschaftlicher, sondern auch von publizistischer Macht, welche einhergeht, mit der Gefahr von Machtmißbrauch.

Mithin wird deutlich, daß der Rundfunksektor nicht dem "freien Spiel der Kräfte" überlassen werden kann. Um Meinungspluralismus zu gewährleisten und Machtmißbrauch zu verhindern, bedarf es effektiver Kontrolle. Dazu reicht aber das allgemeine Wettbewerbs- und Kartellrecht nicht aus, welches primär auf den Erhalt wirtschaftlichen Wettbewerbs ausgerichtet ist. Die herausragende Bedeutung, die das "Produkt" Öffentliche Meinungsbildung für das Funktionieren einer Demokratie, im Vergleich zu anderen Wirtschaftsgütern beziehungsweise Dienstleistungen hat, rechtfertigt spezielle rundfunkrechtliche Regelungen - ja erfordert sie sogar.

(ccc) Zwischenergebnis: Positive Rundfunkordnung/ Dienende Freiheit

Zwar verlieren die klassischen Rechtfertigungsgründe für eine positive Rundfunkordnung insbesondere mit dem Aufkommen von neuen Übertragungswegen sowie durch die Digitaltechnik an Bedeutung, dennoch wird man eher von einer Modifizierung der Sondersituation im Rundfunkwesen, als von einer Beendigung sprechen müssen. Auch unter den veränderten technischen Bedingungen werden Argumente wie Frequenzknappheit, hoher Finanzbedarf und Faszinationskraft nicht völlig hinfällig sondern erlangen teilweise neue Bedeutung. Hinzu treten neue Gefahren für den Pluralismus in der Rundfunklandschaft, nämlich die Tendenz zur Verspartung des Programmangebotes und extreme Konzentrationsbestrebungen. Insbesondere intermediäre Konzentration birgt ein erhebliches Risikopotential bezüglich der Meinungsvielfalt in sich. Man wird folglich auch künftig nicht auf einen objektiv-rechtlichen Ordnungsrahmen verzichten können. Meinungsvielfalt läßt sich durch das "freie Spiel der Kräfte", einzig kontrolliert durch die Mechanismen des Wirtschaftsrechts, nicht garantieren. Spezielle und wenig massenattraktive Programme würden auf dem Nachfragemarkt keinen Platz finden. Zudem bewirken mehr Rundfunkprogramme nicht automatisch größere Meinungsvielfalt, sondern es besteht vielmehr ein "Mehr vom Gleichen" zu befürchten. Vielfaltssicherung muß also über bloße Konzentrationskontrolle hinausgehen. Dazu bedarf es positiver, ordnender Maßnahmen. Denn ist erst einmal eine Verzerrung des Meinungsmarktes, bis hin zu vorherrschender Meinungsmacht des Staates oder einzelner gesellschaftlicher Gruppierungen entstanden, so lassen sich diese Fehlentwicklungen im Nachhinein nur schwer oder gar nicht rückgängig machen. Zumindest bleibt für eine gewisse Zeit ein Defizit an Meinungsvielfalt und damit an demokratischer Kultur zu beklagen.

Wenn etwa in den USA der Supreme Court dennoch darauf verzichtet, Schutzpflichten zu statuieren, so liegt dies am unterschiedlich historischen Hintergrund[388]. Während dort das Vertrauen in eine Verfassung, welche ausschließlich mit rein subjektiven Freiheitsrechten den liberalen und demokratischen Rechtsstaat gewährleistet, noch nicht enttäuscht wurde, sieht die europäische, speziell die deutsche Geschichte anders aus. Das Grundgesetz rechnet, auf Grund der Erfahrungen mit der NS-Diktatur, mit der Möglichkeit eines Staats- beziehungsweise Politikversagens, dem durch präventive Vorkehrungen zu begegnen ist, indem der Staat zu legislatorischen Schutzmaßnahmen verpflichtet wird. Es hat sich gezeigt, daß sich besonders die Massenmedien wirkungsvoll gegen Grundrechte und Demokratie instrumentalisieren lassen. Aus diesem historischen Kontext ist die unterschiedliche Umsetzung der sowohl vom Supreme Court, als auch vom Bundesverfassungsgericht anerkannten Notwendigkeit einer Vielfaltsgarantie und publizistischer Ausgewogenheit zu verstehen. Der Supreme Court erlaubt solche Maßnahmen lediglich (Schutzrecht) und das Bundesverfassungsgericht fordert sie (Schutzpflicht)[389]. Das heißt aber nicht, daß der Supreme Court Funktionsdefizite der Medienmärkte nicht ebenfalls wahrnimmt[390]. Nur die Umsetzung ist eine andere.

Ob man nach über 50 Jahren funktionierender Demokratie in Deutschland das Mißtrauen gegen eine freie Medienlandschaft aufgeben sollte, erscheint - nicht zuletzt auch in Anbetracht des amerikanischen Modells - durchaus diskussionsbedürftig. Es sei jedoch zu bedenken, daß die Gefahren heute vielleicht weniger im politischen Bereich liegen, aber die tatsächliche Entwicklung der Medienlandschaft läßt neue Gefahren erkennen: nämlich wirtschaftliche Macht, einhergehend mit Meinungsmacht und folglich mit Verlust an Meinungsvielfalt. In einer Zeit der radikalen Veränderungen gerade im Medienbereich, sollten spezielle Kontrollmechanismen nicht vorschnell aufgegeben werden. Auch wenn die gewaltigen Chancen dieser neuen Informations- und Kommunikationstechnologien - gerade auch für den demokratischen Meinungsstreit - nicht ver-

---

388 Vgl. Kübler, Marktversagen und Meinungsvielfalt, in: FS für Mestmäcker, S. 253.

389 Ausführlich dazu: Grimm, Schutzrecht und Schutzpflicht, in: FS für Mahrenholz, S. 529ff.

390 Kübler, Marktversagen und Meinungsvielfalt, in: FS für Mestmäcker, S. 253; s. hierzu aber auch die Ansicht Mestmäckers, in: Kommunikation ohne Monopole II, S. 148ff.

kannt werden sollen und Pessimismus niemals Triebfeder für Fortschritt ist, so bedarf es, in Anbetracht der herausragenden Bedeutung des Prozesses freier Meinungsbildung, stets "wachsamer Sinne".

Das heißt aber nicht, daß an alten Regelungen unkritisch festzuhalten ist. Schon die tatsächlichen Veränderungen, wie etwa die verstärkte vertikale beziehungsweise intermediäre Konzentration im Mediensektor, erfordern neue Kontrollansätze. Auch sind die vorhandenen Regeln gegen vorherrschende Meinungsmacht nicht völlig unkritisch zu betrachten[391]. Sie greifen erst ein, wenn sich die Anbieterstruktur unter Umständen bereits negativ, nämlich konzentrativ, entwickelt hat und ihnen dann nur noch eine letzte Absicherungsfunktion zukommen kann. Im Ergebnis ist also durchaus ein reformiertes Rundfunkrecht zu begrüßen, welches sich gewissermaßen als Zwischenweg zwischen statischem Festhalten an den alten Regulierungen und einer völligen Liberalisierung versteht und so den tatsächlichen Veränderungen in der Medienlandschaft gerecht wird, ohne die herausragende Bedeutung des Rundfunks für die freie, öffentliche Meinungsbildung zu verkennen[392]. Rundfunkregulierung sollte nicht rigide, wohl aber wachsam auf die Erreichung beziehungsweise Erhaltung einer pluralistischen Rundfunklandschaft achten und so den Akteuren möglichst große Freiheit erlauben, ohne aber das übergeordnete Ziel "Meinungsvielfalt" aus den Augen zu verlieren. Sinnvoll erscheinen hier Formen aktiver Steuerung von Markt- und Anbieterstruktur, nicht etwa im Sinne von Einflußnahme auf konkrete Inhalte, wohl aber um den Markt, gezielt für die Zufuhr von Neuem, offen zu halten[393].

Aus der Aufrechterhaltung einer positiven Rundfunkordnung ergibt sich ebenso wie aus dem Verständnis der Rundfunkfreiheit als eine dienende Freiheit eine Beschränkung dessen, was geschützter Inhalt im Sinne der, von Art. 5 I 2 GG gewährten, Freiheit der Berichterstattung durch Rundfunk ist. Dennoch ist der Anwendungsbereich noch immer nur unzureichend bestimmt.

---

391 Stock, Konzentrationskontrolle in Deutschland, in: Stock/ Röper/ Holznagel, Medienmarkt und Meinungsmacht, S. 40; s. auch Korn, ZUM 1994, 625ff.

392 Vgl. hierzu auch: Korn, ZUM 1994, 625ff; Vesting, K&R 2000, 161, 168f; Hoffmann-Riem/ Vesting, Ende der Massenkommunikation?, in: Perspektiven der Informationsgesellschaft, S. 29; Gounalakis, Konvergenz der Medien, Gutachten C, 64. DJT., C92f.

393 Ebenda; Rager/ Weber, Publizistische Vielfalt zwischen Markt und Politik. Eine Einführung, in: Rager/ Weber, Publizistische Vielfalt, S. 15f; s. i.Ü. auch: Positionspapier der ALM, Medienregulierung im Wandel - Zum Rang und zur Rolle der Landesmedienanstalten, vom 23.03.99.

(bb) Meinungsbildung

Aber welche Inhalte sind nun wirklich *meinungsbildend*? Zwar ergeben sich hier gewisse Anhaltspunkte aus dem Verständnis der Rundfunkfreiheit als dienende Freiheit und auch die Notwendigkeit eines objektiv-rechtlichen Regulierungsrahmens bringt Beschränkungen beziehungsweise Konkretisierungen mit sich, doch ändert dies grundlegend nichts an der eingangs aufgestellten These: *Meinungsbildung* könne jeden Sachbereich erfassen - jede beliebige Information könne meinungsbildend sein. Die Richtigkeit dieser Annahme soll daher im Folgenden überprüft werden.

Wie bereits erläutert, stand bei der Normierung der Kommunikationsfreiheiten des heutigen Art. 5 I GG zunächst die Freiheit der Meinungsäußerung sowie die freie Unterrichtung und *Meinungsbildung* aus allgemein zugänglichen Quellen im Vordergrund. Dies erscheint auch folgerichtig, denn für eine freie Kommunikation bedarf es primär natürlich der Freiheit der Meinungsäußerung, aber eben auch der anderen Seite, nämlich der Informationsfreiheit. Denn die Freiheit, seine Meinung zu äußern, liefe ohne ein Auditorium leer. Mit diesem Freiheitspaar ist aber lediglich der Prozeß der Individualkommunikation ausreichend geschützt. Bei der Massenkommunikation werden die Meinungen und Informationen nicht mehr allein zwischen den Kommunikationspartnern ausgetauscht, sondern die sogenannten Massenmedien sind hier zwischengeschaltet und übernehmen eine Vermittlungsfunktion zwischen dem Äußern und dem Aufnehmen der Kommunikationsinhalte. Diese Funktion birgt das Potential und die Gefahr in sich, daß Meinungen einseitig dargestellt beziehungsweise verändert werden und somit der gesellschaftliche Kommunikationsprozeß verfälscht wird. Auf Grund der Erfahrungen mit der NS-Diktatur, welche speziell den Rundfunk zu Propagandazwecken mißbrauchte, wurde deshalb, neben den kommunikativen Grundfreiheiten, die Freiheit der Massenmedien vor staatlicher Einflußnahme und vor einseitiger Inanspruchnahme durch einzelne gesellschaftliche Gruppierungen gewährleistet.

Anders ausgedrückt könnte man auch sagen: "Die Rundfunkgewährleistung des Art. 5 Abs. 1 S. 2 GG ist von der Meinungsverbreitungsfreiheit her formuliert, aber um der Informationsfreiheit willen konzipiert"[394].

Bei Zugrundelegung eines Verständnisses des Art. 5 I GG als umfassende Gewährleistung einer allgemeinen Kommunikationsfreiheit, kommt man folglich zu dem Ergebnis, daß sich die Reichweite des Schutzbereiches bezüglich der Inhalte aus den "Basisgewährleistungen" des Satz 1 von Art. 5 I GG (Meinungs- und Informationsfreiheit) ergibt und Satz 2 lediglich die Massenmedien

394 Schmidt, Die Rundfunkgewährleistung, S. 86; s. dazu auch: Jarass, Die Freiheit des Rundfunks vom Staat, S. 27f.

vor externer Einflußnahme auf deren Vermittlungstätigkeit schützt. Mit Bezug auf die *Meinungsbildung* folgt daraus konkret: *Meinungsbildung* ist kein Spezifikum ausschließlich der Rundfunkfreiheit, sondern ist Wesensmerkmal des Art. 5 I GG in seiner Gesamtheit. Rundfunk nimmt in diesem Prozeß der *Meinungsbildung* lediglich eine vermittelnde Rolle war. Er erfüllt in herausragender Weise die Aufgabe eines Bindeglieds zwischen Meinungsäußerungs- und Informationsfreiheit[395]. Inhaltlich gesehen sind deshalb grundsätzlich all jene Informations- und Kommunikationsinhalte von der Meinungsbildungsfunktion der Rundfunkfreiheit umfaßt, die der Meinungsäußerungs- und Informationsfreiheit unterfallen - der objektive Ordnungsrahmen der Rundfunkfreiheit kann hier natürlich zu Einschränkungen führen. Der originäre Anwendungsbereich der Rundfunkfreiheit bezieht sich hingegen lediglich[396] auf die freie und ungehinderte Vermittlung der Informationen und Meinungen.

Welche Inhalte werden nun von Art. 5 I 1 GG um der freien *Meinungsbildung* willen geschützt? Zunächst soll dabei auf die Meinungsäußerungsfreiheit im Sinne des Art. 5 I 1 1.Alt. GG abgestellt werden.

Der Schutzbereich der Meinungsäußerungsfreiheit umfaßt nicht nur wertende Stellungnahmen im weiteren Sinne, sondern auch Tatsachenmitteilungen und Fragen[397], unabhängig von der Form, vom jeweiligen Inhalt, von irgendeiner Wertigkeit[398] oder den Motiven des Äußernden[399]. Geschützt ist die Übermittlung von Informationen sowohl aus der eigenen Sphäre, als auch aus einer fremden. Meinungen sind durch das Element der Stellungnahme, des Dafürhaltens, der Beurteilung geprägt[400]. Die Meinungsäußerung ist damit die Kundgabe einer persönlichen Auffassung, die sich der Einzelne zu Verhältnissen, Ereignissen, Ideen oder Personen bildet[401]. Für Meinungen ist also der subjektive Bezug zwischen dem Einzelnen und dem Gegenstand seiner Äußerung kennzeichnend[402]. Im Umkehrschluß dazu kann demnach alles *meinungsbildend* sein, zu dem man einen subjektiven Bezug haben kann; mithin auch das Wetter oder die Börsenkurse etc.

---

[395] Grundlegend hierzu: Jarass, Massenmedien, S. 186ff.

[396] *Siehe hingegen*: Klein, Die Rundfunkfreiheit, S. 33f; mit *a.A.* auch sehr deutlich: Schmitt Glaeser, Kabelkommunikation, S. 152f.

[397] BVerfGE 85, 23, 31ff.

[398] BVerfGE 33, 1, 14f.

[399] Hoffmann-Riem, HdbVerfR, § 7, Rn. 22.

[400] BVerfGE 61, 1, 8.

[401] Grimm, NJW 1995, 1697, 1698.

[402] BVerfGE 33, 1, 14; 90, 241, 247.

Eine Beschränkung auf wertvolle Meinungen kennt das Grundgesetz nicht[403]. Auch findet grundsätzlich keine Differenzierung von Meinungen auf Schutzbereichsebene statt[404]. Ausgenommen sind lediglich bewußt oder grob fahrlässig unwahre Tatsachenbehauptungen und außerargumentative Druckmittel, denn sie sind nicht geeignet, zur freien *Meinungsbildung* beizutragen[405].

Das die Meinung kennzeichnende Element des Dafürhaltens darf nicht zu einer Verengung des Meinungsbegriffs hin zu einem "Für-wahr-halten" benutzt werden[406]. Sicher werden viele Informationen einer Bewertung als wahr oder falsch zugänglich sein und die Mitteilung einer Information wird solch einen Bewertungsprozeß in Gang setzten, so daß hierin eine *Meinungsbildung* zu sehen ist, selbst wenn diese zu keinem klaren, sondern zu einem zweifelnden Ergebnis führt. Danach wären Meßergebnisse, wie etwa Temperatur oder Börsenkurse, nur sehr schwer als Grundlage für eine *Meinungsbildung* anzusehen, denn wer bezweifelt schon tatsächlich die Wahrheit solcher Angaben. Aber es wäre verfehlt, eine Eignung zur *Meinungsbildung* schon immer dann auszuschließen, wenn man ein "Für-wahr-halten" nicht herbeiführen kann. Meinung kann auch sein: gut, schlecht, schön, häßlich etc. und eben nicht nur: wahr oder falsch. Insoweit ist wohl nahezu alles einer Meinung zugänglich, egal ob politisch/ unpolitisch, ernsthaft/ unterhaltend, wertvoll/ wertlos usw. Daraus folgt, daß auch prinzipiell jeder thematische Gegenstand *meinungsbildend* sein kann[407]. So kann beispielsweise die Hintergrundmusik in einem Restaurant ausschlaggebend sein für die Essens- beziehungsweise Weinwahl der Gäste. Aber auch die kommerzielle Werbung kann nützliche Informationen, ästhetische Anregungen oder angenehme Unterhaltung bieten.

Die inhaltliche Weite des Prozesses freier *Meinungsbildung* ergibt sich auch aus der Informationsfreiheit im Sinne des Art. 5 I 1 2.Alt. GG, dessen Schutzzweck darauf gerichtet ist, die individuelle und öffentliche *Meinungsbildung* durch freie Versorgung mit Informationen zu fördern[408].

Es ist ein elementares Bedürfnis des Menschen, sich aus möglichst vielen Quellen zu unterrichten, das eigene Wissen zu erweitern und sich so als Persön-

---

403 BVerfGE 30, 336, 347.
404 Grimm, NJW 1995, 1697, 1698.
405 Grimm, NJW 1995, 1697, 1699; Wendt, in: v.Münch/ Kunig, GG I, Art. 5, Rn. 12ff; teils mit *a.A.* Schulze-Fielitz, in: Dreier, GG I, Art. 5 I,II, Rn. 47.
406 Siehe aber Rossen, Freie Meinungsbildung, S. 93ff.
407 Rossen, Freie Meinungsbildung, S. 101; Hoffmann-Riem, in: HdbVerfR, § 7, Rn. 8; vgl. auch Gounalakis, Konvergenz der Medien, Gutachten C, 64. DJT, C 84.
408 Fenchel, Negative Informationsfreiheit, S. 87.

lichkeit zu entfalten[409]. In der modernen Industriegesellschaft ist der Besitz von Informationen von wesentlicher Bedeutung für die soziale Stellung des Einzelnen[410]. Ein umfangreiches Wissen erlaubt aber auch ein verantwortungsvolles Handeln im Sinne der Demokratie.

Die Persönlichkeitsbildung des Menschen verlangt nach einer Vielzahl von Informationen[411], welche als Orientierungswissen dienen und woraus sich der Einzelne sein Weltbild und seine Wertevorstellungen formen kann. Dazu sind nicht nur sachliche Inhalte notwendig, sondern auch der soziale Kontakt mit der Umwelt und dabei nicht nur das Gespräch mit einer Person, sondern vielmehr auch jeder sinnlich wahrnehmbare Eindruck. Im Interesse umfassender individueller *Meinungsbildung* und ungehinderter Persönlichkeitsentfaltung muß also auch die Informationsfreiheit inhaltlich sehr weit verstanden werden.

(d) Zwischenergebnis: Meinungsbildung

Folglich ergibt sich auch für das Merkmal der Geeignetheit zur *Meinungsbildung* ein ausgesprochen umfassender Anwendungsbereich. Dies gilt um so mehr, wenn man davon ausgeht, daß ein Mensch in seinem Persönlichkeitsbild, seiner Lebensphilosophie, seiner Lebensplanung, seinen Umweltbeziehungen etc. durch sämtliche von außen auf ihn einströmende Informationen und seinen es nur Reize beeinflußt beziehungsweise geprägt wird. Das Weltbild eines Menschen wird geformt durch die Gesellschaft. *Meinungsbildung* erfolgt mithin über die Umwelt.

Meinungen sind geprägt durch das Element der Stellungnahme, des Dafürhaltens, des Meinens im Rahmen einer geistigen Auseinandersetzung[412]; es handelt sich um Werturteile, eine Ansicht, Auffassung, Überzeugung, Einschätzung, Stellungnahme zu allen möglichen sachlichen Gegenständen und Personen[413]. Unsere Umwelt kennzeichnet sich durch bestimmte Gegenstände und Personen, die Bestandteil unsere Gedanken und damit Objekt von Ansichten, Einschätzungen, Wertungen, Urteilen, also von Meinungen werden können. Sie ist somit weitestgehend in der Lage, *meinungsbildend* auf uns zu wirken. Der Begriff der Meinung kann folglich weit verstanden werden, etwa wie dies in der Französi-

---

[409] BVerfGE 27, 71, 81; 90, 27, 31f; Geiger, in: FS Arndt, S. 119ff; Schoch, VVDStRL 57, 179.
[410] Schoch, VVDStRL 57, 179; BVerfGE 27, 71, 81.
[411] Vgl. dazu auch: Hoffmann-Riem, Pay-TV, S. 48ff.
[412] Degenhart, BK, GG, Art. 5 Abs. 1 und 2, Rn. 93; siehe dazu auch: BVerfGE 61, 1,8; 90, 241, 247; 93, 266, 289.
[413] Starck, in: v.Mangoldt/ Klein/ Starck, GG I, Art. 5 Abs. 1,2, Rn. 23; Wendt, in: v.Münch/ Kunig, GG I, Art. 5, Rn. 8; BVerfGE 33, 1, 14; 93, 266, 289.

schen Erklärung der Menschen- und Bürgerrechte formuliert wurde: Freie Mitteilung der Gedanken und der Meinungen[414].

Die Freiheit des Kommunikationsprozesses ist daher so umfassend, daß nahezu jede Äußerung in den Schutzbereich der Meinungsäußerungsfreiheit fällt und es kaum eine Information gibt, welche nicht zur Persönlichkeitsfindung beziehungsweise -bildung beiträgt und daher von der Informationsfreiheit geschützt ist - zumindest solange, wie sie aus einer allgemein zugänglichen Informationsquelle stammt. Damit wird dann auch die inhaltliche Reichweite des Meinungsbildungsprozesses deutlich. Sie bestimmt sich aus der Meinungs- und Informationsfreiheit, denn der Prozeß der freien Meinungsäußerung und des sich Informierens ist gerade der Prozeß der *Meinungsbildung*. Der Rundfunk nimmt insoweit nur eine "Transportfunktion" wahr. Ein wirklich trennscharfes Tatbestandsmerkmal, welches die Rundfunkfreiheit eindeutig charakterisiert und speziell gegenüber den Freiheiten des Art. 5 I 1 GG abgrenzt, kann daher - zumindest in inhaltlicher Sicht - nicht in der "*Meinungsbildung*" entdeckt werden. *Meinungsbildend* sind nahezu alle Informationen und sonstigen Kommunikationsinhalte; *Meinungsbildung* kann jeden Sachbereich erfassen.

Folglich leisten auch alle neuen Informations- und Kommunikationsmedien einen Beitrag zur *Meinungsbildung*, denn sie alle transportieren Inhalte, welche zu Gegenständen von Überlegungen, Bewertungen werden. Die bloße Existenz derartiger Inhalte gestaltet die Lebensumgebung eines Jeden und beeinflußt damit dessen Erfahrungsschatz sowie seine Wertevorstellung und gibt ihm eine ganz eigene Idee von der Welt.

Bei Zugrundelegung eines solch extensiven Verständnisses, sind nahezu alle Informations- und Kommunikationsangebote für die *Meinungsbildung* relevant. Damit käme diesem Merkmal nur eine äußerst eingeschränkte Abgrenzungswirkung und damit auch nur geringe Definitionskraft bezüglich des Rundfunkbegriffs zu.

(e) Einzelfälle

Auch wenn man die Eignung zur Meinungsbildung nicht so weit fassen will, wie es in dieser Arbeit vertreten wird, so zeigt sich dennoch, daß eine Vielzahl von neuen Kommunikationsformen durchaus meinungsbildend im Sinne des verfassungsrechtlichen Rundfunkbegriffs sind.

---

[414] Degenhart, BK, GG, Art. 5 Abs. 1 und 2, Rn. 93.

(aa) Teleshopping

Teleshopping läßt sich als informierende und/ oder unterhaltende Angebots- und Verkaufsveranstaltung mit der Möglichkeit, daß die Teilnehmer ihre Bestellung von Waren oder Dienstleistungen in oder im Zusammenhang mit der Sendung auch beim Veranstalter aufgeben können definieren. Vornehmliches Ziel von Teleshopping ist ein verkaufsförderndes Einwirken auf die Rezipienten. Damit ist Teleshopping zunächst Werbung[415]. Das gilt nicht nur für das sogenannte Direct Response TV (DRTV), sondern auch für Verkaufssendungen mit Showcharakter und Infomercials[416]. Allen Sendeformen ist gemein, daß sie Produkte und Dienstleistungen werbewirksam präsentieren und damit gezielt auf einen Vertragsschluß hinwirken. Gerade darin zeigt sich auch ihre meinungsbildende Wirkung[417]. Das Anpreisen von Vorzügen und das - auch im wahrsten Sinne des Wortes - richtige ins Licht stellen der Produkte zielt darauf ab, dem potentiellen Kunden das Angebot schmackhaft zu machen oder ihn in seinem Verkaufsentschluß zu bestärken[418]. Hier zeigt sich der Prozeß der Meinungsbildung mithin ganz deutlich[419].

Im Umkehrschluß sollen aber solche Teleshoppingangebote ausgenommen werden, bei denen Waren ohne nähere Beschreibung listenmäßig, allein mit Angabe des Preises dargeboten werden[420]. Berücksichtigt man jedoch, daß menschliches Handeln, wie hier die Zusammenstellung eines solchen Kataloges, immer auch mit Werturteilen verbunden sein wird[421], so läßt sich solchen Angeboten eine meinungsbildende Wirkung nicht absprechen, selbst wenn diese noch so gering ist. Eine derartige Liste wird auf Grund ihrer Zusammenstellung - bestimmte Produkte sind enthalten, andere nicht - Wertungen suggerieren und kann somit ebenfalls meinungsbildend sein.

---

[415] Degenhart, ZUM 1995, 353, 355; Schroeder, ZUM 1994, 471, 474ff.

[416] Zu den Termini: Gersdorf, Rundfunkbegriff, S. 51f.

[417] Nicht notwendig ist, daß die Angebote auch unterhaltend wirken müssen; s. hierzu aber auch Ridder, Media Perspektiven 1995, 414, 424.

[418] Siehe auch Degenhart, BK, GG, Art. 5 Abs. 1 und 2, Rn. 125.

[419] Meinungsbildende Funktion kommt aber nicht nur dem Präsentieren von Produkten zu, vielmehr transportiert Werbung auch darüber hinausgehende Wertungen, s. hierzu auch Hoffmann-Riem, ZUM 1996, 1, 3; Fenchel, Negative Informationsfreiheit, S. 93f: Zum Teil wird eine Befriedigung von Bedürfnissen in Aussicht gestellt, die in scheinbar absurder Weise mit dem angebotenen Produkt verknüpft sein soll. (Zigaretten: Freiheit und Abenteuer etc.) Damit werden unbewußte Wünsche durch eine traumähnliche Darstellung aktiviert, vgl. auch Berth, S. 221ff. Die Vermittlung einer ausschließlich schönen und erfolgreichen Welt soll dem Käufer suggerieren, seine Attraktivität, seine Beliebtheit beziehungsweise sein Sozialprestige durch Verwendung des angepriesenen Produktes zu steigern.

[420] Pieper/ Wiechmann, ZUM 1995, 82, 91; s. auch Schroeder, ZUM 1994, 471, 477.

[421] Vgl. dazu: Herzog, in: Maunz/ Dürig, GG, Art. 5 Abs. I, II, Rn. 51.

(bb) Telespiele

Im sogenannten "Würzburger Papier" haben die Rundfunkreferenten der Länder die Telespiele ausdrücklich vom Rundfunkbegriff des Art. 5 I 2 GG ausgenommen und zwar mit der Begründung, daß hier lediglich Informationen über reine Tatsachen ohne Bewertung und nicht zu Werbezwecken vorliegen, bei denen zwar eine Auswahl getroffen wird, bei der aber gewährleistet ist, daß diese nach Kriterien erfolgt, die für alle Teilnehmer erkennbar sind[422]. Dieses Argument betrifft jedoch allenfalls eine "Verbreitungsfunktion" des Rundfunks[423], nicht jedoch die Relevanz für die öffentliche Meinungsbildung.

Wenn das Bundesverfassungsgericht auch Unterhaltungssendungen[424] eine Relevanz für die öffentliche Meinungsbildung beimißt, so liegt es vielmehr nahe, aus gleichem Grunde auch die Telespiele in den verfassungsrechtlichen Rundfunkbegriff einzubeziehen, denn ihre vornehmliche Aufgabe ist schließlich ebenfalls die Unterhaltung. Allerdings werden Unterhaltungssendungen nicht schon auf Grund ihrer Belustigungs- beziehungsweise Ablenkungsfunktion als Rundfunk angesehen, sondern allein deshalb, weil auch solche Programme einen Einblick gewähren in gesellschaftliche Strukturen oder Wertvorstellungen. Den Telespielen pauschal eine vergleichbare Funktion abzusprechen ist falsch. Denn eine Vielzahl von sogenannten Adventure- oder Rollenspielen enthalten "Akteure", die realen Figuren nachempfunden sind und Charaktere besitzen, welche durchaus in der Lage sind, besonders bei Kindern, bestimmte Werte und Anschauungen zu vermitteln. Auch gibt es sehr viele Spiele, welche gerade dazu entwickelt wurden, Wissen zu vermitteln und folglich ganz entscheidend zur Meinungsbildung geeignet sind. Schließlich sind Kriegsspiele, welche Gewalt verherrlichende und Gewalt fördernde Wirkung haben gleichfalls meinungsbildend. Hiervon sind Telespiele abzugrenzen, bei denen geometrische Figuren oder solche ohne irgendeinen realen Bezug lediglich geschickt bewegt werden müssen, um Punkte oder dergleichen zu erlangen. Hier treten meinungsbildende Funktionen unstreitig in den Hintergrund. Aber dennoch enthalten auch solche Spiele regelmäßig noch meinungsrelevante Inhalte und sei es auch nur in der einfachen Feststellung, daß man vorausschauend und rechtzeitig agieren muß, um nicht zu verlieren beziehungsweise kann man aus derartigen Spielen auch Motivation oder Enttäuschung erfahren, besonders im direkten Vergleich mit anderen Spielern. Mithin kann festgestellt werden, daß den Telespielen eine Eignung zur Meinungsbildung nicht generell abzusprechen ist[425].

---

422 Würzburger-Papier: abgedruckt in Ring, Medienrecht, Bd. III, D-III, S. 8.
423 Ausführlich hierzu: weiter hinten.
424 Ausführlich hierzu: Hoffmann-Riem, Pay-TV, S. 48f.
425 So auch: Pieper/ Wiechmann, ZUM 1995, 82, 90.

(cc) Datendienste

In dieser exemplarischen Betrachtung soll schließlich noch auf die Datendienste eingegangen werden. Hier könnte nun tatsächlich ein Bereich vorliegen, dem die Relevanz zur Meinungsbildung gänzlich fehlt, weshalb entsprechende Angebote vom Rundfunkbegriff auszunehmen wären.

Betrachtet man zum Beispiel die telefonische Zeitansage von Telekommunikationsunternehmen, so wird man darin kaum eine Eignung zur Meinungsbildung entdecken können. Die Festlegung der Zeit steht nicht im Belieben eines einzelnen Anbieters, sondern ist allgemeingültig. Mit Einführung von Funkuhren, welche direkt ihr Signal von hochgenauen zentralen Uhren erhalten, und von jedermann zu erwerben sind, verlieren solche Ansagedienste auch ihre "Vorbildwirkung" in Sachen Genauigkeit, die es früher hätte rechtfertigen können, ihnen unter Umständen eine meinungsbildende Wirkung zuzusprechen. Heute vermittelt die telefonische Zeitansage lediglich Informationen, welche ohnehin allgemein bekannt sind. Auch hier lassen sich selbstverständlich Ansatzpunkte finden, die eine meinungsbildende Relevanz entfalten, etwa der Tonfall der/ des Ansagenden oder etwa eine Abweichung in der Genauigkeit. Allerdings rücken sie hier derart in den Hintergrund, daß sie nicht mehr geeignet sind, den gesamten Dienst als meinungsbildend zu qualifizieren. Mangels Relevanz für die Meinungsbildung scheiden Zeitansagedienste aus dem Rundfunkbegriff aus[426].

Ob das Beispiel der Verbreitung von Updates eines Textverarbeitungsprogramms ebenfalls keinerlei Meinungsbildungsrelevanz entfaltet, erscheint hingegen zweifelhaft. Solche Dienste betreiben die Anbieter nicht aus purer Freundlichkeit, sondern hier soll Kundenzufriedenheit beziehungsweise Kundenbindung gefördert werden. Es handelt sich um ein Serviceangebot, welches Vorteile im Wettbewerb schaffen soll und somit deutlich der meinungsrelevanten Werbung entspricht[427].

Schließlich fallen unter den Begriff der Datendienste auch Angebote, wie etwa: Informationen über Besuchszeiten von Behörden; Sitzungstermine von Parlamenten; Verzeichnisse von Adressen, Straßen, Telefonnummern; Wertpapierkurse und andere mehr[428]. Hier läßt sich wieder deutlich die Eignung zur

---

[426] Siehe auch Gersdorf, Rundfunkbegriff, S. 100; *a.A.* (bezogen auf die Ansagedienste der damaligen Deutschen Bundespost): "Schliersee-Papier": abgedruckt in Ring, Medienrecht, Bd. III, D-I, S. 3 (B.II.1.b.cc.).

[427] Siehe hierzu auch: Pieper/ Wiechmann, ZUM 1995, 82, 91, insbesondere auch zur Übermittlung von Telespielen durch Data-Broadcasting.

[428] Weitere Beispiele: "Würzburger Papier": abgedruckt in Ring, Medienrecht, Bd. III, D-III, S. 8f; siehe auch: "Schliersee-Papier": abgedruckt in Ring, Medienrecht, Bd. III, D-I, S. 3 (B.II.1.b.cc.).

Meinungsbildung entdecken. Ist beispielsweise eine Person nicht im Telefonverzeichnis enthalten, so liegt die Annahme nahe, daß sie kein Telefon hat, daß sie verzogen ist oder daß sie etwas gegen eine solche Eintragung hat, etwa aus Datenschutzgründen; jedenfalls werden Spekulationen und Zweifel genährt. Die Übermittlung von Wertpapierkursen ermöglicht Rückschlüsse auf die Wirtschaftslage von Unternehmen oder gar einer ganzen Volkswirtschaft. Schließlich ermöglichen auch die Öffnungszeiten von Behörden eine Meinungsbildung und sei es nur über die Arbeitsmoral der entsprechenden Behörde.

Datendienste weisen also ein differenziertes Bild bezüglich der Relevanz zur Meinungsbildung auf. Eine Vielzahl solcher Angebote sind jedoch meinungsbildend und lassen sich daher durchaus dem Rundfunkbegriff zuordnen, zumindest anhand der bisherigen Kriterien.

(3) Intensität der Meinungsbildung

Die obige Betrachtung hat deutlich gemacht, daß die Meinungsbildungsrelevanz der verschiedenen Kommunikationsinhalte eine sehr unterschiedliche Intensität aufweisen kann[429]. Ein und dasselbe Tatbestandsmerkmal ist ausschlaggebend dafür, daß sich sowohl Nachrichtensendungen im Fernsehen, ebenso wie Teleshopping oder ein Telefonverzeichnis dem Rundfunkbegriff zuordnen lassen. Dies wirft unweigerlich die Frage auf, ob nicht etwa eine "Relevanzschwelle" überschritten sein muß, jenseits derer erst die verfassungsrechtliche Gewährleistung von Rundfunkfreiheit beginnt[430].

An dieser Stelle muß ausgesprochen sorgfältig zwischen zwei verschiedenen Problemkreisen unterschieden werden. Oft wird jedoch in der Literatur von unterschiedlichen Anforderungen gesprochen, die an die Regulierung von "Rundfunk" zu stellen sind, ohne dabei hinreichend deutlich zu machen ob hier ein verfassungsrechtlicher oder einfach-gesetzlicher Rundfunkbegriff zu Grunde gelegt wird. Selbst wenn die entsprechenden Definitionen - zumindest zur Zeit noch - kaum differieren, so ist spätestens mit der "Baden-Württemberg-Entscheidung" des Bundesverfassungsgerichts[431] deutlich geworden, daß zwar verschiedene Kommunikationsdienste unter Umständen aus dem einfachgesetzlichen Rundfunkbegriff herausfallen können, sie aber vom Schutzbereich des Art. 5 I 2 GG noch immer umfaßt sein können, so daß einfach-gesetzlicher und verfassungsrechtlicher Rundfunkbegriff nicht als identisch angesehen werden dürfen.

---

[429] Siehe dazu auch: BVerfGE 73, 118, 202; BVerfGE 83, 238, 302.
[430] Ausführlich zu dieser Problematik: Gersdorf, Rundfunkbegriff, S. 94ff.
[431] BVerfGE 74, 297, 351f.

Mithin sind also zwei Themenkreise getrennt voneinander zu beleuchten.

- Zum einen drängt sich die Frage auf, ob man Informations- und Kommunikationsangebote nur dann zum verfassungsrechtlichen Rundfunkbegriff zählen kann, wenn ihre Eignung zur Meinungsbildung eine gewisse "Relevanzschwelle" überschritten hat. ("Relevanzschwelle")
- Des weiteren ist zu klären, ob es mit der Rundfunkfreiheit gemäß Art. 5 I 2 GG zu vereinbaren ist, an Darbietungen, die zunächst dem verfassungsrechtlichen Rundfunkbegriff unterfallen, auf einfach-gesetzlicher Ebene unterschiedliche Anforderungen zu stellen und zwar entsprechend ihrer Intensität für die Meinungsbildung. (System abgestufter Regelungsdichte)

(a) "Relevanzschwelle"

Wie bereits festgestellt, weisen nahezu alle Kommunikationsinhalte einen meinungsbildenden Charakter auf. Insoweit verliert das Merkmal der Eignung zur Meinungsbildung erheblich an Trennschärfe. Präzisieren ließe es sich, wenn man von den Inhalten eine bestimmte Intensität der Einwirkung auf den Prozeß der Meinungsbildung fordern würde. So leistet natürlich ein Politikmagazin im Fernsehen einen unvergleichlich höheren Beitrag zur Meinungsbildung, als etwa die digitale Verbreitung der Updates von Textverarbeitungsprogrammen[432].

Damit kommt die Frage der "*Relevanzschwelle*" ins Spiel. Im Rahmen dieser Diskussion müssen wiederum bestimmte Sachverhalte strikt voneinander getrennt werden. Zum einen wird von "*Relevanz*" gesprochen, wenn es darum geht, ob die jeweiligen Inhalte überhaupt geeignet sind, einen Beitrag zur Meinungsbildung zu liefern[433]. Zum anderen stellt sich die Frage, ob Kommunikationsinhalte, welchen generell die Eignung zur Meinungsbildung zugesprochen wird, noch eine besondere Intensitätsschwelle ("*Relevanzschwelle*") erreichen müssen, um in den Schutz der Rundfunkfreiheit zu gelangen[434].

Letzteres ist mit dem Grundsatz der "Unteilbarkeit der Rundfunkfreiheit" eindeutig zu verneinen[435]. Die Feststellung, welche Inhalte eine ausreichende *Relevanz* für die Meinungsbildung entfalten und welche nicht, wäre eine Einzelfallentscheidung und würde die Rundfunkanstalten in ihrer Programmfreiheit nachhaltig beeinträchtigen; würden sie doch im Nahbereich einer, wie auch im-

[432] Ein Beispiel, welchem Gersdorf, Rundfunkbegriff, S. 100, die Relevanz für die öffentliche Meinungsbildung absprechen will.
[433] Siehe Gersdorf, Rundfunkbegriff, S. 94ff.
[434] Ebenda; zu diesem Thema vgl. auch Hoffmann-Riem, Pay-TV, S. 51.
[435] Lieb, Kabelfernsehen, S. 169; Lerche, Rundfunkmonopol, S. 26f; Jarass, Die Freiheit des Rundfunks vom Staat, S. 34; Scherer, Telekommunikationsrecht, S. 598ff (598, 605).

mer gearteten, "*Relevanzschwelle*" stets eine Gradwanderung zwischen einer, von der Rundfunkfreiheit geschützten beziehungsweise nicht geschützten, Tätigkeit vollziehen müssen. Dies ist den Trägern der Rundfunkfreiheit nicht zuzumuten. Zudem erfüllen sie ihre massenmediale Vermittlungstätigkeit zwischen Meinungsäußerung und Informationsbedürfnis nur dann wirklich umfassend, wenn sie auch scheinbar banale Informationen aufgreifen und weiterleiten. Dem entspricht gleichsam die Rechtsprechung des Bundesverfassungsgerichts, welches die Eignung zur Meinungsbildung nicht auf informationsgeladene Programme, wie Nachrichtensendungen oder politische Kommentare beschränkt, sondern hierunter ebenso musikalische Darbietungen, Spielfilme und Unterhaltungssendungen jeglicher Art faßt[436].

Folglich kann festgestellt werden, daß es für die Einordnung von Informations- und Kommunikationsangeboten als Rundfunk nicht auf eine bestimmte Art oder Intensität der Einwirkung auf den Prozeß der Meinungsbildung ankommt[437]. Grundrechtserheblich sind daher alle Programme mit Bedeutung für die Meinungsbildung[438].

Damit käme man zu der Fragestellung, wann die jeweiligen Inhalte überhaupt geeignet sind, einen Beitrag zur Meinungsbildung zu liefern. In den vorangegangenen Ausführungen wurde herausgearbeitet, daß kaum Informations- und Kommunikationsinhalte denkbar sind, denen eine meinungsbildende Wirkung - sei sie auch noch so gering und unbedeutend - abzusprechen wäre. Diese Position läßt sich hier nochmals bestätigen. Die Frage danach, ab wann bestimmte Beiträge überhaupt für den Prozeß der Meinungsbildung *relevant* sind, würde insbesondere dann, wenn man zudem noch hohe Maßstäbe an diese *Relevanz* stellt, obiges Problem nur vorverlagern. Es bestünde dann nicht mehr die Frage, ab wann meinungsbildende Inhalte in den Schutz der Rundfunkfreiheit kommen, sondern man würde lediglich früher differenzieren und fragen, welche Inhalte sind seriös genug und ausreichend informativ, um ihnen überhaupt eine *Relevanz* zur Meinungsbildung zuzusprechen, wodurch sie dann (nunmehr einheitlich und ohne weitere Differenzierung) als Rundfunk qualifiziert werden könnten. Damit würde man jedoch den Rundfunkanstalten die gleichen Unwägbarkeiten aufbürden, wie bei der Frage, welche Inhalte sind hinreichend genug meinungsbildend und welche nicht. Auch hier läge wieder eine inakzeptable Beeinträchtigung der Veranstalter in ihrer Programmfreiheit vor. Wer sich - mit

---

[436] BVerfGE 12, 205, 260f; 31, 314, 326; 57, 295, 320; 73, 118, 152; 74, 297, 323.

[437] Hoffmann-Riem, Pay-TV, S. 51; ders., AfP 1996, 9, 12; Gersdorf, Rundfunkbegriff, S. 94ff; Jarass, Die Freiheit des Rundfunks vom Staat, S. 34; Lieb, Kabelfernsehen, S. 169; s. auch: Rossen, Freie Meinungsbildung, S. 101; Starck, in: v.Mangoldt/ Klein/ Starck, GG I, Art. 5 Abs. 1,2, Rn. 100f; *a.A.* aber Bullinger/ Mestmäcker, Multimediadienste, S. 59f.

[438] Hoffmann-Riem, Pay-TV, S. 51.

guten und auch richtigen Gründen - gegen eine "*Relevanzschwelle*" entscheidet, muß dann auch konsequent anerkennen, daß alle Informations- und Kommunikationsinhalte ein Quentchen Meinungsbildung bewirken können.

Rundfunkfreiheit ist als Bindeglied zwischen der Meinungsäußerungs- und der Informationsfreiheit zu verstehen und schützt also den freien und unbeeinflußten Transport jeglicher Meinungen und Informationen. Auf eine besondere Meinungsbildungsintensität kommt es dabei primär gar nicht an. Erst bei der einfachgesetzlichen Ausgestaltung der Freiheit erscheint es sinnvoll, auf die jeweilige *Relevanz* der Programme zur Meinungsbildung und damit auch der unterschiedlich großen Gefahr von Machtmißbrauch einzugehen.

(b) System abgestufter Regelungsdichte

Auch wenn Darbietungen, die nur eine sehr geringe Relevanz zur Meinungsbildung aufweisen, weitestgehend undifferenziert von der Rundfunkfreiheit gemäß Art. 5 I 2 GG umfaßt werden, erscheint es unbillig, sie auf der Ebene der einfachgesetzlichen Ausgestaltung dieser Freiheit, den gleichen Regelungen zu unterwerfen, wie solche, die sehr intensiv zur Meinungsbildung beitragen. Es würde dem Sinn rundfunkrechtlicher Regulierung zuwiderlaufen, wenn etwa ein Dienst, der ausschließlich Wetterdaten verbreitet, den gleichen strengen Anforderungen unterliegen würde wie klassische Vollprogramme aus Hörfunk und Fernsehen.

Das Tatbestandsmerkmal der Meinungsbildungsrelevanz ist, wie bereits gezeigt, der spezifischen Funktion des Rundfunks entnommen, nämlich der herausragenden Stellung als eminenter Faktor in der öffentlichen Meinungsbildung, welche in einer besonderen Breitenwirkung, Aktualität und Suggestivkraft von Rundfunkprogrammen begründet ist[439]. Sie besitzen also eine gewisse Meinungsmacht, ein spezielles massenkommunikatives Gefährdungspotential, worin auch die Rechtfertigung für die besondere Regulierung von Rundfunk liegt. Je geringer jedoch die Relevanz von Kommunikationsinhalten für die Meinungsbildung ist, desto geringer ist auch die entfaltete Meinungsmacht und damit zugleich die Gefahr von Machtmißbrauch. Infolgedessen verliert sich auch die Rechtfertigung, Dienste mit weitaus geringerem Gefährdungspotential den gleichen Regelungen zu unterwerfen, wie sie für den herkömmlichen Rundfunk gelten[440]. Alles andere wäre unverhältnismäßig und würde dem Prinzip einer frei-

[439] BVerfGE 90, 60, 87.

[440] Siehe auch Hoffmann-Riem, Pay-TV, S. 51; vgl. aber Gersdorf, Rundfunkbegriff, S. 149, welcher davon ausgeht, daß es für den Rundfunkbegriff nur auf das massenkommunikative Wirkungspotential, nicht aber auf die Gefahren des Mißbrauchs ankommt.

heitlichen Grundordnung zuwiderlaufen. Von daher ist für die einfachgesetzliche Ausgestaltung der Rundfunkfreiheit ein *System abgestufter Regelungsdichte*, welches seine Regelungsintensität an die Relevanz der einzelnen Dienste für die Meinungsbildung anpaßt, gerechtfertigt und sogar erforderlich[441].

Fraglich ist nun, anhand welcher Kriterien man die unterschiedliche Relevanz von Informations- und Kommunikationsangeboten auf den Prozeß der Meinungsbildung feststellt. Hierbei ergeben sich naturgemäß zwei verschiedene Ansätze, nämlich zum einen die äußere Form der Darbietung und zum anderen die Inhalte.

In der Vergangenheit traten Rundfunkdarbietungen nahezu ausschließlich als planmäßig ablaufendes Gesamtprogramm in Erscheinung, bei dem die Einzelsendungen vom Veranstalter mit dem Ziel massenhafter und langdauernder Fesselungswirkung auf das Publikum ausgewählt wurden, und welches durch eine derartige Verkettung in der Lage war, eine eigene Realität zu suggerieren[442]. Eine Auswahlentscheidung der Rezipienten beschränkte sich insoweit lediglich auf das Ein-/ Aus- und Umschalten. Dieser besonders intensive Einfluß auf die Meinungsbildung, verstärkt durch die anfänglich sehr geringe Zahl von Rundfunkveranstaltern, rechtfertigte im Interesse einer pluralistischen Rundfunklandschaft ausgesprochen umfassende Regulierungen. Inwieweit diese den heutigen Gegebenheiten entsprechend anzupassen sind oder nicht, kann in diesem Zusammenhang dahingestellt bleiben. Fest steht jedoch, daß es nunmehr eine Vielzahl moderner Informations- und Kommunikationsangebote gibt, welche meinungsbildende Inhalte an die Allgemeinheit verbreiten, ohne auch nur einen Bruchteil der Meinungsmacht zu entwickeln, welche herkömmliche Vollprogramme aufweisen. Aber woraus ergibt sich die unterschiedliche Meinungsmacht?

Zunächst kommt hier die äußere Form der Darbietung in Betracht. Während beim herkömmlichen (Verteil-) Rundfunk die Auswahlentscheidungen der Rezipienten lediglich auf das An-/ Aus- und Umschalten beschränkt bleiben, bieten die modernen Zugriffs- und Abrufdienste eine Vielzahl von Auswahlbefugnissen, die von zeitlichen über kommunikationsinhaltliche bis zu darstellungstechnischen Rezeptionsoptionen reichen[443]. Selbstverständlich geht damit ein Verlust an Suggestivkraft einher. Bei Gesamtprogrammen, die in fester Folge ablaufen, kann tendenziöse Berichterstattung weitaus subtiler erfolgen und somit wirksamer eine Scheinwelt erzeugen. Wenn sich die Rezipienten "ihre Wahrheit" aus einzelnen Informationen selbst zusammenstellen können, verliert der

[441] Hoffmann-Riem, Pay-TV, S. 51; Gersdorf, Rundfunkbegriff, S. 149ff; Dittmann, in: Dittmann/ Fechner/ Sander, Rundfunkbegriff, S. 32ff; BVerfGE 73, 118, 202; 83, 238, 302; s. auch EU-Kommission, Grünbuch zur Konvergenz der Branchen, S. 23.
[442] Bullinger/ Mestmäcker, Multimediadienste, S. 53.
[443] Gersdorf, Rundfunkbegriff, S. 150.

Anbieter erheblich an Möglichkeiten, das Massenpublikum in seiner Gesamtheit zu beeinflussen und in das Gemeinwesen zu integrieren[444]. Daher ergeben sich bereits zwei Faktoren anhand derer man unterschiedliche Meinungsmacht erkennen kann und welche daher geeignet sind, ein Indiz für die Einordnung in ein System abgestufter Regelungsdichte darzustellen, nämlich die Abkehr von einem planmäßig ablaufenden Gesamtprogramm und die Individualisierung der Nutzung.

Ohne diese Aussage grundlegend negieren zu wollen, steht jedoch gleichsam fest, daß die vom jeweiligen Anbieter zum Zugriff beziehungsweise Abruf bereitgehaltenen Inhalte nicht zwangsläufig pluralistisch und ausgewogen zusammengestellt werden, sondern in ihrer Gesamtheit ebenfalls tendenziös sein können[445]. Zudem werden die Anbieter auch hier bestrebt sein, den Nutzer so lange wie möglich an die eigenen Inhalte zu binden, zumal künftig gerade die jeweils genutzten Inhalte Grundlage für das Nutzungsentgelt sein werden. Speziell auch das Internet bietet mit den Links eine ganz hervorragende Möglichkeit der Verknüpfung von Inhalten und somit der Fesselung der Nutzer. Damit tragen solche Dienste ebenfalls die Gefahr einseitiger publizistischer Einflußnahme in sich. Sie erlangen dennoch nicht die Intensität, wie sie für planmäßig ablaufende Gesamtprogramme typisch ist. Letztlich erscheinen sie deshalb in puncto Regelungsdichte auch grundsätzlich privilegierungswürdig.

Dies gilt jedoch nur, wenn man der hier vertretenen Auffassung folgt, daß die Rundfunkregulierung sich an dem jeweiligen Mißbrauchspotential der verschiedenen Dienste orientiert. Stellt man lediglich auf das massenkommunikative Wirkungspotential ab, so wird man konsequenter Weise zu einem anderen Ergebnis gelangen müssen[446]. Schon bei den Zugriffsdiensten wird dies sehr deutlich. Die Beiträge werden hier in kurzen, periodischen Abständen wiederholt, so daß ihre Wirkung nicht nur auf ein eng begrenztes Zeitfenster beschränkt bleibt. Mit der Möglichkeit des zeitlich beliebigen Einstiegs kann folglich ein sehr viel breiteres Publikum erreicht werden, womit sich der Wirkungsgrad erhöht[447]. Gleiches gilt für Abrufdienste. Auch hier erhöht sich der Wirkungsgrad des einzelnen Beitrages auf Grund des Wegfalls zeitlicher Rezeptionsbeschränkungen[448]. Zudem können solche Dienste auch in qualitativer Hin-

---

[444] Bullinger/ Mestmäcker, Multimediadienste, S. 57.

[445] So auch Gersdorf, Rundfunkbegriff, S. 153.

[446] Siehe dazu Gersdorf, Rundfunkbegriff, S. 149ff, der dann auch zu dem Ergebnis gelangt, daß die spezifischen technischen Leistungsmerkmale der Zugriffs- und Abrufdienste als solche nicht geeignet sind, die gesetzlichen Anforderungen im Vergleich zum klassischen Verteilrundfunk zu senken (S. 153).

[447] Gersdorf, Rundfunkbegriff, S. 151.

[448] Gersdorf, Rundfunkbegriff, S. 152.

sicht an Einflußkraft gewinnen. Denn die Möglichkeit individueller und interaktiver Programmgestaltung läßt eine erhöhte Aufmerksamkeit und Bindung der Rezipienten erwarten[449]. Die modernen Informations- und Kommunikationsangebote können folglich mitunter eine durchaus höhere Wirkungsintensität entfalten, als herkömmliche Dienste.

Aber steht diese Aussage nicht im Widerspruch zu obiger Feststellung, wonach Abruf- und Zugriffsdienste prinzipiell eine geringere Suggestivkraft und Mißbrauchsgefahr aufweisen, als der altbekannte Verteilrundfunk? Gewiß hängt die Beeinflussungskraft eines Programmes auch von der Wirkungsintensität einzelner Beiträge ab. Doch liegt darin nicht der Hauptgrund spezieller rundfunkrechtlicher Normierung. Einen hohen Wirkungsgrad können schließlich auch Bestsellerromane oder besondere Ausgaben von Zeitungen beziehungsweise Zeitschriften erreichen und damit weit über dem Durchschnitt der Wirkung von Rundfunkprogrammen liegen. Die besondere Rundfunkregulierung ist vielmehr Antwort auf die speziell in einem planhaft ablaufenden Gesamtprogramm angelegte Mißbrauchsgefahr. Denn gerade die Fesselung und die gesamthafte Beeinflussung von Massen bringt die Gefahr tendenziöser Berichterstattung und Suggestion einer Scheinwelt mit sich. Doch hieran fehlt es um so mehr, je individualisierter die Rezeption der dargebotenen Informationen erfolgt. Schon bisher konnte man sich seine Informationen individuell zusammenstellen, etwa aus dem selektiven rezipieren von Rundfunkprogrammen beziehungsweise durch Lektüre von Zeitungen, Büchern oder ähnlichem. Bei derartiger Informationsbeschaffung tritt natürlich die gesamthafte Beeinflussung eines Massenpublikums in den Hintergrund und dennoch ist der Wirkungsgrad von derart zusammengestellten Informationen unter Umständen deutlich höher, denn Zeitungsartikel lassen sich ebenso wie Bücher sammeln, wodurch die Möglichkeit eröffnet wird, auf die darin enthaltenen Informationen immer wieder zuzugreifen. Daher besteht kein Widerspruch in der Bejahung einer hohen Wirkungsintensität von modernen Informations- und Kommunikationsangeboten, in der Form etwa von Zugriffs- und Abrufdiensten und der gleichzeitigen Feststellung, daß bei derartigen Diensten die Suggestivkraft regelmäßig hinter dem Verteilrundfunk zurückbleibt, weshalb eine geringere Regelungsintensität in Frage käme.

Mithin bleibt es bei der Aussage, daß bereits die äußere Erscheinungsform von Informations- und Kommunikationsangeboten Rückschlüsse auf deren Meinungsmacht zuläßt und damit Anhaltspunkte für die Einordnung in ein System abgestufter Regelungsdichte liefert[450]. Freilich kann im Einzelfall die Suggestivkraft und Meinungsmacht eines Abrufdienstes, auf Grund der speziell bereitge-

---

[449] Siehe Gersdorf, Rundfunkbegriff, S. 152, m.w.N.
[450] *A.A.* Gersdorf, Rundfunkbegriff, S. 153.

haltenen Inhalte und deren Darbietung, deutlich größer sein, als bei der herkömmlichen rundfunktechnischen Verbreitung etwa von irgendwelchen belanglosen Daten, weshalb sich aus dem Merkmal der gesamthaften Verkettung noch kein allgemeingültiges und zweifelsfreies Zuordnungskriterium ergibt - wohl aber ein Indiz.

Darüber hinaus läßt das äußere Erscheinungsbild von Informations- und Kommunikationsdiensten, mit Blick auf die jeweiligen Nutzungsformen, auch Rückschlüsse auf den Grad der Individualisierung des jeweiligen Dienstes zu und damit zugleich auf dessen Meinungsmacht[451]. Denn je individueller ein solcher Dienst genutzt werden kann, desto geringer ist dessen Massenwirkung. Doch gerade in der Möglichkeit einer gesamthaften Beeinflussung von Massen liegt die besondere Bedeutung der Rundfunkfreiheit im Vergleich zur allgemeinen Freiheit der Individualkommunikation. Mit zunehmender Individualisierung der Nutzung dargebotener Inhalte verlieren die spezifischen Regelungen an Bedeutung[452]. Individualisierung erfolgt zum einen durch immer speziellere Angebote, wie im Falle der Spartenprogramme. Zum anderen bieten die modernen Online-Dienste die Möglichkeit, sich Informationen individuell zusammenzustellen. Bei entsprechender Breite des Gesamtangebotes solcher Dienste ist es denkbar, daß sich die jeweiligen Nutzungsverläufe niemals gleichen, was zur Folge hat, daß jeder Rezipient sich ein eigenes Programm zusammenstellen kann. Damit sind die Möglichkeiten einer gesamthaften Beeinflussung eines Massenpublikums erheblich eingeschränkt. Zwar ist es nicht auszuschließen, daß die angebotenen Inhalte in ihrer Gesamtheit eine bestimmte Tendenz verfolgen, dennoch erlauben sie nicht die subtile, tendenziöse Einflußnahme, wie sie bei Programmen möglich ist, welche vom Anbieter gezielt zusammengestellt worden sind und dem gesamten Publikum in einer festen Abfolge dargeboten werden. Folglich läßt auch der Grad der Individualisierung von Informations- und Kommunikationsangeboten Rückschlüsse auf deren Meinungsmacht zu.

Neben diesen eng miteinander verbundenen äußeren Merkmalen, nämlich mangelnde gesamthafte Verkettung und individualisierte Nutzung, läßt sich die Meinungsmacht nicht zuletzt auch an Hand der verbreiteten Inhalte erkennen[453]. Denn trotz identischer beziehungsweise vergleichbarer Verbreitungsweise können die jeweiligen Inhalte eine ganz unterschiedliche Relevanz für den Prozeß der Meinungsbildung entfalten. Dies wird bereits augenfällig, wenn man sich das Spektrum der generell zur Meinungsbildung geeigneten Programmformen

---

[451] Siehe auch Gersdorf, Rundfunkbegriff, S. 155ff.
[452] Vgl. auch Scherer, Telekommunikationsrecht, S. 584.
[453] Einschränkend: Gersdorf, Rundfunkbegriff, S. 153ff.

ansieht. Entsprechend der hier vertretenen Ansicht, wonach nahezu allen Inhalten eine meinungsbildende Wirkung zugesprochen werden kann, zählen dazu die reinen Unterhaltungsprogramme ebenso, wie Bildungsangebote und Politiksendungen, aber auch Datendienste und thematisch begrenzte Angebote, wie Wetter-, Börsen- oder Sportkanäle und eine ganze Reihe weiterer Programmformen. Hinsichtlich der Meinungsbildungsrelevanz lassen sich mithin verschiedene, an den Inhalten orientierte, Differenzierungskriterien entwickeln. So kann man beispielsweise zwischen Vollprogrammen und Spartenprogrammen unterscheiden, zwischen Wissensvermittlung und purer Unterhaltung, zwischen politischen und allgemeinen Informationen. Dabei ist die Meinungsbildungsrelevanz von Vollprogrammen, welche ein breites Spektrum von ganz unterschiedlichen Informationen anbieten, regelmäßig größer, als bei thematisch begrenzten Darbietungen. Politik- und Ereigniskanäle tragen wiederum mehr zur Meinungsbildung bei, als Programme, die auf Wetter- oder Börsendaten beschränkt sind. Daher zeigt sich, daß auch anhand der verbreiteten Inhalte eine Einordnung von Informations- und Kommunikationsdiensten in ein System abgestufter Regelungsdichte möglich ist.

So hat auch das Bundesverfassungsgericht eine Vorschrift des niedersächsischen Landesrundfunkgesetzes verfassungsrechtlich nicht beanstandet, wonach die Verbreitung von Programmen ausländischer Veranstalter nicht den Anforderungen an die innere Ausgewogenheit unterworfen worden ist[454]. Zur Begründung wird angeführt, daß diese Programme in aller Regel nicht speziell für die Bundesrepublik Deutschland bestimmt sind und demnach die Meinungsbildung nicht in gleichem Maße beeinflussen wie inländischen Programme, zumal sie überwiegend nicht in deutscher Sprache verbreitet werden[455].

Wenn man nun an derartige Programme, welche sich nicht primär an die gesamte Öffentlichkeit wenden, sondern nur einzelne - mitunter recht kleine - Teile der Gesellschaft erreichen, auf Grund der Sprache und dem Herkunftsland, geringere Anforderungen stellen kann, als an inländische Programme, so wird man dies auch auf andere inhaltliche Differenzierungskriterien übertragen können. So kann der Rezipientenkreis eines berufsspezifischen Informations- und Kommunikationskanals wesentlich kleiner sein, als der eines fremdsprachigen Programms. Allerdings zeigt sich hier bereits die Problematik eines inhaltsbezogenen Differenzierungskriteriums. Während man im Falle der ausländischen Programme die geringe Meinungsbildungsrelevanz an Hand objektiver Kriterien ermitteln kann, stößt man im Übrigen regelmäßig auf Schwierigkeiten[456]. So

[454] BVerfGE 73, 118, 202.
[455] Ebenda.
[456] So auch Gersdorf, Rundfunkbegriff, S. 153f.

wird man bei der Frage, ob die vermittelten Inhalte von Allgemeininteresse sind oder ausgerichtet auf spezifische Informationsbedürfnisse, kaum nachprüfbare Anhaltspunkte für eine Differenzierung finden. Gleiches gilt für die Frage, ob der Charakter der Sendung eher unterhaltend oder bildend ist, sowie für jeden anderen, an den Inhalten ausgerichteten Differenzierungsversuch. Dennoch wird man sich mit dem Hinweis auf derartige Unwägbarkeiten nicht der Notwendigkeit entziehen können, der höchst unterschiedlichen Wirkung, welche die verschiedenen Inhalte auf den Prozeß der Meinungsbildung haben, gerecht zu werden[457]. Trotz aller Schwierigkeiten, die eine solche inhaltsbezogene Differenzierung im Detail mit sich bringt, läßt sich eine Polarisierung sehr deutlich vornehmen. Auf der einen Seite stehen dabei die herkömmlichen Vollprogramme, die nach Art der Verteildienste dargeboten werden und ein sehr breites Spektrum an Informationen liefern, weshalb sie einen sehr großen Einfluß auf den Prozeß der Meinungsbildung haben. Auf der anderen Seite befinden sich solche Informations- und Kommunikationsdienste, welche thematisch äußerst begrenzt und auf eine individuelle Nutzung angelegt sind und von daher letztlich nur einen sehr geringen Beitrag zur Meinungsbildung leisten können. Im Bereich zwischen diesen Extremen wird eine Abgrenzung schon schwieriger. Zwar läßt sich sehr gut zwischen Vollprogrammen und Spartenprogrammen unterscheiden, doch schon die Abgrenzung zwischen bildenden und schlicht unterhaltenden Inhalten wird schwierig. Denn meinungsbildend sind solche Beiträge gleichermaßen. Hier Prioritäten zu setzen, würde zunächst heißen, unterschiedliche Interessen zu bewerten. Je nach Interessenschwerpunkt der Menschen erfolgt die Persönlichkeitsbildung mehr an Hand sozialer und gesellschaftlicher beziehungsweise an Hand von politischen oder wissenschaftlichen Informationen. Eine auf dieser Ebene ansetzende Bewertung müßte sich den Vorwurf der Willkür gefallen lassen. Aber dennoch ist eine Differenzierung hier nicht ausgeschlossen.

Die einfachgesetzliche Ausgestaltung der Rundfunkfreiheit hat sich am Schutzzweck der grundgesetzlichen Norm zu orientieren. Von daher sind insbesondere Meinungsmacht und Machtmißbrauch seitens der Rundfunkanbieter zu verhindern. Jedoch ist nicht jegliche Meinungsführerschaft bedenklich, sondern ihr muß insbesondere dort entgegengewirkt werden, wo die freiheitlich-demokratische Grundordnung beschädigt werden könnte. Auf dieser Schutzzweckebene ließe sich also - sehr wohl äußerst vorsichtig - eine Notwendigkeit rechtfertigen, politische und bildende Informationen strengeren Anforderungen zu unterwerfen. Dennoch soll noch einmal betont werden, daß nicht tolerierbare

---

457 Ebenso Dittmann, in: Dittmann/ Fechner/ Sander, Rundfunkbegriff, S. 34f.

Meinungsmacht und Machtmißbrauch auch in unterhaltenden Sendungen stattfinden kann.

Aber trotz aller Schwierigkeiten sind inhaltsbezogene Differenzierungskriterien durchaus in der Lage, Anhaltspunkte für eine Einordnung von Informations- und Kommunikationsangeboten in ein System abgestufter Regelungsdichte zu liefern. Denn ebenso wie die äußeren Merkmale - Abkehr von einem planmäßig ablaufenden Gesamtprogramm und Individualisierung der Nutzung - geben sie Auskunft über die Meinungsmacht der verschiedenen Inhalte. Mag eine solche Bewertung im Einzelfall nicht ganz unproblematisch sein, so ergibt sich doch aus dem Zusammenspiel aller drei Merkmale eine ausreichende Beurteilungsbasis.

(4) Zusammenfassung: Eignung zur Meinungsbildung - Darbietungen aller Art

Das Bundesverfassungsgericht hat seit jeher die besondere Bedeutung des Rundfunks für die öffentliche Meinungsbildung betont. Von daher unterfallen nur solche Informations- und Kommunikationsangebote dem verfassungsrechtlichen Rundfunkbegriff, welche zur öffentlichen Meinungsbildung beitragen.

Der Begriff "öffentliche Meinungsbildung" erscheint allerdings mißverständlich. So könnte man auf den Gedanken kommen, daß es sich um den Prozeß der Bildung einer öffentlichen Meinung handelt. Dies ist aber nicht der Fall. Das Grundgesetz schützt nicht nur die Freiheit des demokratischen Meinungswettstreites, dessen Grundlage und Ergebnis eine öffentliche Meinung ist, sondern auch die Freiheit der individuellen Entfaltung. Somit muß auch die freie Bildung einer individuellen Meinung mittels Rundfunk gewährleistet sein. Dies gilt um so mehr, als daß sich individuelle und öffentliche Meinung nicht trennen lassen, denn sie setzen einander voraus und beeinflussen sich. Folglich kann von einem einheitlichen Prozeß der Meinungsbildung gesprochen werden.

Meinungsbildung mittels Rundfunk beschränkt sich nicht etwa - wie man auf Grund des Wortlauts von Art. 5 I 2 GG vermuten könnte - auf eine Berichterstattung im engeren Sinne, also auf die Wiedergabe von Tatsachen, wie etwa bei Nachrichtensendungen oder politischen Kommentaren; sondern es wird jegliche Vermittlung von Informationen und Meinungen umfaßt. Wenn von "Freiheit der Berichterstattung" die Rede ist, sollte damit lediglich verdeutlicht werden, daß hier nicht - wie bei der Presse - auch die freie unternehmerische Tätigkeit gewährleistet werden sollte, sondern nur die Freiheit der Vermittlungstätigkeit.

Insofern ist in dem Begriff "Berichterstattung" kein Präjudiz über die inhaltliche Weite der Rundfunkfreiheit zu sehen.

Die Rundfunkfreiheit ist fest eingebunden in das System einer allgemeinen Kommunikationsfreiheit gemäß Art. 5 I GG. Freie Kommunikation erfordert primär die Möglichkeit freier Meinungsäußerung und einen freien Zugang zu Informationen. Dem wird mit Art. 5 I 1 GG Rechnung getragen. Während diese Freiheiten für den Prozeß der Individualkommunikation ausreichenden Schutz bieten, treten bei der Vermittlung von Meinungen und Informationen via Massenmedien neue Gefahren auf, denen es zu entgegnen gilt. Art. 5 I 2 GG gewährleistet daher Schutz vor staatlicher oder anderweitig einseitiger Einflußnahme auf den Vermittlungsprozeß. Geschützt ist hier also primär die Freiheit der Aufnahme, der Verarbeitung und der Verbreitung von Meinungen und Informationen.

Auch Meinungsäußerungs- und Informationsfreiheit sind für den Prozeß freier Meinungsbildung ebenso grundlegend wie die Rundfunkfreiheit. Meinungsbildung ist also kein Spezifikum ausschließlich der Rundfunkfreiheit, sondern ist Wesensmerkmal des Art. 5 I GG in seiner Gesamtheit. Rundfunk nimmt in diesem Prozeß der Meinungsbildung lediglich eine vermittelnde Rolle wahr. Er erfüllt in herausragender Weise die Aufgabe eines Bindeglieds zwischen Meinungsäußerungs- und Informationsfreiheit. Inhaltlich gesehen sind deshalb grundsätzlich all jene Informations- und Kommunikationsinhalte von der Meinungsbildungsfunktion der Rundfunkfreiheit umfaßt, die der Meinungsäußerungs- und Informationsfreiheit unterfallen - der objektive Ordnungsrahmen der Rundfunkfreiheit kann hier natürlich zu Einschränkungen führen. Der originäre Anwendungsbereich der Rundfunkfreiheit bezieht sich hingegen lediglich auf die freie und ungehinderte Vermittlung der Informationen und Meinungen.

Meinungen sind durch das Element der Stellungnahme, des Dafürhaltens, der Beurteilung geprägt. Die Meinungsäußerung ist damit die Kundgabe einer persönlichen Auffassung, die sich der einzelne zu Verhältnissen, Ereignissen, Ideen oder Personen bildet. Für Meinungen ist also der subjektive Bezug zwischen dem Einzelnen und dem Gegenstand seiner Äußerung kennzeichnend. Im Umkehrschluß dazu kann also alles meinungsbildend sein, zu dem man einen subjektiven Bezug haben kann; mithin auch das Wetter oder die Börsenkurse etc.

Die inhaltliche Weite des Prozesses freier Meinungsbildung ergibt sich auch aus der Informationsfreiheit. Die Persönlichkeitsbildung des Menschen verlangt nach einer Vielzahl von Informationen, welche als Orientierungswissen dienen und woraus sich der Einzelne sein Weltbild und seine Wertevorstellungen formen kann. Dazu sind nicht nur sachliche Inhalte notwendig, sondern auch der soziale Kontakt mit der Umwelt und dabei nicht nur das Gespräch mit einer Person, sondern vielmehr auch jeder sinnlich wahrnehmbare Eindruck. Im Interesse umfassender individueller Meinungsbildung und ungehinderter Persönlichkeitsentfaltung muß also auch die Informationsfreiheit inhaltlich sehr weit verstanden werden.

Bei Zugrundelegung eines solch extensiven Verständnisses, sind nahezu alle Informations- und Kommunikationsangebote für die Meinungsbildung relevant, weshalb diesem Merkmal nur eine äußerst eingeschränkte Abgrenzungswirkung und nur geringe Definitionskraft bezüglich des Rundfunkbegriffs zukommt. Dennoch wird man den Schutz der Rundfunkfreiheit nicht von dem Erreichen einer bestimmten Relevanzschwelle abhängig machen können. Sie umfaßt jegliche meinungsbildende Inhalte, ohne daß diese eine besondere Intensität aufweisen müssen oder daß an den Begriff "meinungsbildend" hohe Anforderungen zu stellen sind.

Ein sehr weiter verfassungsrechtlicher Rundfunkbegriff erfordert jedoch längst nicht, daß alle Informations- und Kommunikationsangebote, die vom Schutzbereich des Art. 5 I 2 GG erfaßt werden, auch den gleichen einfachgesetzlichen Regelungen zu unterwerfen sind. Vielmehr ist hier ein System abgestufter Regelungsdichte, welches seine Regelungsintensität an die Relevanz der einzelnen Dienste für die Meinungsbildung anpaßt, gerechtfertigt und sogar erforderlich. Ob Informations- und Kommunikationsangebote entsprechend ihrer Meinungsbildungsintensität nun dem Rundfunkstaatsvertrag, dem Mediendienstestaatsvertrag oder dem Teledienstegesetz zuzuordnen sind, läßt sich sowohl an äußeren, als auch an inhaltlichen Kriterien feststellen. Insbesondere die Abkehr von einem planmäßig ablaufenden Gesamtprogramm und der Grad der Individualisierung der Nutzung geben hier deutliche Hinweise.

ccc. Vermittlung/ redaktionelle Darbietung

Nachdem das Merkmal der Meinungsbildung kaum Abgrenzungswirkung entfaltet, stellt sich die Frage, ob nicht noch andere Merkmale geeignet sind, den verfassungsrechtlichen Rundfunkbegriff deutlicher zu umreißen. Dazu lohnt es sich wiederum, einen Blick auf das Verhältnis zwischen Art. 5 I 1 GG und Art. 5 I 2 GG zu werfen. Grundlegend für eine freie Meinungsbildung sind die zwei in Art. 5 I 1 GG normierten Freiheiten. Denn Meinungsbildung erfolgt über die

Aufnahme von Informationen, welche aus Meinungsäußerungen gewonnen werden und die gleichzeitig wieder Grundlage von neuen Meinungsäußerungen sind. Zum Schutz des Prozesses freier Meinungsbildung bedurfte es daher primär der Meinungsäußerungs- und Informationsfreiheit. Spezielle Medienfreiheiten wären insoweit nicht notwendig gewesen, denn auch Meinungsäußerungen seitens der Medien genießen den Schutz durch das Jedermannsgrundrecht des Art. 5 I 1 GG. Die Rundfunkfreiheit ist also keineswegs eine bloße rundfunkspezifische Wiederholung der Meinungsfreiheit[458].

Man würde die Eigenständigkeit der Rundfunkfreiheit nicht ausreichend anerkennen, sähe man in ihr lediglich eine spezielle Meinungsäußerungsfreiheit, die sich von Art. 5 I 1 GG nur insofern unterscheidet, als daß sie zusätzlich die rundfunkspezifischen Besonderheiten bei der Meinungsäußerung berücksichtigt, die sich aus den besonderen technischen Mitteln und der erforderlichen Betriebsorganisation ergeben[459]. Rundfunk im Sinne des Art. 5 I 2 GG muß mehr sein, als ein bloßes Sprachrohr, welches die Möglichkeit bietet, seine Meinung einer breiten Masse kundzutun. Denn die Meinungsäußerung, welche auch Gehör finden soll, wird bereits durch Art. 5 I 1 GG hinreichend geschützt, nämlich durch die Freiheit der Meinungsverbreitung. Das heißt, nebenbei bemerkt, aber nicht, daß Art. 5 I 1 GG auch freien Zugang zu Massenkommunikationsmitteln gewährleistet - die Möglichkeit einer solchen Deutung wurde zwar bei Schaffung des Grundgesetzes erkannt, wurde aber zu Gunsten einer speziellen und gesonderten Normierung der Massenkommunikation nicht weiter verfolgt[460]. Ebenso kann aus der Meinungsverbreitungsfreiheit schon aus tatsächlichen Gründen kein Anspruch gegenüber Massenmedien auf Sendung einer privaten Meinung abgeleitet werden[461].

Resümiert man die bisherigen Ausführungen, so zeichnet sich - zumindest im Wege einer Negativabgrenzung - bereits ein Anhaltspunkt für die Bestimmung der besonderen Funktion der Rundfunkfreiheit ab: Geht es um die Äußerung oder Verbreitung einer einzelnen Meinung, so sind nicht die Medienfreiheiten des Art. 5 I 2 GG einschlägig, sondern die Meinungsfreiheit gemäß Art. 5 I 1 GG. Denn insoweit ist es unerheblich, ob eine Meinung im Wege der Indivi-

[458] Hoffmann-Riem, HdbVerfR, § 7, Rn. 31; Jarass, Die Freiheit des Rundfunks vom Staat, S. 25ff; ders., Massenmedien, S. 186; ders., Online-Dienste, S. 13; Degenhart, BK, GG, Art. 5 Abs. 1 und 2, Rn. 34f; Stock, Koordinationsrundfunk, S. 35; s. aber auch: Herzog, in: Maunz/ Dürig, GG, Art. 5 Abs. I, II, Rn. 204 i.V.m. 153; ebenso sieht Schmitt Glaeser, Kabelkommunikation, S. 152f in der Rundfunkfreiheit im Prinzip nur eine besondere Spielart der allgemeinen Meinungsäußerungsfreiheit.

[459] Siehe aber Schmitt Glaeser, Kabelkommunikation, S. 152f.

[460] Siehe oben, S. 47f; s. auch Herzog, in: Maunz/ Dürig, GG, Art. 5 Abs. I, II, Rn. 65.

[461] Siehe auch Herzog, in: Maunz/ Dürig, GG, Art. 5 Abs. I, II, Rn. 65.

dualkommunikation oder der Massenkommunikation verbreitet wird; die grundsätzliche Freiheit eine Meinung zu äußern, gilt unabhängig von der Tatsache, ob ein bestimmter oder ein allgemeiner Personenkreis angesprochen werden soll. Die unterschiedliche Wirkung, welche eine solche Äußerung, in Abhängigkeit von dem Rezipientenkreis, freilich erzielen kann, ist erst bei der Abwägung von Bedeutung und stellt daher keinen Grund dar, eine besondere Freiheit massenkommunikativer Meinungsäußerung zu normieren. Damit bleibt aber die Frage offen, worin nun die spezifische Bedeutung der Rundfunkfreiheit liegt.

Dazu hilft es, sich die Wirkungsweisen von Individualkommunikation und Massenkommunikation deutlich vor Augen zu führen. Individualkommunikation ist die direkte und personale Kommunikation innerhalb eines bestimmten Personenkreises, bei dem die einzelnen Teilnehmer sowohl Rezipient, als auch Kommunikator sein können[462]. Die in diesem Teilnehmerkreis vorhandenen Meinungen und Informationen werden unmittelbar ausgetauscht. Der Prozeß der Meinungsbildung bleibt dabei jedoch auf die kommunizierenden Teilnehmer begrenzt. Auch wenn die so gewonnenen Meinungen, wiederum mittels Individualkommunikation, in neue Kommunikationskreise hineingetragen werden können, so ist dieser Prozeß nicht nur sehr langwierig, sondern es können Kommunikationslücken entstehen. Zudem ist es häufig nicht möglich, zu allen Personen eine direkte Verbindung aufzunehmen, denen eine bestimmte Auffassung nahegebracht werden soll, ebenso kann der Informationssuchende nicht mit allen Personen in Kontakt treten, von denen er sich geeignete Informationen verspricht[463]. Speziell bei der Informationssuche macht uns gerade das Internet besonders deutlich, wie der Einzelne mit dem vielfältigen Angebot an Informationen überfordert sein kann. Zur Befriedigung des täglichen Informationsbedürfnisses ist es unmöglich, allen einschlägigen Quellen nachzugehen, sie zu gewichten und auszuwerten.

Hierbei können uns Massenmedien helfen. Sie sind in der Lage, die Kommunikationslücken zu schließen, indem sie die vorhandene Meinungsfülle wahrnehmen und durchdringen; eine das Publikum interessierende Auswahl treffen; die so gewonnenen Informationen und Meinungen prüfen, gewichten und verarbeiten; um schließlich ein komprimiertes und dadurch verdaubares Abbild des Meinungsspektrums zu liefern[464]. Die Massenmedien leisten damit eine Art "Brückenfunktion"[465]. Mit ihrer Tätigkeit verbinden und unterstützen sie die freie Meinungsäußerung beziehungsweise die ungehinderte Informati-

---

[462] Ausführlich dazu: s. oben; Jarass, Massenmedien, S. 29ff; Stock, Medienfreiheit als Funktionsgrundrecht, S. 32f.

[463] Jarass, Die Freiheit des Rundfunks vom Staat, S. 28.

[464] So auch Jarass, Die Freiheit des Rundfunks vom Staat, S. 28.

[465] Ebenda; Jarass, Online-Dienste, S. 13.

onsbeschaffung, indem sie ermöglichen, daß nicht jeder Kommunikator ein eigenes Kommunikationsnetz aufbauen muß und nicht jeder Informationssuchende sich selbst mit allen Quellen auseinandersetzen braucht. Massenmedien nehmen folglich im Kommunikationsprozeß eine vermittelnde Rolle wahr[466].

Die Vermittlungsfunktion wird jedoch nicht mit der bloßen Bereitstellung technischer Verbreitungsmöglichkeiten und in der separaten Aneinanderreihung von Kommunikationsinhalten erfüllt. Darauf beschränkte Angebote, wie etwa Datenbanken, offene Diskussionsforen oder unmoderierte Newsgroups, sind auf Grund der Fülle nebeneinander stehender Informationen nicht in der Lage, effektiv Kommunikationslücken zu schließen und unterstützendes Bindeglied zwischen den Freiheiten der Meinungsäußerung und der Informationsbeschaffung zu sein.

Die Vermittlungsleistung liegt vielmehr in der redaktionellen Tätigkeit begründet. Also darin, daß die unterschiedlichsten Informationsinhalte recherchiert, aufgegriffen und verarbeitet werden um sie sodann zu einem konzentrierten, die Rezipienten interessierenden Informationspaket zu schnüren[467]. Dabei ist es zunächst unerheblich, ob ein ausgewogenes oder aber einseitiges Meinungsbild gezeichnet wird. Für die Vermittlungsfunktion kommt es ausschließlich darauf an, daß es sich nicht um eine bloße Widerspiegelung der vorhandenen Einzelmeinungen handelt, sondern eine gewisse Konzentrations-, Einschmelzungs- und Regenerierungsleistung vorliegt[468].

Die so von den Massenmedien wahrgenommene Vermittlungstätigkeit ist auch der Anknüpfungspunkt für die spezifische Normierung der Medienfreiheiten[469]. Ginge es lediglich um die Normierung einer freien Meinungsäußerung so würde Art. 5 I 1 GG bereits ausreichend Schutz bieten, ebenso wenn es darum ginge, freien Zugang zu einzelnen, unbearbeitet aneinandergereihten Informationen zu gewähren. Die Vermittlungstätigkeit hingegen, also das redaktionelle Zusammenstellen verschiedener Informationen und Meinungen, unterliegt einer spezifischen Schutzbedürftigkeit. Mit Blick auf eine, für die demokratische Meinungsbildung notwendige, pluralistische und ausgeglichene Meinungslandschaft darf es keinen staatlichen oder sonstwie vorherrschenden Einfluß auf die Meinungsvermittlung geben. Eine solche Einseitigkeit läßt sich aber gerade durch entsprechenden Einfluß auf die redaktionelle Tätigkeit gewinnen. Von daher schien es geboten, neben freier Meinungsäußerung und ungehindertem

---

[466] Jarass, Die Freiheit des Rundfunks vom Staat, S. 28ff; Stock, Koordinationsrundfunk, S. 31ff; Grimm, RuF 1987, 25, 27.

[467] Vgl. auch Starck, in: v.Mangoldt/ Klein/ Starck, GG I, Art. 5 Abs. 1,2, Rn. 63.

[468] Stock, Koordinationsrundfunk, S. 29ff, (33).

[469] Siehe dazu BVerfGE 83, 238, 296; vgl. auch Jarass, Die Freiheit des Rundfunks vom Staat, S. 30; s. auch Paschke, Medienrecht, S. 64, Rn. 161.

Informationszugang speziell auch die redaktionelle Tätigkeit der Massenmedien mittels eines Freiheitsrechts zu schützen.

Die spezifische Bedeutung der Rundfunkfreiheit, ist also im Schutz der Vermittlungsfunktion zu sehen. Damit ergibt sich ein weiteres Merkmal zur Charakterisierung des verfassungsrechtlichen Rundfunkbegriffs: Rundfunk im Sinne des Art. 5 I 2 GG liegt nur dann vor, wenn das jeweilige Informations- und Kommunikationsangebot eine redaktionelle Darbietung ist. Welche konkreten Anforderungen an dieses Merkmal zu stellen sind, soll im Folgenden an Hand verschiedener Beispiele herausgearbeitet werden.

(1) Aneinanderreihung separater Inhalte

Die Vermittlungsfunktion erschöpft sich nicht in einer bloßen Widerspiegelung des vorhandenen Spektrums an Meinungen und Informationen. Denn darin liegt kein eigenständiger Sachverhalt, welcher eines besonderen Schutzes bedürfte; schließlich ist die Wiedergabe fremder Meinungen bereits ausreichend von Art. 5 I 1 GG geschützt.

Kennzeichnend für die Vermittlungsleistung ist vielmehr die Auswahl und Bearbeitung der vorhandenen Meinungen und Informationen und deren Verarbeitung zu einem für die potentiellen Rezipienten nutzbaren Produkt. Dazu gehört etwa auch, daß identische Inhalte zusammengefaßt und sich widersprechende Meinungen gegenübergestellt werden. Typischerweise besteht die redaktionelle Tätigkeit folglich in einer gewissen Konzentrationsleistung.

Vermittlung im Sinne des Art. 5 I 2 GG geht daher über die bloße technische Verbreitung, also das unreflektierte Präsentieren von Inhalten, hinaus. Folglich nehmen solche Informations- und Kommunikationsangebote, die lediglich eine reine Aneinanderreihung von separaten Inhalten darstellen, von vornherein keine Vermittlungsfunktion war und werden deshalb nicht vom Rundfunkbegriff des Art. 5 I 2 GG umfaßt. Zwei Fallgruppen sind hierbei besonders typisch.

Zum einen sind dies Angebote, die bewußt auf eine Bearbeitung der darzubietenden Inhalte verzichten, sich also als reine Sammlung verstehen. Dazu zählen vornehmlich Datenbanken. Bei der rechtlichen Würdigung ist selbstverständlich immer die konkrete Ausgestaltung eines solchen Dienstes zu berücksichtigen. So können Datenbanken sehr konkreten inhaltlichen Auswahlkriterien unterliegen und somit ebenfalls ein Produkt redaktioneller Tätigkeit sein.

Bei der zweiten, hier einschlägigen Fallgruppe handelt es sich um Dienste, die lediglich eine rein technische Plattform bieten, über welche die verschiedensten Meinungen und Informationen Dritter verbreitet werden können. Typisch hierfür sind etwa die bereits erwähnten offenen Diskussionsforen oder die unmoderierten Newsgroups. Aber auch ein reiner Internet-Zugangsprovider stellt nicht mehr als die technischen Voraussetzungen zur Verfügung. Er bietet die Möglichkeit, auf alle Inhalte des Internets frei zuzugreifen ohne selbst eine Vorauswahl zu treffen, also redaktionell tätig zu werden. Dies gilt selbst dann noch, wenn der Provider aus rechtlichen, moralischen oder anderen Gründen den Zugriff auf bestimmte Internetseiten sperrt. Denn bei einem nahezu unendlichen Angebot von Informationen, führt die Negativauswahl von einzelnen Seiten, bis hin zu ganzen Themenkomplexen, noch nicht zu einer Einschmelzung der Informationsflut, also zu einer, auf die Interessen der Nutzer abgestimmten, Auswahl und Zusammenstellung von Kommunikationsinhalten.

Im Übrigen ist solchen Informations- und Kommunikationsangeboten, unter Umständen sogar der Schutz des Art. 5 I 1 Hs.1 GG verwehrt. Dieses Grundrecht schützt die Freiheit, "seine" Meinung zu äußern oder zu verbreiten. Zwar erlangt die Weitergabe fremder Meinungen beziehungsweise die Mitteilung von Tatsachen schon allein deshalb den Status einer Meinungsäußerung, weil die Auswahl und Zusammenstellung solcher Inhalte bereits eine eigenständige Wertung enthält und zudem einem individuellen Mitteilungsbedürfnis entspringt[470], doch läßt sich ein solcher subjektiver Bezug nur dann herstellen, wenn man von den vermittelten Inhalten wenigstens Kenntnis erlangt. Dies ist bei der Tätigkeit von reinen Internet-Zugangsprovidern nicht der Fall. Sie stellen nur die technischen Voraussetzungen zur Verfügung, wodurch der Nutzer die Möglichkeit erlangt, mit Dritten Meinungen und Informationen auszutauschen. Sie treffen also weder eine Auswahl, noch entspringen die vermittelten Inhalte einem subjektiven Mitteilungsbedürfnis des Providers; weshalb sie für ihre Tätigkeit auch nicht den Schutz der Meinungsäußerungsfreiheit geltend machen können[471].

(2) Thematische Begrenzung

Von einer redaktionellen Darbietung kann ebenfalls nicht gesprochen werden, wenn lediglich thematisch sehr eng begrenzte Informationen oder bestimmte Meinungen ohne Einbindung in ein größeres Kommunikationsangebot übermittelt werden[472]. Dies ist etwa bei Verkehrsleitsystemen, Produktkatalogen und auch bei alleinstehenden Internet-Seiten der Fall[473].

---

[470] Vgl. Degenhart, BK, GG, Art. 5 Abs. 1 und 2, Rn. 98ff.

[471] Determann, Kommunikationsfreiheit im Internet, S. 422.

[472] Jarass, Online-Dienste, S. 13.

[473] Ebenda; vgl. auch Spindler, in: Roßnagel, Recht der Multimedia-Dienste, § 2 TDG, Rn. 31.

Auch dies erklärt sich wieder aus dem systematischen Verhältnis von Art. 5 I Satz 1 und Satz 2 GG und basiert auf dem Grundverständnis, daß die Medienfreiheiten gegenüber der Meinungsfreiheit kein Spezialgrundrecht[474], sondern ein Aliud[475] sind. Mit Blick auf die Pressefreiheit stellt das Bundesverfassungsgericht fest, daß es allein für den grundrechtlichen Schutz der gedruckten Meinung nicht einer eigenen Garantie der Pressefreiheit bedurft hätte, sondern daß es ausgereicht hätte, neben den Äußerungsformen Wort, Schrift und Bild auch den Druck zu erwähnen[476]. Daß dies nicht erfolgt ist, sondern vielmehr in Art. 5 I Satz 2 GG eine eigenständige Normierung der Medienfreiheiten vorgenommen wurde, spricht dafür, daß diese Regelungen eine selbständige Bedeutung haben und folglich mehr als nur eine medienspezifische Verstärkung der allgemeinen Meinungsäußerungsfreiheit sind[477]. Mit Blick auf eine einzelne, in einem Flugblatt verbreitete Meinung hat das Bundesverfassungsgericht mithin entschieden, daß Art. 5 I Satz 1 GG das einschlägige Grundrecht ist, solange es um den Meinungsbeitrag selbst geht, also insbesondere um die Frage der Zulässigkeit einer bestimmten Äußerung. Die Gewährleistung der Pressefreiheit zielt auf die besondere - die einzelne Meinungsäußerung übersteigende - Bedeutung der Presse für die individuelle und öffentliche Meinungsbildung[478]. Auf die Pressefreiheit ist daher abzustellen, "wenn es um die im Pressewesen tätigen Personen in Ausübung ihrer Funktion, um ein Presseerzeugnis selbst, um seine institutionell-organisatorischen Voraussetzungen und Rahmenbedingungen sowie um die Institution einer freien Presse überhaupt geht"[479]. Art. 5 I 2 GG umfaßt also die Spezifika der Pressearbeit, mithin die journalistische Arbeit und redaktionelle Sphäre, die Verbreitung und den Vertrieb, den unternehmerisch-wirtschaftlichen Bereich[480]. Gleiches muß natürlich auch für die Rundfunk- sowie Filmfreiheit gelten, denn es gibt keine Gründe für eine Differenzierung[481].

Faßt man die obigen Aussagen noch einmal zusammen, so wird ersichtlich, daß der grundrechtliche Schutz einzelner Meinungsäußerungen über Art. 5 I Satz 1 GG erfolgt, selbst wenn diese - wie im Falle des Flugblattes - mittels ei-

---

474 So jedoch: Herzog, in: Maunz/ Dürig, GG, Art. 5 Abs. I, II, Rn. 153; Starck, in: v.Mangoldt/ Klein/ Starck, GG I, Art. 5 Abs. 1,2, Rn. 5; Wendt, in: v.Münch/ Kunig, GG I, Art. 5, Rn. 1.

475 Hoffmann-Riem, AK-GG, Art. 5 Abs. 1, 2, 6.2.2; Degenhart, BK, GG, Art. 5 Abs. 1 und 2, Rn. 30ff; BVerfGE 85, 1, 11; 86, 122, 127f.

476 BVerfGE 85, 1, 11f.

477 Vgl. ebenda.

478 BVerfGE 85, 1, 12; 86, 122, 128.

479 BVerfGE 85, 1, 12f; 86, 122, 128.

480 Degenhart, BK, GG, Art. 5 Abs. 1 und 2, Rn. 32.

481 So auch Degenhart, BK, GG, Art. 5 Abs. 1 und 2, Rn. 35; s. auch Bullinger/ Mestmäcker, Multimediadienste, S. 47.

nes Druckerzeugnisses verbreitet werden, welches vom Pressebegriff des Art. 5 I Satz 2 GG umfaßt wird. Für die Meinungsäußerung als solche kommt es also nicht auf die Wertungen des Art. 5 I Satz 2 GG an. Der besondere Schutz der Massenmedien ist speziell um ihrer publizistischen Funktion willen vorgesehen[482]. Diese liegt in der Recherche, Bewertung, Zusammenstellung und Konzentration von Meinungen und Informationen. Mit der Verbreitung einzelner Meinungen beziehungsweise der Zusammenstellung thematisch sehr eng begrenzter Informationen, wird keine Vermittlungsleistung übernommen.

Spartenangebote hingegen, können jedoch sehr wohl als redaktionelle Darbietungen angesehen werden. Zwar unterliegen solche Angebote typischerweise einer thematischen Begrenzung. Innerhalb dieser inhaltlichen Schranken handelt es sich aber regelmäßig auch um eine Zusammenstellung von Inhalten aus verschiedenen Quellen. Es wird folglich eine Auswahl, eine inhaltliche Bewertung vorgenommen. Etwas anderes müßte gegebenenfalls bei Angeboten gelten, welche lediglich eine Art Distributionskanal für Meinungsäußerungen eines Einzelnen darstellen.

(3) "Harmlose Druckwerke"

Bei der Klärung der Frage, was unter dem Begriff "redaktionelle Darbietung" zu verstehen ist, wird vielfach auch auf allgemeine Grundsätze des Presserechts verwiesen[483]. Danach werden amtliche und sogenannte "harmlose" Druckwerke mit Blick auf ihre mangelnde Bedeutung für die öffentliche Meinungsbildung von den Kontroll- und Ordnungsvorschriften der Landespressegesetze ausdrücklich freigestellt[484]. Zu den "harmlosen" Druckwerken werden Formulare, Preislisten, Werbedrucksachen, Familienanzeigen, Geschäftsberichte gezählt, ebenso wie Druckwerke zu Zwecken des Gewerbes und Verkehrs[485]. Unter Zugrundelegung dieser presserechtlichen Wertungen, werden folglich bei der Einordnung von Angeboten zum Teledienstegesetz oder zum Mediendienstestaatsvertrag selbstdarstellende Homepages von Unternehmen beziehungsweise Privatpersonen oder auch amtliche Angebote von Behörden als Teledienste angesehen, da hier nicht die redaktionelle Gestaltung zur Meinungsbildung für die Allgemein-

---

[482] BVerfGE 20, 176; 57, 319ff.

[483] Engel-Flechsig/ Maennel/ Tettenborn, NJW 1997, 2981, 2983; Gounalakis/ Rhode, CR 1998, 487, 490.

[484] So etwa § 7 III Nds.PresseG; vgl. auch Ricker, in: Löffler/ Ricker, Hdb. d. PresseR, 3. Abschn., 12. Kap., Rn. 19f.

[485] Ebenda.

heit (§ 2 II Nr. 2 TDG) im Vordergrund steht[486]. Elektronische Presse würde diese Voraussetzung aber erfüllen und damit dem Anwendungsbereich des Mediendienstestaatsvertrags unterfallen[487].

Die so gewonnenen Erkenntnisse lassen sich aber nicht auf den verfassungsrechtlichen Rundfunkbegriff übertragen. Sie sind Resultat eines Systems abgestufter Regelungsdichte, bei dem sich die Intensität der einzelnen Regelungen danach bestimmt, wie die zu normierenden Angebote Einfluß auf den Prozeß der Meinungsbildung ausüben. Im Bereich des Verfassungsrechts werden derartige Differenzierungen nicht vorgenommen. Zudem können einfachgesetzliche Wertungen kein Präjudiz für den Schutzumfang des Verfassungsrechts sein[488].

(4) Gesamthafte Verkettung

An der Qualifikation eines Angebotes als redaktionelle Darbietung ändert sich auch dann nichts, wenn die Rezeption einer individuellen Gestaltung zugänglich ist. Der Vermittlungszusammenhang wird nicht durch den individuellen Abruf von Inhalten aufgehoben. Es wird noch immer ein komplettes Angebot zusammen- und bereitgestellt. Daß der Rezipient die ihn interessierenden Inhalte dabei frei auswählen kann und nicht darauf angewiesen ist, das Angebot in einer festen zeitlichen Abfolge zu nutzen, mindert nicht die vorangegangene redaktionelle Tätigkeit. Auch herkömmliche Massenmedien, wie Bücher oder Zeitungen, konnten schon immer selektiv genutzt werden. Ebenso stellt das Zappen zwischen verschiedenen Rundfunkkanälen - mit Blick auf den einzelnen Nutzer - eine Aufhebung des planmäßig ablaufenden Gesamtprogramms dar. Dennoch spricht man diesen Angeboten nicht die Wahrnehmung der Vermittlungsfunktion ab[489]. Mit der Zusammenstellung eines Gesamtprogramms aus der Vielzahl vorhandener Meinungen und Informationen, entsteht bereits die redaktionelle Darbietung, mit ihrer Auswahl-, Konzentrations- und Vermittlungsleistung. Daran ändert sich auch dann nichts mehr, wenn der Rezipient hieraus noch einmal, entsprechend seiner Interessen, eine Auswahl trifft.

---

486 Engel-Flechsig/ Maennel/ Tettenborn, NJW 1997, 2981, 2984; Gounalakis/ Rhode, CR 1998, 487, 490.

487 Ebenda.

488 Degenhart, BK, GG, Art. 5 Abs. 1 und 2, Rn. 407.

489 Vgl. Hoffmann-Riem, AK-GG, Art. 5 Abs. 1,2, 6.2.3, Rn. 151; Determann, Kommunikationsfreiheit im Internet, S. 410; Michel, ZUM 1998, 350, 351f; s. zu diesem Thema auch Hoffmann-Riem, Pay-TV, S. 56ff; vgl. aber: Bullinger/ Mestmäcker, Multimediadienste, S. 52ff; so auch Bullinger, JZ 1996, 385, 387.

(5) Inhalte Dritter/ Werbung

Rundfunkfreiheit ist in ihrem Kern Programmfreiheit, das heißt, der Rundfunkveranstalter muß frei von externer Einflußnahme entscheiden können, wie er seine publizistische Aufgabe erfüllt[490]. Diese besteht in der "Auswahl und Gestaltung der Sendungen" und insbesondere in der Entscheidung darüber, "was nicht gesendet werden soll, was die Hörer nicht zu interessieren braucht, was ohne Schaden für die öffentliche Meinungsbildung vernachlässigt werden kann, und wie das Gesendete geformt und gesagt werden soll"[491]. An einer solchen Beeinflussung der zu vermittelnden Inhalte soll es fehlen, wenn der Rundfunkveranstalter Inhalte eines Dritten übernimmt, ohne zu prüfen, ob dies den Interessen der Rezipienten entspricht[492]. Das soll vor allem dann der Fall sein, wenn ein Rundfunkunternehmen gegen Bezahlung Inhalte ausstrahlt, die von einem Dritten gestaltet wurden[493]. Dies würde zu dem Ergebnis führen, daß insbesondere die Ausstrahlung von Werbesendungen nicht von der Rundfunkfreiheit umfaßt wird[494].

Doch kann man längst nicht jede "anstaltsfremde Aussage" von der Vermittlungsfunktion ausnehmen, mit der Begründung, der Rundfunkveranstalter würde sich mit dieser nicht identifizieren und lediglich eine Weitergabefunktion erfüllen. Auch bei Wahlreden von Politikern oder Äußerungen in Gesprächsrunden will sich der Rundfunkunternehmer die Inhalte regelmäßig nicht zu eigen machen und dennoch nimmt er seine Programmfreiheit gerade dadurch war, daß er solche Äußerungen auswählt und in einem von ihm festgelegten Rahmen präsentiert[495]. Gleiches gilt für die Zusammenstellung von Filmen beziehungsweise Unterhaltungssendungen, welche zum großen Teil durch die Rundfunkveranstalter erst eingekauft werden.

Bei Werbesendungen ist die Situation allerdings etwas anders. Hier bezahlt der Rundfunkveranstalter nicht für deren Ausstrahlung, noch stellt er die einzelnen Aussagen eigenverantwortlich zusammen, sondern er verpflichtet sich lediglich, vorgefertigte Inhalte Dritter, gegen Entgelt zu verbreiten. Dennoch wird

---

[490] BVerfGE 97, 298, 310.

[491] BVerfGE 12, 205, 260; zu dieser sog. Selektionskompetenz s. auch Schmitt Glaeser, Kabelkommunikation, S. 186ff; König, Teletexte, S. 126ff.

[492] Jarass, Online-Dienste, S. 14.

[493] Ebenda; s. dazu auch Stettner, ZUM 1995, 559, 566.

[494] Ebenda; Bachof/ Rudolf, Verbot des Werbefernsehens, S. 30f; Steimer, Grundprobleme der Rundfunkfinanzierung, S. 103f; vgl. auch Lerche, Rechtsprobleme des Werbefernsehens, S. 12; VGH München, NVwZ 1987, 435, 436f; *a.A:*. Kübler, Massenkommunikation und Medienverfassung, in: FS Lerche, S. 657.

[495] So auch Neft, Rundfunkwerbung und Rundfunkfreiheit, S. 36; s. auch Herrmann, Fernsehen und Hörfunk, S. 87f.

man bei Werbesendungen nicht pauschal davon ausgehen können, der Rundfunkveranstalter nehme hier lediglich eine Weitergabefunktion wahr und reduziere sich zum Instrument der Werbeinteressenten[496]. So gibt es grundsätzlich kein Zugangsrecht Dritter zum Rundfunk, welches die freie Entscheidung des Rundfunkveranstalters über die Aufnahme beziehungsweise Plazierung bestimmter Sendungen aufheben würde[497]. Selbst wenn grundrechtliche oder wettbewerbsrechtliche Vorgaben in der Lage sind, die Auswahlentscheidung der Rundfunkunternehmer einzuschränken[498], so bleibt sie dennoch erhalten[499]. Sie können entscheiden, ob sie überhaupt und wenn ja, welche Art von Werbesendungen sie ausstrahlen wollen, wie sie diese in ihr Gesamtangebot einfügen, sprich in welchen Gruppen, zu welchen Zeiten, in welchen Rahmenprogrammen, und mit welchen Zwischenblenden[500].

Zum Merkmal der redaktionellen Darbietung gehört aber nicht nur die freie Auswahlentscheidung und Tendenzbestimmung, sondern auch und gerade das Ziel der Meinungsbildung. Zwar wird man der Werbung nicht die Eignung zur Meinungsbildung absprechen können[501], doch erfolgt die Auswahl von Werbebotschaften durch den Rundfunkveranstalter, im Gegensatz zu den übrigen Inhalten, nicht zur inhaltlichen Ausgestaltung des Gesamtprogramms. Wenn der Rundfunkunternehmer bestimmte Werbeaussagen meidet und andere bevorzugt, wenn er Werbesendungen geschickt im Programm plaziert, so erfolgt dies regelmäßig nur, um möglichst eine breite Zielgruppe anzusprechen und in Folge dessen hohe Werbeeinnahmen zu erlangen. Anders als bei politischen Beiträgen, Nachrichten oder Unterhaltungssendungen, wählt der Programmveranstalter diese nicht aus, um daraus sein Programm zu formen und damit zur Meinungsbildung beizutragen. Die Werbung wird vornehmlich zur Finanzierung des Gesamtprogramms eingebaut.

Davon scheint auch das Bundesverfassungsgericht auszugehen. Zwar hat es die Frage offengelassen, ob Werbesendungen in gleicher Weise wie andere Sendeinhalte von der Rundfunkfreiheit umfaßt werden, es hat aber festgestellt, daß Werbung der finanziellen Sicherung der Rundfunkprogramme dient und in-

---

[496] Ebenda; *a.A.:* Bachof/ Rudolf, Verbot des Werbefernsehens, S. 30f; Steimer, Grundprobleme der Rundfunkfinanzierung, S. 103f.

[497] Neft, Rundfunkwerbung und Rundfunkfreiheit, S. 37.

[498] Steimer, Grundprobleme der Rundfunkfinanzierung, S. 104, Fn. 1.

[499] Neft, Rundfunkwerbung und Rundfunkfreiheit, S. 36f.

[500] Herrmann, Fernsehen und Hörfunk, S. 88; auch Wendt, in: v.Münch/ Kunig, GG I, Art. 5, Rn. 47; Starck, in: v.Mangoldt/ Klein/ Starck, GG I, Art. 5 Abs. 1,2, Rn. 102.

[501] Degenhart, ZUM 1995, 353, 356; ders., Meinungs- und Medienfreiheit, S. 287ff (292); Kübler, Massenkommunikation und Medienverfassung, in: FS Lerche, S. 657; Neft, Rundfunkwerbung und Rundfunkfreiheit, S. 35; *a.A.* etwa Stettner/ Tresenreiter, ZUM 1994, 669, 673.

soweit in den Schutz der Rundfunkfreiheit fällt[502]. Würde man Werbung direkt als Rundfunk ansehen, wäre ein derartiger Umweg überflüssig[503]. Dies läßt den Schluß zu, daß die Verbreitung von Werbesendungen nur mittelbar von der Rundfunkfreiheit erfaßt wird, mit der Folge, daß Werbesendungen sehr viel stärker als redaktionelle Sendungen geregelt und beschränkt werden können[504]. Das Bundesverfassungsgericht hat mit Bezug auf den öffentlich-rechtlichen Rundfunk sogar deutlich gemacht, daß der Gesetzgeber nicht gehindert ist, einzelne Finanzierungsformen, auch die der Werbung, zu beschränken oder gänzlich auszuschließen[505].

Abgesehen von derartigen Einschränkungen, wird Werbung also grundsätzlich von der Rundfunkfreiheit umfaßt[506] - ob nun mittelbar[507] oder unmittelbar[508]. Folglich kann auf eine Entscheidung bei der Frage, inwieweit die Ausstrahlung von Werbesendungen als Bestandteil redaktioneller Darbietung anzusehen ist, zunächst verzichtet werden.

Diese ist allerdings spätestens dann zu treffen, wenn es um die Ausstrahlung von Sendungen Dritter geht, die nicht zur finanziellen Absicherung des übrigen, redaktionell gestalteten Gesamtprogramms beitragen. Man wird aber nur in den seltensten Fällen derartigen Konstellationen begegnen, denn in der Regel werden alle Programmbestandteile entweder zur Gruppe der bezahlten Werbung gehören oder aber im Rahmen der redaktionellen Tätigkeit in das Gesamtprogramm eingearbeitet.

Denkbar wäre die Situation, daß der öffentlich-rechtliche Rundfunk bereits eine ausreichende Finanzkraft über Rundfunkgebühren erlangt; die Ausstrahlung von bezahlter Werbung also nicht mehr der institutionellen Sicherung dienen würde. Tatsächlich läßt sich ein für breite Bevölkerungsschichten attraktives Programm aber nicht allein über Rundfunkgebühren finanzieren, zumindest wenn diese, in einem angemessenen Rahmen bleiben sollen.

Als weiteres Beispiel kämen reine Teleshoppingkanäle in Frage. Dies würde insbesondere dann gelten, wenn der Betreiber eines solchen Angebots lediglich den Distributionsweg, für die von Dritten gefertigten Inhalte, gegen Entgelt bereitstellt, ohne daß er selbst nennenswerte Inhalte anbietet. Denn hier würde es

---

502 BVerfGE 74, 297, 341f.

503 Jarass, Online-Dienste, S. 14.

504 Ebenda.

505 BVerfGE 74, 297, 342.

506 Degenhart, ZUM 1995, 353, 356; ders., Meinungs- und Medienfreiheit, S. 287ff (292); Kübler, Massenkommunikation und Medienverfassung, in: FS Lerche, S. 657; Neft, Rundfunkwerbung und Rundfunkfreiheit, S. 36ff.

507 Über die Rundfunkfinanzierung, BVerfGE 74, 297, 341f.

508 Wendt, in: v.Münch/ Kunig, GG I, Art. 5, Rn. 47; Starck, in: v.Mangoldt/ Klein/ Starck, GG I, Art. 5 Abs. 1,2, Rn. 102.

an der Finanzierungsfunktion der Werbung zu Gunsten eines als Rundfunk zu qualifizierenden und schützenswerten redaktionellen Angebotes fehlen.

Andererseits wird man den einzelnen Werbebeiträgen die Eignung zur Meinungsbildung nicht absprechen können und mithin den Schutz durch Art. 5 I 1 GG. Auch ist nicht von vornherein ausgeschlossen, daß solche Sendungen auf Grund ihrer besonderen inhaltlichen Zusammenstellung sogar Rundfunk im Sinne des Art. 5 I 2 GG sein können. Doch gilt dies nur in Bezug auf die einzelne Werbesendung. Rundfunkveranstalter wäre diesbezüglich der Dritte, der den Beitrag erstellt hat. Wenn der Betreiber eines Teleshoppingkanals solche Angebote zusammenstellt, so nimmt er damit aber keine Vermittlungsfunktion im Sinne des Art. 5 I 2 GG war, selbst in Anbetracht der Tatsache, daß diese Inhalte meinungsbildend sein können. Zwar kann man aus reinen Werbesendungen Aufschluß darüber gewinnen, wie etwa die wirtschaftliche Situation in dem Sendegebiet aussieht oder aber Hinweise auf technische Innovationen beziehungsweise Modetrends erhalten. Dennoch kann in der simplen Aneinanderreihung von vorgefertigten Werbesendungen noch keine redaktionelle Tätigkeit erblickt werden. Denn dazu wäre es erforderlich, daß mit der Zusammenstellung der einzelnen Inhalte ein bestimmtes Meinungsbild erzeugt werden soll. Darauf ist aber die Tätigkeit der hier angesprochenen Teleshoppingkanäle nicht gerichtet. Ihr Handeln beschränkt sich ausschließlich auf die möglichst werbewirksame Präsentation von Produkten oder Dienstleistungen. Ziel ist nicht die Erzeugung eines eigenständigen Meinungsbildes sondern vornehmlich die Absatzförderung[509]. Insofern stellen sie lediglich eine neue Form der Einkaufsmöglichkeit dar[510]. Der Betreiber eines solchen Teleshoppingkanals kann sich, mangels Wahrnehmung der Vermittlungstätigkeit im Sinne des Art. 5 I 2 GG, folglich nicht auf die Rundfunkfreiheit berufen.

Etwas anderes könnte gelten, wenn die Werbung bei einem Teleshoppingkanal in einem redaktionellen Umfeld stattfinden würde, also ein spezielles Sendungsbewußtsein des Betreibers erkennbar wäre. Hier wären, mit lokalen Anzeigeblättern, vergleichbare Angebote ebenso denkbar, wie beispielsweise das Informieren über ein spezielles Thema, verbunden mit Werbung für themenspezifische Produkte. Ebenso könnten im Einzelfall solche Programme als Rundfunk angesehen werden, die etwa als Spiel-, Talk- oder reine Unterhaltungsshow konzipiert sind und gleichzeitig eine Werbefunktion erfüllen.

---

[509] Ebenso Schroeder, ZUM 1994, 471, 477.
[510] Ebenda.

(6) Zusammenfassung: Vermittlung/ redaktionelle Darbietung

Die Massenmedien nehmen eine "Brückenfunktion" zwischen der freien Meinungsäußerung und der ungehinderten Informationsbeschaffung wahr, indem sie ermöglichen, daß nicht jeder Kommunikator ein eigenes Kommunikationsnetz aufbauen muß und nicht jeder Informationssuchende sich selbst mit allen Quellen auseinandersetzen braucht.

Massenmedien erbringen im Kommunikationsprozeß folglich eine vermittelnde Rolle. Die Vermittlungsleistung liegt in der redaktionellen Tätigkeit begründet. Also darin, daß die verschiedensten Informationsinhalte recherchiert, aufgegriffen und verarbeitet werden um sie sodann zu einem konzentrierten, die Rezipienten interessierenden Informationspaket zu schnüren.

Genau in dieser Vermittlungsfunktion liegt auch der Grund für die besondere Normierung der Medienfreiheiten. Es handelt sich nicht nur um eine medienspezifische Wiederholung der allgemeinen Kommunikationsfreiheiten aus Art. 5 I 1 GG, sondern es soll speziell die Vermittlungsleistung frei von staatlichem oder anderweitig einseitigem Einfluß gehalten werden.

Die spezifische Bedeutung der Rundfunkfreiheit ist also im Schutz der Vermittlungsfunktion zu sehen. Rundfunk im Sinne des Art. 5 I 2 GG liegt mithin nur dann vor, wenn das jeweilige Informations- und Kommunikationsangebot eine redaktionelle Darbietung ist.

Kennzeichnend für die Vermittlungsleistung ist die Auswahl und Bearbeitung der vorhandenen Meinungen und Informationen und deren Verarbeitung zu einem für die potentiellen Rezipienten nutzbaren Produkt. Dazu gehört etwa, daß identische Inhalte zusammengefaßt und sich widersprechende Meinungen gegenübergestellt werden. Typischerweise besteht die redaktionelle Tätigkeit folglich in einer gewissen Konzentrationsleistung. Vermittlung im Sinne des Art. 5 I 2 GG geht daher über die bloße technische Verbreitung, also das unreflektierte Präsentieren von Inhalten, hinaus. Folglich nehmen solche Informations- und Kommunikationsangebote, die lediglich eine reine Aneinanderreihung von separaten Inhalten darstellen, von vornherein keine Vermittlungsfunktion war.

Eine redaktionelle Darbietung liegt auch dann nicht vor, wenn lediglich thematisch sehr eng begrenzte Informationen oder bestimmte Meinungen, ohne Einbindung in ein größeres Kommunikationsangebot, übermittelt werden. Dies gilt allerdings nicht für Spartenangebote. Diese können sehr wohl als redaktionelle Darbietungen angesehen werden.

An der Qualifikation eines Angebotes als redaktionelle Darbietung ändert sich nichts, wenn die Rezeption einer individuellen Gestaltung zugänglich ist. Der Vermittlungszusammenhang wird durch den interaktiven Abruf von Inhalten nicht aufgehoben. Mit der Zusammenstellung eines Gesamtprogramms aus der Vielzahl vorhandener Meinungen und Informationen, entsteht bereits die redaktionelle Darbietung, mit ihrer Auswahl-, Konzentrations- und Vermittlungsleistung.

Auch die Aufnahme von Inhalten Dritter in das Gesamtprogramm stellt regelmäßig eine redaktionelle Tätigkeit dar. Selbst wenn sich der Rundfunkunternehmer solche Inhalte meist nicht zu eigen machen will, nimmt er dennoch seine Programmfreiheit gerade dadurch war, daß er solche Inhalte gezielt auswählt und in einem von ihm festgelegten Rahmen präsentiert, um ein bestimmtes Meinungsbild zu erzeugen.

Bei der Ausstrahlung von Werbesendungen, für die der Dritte zahlt, ist dies regelmäßig nicht der Fall, da diese nicht zur inhaltlichen Ausgestaltung des Gesamtprogramms ausgewählt werden. Sie dienen primär der Finanzierung der redaktionellen Tätigkeit. Soweit kommerzielle Werbung aber den wirtschaftlichen Erhalt eines Rundfunkprogramms sichert, wird auch sie von der Rundfunkfreiheit umfaßt.

cc. Fernmeldetechnische Übermittlung

Alle bislang herausgearbeiteten Merkmale des Rundfunkbegriffs ergaben sich im Wesentlichen aus der systematischen Betrachtung des Verhältnisses zwischen den Grundfreiheiten des Art. 5 I Satz 1 GG beziehungsweise Art. 5 I Satz 2 GG, also aus der unterschiedlichen Wirkung von Individualkommunikation beziehungsweise Massenkommunikation auf den Prozeß der freien und öffentlichen Meinungsbildung. Um nunmehr auch die verschiedenen Freiheitsbereiche des Art. 5 I 2 GG voneinander abzugrenzen, bedarf es eines weiteren Merkmals.

Die einzelnen Massenkommunikationsmittel ließen sich bisher deutlich anhand der eingesetzten Verbreitungsmethoden unterscheiden[511]. Zur Presse zählen da-

[511] BVerfGE 83, 238, 313.

nach alle zur Verbreitung geeigneten und bestimmten Druckerzeugnisse und Informationsträger[512]. Geschützt sind also nicht nur periodisch erscheinende Zeitungen und Zeitschriften, die mittels einer Druckerpresse hergestellt wurden[513]. Von der Pressefreiheit werden ebenso Bücher, Plakate, Privatdrucke, Flugschriften, Handzettel etc. umfaßt[514]. Unerheblich ist zudem die im Einzelfall angewandte Technik der Vervielfältigung[515]. So bleibt der Begriff der Presse nicht auf herkömmliche Druckverfahren beschränkt, sondern die Pressefreiheit umfaßt auch neue technische Methoden der Vervielfältigung, wie etwa Ton- und Videobänder, Disketten, CD-ROM[516]. Trotz aller Offenheit für neue Vervielfältigungstechniken ist und bleibt aber die stoffliche Verkörperung der zu verbreitenden Informationen das entscheidende Charakteristikum der Presse[517]. Auch der Film wird körperhaft verbreitet. Doch kommt es hier zusätzlich auf eine öffentliche Vorführung, am Ort des Abspielens an[518]. Der privat dargebotene Film auf Videokassette unterfällt folglich nicht der Film- sondern der Pressefreiheit[519] und bei Filmen, die via elektromagnetischer Schwingungen an ein disperses Publikum verbreitet werden, ist die Rundfunkfreiheit einschlägig. Denn für den Rundfunk ist die fernmeldetechnische[520] Verbreitung unter Benutzung elektromagnetischer Schwingungen entscheidend[521]. Folglich lassen sich Presse, Film und Rundfunk anhand ihrer Verbreitungsmethoden deutlich voneinander unterscheiden.

Im Zuge fortschreitender Medienkonvergenz erscheint diese einst klare und praktikable Lösung zunehmend schwieriger. Die zunehmende technische Entwicklung, insbesondere auch die Digitaltechnik, hat in den letzen Jahren dazu

---

[512] Wendt, in: v.Münch/ Kunig, GG I, Art. 5, Rn. 30; Degenhart, BK, GG, Art. 5 Abs. 1 und 2, Rn. 397.
[513] Ebenda.
[514] Degenhart, BK, GG, Art. 5 Abs. 1 und 2, Rn. 400; Wendt, in: v.Münch/ Kunig, GG I, Art. 5, Rn. 30.
[515] Degenhart, BK, GG, Art. 5 Abs. 1 und 2, Rn. 398; Herzog, in: Maunz/ Dürig, GG, Art. 5 Abs. I, II, Rn. 130; Wendt, in: v.Münch/ Kunig, GG I, Art. 5, Rn. 30; BVerwGE 39, 159, 164.
[516] Degenhart, BK, GG, Art. 5 Abs. 1 und 2, Rn. 400; Wendt, in: v.Münch/ Kunig, GG I, Art. 5, Rn. 30; *a.A.* zum Video: Herzog, in: Maunz/ Dürig, GG, Art. 5 Abs. I, II, Rn. 198.
[517] So auch Degenhart, BK, GG, Art. 5 Abs. 1 und 2, Rn. 402.
[518] Wendt, in: v.Münch/ Kunig, GG I, Art. 5, Rn. 61; Schulze-Fielitz, in: Dreier, GG I, Art. 5 I,II, Rn. 84; Jarass, Online-Dienste, S. 15.
[519] Wendt, in: v.Münch/ Kunig, GG I, Art. 5, Rn. 61.
[520] Im Zusammenhang mit neuartigen Medienangeboten hat sich nunmehr auch der modernere Begriff "telekommunikationstechnisch" herausgebildet. Diese Begriffe sind inhaltlich aber völlig gleich. S. auch Kunig, in: v. Münch/ Kunig, GG I, Art. 73, Rn. 30f, über den Wandel des Begriffs Fernmeldewesen zum Begriff Telekommunikation.
[521] Schulze-Fielitz, in: Dreier, GG I, Art. 5 I,II, Rn. 76.

geführt, daß die Transportwege ihre Zuordnung zu bestimmten Formen individueller oder überindividueller Kommunikation verloren haben und multifunktionell werden[522]. Damit verliert das Merkmal der technischen Verbreitung entscheidend an Bedeutung. Betrachtet man die Visionen für eine künftige Medienlandschaft, welche durch immer mehr Konvergenz von Informations- und Kommunikationsgeräten gekennzeichnet sind, so werden die Transportwege in Zukunft gänzlich ihre Unterscheidungskraft einbüßen. Schon heute können Hörfunk- und Fernsehprogramme, aber auch vollständige elektronische Ausgaben herkömmlicher Presseerzeugnisse und Filme (Video-on-demand) via Internet empfangen werden. Aber nicht nur die Massenmedien verschmelzen, sondern auch die Individualkommunikation nutzt bereits dieselben Netze (E-Mail).

Die Problematik ist nicht erst in letzter Zeit mit der rapiden Entwicklung der Informations- und Kommunikationsangebote entstanden, sondern basiert auf der an sich unzweifelhaft richtigen Annahme, daß der Rundfunkbegriff nicht starr sondern dynamisch, entwicklungsoffen auszulegen ist[523]. Während noch der historische Gesetzgeber bei der Schaffung von Art. 5 I 2 GG von einem Rundfunk ausging, welcher zwischen Sender und Empfänger Ätherschwingungen als Übertragungsweg für Töne und Bewegtbilder nutzte, so werden heute unter Rundfunk Darbietungen in Wort, Ton und Bild verstanden, welche mit Hilfe elektromagnetischer Schwingungen ohne Verbindungsleitung oder längs oder mittels eines Leiters verbreitet werden. Diese Entwicklung führte dazu, daß nunmehr jegliche Informations- und Kommunikationsangebote, welche mittels elektromagnetischer Schwingungen verbreitet werden, bei rein technischer Betrachtung, unter den Rundfunkbegriff subsumiert werden können. Bedenkt man, daß die technische Komponente das entscheidende Abgrenzungskriterium zwischen den drei genannten Massenmedien in Art. 5 I 2 GG ist, so kommt es zwangsläufig zu einer Aushöhlung von Film und Presse, werden doch die Informations- und Kommunikationsangebote zunehmend auf elektromagnetischen Wegen vermittelt. Wenn Verlage ihre Zeitungen Online bereithalten, so läßt sich dieses Angebot nicht unter den Pressebegriff subsumieren, wie das auf Papier gedruckte Pendant, denn dem tradierten Pressebegriff sind verkörperte Informationsvermittlungen immanent. Der Rundfunkbegriff hat also auf Grund seiner Entwicklungsoffenheit seinen Anwendungsbereich erheblich ausgeweitet. Wohingegen Film und Presse keine Anpassungen in Hinsicht auf die durch Elektronik und Multimedia gekennzeichnete Entwicklung der letzen Jahre erfahren haben[524].

---

[522] Bullinger/ Mestmäcker, Multimediadienste, S. 19; Gersdorf, Rundfunkbegriff, S. 20f.

[523] BVerfGE 74, 297, 350.

[524] Obwohl hier ebenso eine Entwicklungsfreiheit anzuerkennen ist: Schulze-Fielitz, in: Dreier, GG I, Art. 5 I,II, Rn. 69, 84.

Wenn Presse, Rundfunk und Film als Massenmedien tatsächlich nur exemplarisch in Art. 5 I 2 GG aufgeführt wurden, in dem Bewußtsein, daß sich hier stetige Veränderungen ergeben werden[525], so wäre es vermutlich aus heutiger Sicht hilfreicher gewesen, den Rundfunkbegriff nicht so dynamisch zu gestalten, sondern statt dessen eher ein einheitliches Grundrecht der Medienfreiheit[526] zu statuieren beziehungsweise eine Art Multimediagrundrecht neben den bestehenden Grundrechten in Art. 5 I 2 GG aufzunehmen.

Da nun aber der Rundfunkbegriff eine solche Weite erfahren hat, sollte man ihn nicht nachträglich versuchen zu begrenzen, in dem man bestimmte massenkommunikative Angebote gänzlich aus dem Anwendungsbereich von Art. 5 I 2 GG herausnimmt und in den Art. 5 I 1 GG verschiebt. Die mit Massenmedien verbundenen spezifischen Gefahrenpotentiale bedürfen speziellen Regelungen,

---

[525] So etwa Lieb, Kabelfernsehen, S. 150f; König, Teletexte, S. 78ff; Tettinger, Neue Medien und Verfassungsrecht, S. 16ff: Beweggrund der Schöpfer der Verfassung waren die Erfahrungen aus Zeiten der NS-Diktatur, welche die gerade aufkommenden Massenmedien zu propagandistischen Mitteln einsetzte und somit gezielt Falschinformationen an ein breites Publikum vermittelte. Die explizite Heraushebung der Massenmedien aus der allgemeinen Informations- und Meinungsäußerungsfreiheit sollte deren besonderen Stellenwert verdeutlichen und als verfassungsrechtliche Grundlage für entsprechende Regelungen künftig solchen Mißbrauch verhindern. Auf Grund dessen wird verschiedentlich vertreten, daß die ausdrückliche Aufzählung von Presse, Rundfunk und Film nur exemplarisch ist und somit einer Erweiterung im Wege einer Verfassungsinterpretation zugänglich. Gewiß kann das Grundgesetz nicht allen tatsächlichen Veränderungen gewachsen sein. Insbesondere muß es im Rahmen einer teleologischen Auslegung immer wieder den veränderten gesellschaftlichen insbesondere aber auch technischen Gegebenheiten angepaßt werden. Doch kann eine solche dynamische Verfassungsinterpretation allenfalls dazu führen, daß bestimmte Begriffe (beispielsweise Rundfunk/ Presse) angepaßt werden. Die Schaffung einer Massenkommunikationsfreiheit sui generis dürfte hingegen zu weit führen. Im übrigen hätten die Schöpfer des Grundgesetzes eine entsprechende Absicht auch im Wege einer Art Generalklausel andeuten können; dies ist jedoch nicht erfolgt. Insoweit ist auch der Verweis Tettingers (a.a.O.) auf die Protokolle des Parlamentarischen Rates nicht überzeugend. Hieraus ist lediglich zu lesen, daß bei Schaffung der Verfassung der Rundfunkbegriff nicht statisch verstanden werden sollte, was heute auch allgemein anerkannt ist.

[526] Bullinger, Kommunikationsfreiheit, S. 61, der nicht nur die Massenmedien zusammenfassen will, sondern eine dem Art. 10 EMRK entsprechende allgemeine Kommunikationsfreiheit andenkt, welche mit einer abgestuften Regelungsdichte sowohl Meinungsfreiheit in der Individualkommunikation als auch in der Massenkommunikation gewährleisten und somit der zunehmenden Individualisierung von Kommunikation gerecht werden soll; Einschränkungen hierzu finden sich aber in Bullinger/ Mestmäcker, Multimediadienste, S. 61, wonach eine Zusammenfassung von Presse und Rundfunk in einer allgemeinen Medienfreiheit als nicht empfehlenswert anzusehen ist, da es zu befürchten steht, daß die staatliche Ausgewogenheitspflege vom Rundfunk auch auf die Presse ausgeweitet wird; *a.A.* Gersdorf, Rundfunkbegriff, S. 87f.

die über die Anforderungen des Art. 5 I 1 GG hinausgehen. Da Art. 5 I 2 GG neben Rundfunk, Presse und Film keine weitere Freiheit ausdrücklich normiert, muß man elektromagnetisch vermittelte massenkommunikative Angebote einer dieser Freiheiten zuordnen. Dabei kommt der technischen Verbreitung die ausschlaggebende Funktion zu. Auch wenn es in verschiedenen Fällen unbillig erscheint, ein elektromagnetisch vermitteltes massenkommunikatives Angebot als Rundfunk zu bezeichnen, so erlauben doch die verfassungsrechtlichen Definitionen keine andere Zuordnung.

Eine solche, an technischen Kriterien orientierte, Abgrenzung sorgt für klare Ergebnisse und vermeidet Rechtsunsicherheiten[527]. Doch mit Bezug auf die Entscheidung des Bundesverfassungsgerichts zu Programmzeitschriften von Rundfunkanstalten[528] sollen auch wertende Gesichtspunkte bei der Unterscheidung der einzelnen Medienfreiheiten herangezogen werden[529].

Das Bundesverfassungsgericht macht zwar deutlich, daß die Abgrenzung der verschiedenen Freiheitsbereiche des Art. 5 I 2 GG von dem gewählten Verbreitungsmittel abhängt, doch soll dies nicht bedeuten, daß die Nutzung eines bestimmten Mediums stets nur in den Schutzbereich einer einzigen der in Art. 5 I 2 GG enthaltenen Garantien fallen könne[530]. So wird auch die Veröffentlichung von Druckerzeugnissen von der Rundfunkfreiheit umfaßt, wenn dadurch die Erfüllung der originären Rundfunkaufgaben unterstützt wird[531].

Dem Verbreitungsmittel soll bei Abgrenzungsfragen folglich nur eine Indizfunktion zukommen[532]. Entscheidend soll sein, welchem herkömmlichen Medium das zu beurteilende Medium funktionell oder strukturell am ehesten entspricht beziehungsweise nahesteht[533].

So werden auch die sogenannten Faksimile-Zeitungen ganz überwiegend der Pressefreiheit unterstellt[534]. Auch wenn die redaktionellen Inhalte hier rundfunktypisch, mittels elektromagnetischer Schwingungen, verbreitet werden und erst

[527] So auch Gersdorf, Rundfunkbegriff, S. 144; Degenhart, BK, GG, Art. 5 Abs. 1 und 2, Rn. 410.
[528] BVerfGE 83, 238, 313.
[529] Gersdorf, Rundfunkbegriff, S. 144ff; Bullinger/ Mestmäcker, Multimediadienste, S. 61ff.
[530] BVerfGE 83, 238, 313.
[531] Ebenda.
[532] Gersdorf, Rundfunkbegriff, S. 145.
[533] Ebenda; Bullinger/ Mestmäcker, Multimediadienste, S. 61; s. auch König, Teletexte, S. 123ff; Hoffmann-Riem, HdbVerfR, § 7, Rn. 26.
[534] Bullinger, Kommunikationsfreiheit, S. 39; Degenhart, BK, GG, Art. 5 Abs. 1 und 2, Rn. 411; Gersdorf, Rundfunkbegriff, S. 147; Hoffmann-Riem, HdbVerfR, § 7, Rn. 26; Schmitt Glaeser, Kabelkommunikation, S. 191f.

danach eine Verkörperung durch individuellen Ausdruck erfolgt, so soll es sich dennoch um ein Pressesurrogat handeln[535]. Für den Empfänger stehe die Faksimile-Zeitung der herkömmlich gedruckten Presse völlig gleich, denn er könne sie ebenso aufbewahren und überall mit hinnehmen[536].

Gleiches soll auch dann gelten, wenn die Gesamtausgabe oder die Kurzfassung einer Zeitung auf elektronischem Wege an den Empfänger übermittelt wird, ohne daß diese Dienste zwingend darauf angelegt sein müssen, daß die Texte ausgedruckt werden[537]. Entsprechend der Begründung des Bundesverfassungsgerichts zu den Programmzeitschriften der Rundfunkanbieter, wird hier umgekehrt argumentiert: Die rundfunktypische Verbreitungsmethode würde lediglich den Absatz der Presseprodukte unterstützen und diene damit der Wahrnehmung der Presseaufgaben. Solange die Hauptveröffentlichungen pressetypisch, also verkörpert sind, sollen auch die unterstützenden beziehungsweise funktionell nahestehenden Nebentätigkeiten der Pressefreiheit unterfallen[538].

Mit Blick auf das ursprüngliche Modell einer Faksimile-Zeitung, deren technisches Prinzip darin besteht, daß Zeitungstexte über Funk vermittelt und beim Empfänger durch einen angeschlossenen Drucker verkörpert werden, erscheinen diese Wertungen durchaus sachgerecht. Hier verschiebt sich die Materialisierung vom Zeitpunkt vor der Distribution auf danach, was zwar durchaus ein gravierendes Abweichen[539], von der typischen Verbreitungsmethode darstellt, am Endprodukt aber nahezu nichts ändert.

Problematischer sind die Darbietungen, die gar nicht mehr zu einer Verkörperung führen müssen oder auf Grund von interaktiver Nutzung mit dem pressemäßigen Ursprungsprodukt nicht mehr identisch sind[540]. Die deutlich divergierenden Verbreitungsmethoden zu ignorieren und solche Darbietungen wegen einer funktionalen Äquivalenz zu typischen Presseprodukten der Pressefreiheit quasi als Annex zuzuordnen, würde zu einer Aufhebung der klaren Abgrenzung zwischen Rundfunk und Presse und zu Rechtsunsicherheiten führen.

Solange sich im Allgemeinen die einzelnen Medienfreiheiten bisher deutlich an Hand der Verbreitungsmethode voneinander unterscheiden ließen, konnte einer wertenden Zuordnung solcher Einzelfälle, wie Programmzeitschriften von Rundfunkanstalten, Faksimile-Zeitungen, materialisierte Teletexte etc. durchaus

---

[535] Ebenda.
[536] König, Teletexte, S. 199.
[537] Gersdorf, Rundfunkbegriff, S. 147.
[538] Gersdorf, Rundfunkbegriff, S. 147f; König, Teletexte, S. 198.
[539] Siehe dazu auch Starck, in: v.Mangoldt/ Klein/ Starck, GG I, Art. 5 Abs. 1,2, Rn. 98.
[540] Siehe auch Degenhart, BK, GG, Art. 5 Abs. 1 und 2, Rn. 412.

zugestimmt werden. Doch mit dem Auftreten neuer Technologien, wie etwa dem Internet und zunehmender (intermediärer) Konzentrationsbestrebungen kommt es vermehrt zu medienübergreifenden Angeboten. Kaum ein Presse- oder Rundfunkunternehmen verzichtet heute auf die Möglichkeit, sich im Internet darzustellen beziehungsweise den Rezipienten zusätzliche Informationen zu bieten. Damit werden die Wertungsmöglichkeiten immer vielschichtiger. Man müßte sich fragen, wie weit das Internetangebot eines Presseunternehmers noch als Annex zur Pressearbeit anzusehen ist oder ob es auf Grund von Informationsgehalt und Organisationsstruktur schon als selbständige Darbietung zu qualifizieren ist. Auch die intermediäre Verschmelzung läßt darüber nachdenken, ob ein Rundfunkangebot schon deshalb unter die Pressefreiheit fällt, weil die verbreiteten Informationen ein "Abfallprodukt" der vornehmlichen Pressetätigkeit sind. Es wäre folglich zu beurteilen, welche Tätigkeit im Vordergrund steht und welche nur quasi beiläufig, also unterstützend erfolgt. Ein solcher Wertungsspielraum würde jede klare Abgrenzung der Freiheitsbereiche deutlich erschweren und zu Rechtsunsicherheiten führen. Folglich wird man an der Abgrenzungsmethode, die sich an der Art der technischen Verbreitung orientiert, festhalten müssen.

Im Ergebnis heißt das, daß Rundfunk im Sinne des Art. 5 I 2 GG sich von den anderen Medienfreiheiten durch seine spezifische fernmeldetechnische Verbreitung unterscheidet. Rundfunk liegt also immer dann vor, wenn redaktionelle Darbietungen an eine Allgemeinheit, unter Benutzung elektromagnetischer Schwingungen vermittelt werden.

dd. Besonderer technischer oder finanzieller Aufwand

Vereinzelt wird mit dem Rundfunk auch ein besonderer Aufwand an Technik und Geld verbunden. Zwar ist unbestreitbar, daß insbesondere der herkömmliche Rundfunk nur mit einer sehr kostspieligen technischen Ausstattung zu betreiben ist, zumal dann, wenn man auch tatsächlich wahrgenommen werden und konkurrenzfähig bleiben will. Doch handelt es sich bei dieser Feststellung lediglich um eine Zustandsbeschreibung und nicht um eine tatbestandliche Voraussetzung. Denn weder historische noch systematische Anhaltspunkte lassen hierin eine besondere Eigenart des Rundfunks erkennen.

Bedenkt man, daß auch Flugblätter in kleiner Auflage oder Handzettel durchaus der Presse zuzuordnen sind, so zeigt sich, daß Massenkommunikation keineswegs deutlich aufwendiger als Individualkommunikation sein muß. Auch läßt sich nicht behaupten, daß Rundfunk gegenüber Presse und Film immer mit höheren Kosten verbunden ist. Gerade die modernen Medien, wie etwa das Internet, machen heute sehr deutlich, daß man mit dem gleichen Aufwand sowohl massenkommunikativ, als auch individualkommunikativ tätig werden kann. Eine Meinung in einer, der Allgemeinheit zugänglichen Newsgroup zu äußern ist nicht aufwendiger, als eine E-Mail zu versenden.

Ursächlich für den unterschiedlichen Schutz solcher Äußerungen sind die divergierenden Gefahren, die von ihnen auf den Prozeß freier Meinungsbildung ausgehen können und nicht die Kostspieligkeit bestimmter Äußerungsformen.

3. Ergebnis

Die vorstehenden Untersuchungen zeigen, daß entgegen anders lautender Meinungen, auch eine Vielzahl der durch Interaktion und Individualisierung gekennzeichneten, modernen Informations- und Kommunikationsangebote vom verfassungsrechtlichen Rundfunkbegriff umfaßt werden. Der Schutzbereich des Art. 5 I 2 GG ist nicht auf die traditionellen Medien beschränkt, welche zum Zeitpunkt der Normierung der Freiheiten bekannt waren, sondern ist dynamisch zu verstehen. Wie weit die Gewährleistungen im einzelnen greifen, ergibt sich aus deren systematischer Stellung im Grundgesetz und der von ihnen erwarteten Schutzrichtung.

Ein erstes Merkmal des verfassungsrechtlichen Rundfunkbegriffs leitet sich aus der deutlichen Trennung des Schutzes freier Individualkommunikation (Art. 5 I 1 GG), vom Schutz der freien Massenkommunikation (Art. 5 I 2 GG) ab. Während die Individualkommunikation auf einen genau festgelegten Teilnehmerkreis beschränkt bleibt, ist Massenkommunikation - mithin auch Rundfunk - an die *Allgemeinheit* gerichtet. Die getrennte Normierung beruht auf dem weitaus höheren Mißbrauchspotential und der gesteigerten Beeinflussungskraft, die eine an Massen gerichtete Kommunikation besitzt. Derartige Gefahren, die sich aus der Vermittlung von Meinungen und Informationen an einen unbestimmten Empfängerkreis ergeben, entstehen aber nicht erst, wenn die Inhalte von einer Allgemeinheit gleichförmig genutzt werden, wie dies beim herkömmlichen Hörfunk beziehungsweise beim Fernsehen der Fall ist. Eine zumindest abstrakte Gefahr liegt bereits dann vor, wenn die zu vermittelnden Inhalte einer unbestimmten Öffentlichkeit bereitgestellt werden und von dieser genutzt werden können. Von daher fallen auch Abruf- und Zugriffsdienste nicht von vornherein aus dem Bereich der Massenkommunikation heraus, selbst wenn sie einer weitaus individuelleren Nutzung als herkömmlicher (Verteil-)Rundfunk zugänglich sind. Entscheidend ist allein, ob sie ihre Inhalte an eine unbestimmte Öffentlichkeit richten und von dieser nutzbar sind. Eine Individualisierung des Adressatenkreises liegt auch dann nicht zwingend vor, wenn - wie beim Pay-TV - die Rezipienten mit dem Kommunikator eine vertragliche Beziehung eingehen müssen, um die Angebote nutzen zu können. Dies gilt jedoch nur solange, wie jeder beliebige Interessent die Möglichkeit hat, eine entsprechende Vereinbarung zu treffen. In diesen Fällen würde sich das Angebot nämlich nicht an einen begrenzten Nutzerkreis richten, sondern an eine unbestimmte Öffentlichkeit.

Eine solche *Allgemeinheit* liegt keineswegs erst dann vor, wenn eine besonders große Rezipientenschaft angesprochen wird. Bei Massenmedien mag das zwar regelmäßig der Fall sein, doch entsteht aus dieser Tatsache nicht zwangsläufig eine Voraussetzung. Die Festlegung einer bestimmten Zahl als Grenze wäre ein Akt der Willkür, weshalb man letztlich jede Mehrzahl von Personen als Öffentlichkeit ansehen muß.

Wenn jedoch eine äußerst überschaubare Personenzahl ebenso eine *Allgemeinheit* darstellen kann, so kommt es für die klare Abgrenzung zur Individualkommunikation entscheidend auf das Merkmal der Beliebigkeit des Personenkreises an. Schließlich erhöht sich die Gefahr der Einflußnahme auf ein breites Publikum noch einmal dadurch, daß nicht gewiß ist, welche Personen konkret angesprochen werden, also wie weit die Meinungen und Informationen Verbreitung finden.

Eine für Massenkommunikation charakteristische *Allgemeinheit* des Rezipientenkreises liegt folglich dann vor, wenn die dargebotenen Inhalte einer unbestimmten Vielzahl von Personen zugänglich gemacht werden.

Andererseits ist ein Kommunikationsangebot, welches von vornherein nur für einen abgegrenzten Teilnehmerkreis bestimmt und zugänglich ist, dem Bereich der Individualkommunikation zuzuordnen. Das ist vornehmlich dann der Fall, wenn die Teilnehmer durch vertragliche, mitgliedschaftliche oder andere Beziehungen mit dem jeweiligen Anbieter oder untereinander verbunden sind und das Angebot der Befriedigung spezifischer Rezeptionsbedürfnisse der Gruppe dient. Folglich sind Polizei-, See- und Flugnavigationsdienste, wie auch begrenzte E-Mail-Listen oder geschlossene Diskussionsforen der Individualkommunikation zuzurechnen, wohingegen Hotel-, Laden- und Krankenhausfunk durchaus an die Allgemeinheit gerichtet sind. Die Codierung der Signale beim Pay-TV, welche nur mittels eines Decoders aufzuheben ist, stellt auch keine Begrenzung des Angebots auf einen bestimmten Empfängerkreis dar, denn hier gilt wiederum, daß Anbieter von Pay-TV jedermann ihr Programm zur Verfügung stellen wollen; schließlich sind die Decoder frei im Handel erhältlich.

Individualkommunikation ist ebenso anzunehmen, wenn jedermann zugängliche Angebote eine individuelle, von jedem Nutzer autonom bestimmte Kommunikation ermöglichen. Die Teilnehmer haben mittels Rückkanaltechnik direkten Einfluß auf die Kommunikationsinhalte, so daß jeder Einzelne eine eigenständige Kommunikation führt, von der Dritte ausgeschlossen bleiben.

Hiervon zu unterscheiden und der Massenkommunikation zuzuordnen sind Angebote, bei denen die individuellen Beiträge der Teilnehmer nicht zur Begründung einer autonomen Kommunikation führen, sondern für jedermann zugänglich sind, wie etwa bei offenen Diskussionsforen.

Ebenso werden Zugriffs- und Abrufdienste nicht schon deshalb zu Individualkommunikation, weil die Nutzer bestimmte Inhalte, die Reihenfolge der Übermittlung oder den Zeitpunkt der Nutzung frei auswählen können. Solange die Kommunikationsinhalte vom Anbieter vorgegeben und jedermann zugänglich sind, ist auch hier von Massenkommunikation auszugehen.

Abschließend läßt sich festhalten, daß eine ganze Reihe moderner Informations- und Kommunikationsdienste, welche überwiegend durch eine interaktive und individuelle Nutzung gekennzeichnet sind, dennoch an eine unbestimmte Öffentlichkeit gerichtet sind. Sie wenden sich daher an eine, für Massenkommunikation typische, *Allgemeinheit* und erfüllen somit ein grundlegendes Tatbestandsmerkmal des verfassungsrechtlichen Rundfunkbegriffs.

Weitere Voraussetzungen ergeben sich aus der besonderen Funktion, welche Rundfunk im allgemeinen Kommunikationsprozeß wahrnimmt. Er ist in der Lage, mit seiner hohen Suggestivkraft und der Aktualität der Berichterstattung einen ganz entscheidenden Beitrag für den Prozeß der öffentlichen Meinungsbildung zu leisten. Rundfunk im Sinne des Art. 5 I 2 GG soll demnach nur bei solchen Diensten anzunehmen sein, die *zur Meinungsbildung geeignet* sind. Die vorstehenden Ausführungen haben gezeigt, daß mit diesem Merkmal zwar die vielfältigsten Probleme verbunden sind, es aber dennoch nicht in der Lage ist, eine eindeutige Abgrenzungswirkung herbeizuführen. So bleibt *Meinungsbildung* weder auf Nachrichten und politische Berichterstattung noch auf andere Inhalte von besonderem Wert beschränkt. Sondern nahezu alle Meinungen und Informationen können *meinungsbildend* sein. Zwar gibt es hierbei durchaus Intensitätsunterschiede, dennoch kann man den Schutz der Rundfunkfreiheit nicht vom Erreichen einer bestimmten Relevanzschwelle abhängig machen. Nicht nur besonders seriöse Nachrichten tragen zur Persönlichkeitsbildung der Menschen bei, sondern auch ganz banale Dinge des täglichen Lebens. Zudem sind die Interessen der Rezipienten so vielfältig, daß Inhalte, über die sich der eine Gedanken macht, von dem anderen völlig unreflektiert bleiben. Rundfunkfreiheit umfaßt also jegliche *meinungsbildenden* Inhalte, ohne daß diese eine besondere Intensität aufweisen müssen oder daß an den Begriff "*meinungsbildend*" hohe Anforderungen zu stellen sind. Damit verliert das Merkmal der *Eignung zur Meinungsbildung* allerdings fast vollständig an Abgrenzungswirkung. Das ist aber durchaus berechtigt, wenn man bedenkt, daß ebenso die Kommunikationsfreiheiten des Art. 5 I 1 GG die freie *Meinungsbildung* gewährleisten.

Die spezifische Bedeutung der Rundfunkfreiheit wird in einem weiteren Merkmal deutlich, nämlich der *Vermittlung beziehungsweise redaktionellen Darbietung*. Die Massenmedien erfüllen eine "Brückenfunktion" zwischen der freien Meinungsäußerung und der ungehinderten Informationsbeschaffung, indem sie ermöglichen, daß nicht jeder Kommunikator ein eigenes Kommunikationsnetz aufbauen muß und nicht jeder Informationssuchende sich selbst mit allen Quellen auseinandersetzen braucht. Massenmedien erbringen im Kommunikationsprozeß folglich eine *vermittelnde* Rolle.

Die *Vermittlungsleistung* liegt in der *redaktionellen Tätigkeit* begründet. Also darin, daß die verschiedensten Informationsinhalte recherchiert, aufgegriffen und verarbeitet werden, um sie sodann zu einem konzentrierten, die Rezipienten interessierenden Informationspaket zu schnüren. Genau darin liegt auch der Grund für die gesonderte Normierung der Rundfunkfreiheit: Die *Vermittlungsleistung* soll freigehalten werden von der Gefahr staatlicher oder sonstig einseitiger Einflußnahme.

Vermittlung im Sinne des Art. 5 I 2 GG geht über die bloße technische Verbreitung, also das unreflektierte Präsentieren von Inhalten, hinaus. Kennzeichnend für die *Vermittlungsleistung* ist die Auswahl und Bearbeitung der vorhandenen Meinungen und Informationen und deren Verarbeitung zu einem für die potentiellen Rezipienten nutzbaren Produkt. Dazu gehört etwa, daß identische Inhalte zusammengefaßt und sich widersprechende Meinungen gegenübergestellt werden. Folglich nehmen solche Informations- und Kommunikationsangebote, die lediglich eine reine Aneinanderreihung von separaten Inhalten darstellen, von vornherein keine *Vermittlungsfunktion* war. Gleiches gilt für thematisch sehr eng begrenzte Informationen, ohne Einbindung in ein größeres Kommunikationsangebot. Der *Vermittlungszusammenhang* wird aber nicht durch den individuellen Abruf von Inhalten aufgehoben, denn mit der Zusammenstellung eines Gesamtprogramms aus der Vielzahl vorhandener Meinungen und Informationen, ist die *redaktionelle Darbietung*, mit ihrer Auswahl-, Konzentrations- und *Vermittlungsleistung* bereits cntstanden.

Ein letztes Kriterium des verfassungsrechtlichen Rundfunkbegriffs ist die *fernmeldetechnische Übermittlung*. Während die vorangegangenen Merkmale für alle Medienfreiheiten des Art. 5 I 2 GG gelten, ist dieses ein Charakteristikum ausschließlich der Rundfunkfreiheit.

Abschließend läßt sich damit feststellen, daß Rundfunk im Sinne des Art. 5 I 2 GG immer dann vorliegt, wenn *redaktionelle Darbietungen* an eine *Allgemeinheit*, unter Benutzung *elektromagnetischer Schwingungen, vermittelt* werden.

II. Exkurs: Individualisierungsstufen

Die vorstehenden Untersuchungen haben gezeigt, daß der Schutzbereich der Rundfunkfreiheit gemäß Art. 5 I 2 GG nicht auf klassische Darbietungsformen beschränkt ist, sondern ebenso eine Vielzahl moderner Informations- und Kommunikationsdienste umfaßt, soweit es sich dabei um massenkommunikative und redaktionelle Darbietungen handelt, die via elektromagnetischer Schwingungen vermittelt werden. Grundrechtserheblich sind - entgegen mancher Auffassungen seitens der Literatur - alle meinungsbildenden Programme, ohne daß dabei Art oder Intensität der Einwirkung auf den Prozeß der Meinungsbildung zu berücksichtigen sind[541].

Ebenso wurde aber bereits in aller Ausführlichkeit darauf hingewiesen, daß es auf einfach-gesetzlicher Ebene völlig unverhältnismäßig wäre, alle vom Schutzbereich des Art. 5 I 2 GG erfaßten Informations- und Kommunikationsangebote dem gleichen strengen Regulierungsrahmen zu unterwerfen, wie er etwa für klassische Vollprogramme aus Hörfunk und Fernsehen gilt[542].

Es wurde folglich ein System abgestufter Regelungsdichte für erforderlich gehalten, welches sich an der unterschiedlichen Meinungsmacht beziehungsweise dem Mißbrauchspotential der verschiedenen Dienste orientiert[543]. Ein solches System, nur anhand der zur Zeit bekannten Informations- und Kommunikationsdienste zu strukturieren, wäre kurzsichtig und würde schon bald von der tatsächlichen Entwicklung überholt. So kann beispielsweise Telelearning heute noch Bestandteil herkömmlichen Rundfunks sein - schon bald aber ein eigenständiges Video-on-demand-Angebot.

Im Folgenden wird daher der Versuch unternommen, allgemeine Beschreibungskriterien zu finden, mit Hilfe derer sich sowohl bekannte, als auch künftige Informations- und Kommunikationsangebote ordnen lassen. Dabei steht nicht nur die Differenzierung massenkommunikativer Dienste im Blickfeld, sondern es soll eine Systematisierung aller Informations- und Kommunikationsangebote erreicht werden. Zugleich wird eine Grundlage für die noch folgende Abgrenzung von Rundfunk, Mediendiensten und Telediensten geschaffen.

1. Fixpunkte: Individual-/ Massenkommunikation

Eine Systematisierung aller Informations- und Kommunikationsangebote erscheint in Anbetracht der bereits vorhandenen Formenvielfalt und der raschen

---

[541] Vgl. S. 101.
[542] Vgl. S. 103.
[543] Ebenda.

Entwicklung in diesem Sektor ausgesprochen schwierig. Die jüngste Vergangenheit hat gezeigt, daß Kommunikationsformen, die man sich vor einigen Jahren nicht einmal vorstellen konnte, nunmehr zum alltäglichen Gebrauch gehören beziehungsweise in naher Zukunft verwirklicht werden. Geht man davon aus, daß sich diese Entwicklung weiter fortsetzen, vermutlich sogar beschleunigen wird, müssen die zu findenden Beschreibungskriterien so allgemeingültig sein, daß sie eben auch für künftige Kommunikationsformen gelten.

Trotz aller Unwägbarkeiten kann zunächst von zwei festen Konstanten ausgegangen werden, nämlich einerseits von Individualkommunikation und andererseits von Massenkommunikation. Herkömmliche, wie auch künftige Informations- und Kommunikationsangebote werden sich immer in ein System zwischen diesen Endpunkten einordnen lassen, selbst dann, wenn sie weder typisch individual- beziehungsweise massenkommunikativ sind[544].

Eine solche Systematisierung korrespondiert zugleich mit den rechtlichen Anforderungen. Auch hier werden durch Massenkommunikation und Individualkommunikation Begrenzungspunkte gesetzt. Während letztere Kommunikationsform kaum oder gar keiner staatlichen Reglementierung unterworfen ist, so sind die rechtlichen Anforderungen an Massenkommunikation mitunter sehr rigide.

Damit ergeben sich die Umrisse eines Systems abgestufter Regelungsdichte. Schwierigkeiten entstehen aber erst mit der Systematisierung des Zwischenbereichs, der durch die graduelle Individualisierung überindividueller Kommunikation und die graduelle Entindividualisierung individueller Kommunikation entsteht[545]. Die Regulierungsstufen müssen folglich an dem jeweiligen Individualisierungsgrad der Informations- und Kommunikationsangebote ausgerichtet sein.

Das führt zu der Frage, wie läßt sich der Grad der Individualisierung bestimmen und anhand welcher Kriterien lassen sich Individualisierungsstufen festlegen, die ihrerseits Grundlage eines abgestuften Regelungssystems sind?

[544] Siehe auch Bullinger/ Mestmäcker, Multimediadienste, S. 21.
[545] Ebenda.

2. Interaktivitätslevel

Zur Systematisierung der Informations- und Kommunikationsdienste werden mitunter sogenannte Interaktivitätslevel benutzt[546]. Dabei teilt man die Dienste, entsprechend ihrer Interaktivität, auf einer Skala von 0 bis 4 ein. Bei der höchsten Stufe handelt es sich um klassische Individualkommunikation, während der Interaktivitätslevel 0 den Bereich der klassischen Massenkommunikation markiert.

Den Interaktivitätsgrad als Differenzierungskriterium zu wählen, entspricht den Erwartungen, welche im allgemeinen mit den neuen Informations- und Kommunikationsangeboten verbunden werden. So gilt die Interaktivität moderner Kommunikationsformen als deren vornehmliches Beschreibungskriterium. Dabei werden die unterschiedlichsten Angebote als interaktiv bezeichnet - gleichgültig ob es sich um Videotext- beziehungsweise Bildschirmtextangebote[547], Teleshopping oder Bildtelefonie handelt. Eine Systematisierung anhand von Interaktivitätsleveln erscheint daher zunächst sinnvoll, weshalb im Folgenden auch näher darauf eingegangen wird. Es sei aber bereits vorweggenommen, daß eine solche Ordnung allein, keine ausreichende Differenzierung erlaubt und daß zusätzliche Beschreibungskriterien gefunden werden müssen.

a. Interaktivität

Zunächst gilt es zu untersuchen, was unter dem, so häufig verwandten, aber selten definierten Begriff "Interaktivität" überhaupt zu verstehen ist[548].

Erste Anhaltspunkte lassen sich aus dem soziologischen Interaktionsbegriff ableiten[549]. Dessen Grundmodell ist die Beziehung zwischen zwei oder mehr Personen, die sich gegenseitig wahrnehmen können und in ihrem Verhalten aneinander orientieren, gleich ob sie wechselseitigen Erwartungen folgen oder sich widersetzen[550].

---

[546] Siehe dazu DIW, Künftige Entwicklung des Medien- und Kommunikationssektors, S. 43ff, 3.1; Schrape, Prognos AG, Digitales Fernsehen, S. 24ff; Lent, Rundfunk, Medien-, Teledienste, S. 120ff; Schulte-Kellinghaus, S. 18ff; Navarra, Wie interaktiv ist das Internet?, S. 25ff.

[547] Siehe bei Goertz, RuF 1995, 477, 478.

[548] Auch das TDG verwendet diesen Begriff in § 2 II Nr. 5, ohne daß sich daraus die Bedeutung sicher ableiten ließe. Gleiches gilt für die entsprechende Begründung zum Regierungsentwurf, s. BT-Drs. 13/ 7385.

[549] Vgl. aber Vesper, Das Internet als Medium, S. 51f.

[550] Jäckel, RuF 1995, 463, 463f; siehe auch die Definitionen von Interaktion in: Lexikon zur Soziologie, S.307f; Soziologie-Lexikon, S. 275; Wörterbuch der Soziologie II, S. 310.

Das Paradebeispiel hierfür ist die face-to-face-Kommunikation, also typische Individualkommunikation. Die Handlungen der aufeinander treffenden Personen beeinflussen sich wechselseitig. Das heißt, die Aktivität einer Person wird durch die Aktivität der anderen Person ausgelöst[551]. Sie ist damit individualisierte Antwort auf einen Stimulus. Die wechselseitige Beeinflussung ist selbst dann noch gegeben, wenn ein Beteiligter nicht kommuniziert[552]. Die durch ein solches Schweigen verursachte Reaktion des Gegenüber, ist Ausdruck der sich vollziehenden Interaktion[553].

Dies läßt sich jedoch nicht auf den Bereich herkömmlicher Massenkommunikation übertragen. Das Schweigen der Rezipienten in diesem Kommunikationsprozeß ist kein bewußt konkludentes Handeln, welches beim Kommunikator eine individuelle Reaktion hervorruft, sondern es ist typisches Kennzeichen der Massenkommunikation, bei dem die Kommunikation weitgehend einseitig gegenüber einem dispersen Publikum erfolgt[554]. Der Rezipient ist hier auf das Schweigen reduziert[555]. Interaktion im eigentlichen Sinne findet also im Bereich herkömmlicher Massenkommunikation nicht statt[556]. Einzige Anhaltspunkte hierfür wären Publikumsreaktionen, die auf das dargebotene Programm bezogen sind, doch mangels Rückkopplung zum Kommunikator fehlt es an der für Interaktion notwendigen Wechselwirkung. Schließlich bliebe noch der für soziale Interaktionen konstitutive Aspekt der gegenseitigen Antizipation von Erwartungen der Interaktionspartner[557]. Bei der Massenkommunikation würden also zwei Vorstellungen aufeinandertreffen: das "Bild vom Rezipienten beim Kommunikator" und das "Bild vom Kommunikator beim Rezipienten"[558]. Doch selbst wenn vage Vorstellungen über die konkreten Interessen des Publikums Einfluß auf die Programmgestaltung haben, so wird man dennoch nur schwerlich von echter Interaktion sprechen können.

Etwas anderes könnte bei den modernen Massenkommunikationsangeboten gelten. Während die Massenmedien bislang typischerweise einseitig ausgerichtet waren, sind nunmehr verschiedene Rückkopplungsprozesse möglich. Zwar konnte man auch unter traditionellen Bedingungen mit einem individuellen Feedback auf mediale Angebote reagieren oder selbst an der Inhaltsgestaltung

[551] Opp, Verhaltenstheoretische Soziologie, S. 113.
[552] Jäckel, RuF 1995, 463, 466.
[553] Ebenda.
[554] Vgl. Maletzke, Psychologie der Massenkommunikation, S. 21ff.
[555] Siehe auch Habermas, S. 260f.
[556] Siehe aber Scherer, Telekommunikationsrecht, S. 591; auch Hallenberger, in: Interaktivität: Individualisierte Massenkommunikation?, S. 12.
[557] Jäckel, RuF 1995, 463, 471.
[558] Ebenda.

teilnehmen, doch war dies nicht direkt über dasselbe Medium möglich, sondern nur in Form von Leserbriefen, Telefonaten etc. Inzwischen gibt es eine Vielzahl von Medienangeboten (Internet, digitaler Rundfunk u.a.m.), bei denen die zugrunde liegende Technik Rückkanäle bereit hält. Diese erlauben es, mit ein und demselben Medium bidirektional Informationen zu übermitteln. Damit ist eine wichtige Voraussetzung für Interaktion im soziologischen Sinne geschaffen. Die Rückkanaltechnik läßt die wechselseitige Beeinflussung miteinander kommunizierender Personen zu. Folglich liegt bei modernen Medienangeboten, sofern sie eine direkte, interpersonale Kommunikation ermöglichen (Diskussionsforen, Chaträume, MUDs etc.), Interaktion im soziologischen Sinne vor.

Bei der sogenannten face-to-file-Kommunikation, also zwischen Mensch und Computer, kann dies, entsprechend den bisherigen Erkenntnissen nicht gelten. Es wären wechselseitig bezogene Handlungen erforderlich. Dem Computer wird man eine solche Handlungsfähigkeit aber nicht zusprechen können, zumindest nicht in dem Maße, wie dies einem Menschen möglich ist[559]. Davon geht jedoch der soziologische Interaktionsbegriff aus.

Neben dem Interaktionsbegriff der Soziologie hat sich ein solcher allerdings auch in der Informatik herausgebildet. Dort wurde das Interaktionskonzept wechselseitiger Beeinflussung ebenso auf Prozesse zwischen Menschen und Computern übertragen[560]. Hier gilt es aber zu differenzieren.

Bei medialen Angeboten, deren Nutzung lediglich auf den Abruf von Informationen beschränkt bleibt (Video-on-demand, Multi-Perspektiv-Programme, Homepages etc.), findet Interaktion trotz der Möglichkeit, daß der Nutzer hier über einen Rückkanal ganz gezielt seine Präferenzen mitteilen kann, nicht statt, denn die Übermittlung der gewünschten Inhalte, stellt keine individuelle Antwort auf die Anfrage des Nutzers dar. Vielmehr handelt es sich um eine für alle Nutzer feststehende, technisch vorgefertigte Reaktion auf die - im übrigen ebenso vorgegebenen - Auswahlmöglichkeiten.

Wechselseitig bezogenes Verhalten, wird man in der Mensch-Computer-Kommunikation aber nicht erst mit Vorliegen künstlicher Intelligenz bejahen können. Ausreichend für die Annahme von Interaktion dürften hingegen solche Angebote sein, bei denen der Computer o.ä. aufgrund einer Eingabe des Nutzers bestimmte Rechenoperationen ausführt, die zu einem individuellen, auf die vo-

[559] So auch Bucher, in: Die Zeitung zwischen Print und Digitalisierung, S. 139.
[560] Goertz, RuF 1995, 477, 478.

rangegangene Eingabe bezogenen, Ergebnis führen. Dabei müssen die Resultate nicht zwangsläufig überraschend sein, wie dies etwa bei vielen Computerspielen der Fall ist. Auch Telebanking-Angebote erfüllen die Voraussetzungen des Interaktionsmodells, denn es werden bestimmte Transaktionen entsprechend dem Wunsch des Nutzers ausgeführt, die ihrerseits Grundlage für weitere Dispositionen sein können.

Die vorstehenden Ausführungen haben gezeigt, daß Interaktion, sei es im soziologischen beziehungsweise informationswissenschaftlichen Sinne, nicht nur bei medial vermittelter interpersonaler Kommunikation anzunehmen ist, sondern - unter den genannten Voraussetzungen - auch bei einer Mensch-Computer-Kommunikation gegeben sein kann. Fraglich ist, ob sich diese Ergebnisse zum *Interaktions*begriff auch auf den *Interaktivitäts*begriff übertragen lassen[561].

Eine solche Gleichsetzung ist schon aus grammatikalischer Sicht nicht unproblematisch. Zwar spräche für eine Sinnverwandtschaft der Worte interagieren/ Interaktion und interaktiv/ Interaktivität folgender Umstand: Will man ein Adjektiv zur kurzen Umschreibung eines Interaktionsprozesses gebrauchen, kann man bestenfalls auf das Wort *interaktiv* zurückzugreifen. Im übrigen bliebe nur die Verwendung des Verbs *interagieren.* Allerdings handelt es sich hierbei um einen reichlich vagen Begründungsansatz. Der sich auch durch die Lektüre einschlägiger Wörterbücher nicht sicher untermauern läßt[562].

Im allgemeinen Sprachgebrauch weicht der Begriff *Interaktivität* deutlich von der Vorstellung ab, welche man mit dem soziologischen Interaktionsmodell verbindet. Als interaktiv werden jegliche Informations- und Kommunikationsangebote bezeichnet, die sich von den weitgehend rückkopplungsarmen, einseitigen Angeboten herkömmlicher Medien abheben[563]. Das soll insbesondere dann gelten, wenn der Nutzer die Möglichkeit hat, Inhalt, Abfolge und Darbietungszeitpunkt der vom Medium zu übermittelnden Informationen, durch bestimmte Aktivitäten selbst zu bestimmen. Interaktiv wären damit auch reine Abrufdienste. Eine unmittelbare Wechselseitigkeit der Kommunikation, wie sie für den *Interaktions*begriff Voraussetzung ist, scheint für die Annahme von *Interaktivität* folglich nicht erforderlich zu sein.

---

[561] Ablehnend dazu: Vesper, Das Internet als Medium, S. 51f.

[562] Hier kommen die Begriffe Interaktivität, interaktiv entweder gar nicht vor oder werden nur unzureichend erläutert. Anhaltspunkte für obige These fanden sich allerdings im Duden/ Das große Wörterbuch, wo das Stichwort interaktiv im psychologischen beziehungsweise soziologischen Sinne wie folgt umschrieben wurde: *die Interaktion betreffend.*

[563] Vgl. Jäckel, RuF 1995, 463, 468.

Es entsteht der Eindruck, daß in Erwartung von Medienangeboten, die mit dem Nutzer wirklich interagieren (wenigstens aber eine ausgesprochen individualisierte Kommunikation ermöglichen), der Interaktivitätsbegriff zunehmend verwässert wird und schon heute all jene Angebote als interaktiv attribuiert werden, die in irgendeiner Weise ein Feedback ermöglichen. Der Interaktivitätsbegriff ist zum bloßen Marketingschlagwort geworden, vornehmlich um eine besondere Modernität zu propagieren. So werden etwa Fernsehsendungen als interaktiv bezeichnet, bei welchen man zeitgleich zum laufenden Programm dieselben Aufgaben im Internet bewältigen kann, wie die Kandidaten im Studio. Interaktiv sollen auch CD-ROMs sein, die mit einer Vielzahl von Text-, Bild- und Tondokumenten dem Nutzer die Möglichkeit bieten, sich Informationen entsprechend seinen persönlichen Interessen frei zusammenzustellen. Gleiches gilt für die sogenannten Video-on-demand-Angebote.

Doch wenn es bei Interaktivität letztlich nur um die Möglichkeit der Meinungsäußerung zu einem gesendeten Programm oder der Auswahlentscheidung zwischen vorgegebenen, unveränderbaren Inhalten ginge, so wären bereits eine Vielzahl tradierter Medienangebote interaktiv. Gerade dies widerspricht aber dem allgemeinen Sprachgebrauch, der mit dem Begriff Interaktivität die modernen Kommunikationsformen von den herkömmlichen zu unterscheiden sucht.

Der Interaktivitätsbegriff ist Ausdruck des Neuen und muß sich darum an der signifikanten Verschiedenheit der Medienangebote orientieren. Diese ist vornehmlich in der Aufhebung der weitgehend rückkopplungsarmen und daher einseitigen Kommunikationsstrukturen althergebrachter Medien zu sehen[564]. Der Begriff Interaktivität steht folglich für solche Kommunikationsformen, die nicht mehr durch einseitige Vermittlungsleistung gekennzeichnet sind.

Entsprechend der Definition, die *Maletzke* für den herkömmlichen Massenkommunikationsbegriff geprägt hat, ist unter Einseitigkeit der fehlende Rollenwechsel zwischen Aussagendem und Aufnehmendem zu verstehen; der Rezipient kann also nicht unmittelbar und direkt auf bestimmte Aussagen antworten[565]. Hält man an dieser Definition weiterhin fest, so ist unter Interaktivität, die Möglichkeit des Rollenwechsels zu verstehen.

Fraglich ist, welche Anforderungen an einen solchen Rollenwechsel zu stellen sind. Zunächst halten eine Vielzahl moderner Informations- und Kommunikationsangebote einen Rückkanal bereit, der eine bidirektionale Kommunikation erlaubt. Aus technischer Sicht ist damit die Einseitigkeit durchbrochen. Doch unter Rollenwechsel wird die Aufhebung der Einseitigkeit von inhaltlicher

[564] Vgl. Jäckel, RuF 1995, 463, 468.
[565] Maletzke, Psychologie der Massenkommunikation, S. 32, 109f.

Vermittlung verstanden[566]. Die Rezipienten bleiben also nicht nur auf das Konsumieren von Inhalten beschränkt, sondern sie können auch direkt und unmittelbar antworten und so selbst zum Kommunikator werden. Dies gilt beispielsweise für Diskussionsforen, Chaträume, MUDs u.ä.

Hier zeigt sich übrigens, daß Einseitigkeit kein ausschließliches Merkmal der Massenkommunikation ist, sondern ebenso bei Individualkommunikation vorliegen kann[567]. So ist herkömmlicher Werksfunk als Individualkommunikation einzustufen[568], die inhaltliche Vermittlung ist aber auch hier durch Einseitigkeit geprägt. Interaktivität ist damit sowohl bei Massenkommunikation, als auch bei Individualkommunikation durch die Möglichkeit wechselseitiger, inhaltlicher Einflußnahme bestimmt. So ist etwa auch Telebanking interaktiv.

Angebote, bei denen der Nutzer lediglich eine Auswahl treffen kann, scheinen, entsprechend den obigen Ausführungen, nicht unter den Interaktivitätsbegriff zu fallen. Etwas anders würde gelten, sähe man in der Auswahlentscheidung ("Ich will jetzt dies und nicht jenes."), ein "Senden des Empfängers", mithin einen Rollenwechsel. Hier ließe sich eine Parallele zur *Interaktion* ziehen. Ein *Interagieren* wird auch dann noch angenommen, wenn ein Partner einer Zwei-Personen-Kommunikation schweigt. Danach müßte man *Interaktion* ebenso bejahen können, wenn ein Beteiligter sich auf die stetige Aussage "Erzähl nicht dies, sondern das!" beschränkt und die inhaltliche Bereicherung der Kommunikation ausschließlich von Seiten des Anderen erfolgt. Dennoch läßt sich diese Situation nicht auf Abrufdienste übertragen, denn bei einer Zwei-Personen-Kommunikation wird das Gegenüber wenigstens in irgendeiner Weise (etwa in der Gemütslage) beeinflußt. Wenn bei einer Maschine eine Auswahl getroffen wird, so erregt man dadurch keine individuelle Reaktion, sondern man bekommt ein Informationsstück zurück, welches für eine unbestimmte Vielzahl von Personen zum Abruf bereitgestellt wurde. Solche Abrufdienste u.ä. wird man folglich nicht als *interaktiv* bezeichnen können.

Ein solches Verständnis von Interaktivität, wie es in den vorangegangenen Ausführungen deutlich wurde, zeigt, daß sich die Begriffe *Interaktivität* und *Interaktion* weitestgehend entsprechen.

Wenn der Begriff Interaktivität nicht zu einer sinnentleerten Worthülse werden soll, so darf er nicht auf jegliche kommunikative Rückbezüge zwischen den Beteiligten ausgeweitet werden. Er muß sich auf die wirklich innovativen Ver-

---

566 Siehe auch Schulte, Wie interaktiv ist die Nutzung des Internets?, S. 6f.

567 Siehe auch Höflich, in: Computernetze, S. 89f.

568 Siehe oben, S. 18.

änderungen in der Mediennutzung beschränken. Diese sind aber weder in einem einfachen Feedback zu sehen, noch in der Chance weitgehend autonomer Auswahl von Inhalten. Letzteres war bereits bei der Nutzung von gedruckten Nachschlagewerken, dem Zappen durch dutzende Fernseh- beziehungsweise Radioprogramme oder auch der Auswahl eines Musikstücks von einer CD möglich. Ein Feedback konnte man mittels Leserbrief, telefonischer Rückkopplung oder TED erreichen. Damit erschloß sich dem Kommunikator ein Meinungsbild, auf welches er nach eigenem Belieben reagieren konnte. Eine echte Publikumspartizipation im Sinne direkter Einflußnahme auf die Inhalte gab es jedoch nicht[569].

Nunmehr erlaubt die moderne Technik aber, daß der Nutzer bestimmter Dienste "Herr über die zu vermittelnden Informationen" wird. Darin ist letztlich die Neuartigkeit moderner Medienangebote zu sehen. Die bloße Erweiterung von Auswahlmöglichkeiten (Millionen von Internetseiten statt 100 Fernsehprogramme), die Verknüpfung von Text, Bild und Ton (CD-ROM statt Audio-CD) oder die Bequemlichkeit bei der Informationsbeschaffung (Video-on-demand statt Videothek) sind keine wirklichen Veränderungen in puncto Publikumsbeteiligung - sie erhöhen bestenfalls den Komfort der Rezeption. Bisher war es aber nicht möglich, daß der Nutzer durch direktes, aktives Eingreifen tatsächlich Einfluß auf die Kommunikationsinhalte hat.

In der Möglichkeit solcher Einflußnahme liegt damit auch der Grund für die Annahme von *Interaktivität*[570]. Ein Medienangebot hebt sich von Altbekanntem ab und ist damit *interaktiv*, wenn es einen Rollenwechsel erlaubt, bei dem die Beteiligten sowohl Aufnehmender als auch Aussagender sein können und so eine wechselseitige Beeinflussung der Kommunikationsteilnehmer stattfindet. *Interaktiv* sind damit Medienangebote, welche entweder die direkte Kommunikation zwischen Personen erlauben (MUDs, Diskussionsforen, Chaträume, Telearbeit u.ä.) oder aber selbst auf gezielte Fragen oder Befehle des Nutzers eine spezifische Antwort oder Reaktion zeigen (Telebanking, Telespiele u.ä.)[571].

Bloße Abrufdienste (WWW, On-demand-Angebote, Multi-Perspektiv-Fernsehen u.ä.) erlauben keine individuelle Antwort auf die Anfrage des Nutzers. Vielmehr handelt es sich um eine für alle Nutzer feststehende, technisch vorgefertigte Reaktion auf die - im übrigen ebenso vorgegebenen - Auswahlmöglichkeiten. Interaktivität findet dabei also nicht statt.

---

569 Vgl. Höflich, Publizistik 1994, 389.

570 Vgl. Reetze, Medienwelten, S. 167; Lanier, in einem Gespräch gegenüber der Zeitschrift c't, c't 6/ 95, S. 68 (http://www.heise.de/ct/95/06/068/).

571 Siehe Kleinsteuber/ Hagen, in: Das Netz-Medium, S. 69f.

Entgegen der hier vertretenen Ansicht wird der Interaktivitätsbegriff häufig viel weiter verstanden. Interaktiv sollen jegliche Formen direkter Rückkopplung sein[572]. Dafür finden sich verschiedene Begründungsansätze:

So wird etwa die deutliche Individualisierung der Mediennutzung betont. Moderne Informations- und Kommunikationsangebote bieten regelmäßig eine Vielzahl zeitlicher oder inhaltlicher Auswahlmöglichkeiten, die weit über das Maß bisheriger Ein-, Aus-, oder Umschaltoptionen hinausgehen. Die Nutzer sind nicht mehr auf eine allgemeingültige Vorauswahl beziehungsweise auf eine lineare Darbietung beschränkt, sondern sie können sich die Informationen entsprechend ihren persönlichen Interessen zusammenstellen.

Die Auswahl seitens des Nutzers wird gleichzeitig als Rückkopplung verstanden, welche die Publikumspräferenzen für den Anbieter erkennbar werden läßt. Richtet Letzterer seine Darbietungen am konkreten Nutzerverhalten aus, so ließe sich von einem wechselseitigen Gestalten der Kommunikationsinhalte sprechen[573].

Eine Art Kommunikation wird auch im Zusammenhang mit Hyperlinks angenommen[574]. Während das Zappen durch herkömmliche Rundfunkprogramme meist[575] nur durch den Wunsch, etwas anderes zu finden, begründet ist, weisen Hyperlinks gezielt auf bestimmte Inhalte hin. Sie erzeugen beim Nutzer Fortsetzungserwartungen[576]. Wechselwirkungen ergeben sich hierbei in zweierlei Hinsicht: Zum einen werden beim "Surfen" entlang der Hyperlinks die konkreten Fortsetzungserwartungen des Nutzers zum Teil bestätigt, aber auch enttäuscht, woraufhin dieser das Angebot weiter nutzt oder aber verläßt.

Noch stärker zeigt sich die wechselseitige Einflußnahme auf Kommunikationsinhalte in der Programmierung der Hyperlinks. Der Anbieter einer WWW-Seite muß sich fragen, welche konkreten Fortsetzungserwartungen bestehen seitens der Nutzer beziehungsweise welche werden durch die eingefügten Hyper-

---

[572] Höflich, Technisch vermittelte interpersonale Kommunikation, S. 14, 61ff; ders., in: Computernetze, S. 95; Schrape, Prognos AG, Digitales Fernsehen, S. 28; Riefler, in: Computernetze, S. 54; Bucher, in: Die Zeitung zwischen Print und Digitalisierung, S. 139f; Krajewski, in: Soziologie des Internet, S. 72f; ebenso wohl auch Bullinger/ Mestmäcker, Multimediadienste, S. 21; s. auch die Ausführungen bei Gersdorf, Rundfunkbegriff, S. 28, welcher selbst bei Verteildiensten Elemente von Interaktivität nicht ausschließen will; vgl. ebenso: Scherer, Telekommunikationsrecht, S. 591; differenzierend: Lang, in: Grundwissen Medien, S. 301, s. auch Rötzer, in: Medien und Öffentlichkeit, 191ff; einen Überblick zum Begriff Interaktivität bietet auch Alcatel SEL Stiftung, Interaktivität: Individualisierte Massenkommunikation?, S. 5.

[573] Vgl. Krajewski, in: Soziologie des Internet, S. 72f.

[574] Vgl. Bucher, in: Die Zeitung zwischen Print und Digitalisierung, S. 141.

[575] Anlässe zum Umschalten ergeben sich aber auch aus Fernsehprogrammen, Moderatorenhinweisen etc.

[576] Bucher, in: Die Zeitung zwischen Print und Digitalisierung, S. 141.

links erst erzeugt. Damit ließe sich von einer antizipierten Dialogkonstellation sprechen[577].

Mit dem Begriff *Interaktivität* wird letztlich auch die Abkehr von rein passiver Mediennutzung verbunden[578]. Moderne (interaktive) Medien erlauben vielfältige Möglichkeiten aktiver Nutzung. Der Anwender ist nicht mehr auf das Konsumieren vorgefertigter Darbietungen beschränkt, sondern kann - je nach Angebot - sowohl Inhalt als auch Reihenfolge oder Zeitpunkt der Nutzung bestimmen. Für Chats oder Diskussionsforen ist die aktive Teilnahme (von mindestens zwei Nutzern) sogar unablässige Voraussetzung[579].

Es zeigt sich mithin, daß sich durchaus Anhaltspunkte für ein extensives Verständnis von *Interaktivität* finden lassen. Insbesondere die deutlich zu verzeichnende Individualisierung der Kommunikation und die Aktivierung der Nutzer weisen auf Veränderungen bei der Mediennutzung hin.

Ob sich damit bereits die modernen Informations- und Kommunikationsangebote deutlich von den herkömmlichen unterscheiden lassen, erscheint jedoch zweifelhaft. Der Begriff *Interaktivität*, der gern als Synonym für die Neuartigkeit von Medienangeboten verwandt wird, sollte, entsprechend den vorstehenden Ausführungen, auf eine wirklich grundlegende Veränderung beschränkt bleiben, nämlich die Möglichkeit des Nutzers, tatsächlich Einfluß auf die zu übermittelnden Informationen zu haben, sie also verändern zu können.

Will man sich gleichwohl auf einen weiten Interaktivitätsbegriff verständigen, der sich an den verschiedenen Möglichkeiten direkter Rückkopplung orientiert, so erscheint es zunächst folgerichtig, die unterschiedlichen Kommunikationstechnologien entlang eines Kontinuums von hoher bis geringer Interaktivität zu ordnen. Die klassischen Massenmedien würden hier das eine Ende markieren, welches durch geringe beziehungsweise sogar gänzlich fehlende Interaktivität gekennzeichnet wäre. Die technisch vermittelte, interpersonale Kommunikation stünde am anderen Ende, wo Interaktivität gleichzeitig auch ein Interagieren im soziologischen Sinne ist.

Die nachfolgenden Ausführungen werden jedoch zeigen, daß ein System von Interaktivitätsleveln nicht allein aufgrund des hier vertretenen engen Interaktivitätsbegriffs abzulehnen ist, sondern daß auch andere Gründe gegen ein solches Differenzierungskriterium sprechen.

---

[577] Vgl. ebenda.

[578] Höflich, in: Computernetze, S. 95; s. auch Lent, Rundfunk-, Medien-, Teledienste, S. 38.

[579] Wobei es hier natürlich immer auch rein passive Nutzer (sog. Lurker) gibt. S. dazu auch Höflich, in: Computernetze, S. 90ff.

b. Interaktivität als Differenzierungskriterium

Interaktivität als ein Kontinuum[580] zu begreifen hat zunächst den Vorteil, daß man - je nachdem wie eng man die Skala setzt - nahezu jede Form der Aktivierung der Mediennutzer erfassen kann und zwar von gänzlich passiver Haltung bis hin zu unerläßlicher Mitarbeit. Selbst sehr begrenzte Publikumsbeteiligungen wie beim Multi-Perspektiv-Fernsehen oder Videotext lassen sich so voneinander unterscheiden. Damit ergibt sich ein sehr umfassendes und repräsentatives Bild der vielfältigen Formen moderner Mediennutzung.

Dies ist allerdings Ausdruck eines sehr weiten und völlig undefinierten Interaktivitätsbegriffs. Ein solches Kontinuum wäre bei Zugrundelegung des hier vertretenen engen Interaktivitätsbegriffs nicht denkbar. Dieser umfaßt mit seinen klar benannten Voraussetzungen nur einen Bruchteil der Informations- und Kommunikationsdienste, welche sonst den verschiedenen Interaktivitätsleveln zugeordnet werden. Entsprechend der bereits erwähnten, vielfältig benutzten Skala[581], die von Interaktivitätslevel 0 bis 4 reicht, würde Interaktivität in dem hier vertretenen Sinne wohl frühestens mit einigen wenigen Diensten des Level 3, besser aber erst mit Level 4 beginnen.

Doch nur solch ein hinreichend bestimmter Interaktivitätsbegriff macht als Kennzeichen beziehungsweise Differenzierungskriterium wirklich Sinn. Interaktivität als Kontinuum zu begreifen hätte zur Folge, daß man verschiedene Dienste als gar nicht oder wenig interaktiv, andere aber als interaktiv, sehr interaktiv beziehungsweise besonders interaktiv bezeichnen müßte. Es kann aber nur Interaktivität geben oder nicht. Bruchteile von Interaktivität sind nicht möglich. Andere Formen individualisierter Nutzung müssen eigenständig benannt werden.

Das Verständnis von Interaktivität als Kontinuum ist nur der Versuch, die Vielzahl von Informations- und Kommunikationsangeboten, welche in praxi aus den verschiedensten Gründen als interaktiv bezeichnet werden, zusammenzufassen und zu ordnen. Dies mag für eine systematisierte Bestandsaufnahme von Medienangeboten, wie sie vom DIW beziehungsweise der Prognos-AG beabsichtigt war[582], durchaus genügen. Aber die hier angestrebte allgemeingültige Ordnung von Informations- und Kommunikationsdiensten, entsprechend ihrem Grad der Individualisierung (als Grundlage eines Systems abgestufter Rege-

---

[580] Siehe hierzu Goertz, RuF 1995, 477, 481ff.

[581] Siehe bei DIW, Künftige Entwicklung des Medien- und Kommunikationssektors, S. 43ff, 3.1; Schrape, Prognos AG, Digitales Fernsehen, S. 24ff; Lent, Rundfunk, Medien-, Teledienste, S. 120ff; Schulte-Kellinghaus, S. 18ff.

[582] Vgl. DIW, Künftige Entwicklung des Medien- und Kommunikationssektors, S. 43ff, 3.1; Schrape, Prognos AG, Digitales Fernsehen, S. 24ff.

lungsdichte) läßt sich so nicht erreichen. Hierfür bedarf es hinreichend bestimmter Kriterien. Einem Begriff wie Interaktivität, der bisweilen sowohl für die rein technische Bereitstellung eines Rückkanals, als auch für die wechselseitig beeinflußte Zwei-Personen-Kommunikation benutzt wird, fehlt es indes an Unterscheidungskraft. Schließlich geht es gerade darum die unterschiedliche Meinungsmacht und entsprechend möglichen Machtmißbrauch solcher Angebote zu systematisieren. Will man Informations- und Kommunikationsdienste divergierenden Regelungsstufen zuordnen, gelingt dies nicht unter Zuhilfenahme eines mehrdeutigen beziehungsweise vielschichtigen Merkmals. Die Stufen müssen sich klar benennen lassen und deutlich voneinander unterscheiden.

Dazu ist der Begriff Interaktivität zum einen nicht geeignet und zum anderen ergänzungsbedürftig. So zeigte sich bereits bei den Ausführungen zum verfassungsrechtlichen Rundfunkbegriff, daß thematisch sehr eng begrenzte Äußerungen aus dem Schutzbereich der Medienfreiheiten herausfallen und als Individualkommunikation nur einem deutlich liberaleren Regulierungsrahmen unterfallen.

Eine Systematisierung zur Bestimmung von Regulierungsstufen kann den Grad der Individualisierung folglich nicht nur anhand der Nutzungsmöglichkeiten (Auswahl beziehungsweise Einflußnahme auf die Inhalte) ermitteln, sondern muß weitere Kriterien, wie etwa die thematische Begrenzung von Inhalten, beachten.

Interaktivitätslevel sind mithin nicht geeignet, die gesamte Bandbreite von Informations- und Kommunikationsdiensten entsprechend ihrer medialen Wirkungspotenz und dem sich daraus ableitenden Regulierungsbedürfnis zu ordnen.

3. Individualisierungsstufen

Zur Systematisierung medialer Angebote gibt es eine Vielzahl weiterer Modelle[583]. So wird Interaktivität mitunter mehrdimensional dargestellt[584] oder durch zusätzliche Beschreibungskriterien ergänzt[585]. Auch lassen sich völlig andere Differenzierungsansätze finden, wie etwa die inhaltliche Ausrichtung eines An-

583 Gersdorf, Rundfunkbegriff, S. 26; Goertz, RuF 1995, 477, 483ff; Heeter, in: Media Use in the Information Age, S. 221ff; Höflich, in: Computernetze, S. 96ff; Rogers, Communication Technology, S. 30ff (34).

584 Heeter, in: Media Use in the Information Age, S. 221ff; s. dazu auch bei: Goertz, RuF 1995, 477, 483ff; Höflich, in: Computernetze, S. 96ff.

585 DIW, Künftige Entwicklung des Medien- und Kommunikationssektors, S. 43ff, 3.1; Schrape, Prognos AG, Digitales Fernsehen, S. 24ff; s. auch Sacher, Dimensionen und Komponenten der Interaktivität von Multimedia-Systemen, S. 3ff.

gebots auf Massenattraktivität beziehungsweise auf Special-interest-Programme[586].

Die Vielfalt solcher Modelle ist Ergebnis unterschiedlich geleiteten Erkenntnisstrebens[587]. So gibt es Klassifizierungen aus soziologischer beziehungsweise psychologischer Sicht oder aber Differenzierungsmodelle, mit dem Anspruch, nahezu alle Aspekte der Informations- und Kommunikationsangebote zu erfassen - sei es an Hand der Technik, den Inhalten, der Finanzierung oder den Einflußmöglichkeiten der Nutzer.

Für das hier verfolgte Ziel, also zur Systematisierung telekommunikationstechnisch[588] verbreiteter Informations- und Kommunikationsdienste innerhalb eines Spektrums zwischen Massen- und Individualkommunikation sind diese Beschreibungskriterien aber nicht geeignet. Im Folgenden soll daher der Versuch unternommen werden, den Prozeß gradueller Individualisierung überindividueller Kommunikation und die graduelle Entindividualisierung individueller Kommunikation[589] anhand eindeutiger Merkmale zu strukturieren.

Zwei Stufen lassen sich bereits eindeutig benennen. Dabei handelt es sich um jene klassischen Kommunikationsformen, zwischen denen sich die soeben beschriebenen graduellen Veränderungen ergeben. Die eine Stufe soll als *"Herkömmlicher Rundfunk"* bezeichnet werden. Sie verkörpert den Bereich typischer Massenkommunikation. Dem steht die *"Telekommunikationstechnisch vermittelte Individualkommunikation"* gegenüber.

In diesem Spektrum zwischen Massen- und Individualkommunikation gibt es des weiteren einen feststehenden Schnittpunkt, an dem man sich orientieren kann. So wurde in den vorangegangenen Ausführungen bereits darauf hingewiesen, daß die Auffassung, die Grenzen zwischen Massen- und Individualkommunikation würden verwischen, nicht zutreffend ist[590]. Zwar gibt es den bereits mehrfach beschriebenen Prozeß gradueller Individualisierung beziehungsweise Entindividualisierung von Informations- und Kommunikationsangeboten, dennoch wird es immer eine klar zu kennzeichnende Schnittstelle zwischen Massen-

---

[586] Vgl. Bullinger/ Mestmäcker, Multimediadienste, S. 21ff.

[587] Gersdorf, Rundfunkbegriff, S. 25.

[588] Die hier vorzunehmende Differenzierung von Informations- und Kommunikationsdiensten, ist durch das Auftreten moderner Medienangebote bedingt, welche sich vornehmlich durch eine Vielzahl neuer Nutzungsmöglichkeiten unterscheiden. Veränderte Nutzungsformen gibt es bislang aber nur bei telekommunikationstechnisch verbreiteter Kommunikation, nicht aber bei Kommunikation mittels verkörperter Inhalte. S. dazu auch oben, S. 126ff.

[589] Bullinger/ Mestmäcker, Multimediadienste, S. 21.

[590] Vgl. S. 17.

und Individualkommunikation geben. Diese ist primär in dem Kriterium der Allgemeinheit des Rezipientenkreises zu erkennen[591]. Wird eine beliebige Öffentlichkeit angesprochen, liegt ein massenkommunikatives Angebot vor. Sobald aber die Kommunikationsinhalte ausschließlich für einen begrenzten und feststehenden Personenkreis bestimmt und zugänglich sind und Dritte nicht an der Kommunikation teilhaben können, handelt es sich um Individualkommunikation.

Neben dieser allgemeinen Abgrenzung fallen verschiedene Informations- und Kommunikationsdienste auch dann aus dem Bereich der Medienfreiheiten heraus, wenn es sich nicht um eine redaktionelle Darbietung handelt, wie etwa bei der Präsentation thematisch sehr eng begrenzter Inhalte oder der bloßen Wiedergabe eines vorhandenen Spektrums an Meinungen und Informationen, ohne systematische Einbindung in ein größeres Kommunikationsangebot. Für solche Dienste ist die Meinungsäußerungsfreiheit gemäß Art. 5 I 1 Hs.1 GG einschlägig.

Die vorstehenden Überlegungen bieten zwar weitere Anhaltspunkte, tragen aber nicht entscheidend zur Systematisierung des Bereichs zwischen Massen- und Individualkommunikation bei. Dennoch basieren auch sie auf einem wichtigen Grundgedanken, nämlich dem unterschiedlichen Einfluß von Kommunikation auf den Prozeß öffentlicher Meinungsbildung. Während Individualkommunikation, gerade bei einer face-to-face-Kommunikation ebenso wie in den eben beschriebenen Fällen inhaltlicher oder personeller Begrenzung nur geringen Einfluß auf die öffentliche Meinungsbildung hat, ist dieser bei herkömmlichen Rundfunkprogrammen, also im Bereich typischer Massenkommunikation, sehr intensiv.

Der Einfluß eines Informations- und Kommunikationsangebots auf den Prozeß öffentlicher Meinungsbildung gibt Aufschluß über dessen Meinungsmacht und die daraus resultierenden Gefahren von Machtmißbrauch. Je stärker ein Angebot in der Lage ist, in der Öffentlichkeit meinungsbildend zu wirken, um so bedeutender ist seine Meinungsmacht einzustufen und mit wachsender Meinungsmacht steigt auch die Gefahr, diese zu mißbrauchen. Entsprechend dem Gefahrenpotential eines Angebots, sind die rechtlichen Anforderungen zu gestalten.

Während es beim Schutzbereich der Rundfunkfreiheit nicht auf die Intensität eines bestimmten Beitrags zum Prozeß der Meinungsbildung ankommt, so ist bei der Frage, welche rechtlichen Anforderungen an verschiedene Dienste ver-

[591] Vgl. auch Scherer, Telekommunikationsrecht, S. 599 (a.E.).

hältnismäßig sind, sehr wohl der Einfluß auf die öffentliche Meinungsbildung zu berücksichtigen.

Ein System abgestufter Regelungsdichte entlang einem Spektrum zwischen Massen- und Individualkommunikation muß sich also vornehmlich daran orientieren, wie Informations- und Kommunikationsangebote auf den Prozeß öffentlicher Meinungsbildung einwirken.

Damit gilt es, Kriterien zu finden, anhand derer sich Art oder Intensität des Einwirkens differenzieren lassen. Dies wurde bereits an anderer Stelle der Arbeit ausführlich untersucht[592]. Danach gibt es zwei Differenzierungsschwerpunkte. Zum einen sind dies äußere Merkmale, nämlich die Abkehr von einem planmäßig ablaufenden Gesamtprogramm beziehungsweise die Individualisierung der Nutzung. Zum anderen läßt sich eine Differenzierung auch anhand der zu verbreitenden Inhalte vornehmen.

Diesbezüglich sei auf die bereits getätigten Äußerungen verwiesen. Nunmehr stellt sich die Frage, welche Variationen hinsichtlich jener Merkmale in dem Bereich zwischen Massen- und Individualkommunikation möglich sind und ob nicht noch andere Differenzierungskriterien denkbar erscheinen.

Dazu ist es notwendig, sich nochmals die grundlegenden Eigenschaften von herkömmlichem Rundfunk einerseits und telekommunikationstechnisch vermittelter Individualkommunikation andererseits vor Augen zu führen. Weicht man ein wenig von der Beschreibung *Maletzkes* für Massenkommunikation und den Tatbestandsmerkmalen des verfassungsrechtlichen Rundfunkbegriffs ab, so ergibt sich für den tradierten Rundfunk folgendes Bild: Eine redaktionelle Darbietung wird in Form eines gesamthaft verketteten (Voll-)Programms, einseitig an die Allgemeinheit verbreitet.

Hingegen liegt die telekommunikationstechnisch vermittelte Individualkommunikation typischerweise dann vor, wenn innerhalb eines begrenzten Teilnehmerkreises die Kommunikationsinhalte wechselseitig beeinflußt werden.

Jedes Abweichen von den Merkmalen dieser Gegenpole führt zu neuen Kategorien. Dabei handelt es sich zumeist um Kombinationen von Beschreibungskriterien beider Seiten. Vorstellbar sind beispielsweise folgende Varianten:

- Ein der Allgemeinheit zugängliches Angebot hält verschiedene Inhalte bereit, welche seitens der Nutzer nach individuellen Bedürfnissen ausgewählt werden können.

---

592 Siehe S. 103.

- Die einer Allgemeinheit zugänglichen Kommunikationsinhalte werden durch die Nutzer mitgestaltet, obschon die redaktionelle Entscheidung, welche Beiträge etc. veröffentlicht werden, beim Anbieter verbleibt.
- Thematisch sehr eng begrenzte oder nicht redaktionell bearbeitete Inhalte werden der Allgemeinheit dargeboten.
- Ein Angebot ermöglicht einer Allgemeinheit den Eintritt in eine individuelle, autonom bestimmte Kommunikation, bei der eine wechselseitige Erarbeitung und Beeinflussung von Inhalten möglich ist.
- Einem begrenzten Teilnehmerkreis wird ein einseitig gestaltetes, planmäßig ablaufendes Gesamtprogramm dargeboten.

Es zeigt sich, daß die Variationsmöglichkeiten begrenzt sind. Ausschlaggebend für Veränderungen sind dabei folgende Punkte:

- Kreis der Nutzer (Allgemeinheit versus begrenzter Teilnehmerkreis),
- Individualisierung der Nutzung (verkettetes Gesamtprogramm versus individuelle Auswahl der Inhalte beziehungsweise Einflußnahme auf die Inhalte),
- inhaltliche Begrenzung (Vollprogramm versus Spartenprogramm (damit verbunden auch die Bedeutung von Inhalten: Nachrichtensender versus Wetterkanal), Aneinanderreihung von Inhalten ohne redaktionelle Bearbeitung, sehr enge thematische Begrenzung).

Folglich läßt sich feststellen, daß neben den bereits erwähnten Differenzierungskriterien (Abkehr von einem planmäßig ablaufenden Gesamtprogramm, Individualisierung der Nutzung und inhaltliche Begrenzung), nur noch der Kreis der Nutzer zu beachten ist. Weitere Kriterien sind schon von daher nicht denkbar, weil sich eine Kommunikation eben nur über die Teilnehmer, die Inhalte und die Kommunikationsform spezifizieren läßt.

Mit Kenntnis der möglichen Differenzierungskriterien soll nunmehr der Versuch unternommen werden, Kategorien zu finden, anhand derer sich Informations- und Kommunikationsdienste entsprechend ihres Einflusses auf den Prozeß der öffentlichen Meinungsbildung ordnen lassen.

a. Herkömmlicher Rundfunk

An erster Stelle sei der herkömmliche Rundfunk genannt, der sich als einseitige, an die Allgemeinheit verbreitete, redaktionelle Darbietung, in Form eines gesamthaft verketteten (Voll-)Programms darstellt.

All diese Merkmale stehen einer individuellen Nutzung entgegen. Der Rezipient bleibt auf das Ein- beziehungsweise Ausschalten beschränkt. Gleichzeitig hat der Veranstalter die Möglichkeit, gezielt bestimmte Informationen und Meinungen zusammenzustellen und als feststehendes Gesamtprogramm einer unbestimmten Vielzahl von Personen zu präsentieren. Gerade das Erreichen von Massen mit einer vorgefertigten Darbietung verdeutlicht den besonderen Einfluß auf den Prozeß öffentlicher Meinungsbildung. Mithin ist es gerechtfertigt, solche Angebote in einem System abgestufter Regelungsdichte an exponierter Stelle einzuordnen und einer intensiven Regulierung zu unterwerfen.

Zum herkömmlichen Rundfunk zählen solche Hörfunk- und Fernsehprogramme, die sich in altbekannter Weise präsentieren, also als einseitig, an die Allgemeinheit verbreitete, gesamthaft verkettete, redaktionelle Darbietungen, die zumeist in Form inhaltlich ausgewogener Vollprogramme gestaltet sind. Unerheblich ist dabei, ob es sich um entgeltfreie, werbefinanzierte oder entgeltpflichtige Programme handelt. Ebensowenig kommt es auf die Art der technischen Verbreitung (analog/ digital) an.

Problematisch sind etwa *Spartenprogramme*, welche sich zwar durchaus dem Bereich herkömmlichen Rundfunks zuordnen lassen, deren inhaltliche Begrenzungen mitunter aber Abweichungen rechtfertigen können. Generell entsprechen die heute etablierten Spartenprogramme, wie Kinder-, Kultur- oder Nachrichtenprogramme, den Merkmalen herkömmlichen Rundfunks.

Veränderungen ergeben sich lediglich hinsichtlich der thematischen Vielfalt beziehungsweise Ausgewogenheit. Die spezifische Ausrichtung auf bestimmte Inhalte könnte mitunter das Merkmal der redaktionellen Darbietung in Frage stellen. Dieses wäre aber erst dann zu verneinen, wenn alleinstehende oder einzeln aneinandergereihte Meinungen beziehungsweise Informationen verbreitet würden. Solange die verschiedensten Informationsinhalte recherchiert, aufgegriffen und verarbeitet werden, um sie sodann zu einem konzentrierten, die Rezipienten interessierenden Informationspaket zu schnüren, ist von einer redaktionellen Darbietung auszugehen, selbst wenn diese auf einen begrenzten Themenkreis bezogen ist.

Verdeutlichen läßt sich die Problematik an folgenden Beispielen: Ein Angebot, welches lediglich die Wetterdaten vieler Städte auflistet, ist wohl eher eine Datenbank, als daß es dem Bild eines herkömmlichen Rundfunkprogramms entspräche. Anders sieht es bei einem moderierten Wetterkanal aus, bei dem die Wetterdaten in ein größeres Gesamtprogramm (weitere Informationen, Gespräche mit Gästen, Unterhaltungsangebote etc.) eingebunden sind.

Doch auch wenn Spartenprogramme die Merkmale herkömmlichen Rundfunks aufweisen, bleiben dennoch Zweifel an ihrem Einfluß auf den Prozeß öffentlicher Meinungsbildung. So ist die Gefahr, die vom Mißbrauch eventuell bestehender Meinungsmacht ausgeht, bei Sport- oder Wetterkanälen deutlich geringer als bei klassischen Vollprogrammen. Andererseits ist sie möglicherweise bei reinen Nachrichtenkanälen sogar größer. Ein anderes Beispiel sind Kinderkanäle. Auch die einseitige Beeinflussung von Kindern und Jugendlichen stellt eine Gefahr für die freiheitlich demokratische Grundordnung dar. Dennoch ist der Einfluß auf die öffentliche Meinungsbildung, im Vergleich zu klassischen Vollprogrammen, als weniger intensiv zu bewerten, denn die von Kinderkanälen angesprochene Zielgruppe dürfte nur ein Bruchteil des Rezipientenkreises von Vollprogrammen sein.

Es zeigt sich, daß eine einheitliche Bewertung der Meinungsmacht von Spartenprogrammen nicht möglich ist[593]. Daher bilden diese keine eigenständige Kategorie in einem System abgestufter Regelungsdichte. Es ist allerdings nicht ausgeschlossen, einzelne Spartenprogramme unterschiedlichen Regulierungsrahmen zu unterwerfen.

b. Rundfunkähnliche Dienste

Weniger intensiv als herkömmlicher Rundfunk, nehmen solche Informations- und Kommunikationsangebote Einfluß auf den Prozeß öffentlicher Meinungsbildung, die hier als "Rundfunkähnliche Dienste" bezeichnet werden sollen.

Gemäß § 2 Nr. 2 Landesmediengesetz Baden-Württemberg[594] ist ein rundfunkähnlicher Kommunikationsdienst eine Gesamtheit von Sendungen eines Veranstalters, die zum Abruf oder Zugriff angeboten werden. Auch das Bundesverfassungsgericht hatte sich mit den "rundfunkähnlichen Kommunikationsdiensten" im Sinne des baden-württembergischen Landesmediengesetzes zu beschäftigen[595]. Dabei hat es deutlich gemacht, daß zwischen herkömmlichem Rundfunk und rundfunkähnlichen Kommunikationsdiensten wenn überhaupt, dann nur sehr geringe Differenzen bestehen[596]. Der Unterschied läge einzig darin, daß beim herkömmlichen Rundfunk die Inhalte an eine Allgemeinheit, zum gleichzeitigen Empfang vermittelt werden, wohingegen bei rundfunkähnlicher Kom-

---

[593] Vgl. auch Bullinger, AfP 1996, 1, 7.
[594] Abgedruckt u.a. bei Engel-Flechsig/ Roßnagel, Multimedia-Recht, Nr. 6.
[595] BVerfGE 74, 297, 351f.
[596] Ebenda.

munikation jeder Teilnehmer die dargebotenen Inhalte zeitlich und thematisch, durch Zugriff oder Abruf, frei auswählen kann.

In vergleichbarer Weise sollen die rundfunkähnlichen Dienste auch hier verstanden werden[597]. Die Bezeichnung "rundfunkähnlich" verdeutlicht dabei die Nähe zum herkömmlichen Rundfunk. Noch immer werden redaktionell gestaltete Angebote, einseitig, an eine unbestimmte Öffentlichkeit verbreitet. Der Nutzer solcher Dienste kann die dargebotenen Inhalte weder verändern noch mitgestalten.

Nunmehr ist es aber möglich, aus der Vielzahl bereitgestellter Informationen eine individuelle Auswahl zu treffen. Man kann auf Inhalte, die in steter Abfolge dargeboten werden, zugreifen oder sogar Informationen aus einem größeren Angebot zeitlich beliebig abrufen. Charakteristisch für rundfunkähnliche Dienste ist damit die Abkehr von einem planmäßig ablaufenden Gesamtprogramm.

Darin manifestiert sich auch der Unterschied zum herkömmlichen Rundfunk. Der Einfluß auf den Prozeß öffentlicher Meinungsbildung ist bei Diensten, welche nicht mehr massenhaft, sondern individuell genutzt werden, deutlich geringer. Je größer ein Informationsangebot ist, desto individueller kann ein Nutzer sein persönliches Programm zusammenstellen. Damit geht ein Verlust an Suggestivkraft einher. Bei Gesamtprogrammen, die in fester Folge ablaufen, kann tendenziöse Berichterstattung weitaus subtiler erfolgen. Wenn sich die Rezipienten ihr Programm aus einzelnen Informationen selbst zusammenstellen, verliert der Anbieter erheblich an Möglichkeiten, das Massenpublikum in seiner Gesamtheit zu beeinflussen. Das gilt auch dann, wenn die vorgefertigten, zur Auswahl bereitgestellten Inhalte in Gänze tendenziös sind.

Der Auffassung, daß sich der Einfluß auf die Meinungsbildung, aufgrund der erhöhten Aufmerksamkeit der Rezipienten für selbstgewählte Informationen, sogar noch verstärkt, kann nicht gefolgt werden[598]. Zwar mag die Aktivität bei der Auswahl, die Eingängigkeit der Inhalte steigern, doch gilt dies nur für die jeweils ausgesuchten Informationen. Die selektive Wahrnehmung führt im übrigen dazu, daß stets bestimmte Inhalte vernachlässigt beziehungsweise schlicht übersehen werden, welche dem Rezipienten bei einem planmäßig ablaufenden Gesamtprogramm hätten vermittelt werden können. Zudem begrenzt die individuelle Auswahl die Breitenwirkung eines Angebots, denn die Nutzer stellen sich

---

[597] Die hier als rundfunkähnlich bezeichneten Dienste dürfen aber nicht mit solchen verwechselt werden, welche teilweise als "rundfunkähnliche Mediendienste" bezeichnet werden und gemäß § 20 II RStV den gleichen Regeln wie herkömmlicher Rundfunk unterfallen.

[598] Vgl. aber Gersdorf, Rundfunkbegriff, S. 152.

ihre eigenen Teilprogramme zusammen. Schon die bloße Veränderung der Reihenfolge von Inhalten, kann ihre Wahrnehmung und damit auch die Beeinflussungskraft grundlegend verändern.

Es ergibt sich also bei Abkehr von einem planmäßig ablaufenden Gesamtprogramm eine geringere Meinungsmacht, weshalb rundfunkähnliche Dienste einem weniger strengen Regulierungsrahmen zu unterwerfen sind, als herkömmlicher Rundfunk[599].

Zu den rundfunkähnlichen Diensten gehören solche Darbietungen, welche auf ein planmäßig ablaufendes Gesamtprogramm verzichten, obschon die für eine Allgemeinheit bereitgestellten Inhalte, Ergebnis redaktioneller Tätigkeit sind. Das kann beispielsweise bei *Video-on-demand-Angeboten* der Fall sein.

Weniger eindeutig sind Zugriffsdienste, wie etwa *Near-video-on-demand-Angebote*. Die hohe zeitliche Disponibilität der Darbietungen erlaubt auch hier eine gewisse Individualisierung der Nutzung. Der Zuschauer kann auf einzelne Programmteile zu einem weitgehend autonom bestimmten Zeitpunkt zugreifen. Damit fehlt Near-video-on-demand-Angeboten zumindest die Möglichkeit der zeitgleichen Einflußnahme auf eine Allgemeinheit, woraus sich ein gewisser Verlust an Meinungsmacht ergibt. Dennoch wird ebenso wie beim herkömmlichen Rundfunk ein festgelegtes Gesamtprogramm verbreitet, bei dem die Reihenfolge der Darbietungen prinzipiell vorbestimmt ist. Letztlich handelt es sich also um einen Verteildienst, dessen Darbietungen in kurzen Abständen wiederholt werden. Ein Verlust an Suggestivkraft ist bei solchen Angeboten folglich nicht zu erwarten. Vielmehr besteht die Möglichkeit, daß aufgrund der zeitlichen Disponibilität der Darbietungen, die Breitenwirkung solcher Angebote erhöht wird, was sogar zu einer Verstärkung der Meinungsmacht führen kann[600].

Etwas anderes gilt beim Videotext, der ebenso einen Zugriffsdienst darstellt. Hier kann der Rezipient aus einer stetig wiederholten Abfolge von Informationstafeln gezielt bestimmte Seiten herausgreifen. Neben der zeitlichen Disponibilität besteht also nunmehr auch die Möglichkeit, den Informationsverlauf individuell zusammenzustellen. Der Rezipient ist damit nicht mehr an ein vorgegebenes Programm gebunden, sondern kann und muß die ihn interessierenden Inhalte selbständig auswählen. Damit geht, im Vergleich zu herkömmlichen Rundfunk-

---

[599] So auch Bullinger/ Mestmäcker, Multimediadienste, S. 52ff (56f); s. jedoch Gersdorf, Rundfunkbegriff, S. 150ff.

[600] Vgl. Gersdorf, Rundfunkbegriff, S. 155ff; s. aber auch die in diesem Zusammenhang geäußerten Bedenken zu einem reichweitenbezogenen System abgestufter Regelungsdichte, S. 176ff.

darbietungen, ein deutlicher Verlust an Suggestivkraft einher. Videotext ist folglich als rundfunkähnlicher Dienst einzustufen.

Eine eindeutige Zuordnung von Zugriffsdiensten ist also nicht möglich. Vielmehr bilden sie eine Schnittstelle zwischen herkömmlichem Rundfunk und rundfunkähnlichen Diensten, was bei ihrer Regulierung im Einzelfall auch zu beachten ist.

Ebenso kann man *Multi-Perspektiv-Angebote* nicht undifferenziert behandeln. Grundsätzlich stellt jede einzelne Perspektive für sich genommen ein Programm im herkömmlichen Sinne dar. Erst die Vielzahl wählbarer Perspektiven führt zu einer individuelleren Nutzung. Damit könnte sich auch der Einfluß auf die Meinungsbildung ändern. Dem Veranstalter ist die Möglichkeit genommen, kontinuierlich die von ihm präferierte Sichtweise zu vermitteln. So kann man etwa beim Multi-Perspektiv-Fernsehen eine Person nicht immer nur in der wirklich besten oder schlechtesten Weise darstellen, sondern die anderen Perspektiven werden das eigentlich gewünschte Bild stets relativieren, sogar dann, wenn alle Ansichten auf das eine oder andere Extrem ausgerichtet sind.

Dennoch läßt sich kein wirklicher Unterschied zum herkömmlichen Rundfunk feststellen. Jede einzelne Perspektive kann ein planmäßig ablaufendes, redaktionell gestaltetes Programm sein, das an die Allgemeinheit gerichtet ist. Ein Multi-Perspektiv-Fernsehen wäre unter diesen Bedingungen schon bisher möglich gewesen. So ist es vorstellbar, daß alle dritten Programme ein und dieselbe Veranstaltung, aus jeweils einem anderen Blickwinkel, zeitgleich übertragen. Die Zuschauer könnten durch bloßes Umschalten zwischen einer Vielzahl von Perspektiven wählen und sich so ihr "eigenes Bild" machen. Aber dennoch käme man nicht auf die Idee, diesen Programmen ihre Rundfunkqualität im herkömmlichen Sinne abzustreiten.

Hierfür spricht ebenso, daß vergleichbare Multi-Perspektiv-Angebote derart gestaltet sind, daß sie auch ohne eigenes Zutun, rein passiv genutzt werden könnten. Zudem besteht nicht einmal eine zeitliche Disponibilität, wie bei Near-video-on-demand-Angeboten. Die einzige Möglichkeit individueller Programmgestaltung liegt in der Auswahl der Kameraperspektiven. Doch selbst diese sind vom Veranstalter vorgegeben. Zwar mag sich - wie bereits ausgeführt - eine Darstellung durch die Kombination unterschiedlicher Kameraeinstellungen relativieren, doch allein deshalb von einer geringeren Meinungsmacht solcher Angebote auszugehen, wäre verfehlt. Der Veranstalter bestimmt die darzubietenden Inhalte, er legt die Reihenfolge ihrer Übertragung fest und kann zudem darüber entscheiden, welche Perspektiven dem Zuschauer zur Wahl gestellt werden. Ihm steht damit das volle Instrumentarium zur Ausübung von Meinungsmacht, wie sie beim herkömmlichen Rundfunk üblich ist, zur Verfügung. Daß sich das Publikum, entsprechend der verschiedenen Kameraperspektiven aufspaltet, fällt nur äußerst marginal ins Gewicht und rechtfertigt nicht, Multi-Perspektiv-Fernsehen als rundfunkähnlichen Dienst anzusehen.

Davon wäre erst dann auszugehen, wenn der Nutzer die Möglichkeit hätte, eine Kamera selbst zu steuern oder an bestimmten Schlüsselstellen den Fortgang von Fernsehfilmen autonom zu entscheiden. In diesen Fällen läge nämlich kein planmäßig ablaufendes Gesamtprogramm mehr vor.

c. Individualisierte Massenkommunikation

Dem Bereich der "Individualisierten Massenkommunikation" sollen, im Unterschied zur vorherigen Stufe, jene Dienste zugeordnet werden, die nicht mehr durch die Einseitigkeit der inhaltlichen Gestaltung gekennzeichnet sind. Es ist jedoch weiterhin von einer redaktionellen Darbietung, die durch eine Allgemeinheit genutzt wird, auszugehen. Beispielhaft hierfür sind etwa moderierte Diskussionsforen[601].

Die Nutzer sind nicht länger auf die bloße Auswahl, einseitig vorgegebener Inhalte beschränkt, sondern sie haben nunmehr die Möglichkeit, auf die Gestaltung der Kommunikation direkt Einfluß zu nehmen. Selbst wenn der Anbieter solcher Dienste noch immer die redaktionelle Gestaltung übernimmt, er also darüber entscheiden kann, welche Diskussionsbeiträge veröffentlicht werden oder wie das Angebot gestaltet wird, ist er dennoch auf die Mitwirkung der Nutzer angewiesen. Ein Diskussionsforum, auch ein moderiertes, bedarf der unterschiedlichen Meinungsäußerungen seitens der Teilnehmer.

Wenn der Anbieter jedoch die inhaltliche Ausfüllung seines Dienstes den Nutzern überläßt, so verliert er erheblich an Einfluß auf die öffentliche Meinungsbildung. Ihm bleibt lediglich die redaktionelle Kontrolle. Zwar kann er damit noch immer eine tendenziöse Ausrichtung seines Angebots erreichen[602], doch bleibt er dabei weitgehend auf die Vorgaben der Nutzer beschränkt. Eine Meinungsmacht, wie sie bei redaktionellen Darbietungen, mit einseitig vorgefertigten Inhalten möglich ist, ist daher im Bereich individualisierter Massenkommunikation ausgeschlossen.

---

[601] Darunter zählen etwa Angebote wie Newsgroups, Schwarze Bretter oder E-Mail-Listen - aber stets unter der Voraussetzung, daß diese moderiert werden.

[602] Insbesondere bei moderierten Diskussionsforen - wohl zumeist kommerzieller Anbieter - kann es vorkommen, daß kritische, unwillkommene Beiträge nicht an die Öffentlichkeit weitergeleitet werden.

d. Überindividuelle Kommunikation

Der Begriff "Überindividuelle Kommunikation" soll verdeutlichen, daß entsprechende Informations- und Kommunikationsangebote zwar noch an eine Allgemeinheit gerichtet sind, im übrigen aber weitgehend von den Merkmalen typischer Massenkommunikation abweichen. Primär fehlt es hier an einer redaktionellen Darbietung seitens der jeweiligen Anbieter.

Dies ist etwa bei der Vermittlung thematisch sehr eng begrenzter Informationen der Fall[603]. So fehlen einer alleinstehenden Meinung, den Äußerungen zu einer einzigen Thematik oder der Aneinanderreihung separater Inhalte, die Möglichkeiten, subtiler und suggestiver Wirkungskraft[604]. Mangels Einbindung in ein größeres Kommunikationsangebot, sind solche Aussagen schnell zu erfassen. Während bei herkömmlichen Vollprogrammen der Rezipient schrittweise beeinflußt werden kann, ist der Aussagegehalt thematisch eng begrenzter Angebote sofort erkennbar und führt direkt zu einer Reaktion des Rezipienten. Dieser ist entweder mit der Äußerung einverstanden oder lehnt sie ab. Eine sukzessive Infiltrierung, ist mittels solcher Angebote nicht zu erreichen. Damit fehlt es ihnen auch erheblich an Einfluß auf den Prozeß öffentlicher Meinungsbildung.

An einer redaktionellen Tätigkeit fehlt es jedoch nicht nur in den soeben beschriebenen Fällen[605], sondern auch dann, wenn beispielsweise eine Kommunikationsplattform bereitgestellt wird, bei denen sich die Inhalte direkt aus der Kommunikation zwischen den Nutzern ergeben, ohne das der Anbieter einen Einfluß darauf ausübt[606]. Dieser stellt nur die Technik bereit, die Herrschaft über die zu vermittelnden Informationen haben die einzelnen Nutzer. Damit ist auch eine einseitige Einflußnahme, seitens des Anbieters, auf den Prozeß öffentlicher Meinungsbildung ausgeschlossen.

e. Telekommunikationstechnisch vermittelte Individualkommunikation

Die letzte Stufe markiert den Bereich klassischer Individualkommunikation. Diese liegt immer dann vor, wenn die Kommunikationsinhalte ausschließlich für

---

[603] Vgl. auch die Ausführungen bei Engel-Flechsig/ Maennel/ Tettenborn, S. 14, welche bei der Abgrenzung zwischen Mediendiensten und Rundfunk eine vergleichbare Wertung zu Grunde legen. Sie gehen bei Mediendiensten von einem inhaltlichen "Minus" gegenüber dem Rundfunk aus.

[604] Siehe auch die Ausführungen weiter oben, S. 116ff.

[605] Vgl. hierzu S. 116ff.

[606] Das ist bei unmoderierten Diskussionsforen der Fall.

einen begrenzten und feststehenden Personenkreis bestimmt und zugänglich sind, Dritte also nicht an der Kommunikation teilhaben können.

Das ist zunächst bei klassischer Zwei-Personen-Kommunikation (Sprachtelefonie, E-Mail, etc.) der Fall, aber auch wenn die Teilnehmer durch vertragliche, mitgliedschaftliche oder andere Beziehungen mit dem jeweiligen Anbieter oder untereinander verbunden sind und das Angebot der Befriedigung spezifischer Rezeptionsbedürfnisse der Gruppe dient. Dazu zählen Polizei-, See- und Flugnavigationsdienste ebenso, wie begrenzte E-Mail-Listen oder geschlossene Diskussionsforen u.a.m.

Individualkommunikativ sind aber nicht nur solche Dienste, die von vornherein auf einen begrenzten Teilnehmerkreis beschränkt sind, sondern auch jene, die zunächst jedermann offenstehen, jedoch den Eintritt in eine individuelle, von jedem Nutzer autonom bestimmte Kommunikation ermöglichen.

Auf Basis vorgefertigter Inhalte wird eine wirklich interaktive[607] Kommunikation eingeleitet, das heißt, der Nutzer bekommt entsprechend seinen persönlichen Vorgaben eine individualisierte Antwort, worauf er wiederum autonom reagieren kann.

Solche Dienste, zu denen etwa Telearbeit, Telebanking, bestimmte Teleshoppingangebote oder verschiedene Datenbanken gehören, sind mithin dadurch gekennzeichnet, daß sie einer Allgemeinheit offenstehen, aber zur individuellen Nutzung bestimmt sind.

Selbst wenn hier zunächst vorgefertigte Inhalte für eine Allgemeinheit bereitgestellt werden, so tritt dennoch jeder Nutzer sofort in eine individuelle Kommunikation ein. Diese bestimmt sich anhand der persönlichen Interessen und unterscheidet sich somit von der Kommunikation anderer Teilnehmer. Die Nutzung solcher Dienste kann nur aktiv geschehen. Ein passives Zuschauen, wie dies noch im Bereich individualisierter Massenkommunikation beziehungsweise überindividueller Kommunikation möglich wäre, ist ausgeschlossen. Es finden praktisch mehrere selbständige Kommunikationen nebeneinander statt. Der Einfluß auf die öffentliche Meinungsbildung ist damit deutlich geringer, als bei der Vermittlung von Inhalten an eine Allgemeinheit. Zudem manifestiert sich der weitere Verlust an Meinungsmacht auch darin, daß die Diensteanbieter die Kommunikationsinhalte nicht mehr einseitig festlegen können, sondern sich diese aus den jeweiligen Präferenzen der Nutzer immer wieder neu und anders ergeben.

---

[607] Siehe zum hier vertretenen Interaktivitätsbegriff S. 140ff.

f. Zusammenfassung

Die vorstehenden Ausführungen zeigen ein System abgestufter Regelungsdichte, anhand dessen sowohl bekannte als auch künftige Informations- und Kommunikationsangebote entsprechend ihrer unterschiedlichen Meinungsmacht beziehungsweise ihrem Mißbrauchspotential einer angemessenen Regulierung zugeführt werden können.

Eine Systematisierung gelingt allerdings nicht allein anhand des - im übrigen sehr unbestimmten - Interaktivitätsbegriffs, sondern neben den unterschiedlichen Nutzungsformen gibt es weitere Anhaltspunkte, mittels derer die Meinungsmacht eines Dienstes bestimmt werden kann.

Zunächst gibt es zwei Konstanten. Dazu zählt zum einen der Bereich klassischer Individualkommunikation, der nur einer geringen beziehungsweise gar keiner Regulierung bedarf und zum anderen der Bereich herkömmlichen Rundfunks, der aufgrund seiner überragenden Meinungsmacht besonders strenger Regulierung zu unterwerfen ist.

Die Bereiche zwischen diesen Kategorien ergeben sich aus den unterschiedlichen Variationsmöglichkeiten der Merkmale von Individual- und Massenkommunikation. Diese sind allerdings begrenzt, so daß sich klare Anhaltspunkte für eine Systematisierung ergeben.

Ausschlaggebend für Veränderungen der Meinungsmacht sind dabei folgende Punkte:

- Kreis der Nutzer,
- Individualisierung der Nutzung,
- inhaltliche Begrenzung.

Es lassen sich somit fünf Kategorien bilden, welche in der nachfolgenden Tabelle noch einmal anschaulich dargestellt werden.

	Vermittlung via Telekommunikation	Allgemeinheit	redaktionelle Darbietung	einseitig	planmäßig ablaufendes Gesamtprogramm
Herkömmlicher Rundfunk	+	+	+	+	+
Rundfunkähnliche Dienste	+	+	+	+	-
Individualisierte Massenkommunikation	+	+	+	-	-
Überindividuelle Kommunikation	+	+	-	-	-
Telekommunikationstechnisch vermittelte Individualkommunikation	+	-	-	-	-

III. Einfachgesetzlicher Rundfunkbegriff

Auf einfachgesetzlicher Ebene gibt es eine Vielzahl von Rundfunkdefinitionen. Insbesondere die meisten Landesmediengesetze enthalten derartige Begriffsbestimmungen[608]. Bis auf wenige Ausnahmen entsprechen diese freilich dem Rundfunkbegriff des § 2 I RStV. Letzterer ist zudem für die noch folgende Abgrenzung zu Tele- und Mediendiensten maßgeblich, denn sowohl der Mediendienstestaatsvertrag als auch das Teledienstegesetz enthalten Regelungen, mit denen sie sich ausdrücklich vom Rundfunkstaatsvertrag unterscheiden. Die weiteren Ausführungen zum einfachgesetzlichen Rundfunkbegriff sollen daher auf das Rundfunkverständnis des Rundfunkstaatsvertrags beschränkt bleiben. Demnach ist gemäß § 2 I 1 RStV folgende Definition zugrunde zu legen:

> *"Rundfunk ist die für die Allgemeinheit bestimmte Veranstaltung und Verbreitung von Darbietungen aller Art in Wort, in Ton und in Bild unter Benutzung elektromagnetischer Schwingungen ohne Verbindungsleitung oder längs oder mittels eines Leiters."*

Rein begrifflich unterscheidet sich dieser einfachgesetzliche Rundfunkbegriff kaum vom verfassungsrechtlichen. Folglich liegt es zunächst nahe, in beiden Fällen von einem weiten Rundfunkbegriff, wie er schon bei Art. 5 I 2 GG dargestellt wurde, auszugehen[609]. Auch die Amtliche Begründung zu § 2 RStV knüpft an einen weiten Rundfunkbegriff an, welcher "dynamisch zu interpretieren [sei] und damit für neue technische Entwicklungen flexibel und offen" ist[610]. Dennoch ist der Anwendungsbereich des Rundfunkstaatsvertrags deutlich enger als die Rundfunkfreiheit des Art. 5 I 2 GG[611]. Er gilt gemäß § 2 I 3 HS 1 RStV[612] ausdrücklich nicht für Mediendienste im Sinne von § 2 MDStV. Hingegen können diese durchaus vom verfassungsrechtlichen Rundfunkbegriff umfaßt sein.

Da einfachgesetzlicher und verfassungsrechtlicher Rundfunkbegriff also nicht identisch sind, stellt sich nunmehr die Frage, durch welche Merkmale sie sich voneinander unterscheiden. Ein Anhaltspunkt wäre zunächst der eben er-

---

[608] Weitgehend wortgleich mit § 2 I 1 RStV: § 2 I StV über die Zusammenarbeit zwischen Berlin und Brandenburg im Bereich des Rundfunks; § 2 Nr. 1 LMG Baden-Württemberg; Art. 1 II BayMG; § 2 I Nr. 1 HPRG; § 3 I RundfG-M-V; § 2 I NdsLRG; § 2 I LRG NRW; § 4 I LRG Rheinland-Pfalz; § 2 I LRG Saarland; § 1a I SächsPRG; § 2 I Nr. 1 MedienG LSA; § 3 I LRG Schleswig-Holstein; § 2 I Nr. 1 TRG; mit ausdrücklichem Verweis auf § 2 I 1 RStV: § 2 I 1 HmbMedienG; eine eigenständige Definition findet sich mit § 2 I BremLMG.

[609] Vgl. Jarass, Online-Dienste, S. 29.

[610] Amtl. Begr. zu § 2 RStV, abgedruckt etwa bei Hartstein/ Ring/ Kreile/ Dörr/ Stettner, Rundfunkstaatsvertrag, B5, § 2.

[611] Vgl. Jarass, Online-Dienste, S. 29f; *a.A.* Lent, Rundfunk-, Medien-, Teledienste, S. 126ff; Pappi, Teledienste, Mediendienste, Rundfunk, S. 123.

[612] § 2 I 3 HS 1 RStV wurde durch § 22 MDStV eingefügt.

wähnte § 2 I 3 HS 1 RStV, aufgrund dessen die Mediendienste als Differenzierungskriterium besondere Bedeutung erlangen.

Die Praktikabilität einer solchen Abgrenzung erscheint angesichts § 20 II 1 RStV zweifelhaft. Danach bedürfen Mediendienste, wenn und soweit sie dem Rundfunk zuzuordnen sind, einer Zulassung. Will man in solch einem Fall die Rundfunkqualität anhand einer auf Mediendienste zentrierten Sichtweise überprüfen, so müßte man danach fragen, ob der entsprechende Dienst über den Anwendungsbereich des Mediendienstestaatsvertrags hinausgeht und zugleich nicht Teledienst oder eine Telekommunikationsdienstleistung ist. Dann spräche eine Vermutung dafür, daß es sich wohl um Rundfunk im Sinne des Rundfunkstaatsvertrags handelt. Diese komplizierte und ungenaue Verfahrensweise wird notwendig, wenn man von einem einfachgesetzlichen Rundfunkbegriff ausgeht, der sich von der verfassungsrechtlichen Rundfunkdefinition nur insoweit unterscheidet, als er Mediendienste im Sinne von § 2 MDStV ausdrücklich vom Anwendungsbereich des Rundfunkstaatsvertrags ausschließt.

Besser wäre es, für den Rundfunkbegriff des Rundfunkstaatsvertrags eine selbständige, positive Definition zu finden. Dazu bedarf es einer verfassungskonformen Auslegung der Tatbestandsmerkmale des § 2 I 1 RStV. Die einzelnen Merkmale dürften nur solche Dienste beschreiben, welche aufgrund ihrer besonderen Gefährdungslage, im Sinne von Meinungsmacht beziehungsweise Machtmißbrauch, einen derart strengeren Regulierungsrahmen, wie ihn der Rundfunkstaatsvertrag vorgibt, erfordern. Es wäre ein unverhältnismäßiger Eingriff in die Rundfunkfreiheit, würde man Dienste, deren Einfluß auf den Prozeß öffentlicher Meinungsbildung deutlich geringer als bei herkömmlichem Rundfunk ist, nicht einer liberaleren Regulierung zuführen.

Unter diesen Gesichtspunkten sollen nunmehr die einzelnen Tatbestandsmerkmale des Rundfunkbegriffs gemäß § 2 I 1 RStV näher betrachtet werden:

1. Allgemeinheit

Zunächst setzt auch der einfachgesetzliche Rundfunkbegriff voraus, daß das jeweilige Angebot an eine *Allgemeinheit* gerichtet ist. Mit diesem Merkmal soll ebenso wie bei der Rundfunkfreiheit der massenkommunikative Charakter von Rundfunk zum Ausdruck gebracht werden. Massenkommunikation liegt immer dann vor, wenn sich ein Informations- und Kommunikationsangebot an eine beliebige Öffentlichkeit wendet. Eine solche wurde im Rahmen von Art. 5 I 2 GG bejaht, wenn die konkreten Kommunikationsinhalte für jedermann bestimmt und zugänglich sind[613].

Diese Definition markiert den Schnittpunkt zwischen Individualkommunikation und Massenkommunikation[614]. Wenn die konkreten Kommunikationsinhalte eines Angebots nur von einem begrenzten Personenkreis genutzt werden können, so handelt es sich um Individualkommunikation, sind sie hingegen für jedermann bestimmt und zugänglich, so liegt Massenkommunikation vor.

Das Allgemeinheitskriterium scheidet somit auch zwei Bereiche unterschiedlichen Regulierungsbedarfs. Sobald eine *Allgemeinheit* angesprochen wird, beginnt die Gefahr massenkommunikativer Beeinflussung. Besonders die Einseitigkeit und Breitenwirkung von Massenkommunikation verleiht solchen Angeboten ein weitaus höheres Maß an Meinungsmacht, als dies bei Individualkommunikation möglich ist. Mit der Meinungsmacht eines Informations- und Kommunikationsangebots wächst auch die Gefahr des Machtmißbrauchs. Eine erhöhte Gefährdungssituation entsteht aber nicht erst, wenn eine besonders qualifizierte *Allgemeinheit* angesprochen wird, sondern bereits immer dann, sobald der Bereich der Individualkommunikation verlassen wird[615]. Das für die *Allgemeinheit* ausschlaggebende Kriterium der Beliebigkeit des Rezipientenkreises[616], läßt sich nicht skalieren.

Die Definition der *Allgemeinheit*, wie sie bei der Rundfunkfreiheit gefunden wurde, kann folglich ohne Einschränkungen auf den einfachgesetzlichen Rundfunkbegriff übertragen werden. Sobald sich ein Informations- und Kommunikationsangebot an eine solche Allgemeinheit wendet, ist es gerechtfertigt und mit Art. 5 I 2 GG vereinbar, solche Dienste einem strengen Regulierungsrahmen, wie ihn etwa der Rundfunkstaatsvertrag darstellt, zu unterwerfen.

Eine Differenzierung des Merkmals der *Allgemeinheit*, welches auch für Mediendienste im Sinne von § 2 I 1 MDStV gilt, ist nicht möglich. Rundfunk und Mediendienste müssen folglich anhand anderer Kriterien unterschieden werden.

Folglich ist *Allgemeinheit* im Sinne von § 2 I 1 RStV dann anzunehmen, wenn die konkreten Kommunikationsinhalte eines Dienstes für jedermann bestimmt und zugänglich sind. Da insoweit kein Unterschied zum verfassungs-

---

613 Vgl. S. 10.

614 Vgl. S. 17f.

615 Ebenda.

616 Auf eine bestimmte Anzahl von Rezipienten kommt es nicht an. Die Festlegung einer Untergrenze wäre ein Akt der Willkür. Vgl. dazu S. 12.

rechtlichen Rundfunkbegriff besteht[617], kann im weiteren auf die dortigen Ausführungen verwiesen werden[618].

Zudem wurde die im Rahmen von Art. 5 I 2 GG bereits bejahte Rundfunkeigenschaft verschlüsselter oder entgeltpflichtiger Angebote in § 2 I 2 RStV nochmals explizit hervorgehoben. Gleichsam umfaßt der Anwendungsbereich des Rundfunkstaatsvertrags gemäß § 2 II Nr. 2 und 4 RStV ausdrücklich auch Sparten- und Regionalfensterprogramme. Ebenso wird die strittige Frage, ob Sendungen für bestimmte Einrichtungen, die nur dort empfangen werden können, als Rundfunk anzusehen sind, mit § 20 III 1 Nr. 2 RStV positiv beantwortet[619].

2. Veranstaltung

Die spezifische Meinungsmacht von Rundfunk ergibt sich aus dem Erreichen einer unbestimmten Vielzahl von Personen. Dazu müssen die produzierten Sendeinhalte veröffentlicht werden.

Zwar umfaßt die Rundfunkfreiheit alle mit dem Anbieten von Rundfunkprogrammen zusammenhängenden Tätigkeiten, also auch die Beschaffung von Informationen, die Produktion der Inhalte und deren Verbreitung[620]. Rundfunk entsteht letztlich aber erst durch die Veröffentlichung von Kommunikationsbeiträgen. Andernfalls hätte jedes private Videoarchiv etc. bereits Rundfunkqualität.

Das Tatbestandmerkmal der *Veranstaltung* kennzeichnet somit das Erfordernis der Veröffentlichung redaktioneller Darbietungen[621]. Gleichzeitig läßt sich hierin eine Abgrenzung zur bloßen technischen Weiterleitung von Rundfunkprogrammen erkennen.

---

[617] Der Ansicht, wonach jegliche Abrufdienste, wie Video-on-demand, nicht an die Allgemeinheit gerichtet sind (Beucher/ Leyendecker/ v. Rosenberg, Mediengesetze, § 2 RStV, Rn. 4), kann nicht gefolgt werden. Vgl. dazu S. 24ff. Wenn rundfunkähnliche Abrufdienste dennoch überwiegend den Mediendiensten zuzuordnen sind, so liegt dies jedenfalls nicht am Merkmal der Allgemeinheit.

[618] Vgl. S. 10ff.

[619] Vgl. Hartstein/ Ring/ Kreile/ Dörr/ Stettner, Rundfunkstaatsvertrag, B5, § 2, Rn. 6 u. 15f; Solche Sendungen wurden in der 1. Ergänzung zum "Schliersee-Papier" (abgedruckt in Ring, Medienrecht, Bd. III, D-II) noch vom Rundfunkbegriff ausgenommen.

[620] Jarass/ Pieroth, GG, Art.5, Rn. 39; Schulze-Fielitz, in: Dreier, GG I, Art. 5 I,II, Rn. 80.

[621] *A.A.* Beucher/ Leyendecker/ v. Rosenberg, Mediengesetze, § 2 RStV, Rn. 6.

3. Verbreitung

Typischerweise ist eine Rundfunkveranstaltung nicht auf einen bestimmten Ort beschränkt, sondern kann weiträumig, mittels entsprechender Technik durch einfachen "Knopfdruck" empfangen und direkt wahrgenommen werden[622]. Diesem Tatbestand entspricht das Merkmal der *Verbreitung*. Mit ihm werden bestimmte Veranstaltungen vom Rundfunkbegriff ausgeschlossen[623]. Im sogenannten Schliersee-Papier der Länder wurden solche Darbietungen, welche das Erfordernis der *Verbreitung* nicht erfüllen, in drei Kategorien unterteilt[624].

Zum einen liegt eine *Verbreitung* im rundfunkrechtlichen Sinne dann nicht vor, wenn sich diese innerhalb einer überblickbaren räumlichen Einheit (geschlossene Räume, aber auch freie Räume, wie Straßen und Plätze) vollzieht[625]. Vom Rundfunkbegriff ausgeschlossen werden damit räumlich beschränkte Darbietungen etwa mittels Handmegaphon, Lautsprecherwagen, Verstärkeranlagen bei Veranstaltungen, Verwendung eines Videorecorders in einem Raume einer Diskothek, Übertragung des Geschehens auf einer Pferderennbahn innerhalb des Geländes[626].

Ein solcher Ausschluß liegt in der Tatsache begründet, daß die rundfunktypische Wirkungsintensität, durch solche Darbietungen nicht erreicht wird[627]. Hier fehlt es an dem leichten Zugang "per Knopfdruck" seitens der Rezipienten[628]. Diese müssen sich erst am Veranstaltungsort zusammenfinden.

Das geringere Gefahrenpotential von Darbietungen in "überblickbaren räumlichen Einheiten" wird auch anhand jener Synonyme deutlich, welche in der Begründung der Beschlußvorschläge des "Schliersee-Papiers" für die "Überblickbarkeit" gefunden wurden[629]. Hierunter soll nicht etwa die visuelle Überschaubarkeit begriffen werden, sondern gemeint sei ein Verständnis im Sinne von "beeinflußbar", "in den Griff zu bekommen", "erfaßbar". Diese Begriffe lassen sich auf die bei Rundfunk typischerweise unüberblickbare Rezipientenmasse nicht anwenden.

---

[622] Siehe Ricker/ Schiwy, Rundfunkverfassungsrecht, B 5 a cc, Rn. 46.

[623] Vgl. Gersdorf, Rundfunkbegriff, S. 116ff; Ricker/ Schiwy, Rundfunkverfassungsrecht, B 5 a cc, Rn. 43ff; Hartstein/ Ring/ Kreile/ Dörr/ Stettner, Rundfunkstaatsvertrag, B5, § 2, Rn. 7; Beucher/ Leyendecker/ v. Rosenberg, Mediengesetze, § 2 RStV, Rn. 5.

[624] "Schliersee-Papier", B. II. 1. b. , abgedruckt in Ring, Medienrecht, Bd. III, D-I.

[625] Siehe "Schliersee-Papier", B.I.1.b.aa., abgedruckt in Ring, Medienrecht, Bd. III, D-I.

[626] Ebenda.

[627] Vgl. Gersdorf, Rundfunkbegriff, S. 117.

[628] Siehe Ricker/ Schiwy, Rundfunkverfassungsrecht, B 5 a cc, Rn. 46.

[629] "Schliersee-Papier", C. zu Ziffer II.2.a., abgedruckt in Ring, Medienrecht, Bd. III, D-I.

Eine *Verbreitung* im rundfunkrechtlichen Sinne liegt, laut "Schliersee-Papier", zudem dann nicht vor, wenn sie nicht zum unmittelbaren (optisch-akustischen) Empfang der Darbietung bestimmt ist, sondern nur der technischen Umsetzung der Darbietung in ein Druckwerk dient[630]. Vom Rundfunkbegriff werden daher zum Beispiel Fernschreibedienste oder Faksimile-Zeitungen nicht erfaßt[631]. Mit dieser Abgrenzung soll eine eindeutige Unterscheidung zwischen Rundfunk und Presse auch für solche Fälle gewährleistet werden, in denen die Darbietung zwar mittels Funk oder Draht über den Veranstaltungsort hinaus verbreitet wird, sie jedoch nicht in einer optisch-akustischen Wiedergabe der elektromagnetischen Schwingungen mittels eines entsprechenden Geräts (Lautsprecher/ Bildschirm) besteht, sondern vielmehr in ein anderes Medium, ein Druckwerk, umgesetzt wird[632].

Die letzte im "Schliersee-Papier" angesprochene Gruppe, bei denen eine *Verbreitung* im rundfunkrechtlichen Sinne nicht vorliegen soll, ist dadurch gekennzeichnet, daß die Übermittlung der im Einzelfall vom Besteller jeweils konkret gewünschten Darbietung erst auf dessen Abruf an ihn allein erfolgt[633].

Die vorstehenden Einschränkungen sollen jedoch nicht ungeprüft übernommen werden. Es gilt kritisch zu hinterfragen, ob die soeben ausgeschlossenen Veranstaltungsformen, im Vergleich zu typischen Rundfunkangeboten, tatsächlich einen deutlich geringeren Einfluß auf die Meinungsbildung aufweisen, wodurch es gerechtfertigt wäre, sie nicht dem strengen Regulierungsrahmen des Rundfunkstaatsvertrags zu unterwerfen. Andernfalls müßte das Merkmal der *Verbreitung* im Wege einer verfassungskonformen Interpretation, weiter eingeschränkt werden.

Schon bei der ersten Kategorie, den Veranstaltungen innerhalb räumlich überblickbarer Einheiten, muß deutlich differenziert werden. Eine "räumlich überblickbare Einheit" im Sinne von "beeinflußbar", "in den Griff zu bekommen",

---

[630] "Schliersee-Papier", B.II.1.b.bb., abgedruckt in Ring, Medienrecht, Bd. III, D-I.

[631] Ebenda.

[632] Erläuterungen zu den Beschlußvorschlägen, "Schliersee-Papier", C. zu Ziffer II.2.b., abgedruckt in Ring, Medienrecht, Bd. III, D-I.

[633] "Schliersee-Papier", B.II.1.b.cc., abgedruckt in Ring, Medienrecht, Bd. III, D-I; s. auch: Pieper/ Wiechmann, ZUM 1995, 82, 83; Zwischenbericht der von den Ländern eingesetzten Arbeitsgruppe "Rundfunkbegriff" vom 29.03.1994, welche ein Merkmal des Rundfunkbegriffs wie folgt beschreibt: "[...] eine einseitige und gleichzeitige *Verbreitung* an alle oder einen beschränkten Teilnehmerkreis, auf deren Beginn und Ende der Teilnehmer keinen Einfluß hat, [...]", abgedruckt in Schrape, Prognos AG, Digitales Fernsehen, A-18.

"erfaßbar"[634] ist zweifelsohne dann anzunehmen, wenn sich die Darbietung ganz gezielt an eine Gruppierung richtet, welche sich von ihrer Umgebung deutlich abgrenzt, selbst wenn sie weiterhin jedermann offen steht.

Vorstellbar ist etwa eine zusammenhängende Personengruppe innerhalb eines geschlossenen Raums, welche für die Veranstaltung eine Verstärkeranlage benutzt. Ebenso ist ein möglichst kleiner Rezipientenkreis, auf einem großen Platz denkbar, wobei die Darbietung mittels Megaphon verbreitet wird. In beiden Fällen mag die Veranstaltung zwar einem beliebigen Personenkreis offenstehen, die konkreten Teilnehmer können aber jederzeit relativ genau bestimmt werden. Für den Veranstalter bleiben die Rezipienten damit keine anonyme Masse. Problematischer wird es bereits bei Veranstaltungen mit besonders großem Teilnehmerkreis. Dennoch kommt es nicht auf eine bestimmte Anzahl von Personen an. Entscheidend ist einzig die Bestimmbarkeit der Rezipienten. Dem Veranstalter muß also die Möglichkeit gegeben sein, das Publikum zu erfassen. Dies ist beispielsweise in den Fällen von Hotel-, Laden-, Krankenhausfunk etc. nicht möglich. Solche Einrichtungen gewähren naturgemäß einen weitgehend unbeschränkten, zumeist auch unkontrollierten Zutritt. Der stete Wechsel des Personenkreises verhindert, daß sich der Veranstalter einen Überblick über das konkrete Publikum verschaffen kann.

Nach dem bisherigen Verständnis, des Merkmals der *Verbreitung*, unterscheiden sich einfachgesetzlicher und verfassungsrechtlicher Rundfunkbegriff nicht, obschon von Art. 5 I 2 GG ein solches Merkmal nicht ausdrücklich erwähnt wird. Die soeben beschriebenen Einschränkungen ergeben sich bei der Rundfunkfreiheit, in gleicher Weise, bereits über das Merkmal der *Allgemeinheit.* Die räumliche Überblickbarkeit stellt sich damit als (eine mögliche) Konkretisierung, nicht jedoch als Einschränkung des Merkmals der *Allgemeinheit* dar[635]. Soweit derartige Beschränkungen also bereits auf Verfassungsebene gelten, ist es unproblematisch, entsprechende Dienste nicht dem Regulierungsrahmen des Rundfunkstaatsvertrags zu unterwerfen.

Gleiches gilt für die Einschränkung, wonach eine *Verbreitung* im rundfunkrechtlichen Sinne nicht vorliegen soll, wenn sie nicht zum unmittelbaren (optisch-akustischen) Empfang der Darbietung bestimmt ist, sondern nur der technischen Umsetzung der Darbietung in ein Druckwerk dient[636]. Auch auf verfassungs-

---

[634] Zu den Synonymen: vgl. Erläuterungen zu den Beschlußvorschlägen, "Schliersee-Papier", C. zu Ziffer II.2.a., abgedruckt in Ring, Medienrecht, Bd. III, D-I.

[635] Vgl. Gersdorf, Rundfunkbegriff, S. 117.

[636] "Schliersee-Papier", B.II.1.b.bb., abgedruckt in Ring, Medienrecht, Bd. III, D-I.

rechtlicher Ebene werden solche Fälle, wozu insbesondere Faksimile-Zeitungen oder Fernschreibedienste gehören, vom Rundfunkbegriff ausgeschlossen[637].

Ein Unterschied zwischen einfachgesetzlichem und verfassungsrechtlichem Rundfunkbegriff ist allerdings bei der letzten Kategorie, den Abrufdiensten, zu konstatieren. Während solche von der Rundfunkfreiheit durchaus umfaßt sein können[638], werden sie auf einfachgesetzlicher Ebene durch das Merkmal der Verbreitung vom Rundfunkbegriff ausgenommen und damit nicht dem strengen Regulierungsrahmen des Rundfunkstaatsvertrags unterworfen. Dies läßt sich durchaus mit der, im Verhältnis zum herkömmlichen Verteilrundfunk, geringeren Meinungsmacht rechtfertigen[639]. Allerdings dürfte es sich bei der Unterscheidung von Abruf-, Zugriffs- und Verteildiensten weniger um ein Problem des Merkmals der *Verbreitung* handeln. Entscheidend ist vielmehr, in welchem Maße die Kommunikationsinhalte einseitig vorgegeben sind beziehungsweise individuell zusammengestellt werden können. Hierauf wird im nun folgenden Abschnitt näher einzugehen sein.

4. Darbietung

Rundfunk ist nach der Rechtsprechung des Bundesverfassungsgerichts "mehr als nur 'Medium' der öffentlichen Meinungsbildung; er ist ein eminenter 'Faktor' der öffentlichen Meinungsbildung"[640]. Dieser besonderen Bedeutung des Rundfunks entspricht das Merkmal der *Darbietung*. Von einer solchen ist auszugehen, wenn das jeweilige Informations- und Kommunikationsangebot bestimmt und geeignet ist, Einfluß auf die individuelle beziehungsweise öffentliche Meinungsbildung auszuüben[641]. Allerdings weisen nahezu alle Kommunikationsinhalte eine gewisse Meinungsbildungsrelevanz auf[642]. Das Merkmal der *Darbietung* erlangt somit nur dann Unterscheidungskraft, wenn zusätzliche Anforderungen an die Wirkungsintensität der Sendungen gestellt werden.

---

[637] Vgl. S. 130f.
[638] Vgl. S. 24; BVerfGE 74, 297, 352.
[639] Ausführlich dazu: S. 156.
[640] BVerfGE 12, 205, 260; 57, 295, 320; 73, 118, 152; 83, 238, 296
[641] Vgl. statt vieler: Hartstein/ Ring/ Kreile/ Dörr/ Stettner, Rundfunkstaatsvertrag, B5, § 2, Rn. 8; Zwischenbericht der von den Ländern eingesetzten Arbeitsgruppe "Rundfunkbegriff" vom 29.03.1994, abgedruckt in Schrape, Prognos AG, Digitales Fernsehen, A-18; Hoffmann-Riem, AfP 1996, 9, 11; Beucher/ Leyendecker/ v. Rosenberg, Mediengesetze, § 2 RStV, Rn. 7; Gounalakis/ Rhode, CR 1998, 487, 491.
[642] Vgl. S. 92ff.

Diese Notwendigkeit wird besonders deutlich, bei der Abgrenzung von Rundfunk und Mediendiensten. So sollen sich die Mediendienste vom Rundfunk gerade dadurch unterscheiden, daß ihnen das Merkmal der *Darbietung* fehlt[643], obschon sie gleichfalls einen - wenn auch geringen - Beitrag zur öffentlichen Meinungsbildung leisten[644]. Eine für Rundfunk typische *Darbietung* kann demnach nur dann angenommen werden, wenn eine, gegenüber den Mediendiensten, erhöhte Meinungsbildungsrelevanz der Kommunikationsinhalte vorliegt.

Hier zeigt sich nun erstmals die praktische Umsetzung des Systems abgestufter Regelungsdichte, also dem Verhältnis zwischen Meinungsbildungsrelevanz und Regelungsintensität[645]. Wie bereits an anderer Stelle abstrakt dargestellt, sind die Meinungsmacht und das damit verbundene Gefährdungspotential ausschlaggebend für eine bestimmte Regulierungsdichte[646]. Es wäre mithin unverhältnismäßig und liefe einer freiheitlichen Grundordnung zuwider, würde man Informations- und Kommunikationsdienste mit geringer Meinungsbildungsrelevanz und somit auch geringerem Gefährdungspotential, einem ebenso intensiven Regulierungsrahmen unterwerfen, wie Angebote, mit besonders nachhaltigem Einfluß auf die öffentliche Meinungsbildung.

Nachfolgend gilt es also zu klären, welche Anforderungen an die Meinungsbildungsrelevanz einer Veranstaltung zu stellen sind, damit von einer *Darbietung* im Sinne des Rundfunkstaatsvertrags ausgegangen werden kann. Auf die bereits verwiesenen Ausführungen zum System abgestufter Regelungsdichte kann auch hier wieder zurückgegriffen werden[647]. Danach wird die Meinungsbildungsrelevanz von Informations- und Kommunikationsangeboten durch zwei Faktoren entscheidend beeinflußt. Zum einen ist dies die äußere Form der Angebote (planmäßig ablaufendes Gesamtprogramm versus Abrufdienst) und zum anderen geht von den jeweiligen Inhalten ein ganz unterschiedlicher Einfluß auf die öffentliche Meinungsbildung aus (Nachrichtensendung versus Werbefernsehen).

---

643 Amtl. Begr. zu § 2 MDStV, abgedruckt bei Ring, Medienrecht, Bd. II, G II 1.300; Engel-Flechsig/ Maennel/ Tettenborn, S. 14.

644 Amtl. Begr. zu § 2 MDStV, abgedruckt bei Ring, Medienrecht, Bd. II, G II 1.300; s. auch § 2 II Nr. 2 TDG.

645 Vgl. S. 103.

646 Ebenda.

647 Vgl. S. 103ff und S. 154ff.

a. Form

Der strenge Regulierungsrahmen des Rundfunkstaatsvertrags (Zulassungs-, Jugendschutzvorschriften, Maßnahmen zur Sicherung von Meinungsvielfalt u.v.m.) ist nur bei solchen Informations- und Kommunikationsangeboten gerechtfertigt, deren Einfluß auf die öffentliche Meinungsbildung besonders intensiv ist[648].

Derartige Meinungsmacht ist vornehmlich bei herkömmlichen Rundfunkdarbietungen zu finden[649]. Diese sind typischerweise dadurch gekennzeichnet, daß sie als planmäßig ablaufende Gesamtprogramme in Erscheinung treten[650]. Die Auswahlentscheidung der Rezipienten bleibt lediglich auf das Ein-/ Aus- und Umschalten beschränkt. Der Veranstalter hat so die Möglichkeit, gezielt bestimmte Informationen und Meinungen zusammenzustellen und als feststehendes Gesamtprogramm einer unbestimmten Vielzahl von Personen zeitgleich zu präsentieren. Hierin liegt unter anderem die besondere Breitenwirkung und Suggestivkraft, mithin die herausragende Meinungsmacht des Rundfunks begründet[651].

Diese geht verloren, sobald den Rezipienten eine individuelle Einflußnahme auf die Programmgestaltung ermöglicht wird[652]. Je individueller die dargebotenen Inhalte genutzt werden können, desto weniger hat der Anbieter die Möglichkeit, das Publikum in seiner Gesamtheit zu beeinflussen[653]. Neben diesem Verlust an Breitenwirkung, fehlt es individuell zusammengestellten Programmen auch erheblich an Suggestivkraft. So kann bei Gesamtprogrammen, die in fester Folge ablaufen, die tendenziöse Berichterstattung weitaus subtiler erfolgen und somit wirksamer eine Scheinwelt erzeugt werden. Die planvoll aneinandergereihten Inhalte lassen sich so gestalten, daß sie gezielt aufeinander aufbauen und sich

---

648 Vgl. S. 103ff.

649 Vgl. S. 154ff.

650 Bullinger/ Mestmäcker, Multimediadienste, S. 53; Hartstein/ Ring/ Kreile/ Dörr/ Stettner, Rundfunkstaatsvertrag, B5, § 2, Rn. 8; Herrmann, Rundfunkrecht, § 2, Rn. 10; Beucher/ Leyendecker/ v. Rosenberg, Mediengesetze, § 2 RStV, Rn. 7; Degenhart, ZUM 1998, 333, 343; ders., MMR 1998, 137, 138; s. auch Gounalakis, Konvergenz der Medien, 64. DJT, C 110, C 114.

651 Sehr anschaulich dazu auch Bullinger, AfP 1996, 1, 7; s. auch Lent, Rundfunk-, Medien-, Teledienste, S. 103f.

652 Vgl. S. 103ff und S. 156ff.

653 Bullinger/ Mestmäcker, Multimediadienste, S. 57, s. auch DLM, Erstes Strukturpapier zur Unterscheidung von Rundfunk und Mediendiensten, 2.1.3.

gegenseitig verstärken[654]. Derartige Einflußmöglichkeiten fehlen, wenn die Inhalte lediglich zur individuellen Auswahl bereitgestellt werden[655].

Das gilt selbst dann, wenn die Inhalte in Gänze tendenziös sind[656] oder dem Gesamtangebot etwa durch ein Inhaltsverzeichnis oder eine entsprechende Verlinkung eine gewisse Struktur vorgegeben wird. Freilich kann auch hier durchaus eine sehr intensive Fesselungswirkung entstehen[657]. Die Bindung der Nutzer an ein bestimmtes Angebot sagt jedoch nichts über dessen tatsächliche Suggestivkraft aus. Zwar erhöht die geschickte Verknüpfung von Inhalten die Möglichkeit, daß die Nutzer sich entlang eines vorgegebenen Informationspfades bewegen und so mitunter eine vergleichbare Wirkung wie bei planmäßig ablaufenden Gesamtprogrammen entsteht, dennoch ist bei Abrufdiensten in der Regel immer damit zu rechnen, daß die verschiedenen Nutzer ihr Programm höchst unterschiedlich gestalten. Schon die Verweildauer bei einzelnen Programmteilen und mithin auch die geistige Auseinandersetzung mit den Inhalten, kann bei jedem Nutzer, entsprechend den persönlichen Interessen und dem Informationsgehalt der Darbietung sehr verschieden sein. Ebenso werden die Nutzer unterschiedliche Schwerpunkte bei der Suche nach Inhalten beziehungsweise dem Verfolgen von Links setzen. Eine tendenziöse Ausrichtung des Gesamtangebots verhindert also nicht, daß die durch jeden Nutzer individuell zusammengestellten Darbietungen, eine unterschiedliche Suggestivkraft aufweisen. Damit ist auch hier die Möglichkeit, der gesamthaften Einflußnahme auf ein Massenpublikum deutlich eingeschränkt.

Schließlich ergeben sich Hinweise auf die unterschiedliche Meinungsbildungsrelevanz von Informations- und Kommunikationsdiensten noch unter einem weiteren Gesichtspunkt, nämlich dem Maß, der für die jeweilige Nutzung notwendigen, geistigen Auseinandersetzung mit den Inhalten. Die individuelle Steuerung des Rezeptionsvorgangs ermöglicht und erfordert eine nachhaltige Beschäftigung mit den präsentierten Inhalten. Die Darbietungen ziehen nicht in einem festgelegten Zeitplan am Nutzer vorbei, sondern dieser kann sich mit einzelnen Aussagen eingehender auseinandersetzen. Er hat die Möglichkeit, bestimmte Inhalte in Ruhe zu durchdenken und sich sorgfältig eine eigene Meinung zu bilden. Aber auch eine weniger intensive Nutzung erfordert das stete Mitdenken, denn der Nutzer muß die jeweiligen Darbietungen zumindest insoweit erfassen und bewerten, daß er eine Auswahlentscheidung dahingehend tref-

---

[654] Siehe hierzu auch Bullinger, AfP 1996, 1, 7; ders., JZ 1996, 385, 387.
[655] Vgl. auch Bullinger, Kommunikationsfreiheit, S. 36f, 43, 46.
[656] Vgl. dazu auch die *a.A.* von Pieper/ Wiechmann, ZUM 1995, 82, 85.
[657] Vgl. S. 105.

fen kann, das aktuelle Angebot weiter zu nutzen, zu verändern oder andere Inhalte aufzurufen.

Eine planmäßig ablaufende Darbietung läßt sich hingegen in intellektueller Passivhaltung erleben[658]. Sobald sich der Rezipient für ein Programm entschieden hat, kann er in kontinuierlicher Abfolge eine Vielzahl unterschiedlichster Darbietungen erleben, ohne selbst aktiv werden zu müssen. Ihm ist es möglich, seine Aufmerksamkeit vornehmlich auf andere Tätigkeiten zu lenken oder generell nur oberflächlich dem Programm zu folgen. Ohne eine aktive, geistige Auseinandersetzung mit den Inhalten, läßt sich eine kritische Haltung zu den dargebotenen Meinungen und Informationen allerdings nur schwer aufbauen. Der Rezipient wird empfänglicher für Meinungsmanipulationen[659].

Resümierend bleibt zunächst festzuhalten, daß die herausragende Breitenwirkung und Suggestivkraft herkömmlichen Rundfunks unter anderem darauf zurückzuführen ist, daß die Inhalte in Form planmäßig ablaufender Gesamtprogramme verbreitet werden. Sobald den Rezipienten aber eine direkte, individuelle Einflußnahme auf die Programmgestaltung ermöglicht wird, verlieren die Darbietungen deutlich an massenkommunikativer Beeinflussungskraft.

Allerdings wird diesem Standpunkt mitunter vorgeworfen, daß genau der gegenteilige Effekt eintrete[660]. Die zeitlichen und inhaltlichen Auswahloptionen würden vielmehr die Reichweite der Darbietungen und die Aufmerksamkeit der Rezipienten erhöhen, wodurch der Wirkungsgrad solcher Angebote und mithin deren Bedeutung für den Prozeß öffentlicher Meinungsbildung verstärkt, anstatt gemindert würde[661].

Durchaus begründet ist zunächst die Annahme, daß durch die hohe zeitliche Disponibilität der Inhalte von Zugriffs- und Abrufdiensten ein weitaus größerer Rezipientenkreis angesprochen werden kann, als bei Verteildiensten. Während die Darbietungen klassischer Rundfunkprogramme nur zu vorbestimmten Sendeterminen von den Rezipienten empfangen werden können, stehen sie bei Zugriffsdiensten und erst recht bei Abrufdiensten nahezu jederzeit zur Verfügung.

Aufgrund der größeren Reichweite nunmehr automatisch auf eine erhöhte Meinungsbildungsintensität zu schließen, wäre dennoch verfehlt[662]. Ein solcher Ansatz wird allerdings von *Gersdorf* befürwortet, der den Öffentlichkeitsbezug

---

[658] Bullinger/ Mestmäcker, Multimediadienste, S. 30; Schulz, ZUM 1996, 487, 492f.
[659] Vgl. Lent, Rundfunk-, Medien-, Teledienste, S. 118f.
[660] Gersdorf, Rundfunkbegriff, S. 150ff; Knothe, AfP 1997, 494, 496.
[661] Ebenda; Janik, K&R 2001, 572, 579.
[662] So jedoch Gersdorf, Rundfunkbegriff, S. 151ff, 155ff.

einer Kommunikation als Rechtfertigungsgrund und Maßstab für die unterschiedliche Behandlung von Individual- und Massenkommunikation heranzieht und als Differenzierungskriterium für die einfachgesetzliche Ausgestaltung der Rundfunkfreiheit fruchtbar machen will[663]. Zunächst wird man dieser Auffassung durchaus zugestehen müssen, daß Rundfunkdarbietungen mit zunehmender Reichweite auch an Wirkungspotential gewinnen. Ebenso weist *Gersdorf* mit Recht darauf hin, daß einem reichweitenbezogenen System abgestufter Vielfaltssicherung nicht entgegensteht, daß wirtschaftlich und publizistisch (im Sinne von Publikumsmaximierung) erfolgreiche Rundfunkveranstalter durch stärkere Reglementierung benachteiligt und weniger erfolgreiche Anbieter prämiert würden[664]. Art. 5 I 2 GG gewährleistet die Rundfunkfreiheit nicht primär im Interesse der Rundfunkveranstalter, sondern im Interesse freier individueller und öffentlicher Meinungsbildung[665]. Je stärker also der Einfluß einer Rundfunkdarbietung auf den Prozeß der Meinungsbildung ist, desto wichtiger werden Regelungen zur Verhinderung von Meinungsmacht und Machtmißbrauch. Erkennt man zudem an, daß mit erhöhtem Öffentlichkeitsbezug einer Sendung auch deren massenkommunikatives Wirkungspotential steigt, so wäre es durchaus nicht unverhältnismäßig, Rundfunkdarbietungen mit hohem Verbreitungsgrad, strengeren Regelungen zu unterwerfen, als solche, die von einem weniger großen Rezipientenkreis genutzt werden.

Dennoch ist ein reichweitenbezogenes System abgestufter Vielfaltssicherung aus mehreren Gründen abzulehnen. Zum einen wäre die erforderliche Festsetzung bestimmter Rezipientenzahlen als Differenzierungsmaßstab, ebenso wie bei der Abgrenzung zwischen Massen- und Individualkommunikation[666], ein Akt der Willkür. Gewiß gibt es Sendungen, die unzweifelhaft nur einen geringen Öffentlichkeitsbezug aufweisen und andere, die per se eine hohe Rezipientenzahl erreichen[667]. Doch in einer zunehmend diversifizierten Medienlandschaft, insbesondere mit Blick auf Sparten- und Special-interest-Programme, finden sich eine Vielzahl von Angeboten, die in einem dichten Mittelfeld zwischen diesen Extremen anzusiedeln sind. Hier nun beginnen die Schwierigkeiten einer reichweitenbezogenen Abgrenzung. Ein solches System müßte, um hinreichende Rechtssicherheit gewährleisten zu können, die Frage beantworten, ab welcher Rezipientenzahl ein derart großer Öffentlichkeitsbezug besteht, so daß eine Ver-

---

[663] Gersdorf, Rundfunkbegriff, S. 151, 156.
[664] Gersdorf, Rundfunkbegriff, S. 157.
[665] BVerfGE 83, 238, 315.
[666] Vgl. oben S. 12; s. auch Lieb, Kabelfernsehen, S. 148; König, Teletexte, S. 27f; An dieser Stelle wird dies auch von Gersdorf, Rundfunkbegriff, S. 109 bestätigt.
[667] Gersdorf spricht hier etwa die Privilegierung des sogenannten Bagatellrundfunks gemäß § 19 III RStV an, in: Rundfunkbegriff, S. 156.

schärfung des Regulierungsrahmens erforderlich wird. Die Festlegung einer solchen Zahl wird sich allerdings kaum sachlich begründen lassen. Schon die Wahl des Anknüpfungstatbestandes wäre höchst problematisch. Je nach dem, ob auf ein Marktanteilsmodell oder auf die Zuschauerquote abgestellt würde, käme es bereits zu unterschiedlichen Ergebnissen. Zudem würde die Skalierung eines reichweitenbezogenen Differenzierungsmaßstabs weitgehend losgelöst von objektiven Tatbestandsmerkmalen erfolgen und müßte sich daher die Kritik gefallen lassen, willkürlich zu sein.

In direktem Zusammenhang hierzu bestehen auch erhebliche Zweifel an der Praktikabilität eines solchen Modells. So ist insbesondere bei der notwendigen Überwachung des Öffentlichkeitsbezugs aller einschlägigen Darbietungen, ein erheblicher Kontrollaufwand zu befürchten. Auch ist es nicht ausgeschlossen, daß Sendungen mit geringer Reichweite ganz plötzlich, aufgrund nicht absehbarer Ereignisse, ihren Öffentlichkeitsbezug deutlich ausweiten und demzufolge einem strengeren Regulierungsrahmen zuzuordnen wären, ohne daß dies für den Veranstalter oder die zuständige Kontrollbehörde erkennbar gewesen wäre. In diesen Fällen unterlägen die Darbietungen nicht der – entsprechend ihrer Wirkungsintensität – erforderlichen und angemessenen Regulierung.

Gegen ein reichweitenbezogenes System abgestufter Vielfaltssicherung spricht schließlich, daß die jeweiligen Kommunikationsinhalte nur unzureichend oder gar nicht berücksichtigt werden[668]. Die Fokussierung auf die Reichweite von Darbietungen wird dem unterschiedlichen Einfluß, den die Kommunikationsinhalte auf den Prozeß der Meinungsbildung haben können, nicht gerecht. Die Gefahr des Machtmißbrauchs ist etwa bei Informationssendungen aus den Bereichen Politik, Gesellschaft, Wirtschaft etc. bedeutend größer als bei Teleshopping-Kanälen oder Sendungen mit Reiseangeboten. Das gilt selbst dann, wenn letztere einen deutlich stärkeren Öffentlichkeitsbezug aufweisen, denn die Meinungsbildungsrelevanz belangloser Informationen wird nicht wesentlich dadurch erhöht, daß diese von einem breiteren Rezipientenkreis genutzt werden. Es ist also denkbar, daß ein Programm, trotz großer Reichweite, einen deutlich geringeren Einfluß auf die öffentliche Meinungsbildung ausübt, als eines mit begrenztem Öffentlichkeitsbezug, aber großer Meinungsbildungsrelevanz. Allerdings sind ebenso Überschneidungen vorstellbar. So könnte ein Programm seinen unwesentlich geringeren Einfluß auf die öffentliche Meinungsbildung mit einem sehr hohen Öffentlichkeitsbezug ausgleichen. Die Fälle zeigen, daß die reichweitenbezogene Wirkungsintensität deutlich von der Meinungsbildungsrelevanz zu unterscheiden ist. Idealerweise würde sich ein System abgestufter Regelungsdichte an beiden Merkmalen orientieren. Allerdings bestehen nach der

[668] Vgl. Gersdorf, Rundfunkbegriff, S. 153ff.

Ansicht von *Gersdorf* Bedenken gegen eine inhaltsbezogene Differenzierung[669]. Sehr zu Recht weist er darauf hin, daß beispielsweise auch eine scheinbar unpolitische Unterhaltungssendung einen gewichtigen Beitrag zur Meinungsbildung leisten kann und deshalb größte Vorsicht angebracht ist, in diesen Fällen zu geringe Anforderungen an die Sicherung der Meinungsvielfalt zu stellen oder solche Darbietungen gar völlig dem freien Spiel der Kräfte zu überlassen[670]. Hieraus zieht *Gersdorf* sodann den Schluß, daß die Kommunikationsinhalte wenig leistungsstarke und verläßliche Anhaltspunkte für ein System abgestufter Regelungsdichte sind[671]. Dem ist jedoch in Teilen zu widersprechen. Wenig hilfreich für eine Differenzierung ist zweifelsohne eine zu pauschale und grobe Aufteilung der Angebote, etwa in schützenswerte Informationssendungen und wenig bis gar nicht regulierte Unterhaltungssendungen. Ebenso darf man den Differenzierungsmaßstab nicht zu eng wählen. Eine Unterscheidung zwischen Darbietungen zu treffen, die eine sehr ähnliche Meinungsbildungsrelevanz aufweisen, wäre sehr schwierig und in der Tat wenig leistungsstark und zuverlässig. Dennoch lassen sich bei eingehender Betrachtung der Vielzahl von Voll-, Sparten- und Special-interest-Programmen eindeutige und objektiv nachvollziehbare, inhaltsbezogene Differenzierungskriterien erkennen. So unterscheidet sich ein klassisches Vollprogramm, mit einem gewichtigen Anteil an Nachrichten- und Informationssendungen, deutlich von Teleshoppingkanälen, aber auch von Verkehrs-, Wetter-, Börsenkanälen etc. Schon schwieriger ist eine Abgrenzung zwischen klassischen Vollprogrammen und Nachrichtenkanälen oder solchen, die nahezu ausschließlich Spielfilme anbieten. Hier würde eine inhaltsbezogene Differenzierung wohl tatsächlich versagen. Für derartige Feinabstufungen wäre es gewiß hilfreich, kumulativ auf den jeweiligen Öffentlichkeitsbezug der Darbietungen abzustellen. Allerdings schlagen auch hier die oben geäußerten Kritikpunkte, gegen ein reichweitenbezogenes System abgestufter Vielfaltssicherung, durch. Letztlich wird man also die inhaltsbezogene Differenzierung als vielversprechender erachten müssen. Sie scheint entgegen der Bedenken *Gersdorfs*[672] deutlich zuverlässiger, wenn auch weniger feinstufig als eine reichweitenbezogene Abgrenzung.

Da der Öffentlichkeitsbezug einer Darbietung somit nicht das ausschlaggebende Kriterium für die Bestimmung von Meinungsmacht sein kann, läßt sich auch jene These nicht mehr aufrecht erhalten, wonach die individuelle Nutzung von Informations- und Kommunikationsangeboten deren Bedeutung für den Prozeß

---

[669] Gersdorf, Rundfunkbegriff, S. 154f.
[670] Ebenda; vgl. auch die obigen Ausführungen hierzu, S. 92ff.
[671] Gersdorf, Rundfunkbegriff, S. 155.
[672] Gersdorf, Rundfunkbegriff, S. 153ff (155).

öffentlicher Meinungsbildung nicht etwa abschwächt, sondern daß vielmehr die - aufgrund der zeitlichen und inhaltlichen Auswahloptionen - erhöhte Reichweite solcher Darbietungen generell zu einer Verstärkung des Meinungsbildungspotentials führt.

Es bleibt daher zunächst bei der Feststellung, daß die herausragende Breitenwirkung und Suggestivkraft herkömmlichen Rundfunks unter anderem darauf zurückzuführen ist, daß die Inhalte in Form planmäßig ablaufender Gesamtprogramme verbreitet werden. Sobald den Rezipienten eine direkte, individuelle Einflußnahme auf die Programmgestaltung ermöglicht wird, verlieren die Darbietungen deutlich an massenkommunikativer Beeinflussungskraft.

Abrufdienste würden demnach nicht dem Rundfunkstaatsvertrag unterfallen sondern dem Mediendienstestaatsvertrag beziehungsweise dem Teledienstegesetz[673]. Etwas anderes gilt bei bestimmten Zugriffsdiensten, wie etwa Near-video-on-demand-Angeboten. Hier hat der Rezipient zwar eine erhöhte zeitliche Auswahlmöglichkeit, was zu einer gewissen Individualisierung der Nutzung führt und die Gleichzeitigkeit des Rezeptionsvorgangs einschränkt, dennoch wird regelmäßig ein planmäßig ablaufendes Gesamtprogramm dargeboten, welches eine passive Nutzung erlaubt[674]. Nach dem bisher Gesagten sind solche Dienste mithin als Rundfunk anzusehen[675].

Freilich hängt die Meinungsmacht von Informations- und Kommunikationsangeboten nicht allein von der Darbietungsform ab. So läßt sich beispielsweise der geringe Einfluß belangloser Informationen auf den Prozeß öffentlicher Meinungsbildung selbst dann nicht wesentlich erhöhen, wenn diese in Form eines planmäßig ablaufenden Gesamtprogramms dargeboten werden. Entsprechende Angebote gelten gemäß § 2 II Nr. 1-3 MDStV mithin auch als Mediendienste. Andererseits sind eine Reihe von Zugriffs- und Abrufdiensten denkbar, deren Meinungsbildungspotential durchaus mit herkömmlichen Rundfunkangeboten vergleichbar ist. Demgemäß findet sich in § 20 II RStV eine Regelung, wonach Mediendienste, wenn und soweit sie dem Rundfunk zuzuordnen sind, allein den Bestimmungen des Rundfunkstaatsvertrags unterfallen[676]. Das bloße Vorliegen

---

[673] So auch Ring, ZUM 1998, 358, 361; vgl. auch Zwischenbericht der Arbeitsgruppe „Rundfunkbegriff", abgedruckt bei Schrape, Prognos AG, Digitales Fernsehen, A-18; s. ebenfalls Determann, Kommunikationsfreiheit im Internet, S. 524f, 526f; Jarass, AfP 1998, 133, 140.

[674] Siehe hierzu auch die Ausführungen zum Videotext, S. 158f.

[675] So auch Hesse, BayVBl. 1997, 132, 135f, (136); vgl. auch Erfahrungsbericht zum IuKDG, BT-Drs. 14/ 1191, S. 7.

[676] Vgl. Amtl. Begr. zu § 20 RStV 1996, abgedruckt bei Hartstein/ Ring/ Kreile/ Dörr/ Stettner, Rundfunkstaatsvertrag, B5, § 20 RStV.

oder Nichtvorliegen eines planmäßig ablaufenden Gesamtprogramms erlaubt mithin noch keine eindeutige Aussage über den angemessenen Rechtsrahmen. Erforderlich ist ferner die Berücksichtigung der konkreten Kommunikationsinhalte.

b. Inhalt

Wie schwierig eine an den Inhalten orientierte Differenzierung der Regelungsdichte sein kann, wurde bereits deutlich[677]. Dennoch ist sie notwendig[678]. So macht auch die amtliche Begründung zum Mediendienstestaatsvertrag deutlich, daß Mediendienste, aufgrund ihrer engen inhaltlichen Begrenzung auf Angebote, die nur in geringem Maße der öffentlichen Meinungsbildung dienen oder denen die Suggestivkraft der bewegten Bilder fehlt, dem Geltungsbereich des Rundfunkstaatsvertrags entzogen und einer geringeren Regelungsdichte im Mediendienstestaatsvertrag unterworfen sind[679]. Mithin soll im Folgenden der Versuch unternommen werden, möglichst eindeutige Kriterien zu benennen, anhand derer die Frage beantwortet werden kann, welche Kommunikationsinhalte einen derart intensiven Beitrag zur öffentlichen Meinungsbildung leisten, so daß sie als Darbietungen im Sinne des Rundfunkstaatsvertrags anzusehen sind.

Diesbezüglich ergeben sich zunächst zwei Anhaltspunkte. Zum einen sind dies die Vorgaben des verfassungsrechtlichen Rundfunkbegriffs und zum anderen lassen sich anhand der in § 2 II Nr. 1-3 MDStV ausdrücklich genannten Informations- und Kommunikationsangebote Hinweise auf die Reichweite des Rundfunkstaatsvertrags gewinnen.

aa. Rundfunkdarbietung im verfassungsrechtlichen Sinn

Anders als beim einfachgesetzlichen Rundfunkbegriff stellt die Rundfunkfreiheit - nach der hier vertretenen Ansicht[680] - keine besonderen Anforderungen an die Meinungsbildungsrelevanz der jeweiligen Kommunikationsinhalte[681]. Dennoch werden längst nicht alle Informations- und Kommunikationsangebote auch

[677] Siehe oben.
[678] Siehe vorstehende Ausführungen.
[679] Amtl. Begr. zu § 2 MDStV, abgedruckt bei Ring, Medienrecht, Bd. II, G II 1.300.
[680] Vgl. S. 101ff.
[681] Siehe auch BVerfGE 12, 205, 260; 31, 314, 342 und stellvertretend für viele Stimmen in der Literatur: Jarass, Online-Dienste, S. 12.

als Darbietungen im Sinne von Art. 5 I 2 GG angesehen. Eine solche muß Ergebnis redaktioneller Gestaltung sein[682].

Die Rundfunkfreiheit knüpft somit an die spezifische Bedeutung des Rundfunks an, welche dieser für den Prozeß der öffentlichen Meinungsbildung leistet. Diese besteht unter anderem darin, daß die unterschiedlichsten Kommunikationsinhalte recherchiert, aufgegriffen und verarbeitet werden, um sie sodann zu einem konzentrierten, die Rezipienten interessierenden Informationspaket zu schnüren[683]. Im Interesse einer freien öffentlichen Meinungsbildung muß diese Vermittlungsleistung vor einseitigem, insbesondere staatlichem Einfluß geschützt werden. Dies wird von Art. 5 I 2 GG gewährleistet. Die Rundfunkfreiheit setzt folglich eine redaktionelle Darbietung voraus.

Dieses Merkmal läßt sich in Anbetracht dessen, daß der Rundfunkstaatsvertrag die Vorgaben des Verfassungsrechts auf einfachgesetzlicher Ebene umsetzt, durchaus auf den einfachgesetzlichen Rundfunkbegriff des § 2 I RStV übertragen[684]. Zwar kann der Rundfunkstaatsvertrag mit seinen strengen Anforderungen auf einzelne, von Art. 5 I 2 GG umfaßte, Informations- und Kommunikationsdienste beschränkt werden, doch ist es ausgeschlossen, daß sein Anwendungsbereich weitreichender ist, als der Schutzbereich der - ohnehin sehr umfassenden - Rundfunkfreiheit. Somit gelten für den einfachgesetzlichen Rundfunkbegriff - als Minimalvoraussetzungen - zunächst die gleichen Anforderungen, wie für den verfassungsrechtlichen Rundfunkbegriff[685].

Folglich setzt auch § 2 I RStV eine redaktionelle Darbietung voraus. Anhand dieses Merkmals lassen sich nunmehr erste Anhaltspunkte hinsichtlich der inhaltlichen Anforderungen an den einfachgesetzlichen Rundfunkbegriff gewinnen. Mit Verweis auf die sehr ausführliche Darstellung dieser Thematik im Rahmen der Rundfunkfreiheit, sollen an dieser Stelle nur die Ergebnisse noch einmal zusammengetragen werden[686]:

Eine redaktionelle Darbietung liegt zum einen dann nicht vor, wenn es sich um eine bloße Aneinanderreihung separater Inhalte handelt[687]. Die notwendige Vermittlungsleistung wird nur erbracht, wenn eine Auswahl und Bearbeitung der vorhandenen Meinungen und Informationen sowie deren Verarbeitung zu einem für die potentiellen Rezipienten nutzbaren Produkt stattfindet. Kennzeichnend für eine redaktionelle Tätigkeit ist folglich eine gewisse Konzentrationsleistung. Hieran fehlt es, bei bloßer Widerspiegelung eines vorhandenen

---

682 Vgl. S. 112ff.
683 Ebenda.
684 Siehe auch Pappi, Teledienste, Mediendienste und Rundfunk, S. 58ff, (62).
685 Ebenda.
686 Vgl. S. 116ff.
687 Vgl. S. 116ff.

Spektrums an Meinungen und Informationen. Damit sind beispielsweise bestimmte Datenbanken, offene Diskussionsforen oder unmoderierte Newsgroups generell nicht als Rundfunk anzusehen[688].

Von einer redaktionellen Darbietung kann ebenfalls nicht ausgegangen werden, wenn lediglich thematisch sehr eng begrenzte Informationen oder bestimmte Meinungen ohne Einbindung in ein größeres Kommunikationsangebot übermittelt werden[689]. Typisch hierfür sind Verkehrsleitsysteme, Produktkataloge oder alleinstehende Internetseiten[690].

In Ermangelung einer redaktionellen Darbietung, sind die soeben beschriebenen Informations- und Kommunikationsangebote nicht als Rundfunk im Sinne von § 2 I RStV anzusehen.

bb. Wertungen des § 2 II Nr. 1-3 MDStV

Hinweise auf die inhaltlichen Anforderungen, die an Rundfunkdarbietungen zu stellen sind, ergeben sich auch aus den Wertungen, die dem § 2 II Nr. 1-3 MDStV zugrunde liegen. Die dort exemplarisch aufgezählten Verteildienste, wurden trotz rundfunktypischer Verbreitungsweise deshalb nicht dem Ordnungsrahmen des Rundfunkstaatsvertrags unterstellt, weil sie eine enge inhaltliche Begrenzung auf Angebote aufweisen, die nur in geringem Maße der öffentlichen Meinungsbildung dienen oder denen die Suggestivkraft der bewegten Bilder fehlt[691]. Man hat sich also bei der Schaffung des Mediendienstestaatsvertrags darauf festgelegt, daß diese Angebote nicht die für Rundfunk typische Meinungsbildungsrelevanz erreichen. Sie bilden somit eine eindeutige Begrenzung für die Reichweite des Rundfunkstaatsvertrags. Freilich läßt sich mit dem Ausschluß einzelner Dienste noch kein positives Bild einer Rundfunkdarbietung gewinnen. Um konkrete inhaltliche Anforderungen ermitteln zu können, muß man sich nunmehr genauer anschauen, welche Gründe im Einzelnen dafür sprechen, die in § 2 II Nr. 1-3 MDStV explizit genannten Informations- und Kommunikationsangebote nicht dem strengen Regulierungsrahmen des Rundfunkstaatsvertrags zu unterstellen, sondern als Mediendienste anzusehen.

---

688 Ebenda.

689 Vgl. S. 117ff.

690 Ebenda; Trotz thematischer Begrenzung können Spartenprogramme sehr wohl als redaktionelle Darbietungen angesehen werden. S. ebenda.

691 Siehe Amtl. Begr. zu § 2 MDStV, abgedruckt bei Ring, Medienrecht, Bd. II, G II 1.300.

aaa. § 2 II Nr.1 MDStV

Zu den Mediendiensten zählen gemäß § 2 II Nr. 1 MDStV zunächst „*Verteildienste* in Form von direkten Angeboten an die Öffentlichkeit für den Absatz von Waren oder Erbringung von Dienstleistungen, einschließlich unbeweglicher Sachen, Rechte und Verpflichtungen, gegen Entgelt (*Teleshopping*)“[692].

Auch solche Dienste entfalten grundsätzlich eine meinungsbildende Wirkung. So liefert etwa die Präsentation von Waren oder Dienstleistungen Anhaltspunkte, anhand derer sich die Rezipienten eine Meinung über die entsprechenden Produkte bilden können[693]. Allerdings ist das primäre Ziel von Teleshopping-Kanälen nicht die Informationsvermittlung. Im Vordergrund steht der Leistungsaustausch. Die meinungsbildende Wirkung von Teleshopping-Kanälen bleibt vornehmlich auf die Erzielung eines kommerziellen Erfolgs am Warenmarkt beschränkt, das heißt, die Darbietungen konkurrieren darüber hinaus nicht um eine weiterreichende Beachtung am Meinungsmarkt. Darin manifestiert sich die begrenzte Meinungsbildungskraft solcher Angebote. Soweit die Inhalte lediglich den gewerblichen Erfolg beabsichtigen, mag die Vormachtstellung eines Teleshopping-Kanals mitunter wettbewerbsrechtliche Bedeutung erlangen, Gefahren für eine pluralistische Meinungslandschaft sind allerdings nicht zu befürchten[694]. Damit besteht auch keine Notwendigkeit, solche Dienste den strengen, vielfaltsichernden Maßnahmen des Rundfunkrechts zu unterwerfen.

Aus diesen Erkenntnissen ergeben sich weitere Anhaltspunkte, welche inhaltlichen Anforderungen an eine Rundfunkdarbietung zu stellen sind. Als Rundfunk können nur solche Darbietungen angesehen werden, die vornehmlich für den Meinungsmarkt bestimmt sind. Eine an der Meinungsbildungsrelevanz der Inhalte ausgerichtete Differenzierung orientiert sich also an der Fragestellung, *ob eine Darstellung noch für den Warenmarkt oder schon für den Meinungsmarkt bestimmt ist*[695].

Schaut man sich nun die vielfältigen Ausprägungen von Teleshopping-Angeboten anhand dieser Prämisse einmal genauer an, bekommt man eine gute

---

[692] Diese Begriffsbestimmung entspricht Art. 1f EU-Fernsehrichtlinie.
[693] Vgl. hierzu auch BVerfGE 64, 108, 114; Hoffmann-Riem, AfP 1996, 9, 12.
[694] DLM-Strukturpapier, 2.2.2.1.2.; Schroeder, ZUM 1994, 471, 477.
[695] Schroeder, ZUM 1994, 471, 477; DLM-Strukturpapier, 2.2.2.1.2.; Lent, Rundfunk-, Medien-, Teledienste, S. 138; ebenso Hochstein, NJW 1997, 2977, 2980; vgl. auch Bermanseder, ZRP 1997, 330, welcher von einer rein dienstleistungsorientierten Ausrichtung vieler Mediendienste spricht.

Vorstellung, wann eine Darbietung die Grenze hin zu einer rundfunktypischen Meinungsbildungsintensität überschreitet.

Fernseheinkauf ist als Rundfunk zu behandeln, wenn die Darbietung Informationsteile enthält, die keinen Produktbezug mehr aufweisen[696]. Fraglich ist, ob dies bereits dann gilt, wenn in einem 24-stündigen Teleshopping-Angebot nur einmal täglich, nachmittags ein kurzer produktunabhängiger Beitrag (etwa ein Unterhaltungs-Gewinnspiel) ausgestrahlt wird[697]. Mit gutem Grund ließe sich behaupten, daß solch geringfügige Unterbrechung nicht in der Lage ist, den Gesamtcharakter des Angebots zu verändern[698]. Die deutlich überwiegende Produktpräsentation unterstreicht eindeutig die Ausrichtung auf den Warenmarkt.

Löst man sich allerdings von dem Beispiel eines Gewinnspiels und führt sich die Situation vor Augen, daß innerhalb eines sehr erfolgreichen Teleshopping-Angebots einmal täglich ein gesellschaftspolitisch relevanter Beitrag, wie zum Beispiel eine einseitige Wahlempfehlung zugunsten einer Partei, gesendet wird, so läge es nahe, die an sich gleiche Situation anders zu bewerten. Mag die Unterbrechung auch noch so gering sein und der Gesamtcharakter des Angebots unverändert auf gewerbliche Ziele ausgerichtet bleiben, so erlaubt die stete Wiederholung in einem populären Programm dennoch die Beeinflussung des Meinungsmarkts. Mithin wären in diesem Fall die vielfaltsichernden Maßnahmen des Rundfunkrechts unverzichtbar.

Es zeigt sich also, daß man produktunabhängige Beiträge nicht allein danach beurteilen kann, inwieweit sie den Gesamtcharakter des Teleshopping-Angebots unbeeinflußt lassen, entscheidend sind vielmehr auch deren Inhalte. Allerdings wäre es völlig willkürlich, eine Grenze zu ziehen, bis zu der man bestimmte Beiträge als derart belanglos ansieht, daß sie bei der rechtlichen Beurteilung von Teleshopping-Angeboten vernachlässigt werden könnten. In Ermangelung objektiv nachprüfbarer Kriterien für eine inhaltliche Differenzierung, erscheint es angebracht, Teleshopping-Angebote ausnahmslos als Rundfunk zu behandeln, sobald sie regelmäßig Programmbestandteile ohne Produktbezug enthalten[699].

Ein ausreichender Produktbezug besteht nicht nur bei der bloßen Präsentation der Produkte, sondern ist ebenso bei Umfeldbeschreibungen gegeben, die sich auf das Produkt, seine Herstellung oder seinen Gebrauch beziehen[700].

---

[696] DLM-Strukturpapier, 2.2.2.1.2; Hochstein, NJW 1997, 2977, 2981.
[697] Vgl. Lent, Rundfunk-, Medien-, Teledienste, S. 139.
[698] Ebenda.
[699] Vgl. aber auch Lent, Rundfunk-, Medien-, Teledienste, S. 140f.
[700] DLM-Strukturpapier, 2.2.2.1.2.

Fernseheinkauf ist ebenfalls dann als Rundfunk zu behandeln, wenn die Produktpräsentation in Unterhaltungsshows integriert wird beziehungsweise Bestandteil eines Gewinnspiels ist[701]. Unschädlich ist die Darstellung und die Beschreibung der Waren oder Dienstleistungen im Rahmen einer sogenannten Livepräsentation, bei der die Rezipienten gegebenenfalls sogar die Möglichkeit haben, im Studio anzurufen und produktbezogene Fragen zu stellen, welche die Moderatoren beantworten[702].

Generell gilt, daß der gewerbliche Zweck durchgehend und eindeutig erkennbar im Vordergrund stehen muß. Andernfalls ist das Teleshopping-Angebot als Rundfunk zu qualifizieren[703]. Kennzeichnend für die gewerblichen Interessen sind beispielsweise die dauerhafte Einblendung von Kaufpreis, Bestell- und Verkaufsbedingungen oder vergleichbare Angaben[704].

Sollte sich ein Teleshopping-Angebot ausnahmsweise im Einzelfall als Rundfunk darstellen, so liegt lediglich ein Aufsichtsproblem vor[705]. Eine generelle Qualifizierung als Rundfunk, wäre zu weitreichend.

Im Ergebnis bleibt festzuhalten, daß Teleshopping-Angebote, wenn und soweit sie allein für den Warenmarkt und nicht schon für den Meinungsmarkt bestimmt sind, eine deutlich geringere Meinungsbildungsintensität aufweisen als herkömmlicher Rundfunk. Hieraus lassen sich wiederum Rückschlüsse ableiten, welche inhaltlichen Merkmale eine Darbietung als Rundfunk qualifizieren: Enthält ein Programm Beiträge, die allein der Information oder Unterhaltung der Rezipienten dienen, also für den Meinungsmarkt bestimmt sind, so spricht dies für eine Rundfunkdarbietung. Nur wenn die Inhalte generell eine andere Zielrichtung als die Wirkung auf den Meinungsmarkt verfolgen und sie sich diesem Zweck derart unterordnen, daß sie die Meinung der Rezipienten ausschließlich zweckgebunden beeinflussen, ohne eine darüber hinausgehende Bedeutung erlangen zu wollen, können solche Darbietungen von rundfunkrechtlichen Regelungen befreit werden.

---

[701] Ebenda.
[702] Ebenda.
[703] Ebenda.
[704] Ebenda.
[705] Ebenda.

bbb. § 2 II Nr.2 MDStV

Eine rundfunktypische Meinungsbildungsintensität erreichen aufgrund ihrer engen inhaltlichen Begrenzung auch jene Dienste nicht, die in § 2 II Nr.2 MDStV genannt werden, nämlich solche „*Verteildienste, in denen Meßergebnisse und Datenermittlungen in Text oder Bild mit oder ohne Begleitton verbreitet werden*“[706]. Dazu zählen laut amtlicher Begründung zum Mediendienstestaatsvertrag etwa Verteildienste, welche Ergebnisse von Messungen aus dem Umweltbereich oder Wetterdaten verbreiten[707].

Zwar tragen auch solche Programme durchaus zur Meinungsbildung bei, denn Daten und Meßergebnisse sind als Tatsachen gewöhnlich Gegenstand oder argumentative Stütze von Wertungen, mithin von Meinungen[708]. Dennoch gehen von solchen Angeboten grundsätzlich kaum Gefahren für den Prozeß freier öffentlicher Meinungsbildung aus. Wenn etwa die Umweltdaten einer Meßstation ohne zusätzliche Kommentierung präsentiert werden, so bekommt der Nutzer lediglich Fakten geboten, deren Bewertung er selbst vornehmen kann beziehungsweise muß, ohne dabei vom Anbieter beeinflußt zu werden. Damit läßt sich kaum ein tendenziöses Meinungsklima erzeugen. Je stärker aber die Daten und Meßergebnisse einer redaktionellen Bearbeitung unterworfen sind beziehungsweise in ein redaktionelles Umfeld eingebunden werden, desto größer sind die Gefahren für die öffentliche Meinungsbildung.

Beschränkt sich die Präsentation von Umweltdaten etwa nicht nur auf deren gezielte Auswahl, ihre Zusammenstellung, eine graphische Aufbereitung etc., sondern wird sie durch Moderationen begleitet, und zusätzlich durch knappe Ratschläge zu Umweltfragen[709] oder durch Expertengespräche ergänzt, so wird die Grenze zu einer Rundfunkdarbietung überschritten[710]. Es sind keine Gründe ersichtlich, weshalb hier eine andere rechtliche Bewertung erfolgen sollte, als bei den Teleshopping-Kanälen. Sobald diese Informationsteile enthalten, die über die reine Warenpräsentation hinausgehen, sind sie als Rundfunk zu behandeln[711].

Würde man das redaktionelle Umfeld noch weiter ausdehnen, bestünde gar die Gefahr, daß die Grenzen hin zu Spartenkanälen verwischen. Dies wird besonders deutlich, wenn etwa die Übertragung von Sportergebnissen auch dann

[706] Amtl. Begr. zu § 2 MDStV, abgedruckt bei Ring, Medienrecht, Bd. II, G II 1.300.
[707] Ebenda.
[708] Vgl. Grimm, NJW 1995, 1697, 1699.
[709] Auf dieses Beispiel bezieht sich Lent, Rundfunk-, Medien-, Teledienste, S. 145.
[710] Vgl. hierzu auch Beucher/ Leyendecker/ v. Rosenberg, Mediengesetze, § 2 RStV, Rn. 9 a.E.; *a.A.* Lent, Rundfunk-, Medien-, Teledienste, S. 145.
[711] Vgl. S. 184ff.

noch unter § 2 II Nr.2 MDStV fallen soll, wenn die Ergebnisse zusätzlich kurz kommentiert werden[712]. Erfolgt eine solche Kommentierung, entsprechend den Möglichkeiten die § 2 II Nr. 2 MDStV eröffnet, nicht nur mittels Text, sondern auch über Bild und Ton, so bestünde im Angebotsspektrum solcher Dienste mitunter kaum ein nennenswertes Minus gegenüber Spartenkanälen, die auf Sportsendungen begrenzt bleiben. Doch nur bei deutlich erkennbaren Unterschieden ließe sich eine abweichende rechtliche Beurteilung rechtfertigen.

Je weiter man also ein redaktionelles Umfeld bei der Präsentation von Datenermittlungen und Meßergebnissen befürwortet, um so weniger deutlich werden die Grenzen zum Rundfunk. Um tatsächlich nur Angebote zu erfassen, die im Gegensatz zum Rundfunk aufgrund ihrer engen inhaltlichen Begrenzung nur in geringem Maße der öffentlichen Meinungsbildung dienen, ist es daher notwendig, § 2 II Nr.2 MDStV eng auszulegen[713].

Dabei genügt es nicht, lediglich Kunst, Unterhaltungssendungen und Kommentare als mögliche Inhalte auszuschließen und die Begriffe „Meßergebnisse" beziehungsweise „Datenermittlungen" dahingehend zu verstehen, daß sachliche Informationen gemeint sind, wozu auch Nachrichtenmeldungen ohne Kommentare und Sportergebnisse zählen sollen[714]. Ein solches Verständnis ginge über den Wortlaut von § 2 II Nr.2 MDStV deutlich hinaus. Insbesondere der Begriff „Meßergebnisse" läßt keinesfalls auf Nachrichten schließen und würde bei der Ausdehnung auf Sportergebnisse deutlich überstrapaziert. Ein wenig umfassender scheint der Begriff „Datenermittlung" zu sein. Dennoch lassen sich auch hierunter nicht alle Arten von Informationen subsumieren. Mögen die reinen Sportergebnisse vom Wortlaut her noch als Daten angesehen werden können, so fällt dies bei Nachrichten schon schwerer. Diese Ergebnisse lassen sich zudem durch eine systematische Auslegung von § 2 II Nr.2 MDStV bestätigen. Gerade Nachrichten und Sportergebnisse sind ganz typische Inhalte jener, von § 2 II Nr.3 MDStV geregelten, Textdienste. Deren Anwendungsbereich würde erheblich beschnitten, wenn solche Inhalte als Meßergebnisse und Datenermittlungen zu § 2 II Nr.2 MDStV zählten. Um hier klare Unterschiede erkennbar werden zu lassen, gilt es, von einer ausufernden Interpretation der Begriffe „Meßergebnisse" und „Datenermittlungen" abzusehen. Vielmehr erscheint es angebracht, sich möglichst nah am Wortlaut zu orientieren.

§ 2 II Nr.2 MDStV sollte allein auf die Übermittlung solcher Tatsachen beschränkt bleiben, welche ausschließlich Ergebnisse widerspiegeln, die direkt aus Messungen oder Datenerhebungen gewonnenen wurden. Die Erfassung und

---

[712] Eine solche Zuordnung wird vorgenommen bei Lent, Rundfunk-, Medien-, Teledienste, S. 145.

[713] *A.A.* Lent, Rundfunk-, Medien-, Teledienste, S. 145.

[714] So jedoch Determann, Kommunikationsfreiheit im Internet, S. 527.

Weiterleitung von Umwelt- oder Wetterdaten ist hierfür in der Tat ein sehr typisches Beispiel. Auch die Übermittlung von Sportergebnissen wäre durchaus denkbar. Die Darbietung von Nachrichten würde jedoch generell ausscheiden. Das gilt selbst dann, wenn es sich hierbei um Rohinformationen handelt, also um unmittelbare Tatsachenberichte, denn sie stellen keine Ergebnisse dar, welche sich direkt aus automatischen Messungen oder Datenerhebungen ermitteln lassen.

Ein derart enges Verständnis von § 2 II Nr.2 MDStV, wie es soeben beschrieben wurde, schließt grundsätzlich aus, daß bei den einschlägigen Diensten die Erzeugung eines tendenziösen Meinungsklimas zu befürchten ist. Allerdings gilt es zu beachten, daß es auch bei prinzipiell unbedenklichen Informationen nicht ausgeschlossen ist, daß allein über eine gezielte Auswahl, Zusammenstellung und Präsentation der Inhalte eine Einflußnahme auf die Meinungsbildung der Rezipienten erfolgen kann. Eine erhebliche gesellschaftspolitische Bedeutung könnte so auch die Verbreitung von Umweltdaten erlangen. Die bewußte, einseitige Zusammenstellung vorwiegend positiver beziehungsweise negativer Meßergebnisse aus dem Umweltbereich könnte dazu benutzt werden, eine bestimmte Umweltpolitik zu rechtfertigen oder zu kritisieren und zugleich ein entsprechendes Meinungsbild in der Öffentlichkeit zu erzeugen. Obschon die ausgewählten Daten im Einzelnen durchaus der Wahrheit entsprechen können, wird durch die einseitige Zusammenstellung die tatsächliche Faktenlage verfälscht, wodurch die freie öffentliche Meinungsbildung erheblich beeinträchtigt wird.

Es erscheint daher angebracht, § 2 II Nr.2 MDStV neben der strikten inhaltlichen Begrenzung auf Meßergebnisse und Datenermittlungen, auch mit Blick auf die redaktionellen Gestaltungsmöglichkeiten einschränkend auszulegen. Völlig unproblematisch ist es, die Ergebnisse einer Meßstation direkt und ohne redaktionelle Auswahl zu verbreiten. Unschädlich wäre auch die graphische Gestaltung. Die Grenze zu einer rundfunktypischen Darbietung könnte allerdings überschritten werden, wenn gezielt ausgesuchte Ergebnisse verschiedener Meßstationen oder Datenerhebungen so zusammengestellt würden, daß sich hieraus unmittelbar Wertungen ablesen lassen. Hier wäre es empfehlenswert, eine am Einzelfall orientierte Gesamtbewertung aller Umstände, wie Inhalte, Anzahl der Datenerhebungen und Grad der redaktionellen Einflußnahme, vorzunehmen und darauf die Einordnung als Rundfunk beziehungsweise Mediendienst zu stützen.

Abgesehen von derartigen Grenzfällen, ergeben sich aus den obigen Ausführungen zu § 2 II Nr.2 MDStV weitere, klare Hinweise, welche Anforderungen an eine Rundfunkdarbietung zu stellen sind. Unzureichend ist die bloße Übermittlung von Tatsachen, welche ausschließlich Ergebnisse widerspiegeln, die direkt aus Messungen oder Datenerhebungen gewonnen wurden. Diese sind kaum in der Lage, ein tendenziöses Meinungsklima zu erzeugen. Mithin besteht keine Notwendigkeit, solche Angebote dem strengen rundfunkrechtlichen Regulierungsrahmen zu unterstellen. Sie erreichen folglich nicht die Qualität einer Rundfunkdarbietung.

ccc. § 2 II Nr.3 MDStV

Schließlich werden auch die in § 2 II Nr.3 MDStV genannten „*Verteildienste in Form von Fernsehtext, Radiotext und vergleichbaren Textdiensten*" nicht länger dem Rundfunkrecht, sondern nunmehr dem Mediendienstestaatsvertrag unterstellt. Dies wird damit begründet, daß den Textdiensten die rundfunktypische Suggestivkraft der bewegten Bilder fehlt[715].

Im Umkehrschluß läßt sich hieraus die Erkenntnis gewinnen, daß bei textorientierten Diensten grundsätzlich nicht von einer Rundfunkdarbietung ausgegangen werden kann[716]. Eine solche Textorientierung besteht nicht nur bei den reinen Textdiensten, wie etwa den klassischen Fernsehtext- oder Radiotextangeboten, sondern kann auch dann noch angenommen werden, wenn die deutlich im Vordergrund stehenden Textelemente durch Graphiken oder Bilder ergänzt werden[717]. Zwar spricht § 2 II Nr.3 MDStV ausdrücklich nur von Textdiensten, sodaß eine am Wortlaut orientierte Auslegung enger ausfallen müßte. Doch läßt die amtliche Begründung zum Mediendienstestaatsvertrag ein deutlich offeneres Verständnis erkennen[718]. Die Textdienste sollen darum nicht dem Rundfunkstaatsvertrag unterworfen werden, weil es ihnen an der „Suggestivkraft der bewegten Bilder" fehlt[719]. Damit wird nicht gesagt, daß Dienste im Sinne von § 2 II Nr.3 MDStV generell keine Bilddarstellungen enthalten dürfen. Andernfalls hätte allein auf eine besondere Suggestivkraft von Bilddokumenten abgestellt werden müssen. Es wird aber ausdrücklich von „bewegten" Bildern gesprochen. Folglich unterfallen auch solche Textdienste nicht dem Rundfunkstaatsvertrag, welche statische Bildelemente enthalten.

Weist ein Angebot jedoch Bewegtbilddarstellungen auf, die für sich allein bereits Rundfunkqualität erlangen, so ist das gesamte Angebot als Rundfunk zu

---

[715] So die amtl. Begr. zu § 2 MDStV, abgedruckt bei Ring, Medienrecht, Bd. II, G II 1.300. Ausführlich zur besonderen Suggestivkraft des Rundfunks: siehe weiter unten.

[716] Vgl. hierzu auch Jarass, Online-Dienste, S. 16ff, welcher sehr zu Recht eine Parallele zur Abgrenzung Rundfunk/ Presse zieht.

[717] Vgl. auch Lent, Rundfunk-, Medien-, Teledienste, S. 146ff, (147), der sogar eine noch weitere Auslegung von § 2 II Nr.3 MDStV befürwortet: danach sollen alle Darbietungsformen erfaßt werden, die mangels einer schwerpunktmäßigen audiovisuellen Darbietungsform keine rundfunkspezifische Wirkungskraft aufweisen.

[718] Amtl. Begr. zu § 2 MDStV, abgedruckt bei Ring, Medienrecht, Bd. II, G II 1.300.

[719] Ebenda.

bewerten, gleichgültig ob im übrigen die Textelemente deutlich im Vordergrund stehen[720]. Dies gilt erst recht, wenn etwa im Rahmen eines laufenden Fernsehprogramms von Seiten des Anbieters zusätzliche Textfenster eingeblendet werden, die inhaltlich mit dem im Bewegtbild Dargebotenen in engem Zusammenhang stehen[721]. Auch hier unterliegt das gesamte Angebot dem Rundfunkrecht, soweit die audiovisuellen Darbietungen und die Textelemente für den Nutzer untrennbar miteinander verbunden sind[722].

Abschließend kann man festhalten, daß bei textorientierten Diensten grundsätzlich nicht von einer Rundfunkdarbietung ausgegangen werden kann. Eine Textorientierung liegt nicht nur bei reinen Textdiensten vor, sondern besteht auch, wenn die deutlich im Vordergrund stehenden Textbestandteile durch statische Bildelemente oder durch einzelne Tondokumente ergänzt werden.

ddd. Zusammenfassung

Die in § 2 II Nr.1-3 MDStV exemplarisch aufgezählten Verteildienste wurden, trotz rundfunktypischer Verbreitungsweise, bewußt nicht dem Ordnungsrahmen des Rundfunkstaatsvertrags sondern dem Mediendienstestaatsvertrag unterstellt. Vorstehend wurden im Einzelnen die Gründe für diese Entscheidung ermittelt. Faßt man diese zusammen, ergeben sich verschiedene Anhaltspunkte, welche inhaltlichen Anforderungen konkret an eine Rundfunkdarbietung zu stellen sind.

Enthält ein Programm Beiträge, die allein der Information oder Unterhaltung der Rezipienten dienen, also für den Meinungsmarkt bestimmt sind, so spricht dies für eine Rundfunkdarbietung. Nur wenn die Inhalte generell eine andere Zielrichtung als die Wirkung auf den Meinungsmarkt verfolgen und sie sich diesem Zweck derart unterordnen, daß sie die Meinung der Rezipienten ausschließlich zweckgebunden beeinflussen, ohne eine darüber hinausgehende Bedeutung erlangen zu wollen, können solche Darbietungen von rundfunkrechtlichen Regelungen befreit werden.

---

[720] Vgl. dazu auch die obigen Ausführungen zu den Teleshopping-Angeboten i.S.v. § 2 II Nr.1 MDStV ebenso wie unten zu § 20 II RStV; *a.A.* Lent, Rundfunk-, Medien-, Teledienste, S. 147.

[721] Beispielsweise: Inhaltsinformationen zu laufenden Sendungen, aktuelle Ozonwerte im Zusammenhang mit einer Gesundheitssendung, Teilnehmerumfragen; vgl. DLM-Strukturpapier, 2.2.2.3.

[722] Vgl. DLM-Strukturpapier, 2.2.2.3; ausführlich zu dieser Abgrenzungsproblematik s. S. 281ff; vgl. auch S. 254ff.

Des weiteren scheidet die Annahme einer Rundfunkdarbietung aus, bei der bloßen Übermittlung von Tatsachen, welche ausschließlich Ergebnisse widerspiegeln, die direkt aus Messungen oder Datenerhebungen gewonnen wurden. Diese sind kaum in der Lage, ein tendenziöses Meinungsklima zu erzeugen. Mithin besteht keine Notwendigkeit, solche Angebote dem strengen rundfunkrechtlichen Regulierungsrahmen zu unterstellen. Etwas anders gilt, sobald die Tatsachenmitteilungen moderiert oder gar kommentiert werden, denn dergestalt ließe sich sehr wohl Einfluß auf die freie öffentliche Meinungsbildung ausüben. Unschädlich sind grundsätzlich die Auswahl der Daten, ihre Zusammenstellung oder deren graphische Aufbereitung, allerdings könnte die Grenze zu einer rundfunktypischen Darbietung überschritten werden, wenn gezielt ausgesuchte Ergebnisse verschiedener Meßstationen oder Datenerhebungen so zusammengestellt würden, daß sich hieraus unmittelbar Wertungen ablesen lassen. Hier wäre es empfehlenswert, eine am Einzelfall orientierte Gesamtbewertung aller Umstände, wie Inhalte, Anzahl der Datenerhebungen und Grad der redaktionellen Einflußnahme, vorzunehmen und darauf die Einordnung als Rundfunk beziehungsweise Mediendienst zu stützen.

Schließlich kann auch bei textorientierten Diensten grundsätzlich nicht von einer Rundfunkdarbietung ausgegangen werden. Eine Textorientierung liegt nicht nur bei reinen Textdiensten vor, sondern besteht auch, wenn die deutlich im Vordergrund stehenden Textbestandteile durch statische Bildelemente oder durch einzelne Tondokumente ergänzt werden.

Generell gilt, enthält ein Dienst Bestandteile, die für sich allein bereits Rundfunkqualität erlangen, ist das gesamte Angebot als Rundfunk zu bewerten[723]. Allerdings liegt lediglich ein Aufsichtsproblem vor, wenn das Angebot nur ausnahmsweise im Einzelfall Programmteile enthält, welche die Grenze zum Rundfunk überschreiten.

c. Breitenwirkung, Aktualität, Suggestivkraft

Die vorstehenden Ausführungen zeigen bereits eine Vielzahl von konkreten Anhaltspunkten auf, welche formellen beziehungsweise inhaltlichen Anforderungen an eine Rundfunkdarbietung zu stellen sind. Allerdings erlauben die gefundenen Ergebnisse in einer diversifizierten Medienlandschaft nicht in jedem Fall eine eindeutige rechtliche Qualifizierung. Insbesondere im Grenzbereich zwi-

[723] Ausführlicher hierzu: s. weiter unten.

schen Rundfunk und Mediendiensten kann eine Abgrenzung oft nur im jeweiligen Einzelfall vorgenommen werden.

So ist etwa ein reiner Teleshopping-Kanal grundsätzlich ein Mediendienst im Sinne von § 2 II Nr.1 MDStV. Enthält dieser jedoch zusätzliche Elemente im Sinne einer Rundfunkdarbietung, wie etwa Nachrichtensendungen oder nicht produktbezogene Unterhaltungs- beziehungsweise Informationsteile, so kann das Angebot Rundfunkqualität erlangen[724]. Auch das Beispiel einer im Internet abzurufenden Tagesschau-Sendung läßt sich anhand der oben bereits gewonnenen Erkenntnisse nicht eindeutig einem bestimmten Regulierungsrahmen zuordnen. Grundsätzlich handelt es sich bei einem solchen Abrufdienst nicht um Rundfunk, sondern um einen Mediendienst im Sinne von § 2 II Nr.4 MDStV[725]. Andererseits läge es nahe, auch den abrufbaren Inhalten die gleiche rundfunktypische Beeinflussungskraft beizumessen, wie den identischen Beiträgen der ursprünglichen Fernsehsendung.

Neben diesen Beispielen sind eine Vielzahl weiterer Informations- und Kommunikationsangebote denkbar, welche an sich typische Mediendienste im Sinne von § 2 II MDStV darstellen, aber dennoch einen derart intensiven Einfluß auf die öffentliche Meinungsbildung ausüben, daß sie dem strengeren Regulierungsrahmen des Rundfunkstaatsvertrags unterliegen müßten. In diesen Fällen greift § 20 II RStV, wonach Mediendienste, wenn und soweit sie dem Rundfunk zuzuordnen sind, allein den Bestimmungen des Rundfunkstaatsvertrags unterstellt werden[726]. Dies wirft die Frage auf, wann ein Mediendienst die Schwelle zum Rundfunk überschreitet. Bislang wurden lediglich Anhaltspunkte entwickelt, anhand derer man nur eine grobe Abgrenzung vornehmen konnte. Um in jedem Einzelfall genau bestimmen zu können, ob der jeweilige Dienst eine rundfunktypische Meinungsbildungsintensität aufweist, bedarf es zusätzlicher Kriterien.

Die besondere Meinungsbildungsrelevanz von Rundfunk, die ihn unter allen Medien auszeichnet[727], ergibt sich aus seiner Breitenwirkung, Aktualität und Suggestivkraft[728]. Die Frage, wann eine Rundfunkdarbietung angenommen werden kann, ist also danach zu bestimmen, ob und in welcher Intensität diese Eigenschaften vorliegen. Sie wurden auch in den vorangegangenen Ausführungen bereits vereinzelt angesprochen. So wird etwa die Breitenwirkung und Suggestivkraft von Rundfunk besonders bei einem planmäßig ablaufenden Gesamt-

---

[724] Siehe auch S. 184ff.

[725] Vgl. S. 174ff; Gounalakis/ Rhode, CR 1998, 487, 491.

[726] Ausführlicher hierzu: s. S. 254ff.

[727] DLM-Strukturpapier, 2.1.2.

[728] BVerfGE 90, 60, 87.

programm ersichtlich[729]. Ebenso wurde bereits festgestellt, daß den in § 2 II Nr.3 MDStV aufgeführten Textdiensten die Suggestivkraft der bewegten Bilder fehlt[730]. Nicht geklärt wurde bislang, welche Anforderungen konkret an die Merkmale Breitenwirkung, Aktualität und Suggestivkraft zu stellen sind, so daß sie kennzeichnend für eine Rundfunkdarbietung sind. Dies soll nun im Folgenden geschehen.

aa. Breitenwirkung

Die besondere Bedeutung, die Rundfunk als Faktor der öffentlichen Meinungsbildung erlangt[731], ist zunächst auf seine spezielle *Breitenwirkung* zurückzuführen[732]. Diese besteht herkömmlicherweise darin, daß eine unüberschaubare Vielzahl von Menschen zeitgleich erreicht werden kann[733]. Im Zusammenhang mit dem Kriterium der Breitenwirkung sind damit im wesentlichen zwei Elemente zu beachten:

Zum einen ist die Meinungsmacht eines Informations- und Kommunikationsangebots natürlich abhängig von dessen Reichweite[734]. So können selbst gesellschaftspolitisch äußerst bedeutsame Inhalte kaum Einfluß auf die öffentliche Meinungsbildung ausüben, wenn sie nur einen sehr kleinen Publikumskreis erreichen. Andererseits sind Angebote mit einem besonders großen Verbreitungsgrad auch dann noch in der Lage, das öffentliche Meinungsklima entscheidend mitzugestalten, wenn sie lediglich Inhalte verbreiten, deren Meinungsbildungskraft an sich äußerst beschränkt ist (Spielfilme, Unterhaltungsshows etc.). Folglich ist bei der Bestimmung der Meinungsmacht eines Informations- und Kommunikationsangebots, im Zusammenhang mit dem Merkmal der Breitenwirkung, zunächst dessen Reichweite zu untersuchen[735].

Allerdings ist die besondere Breitenwirkung des Rundfunks nicht allein darauf zurückzuführen, daß dieser im Vergleich zu anderen Medien generell einen deutlich höheren Verbreitungsgrad aufweist. So können Presseerzeugnisse oder Internetangebote mitunter einen stärkeren Öffentlichkeitsbezug erreichen als etwa regionale Rundfunkprogramme. Zudem können mitunter Zugriffs- und Abrufdienste aufgrund der hohen zeitlichen Disponibilität ihrer Inhalte einen weitaus größeren Nutzerkreis ansprechen, als herkömmliche Verteildienste, welche

[729] Vgl. S. 174ff.
[730] Vgl. S. 190ff.
[731] BVerfGE 12, 205, 260; 57, 295, 320; 73, 118, 152; 83, 238, 296.
[732] BVerfGE 90, 60, 87.
[733] DLM-Strukturpapier, 2.1.2.
[734] Siehe etwa die Beispiele bei Libertus, ZG 1999, 161, 173.
[735] Vgl. insoweit auch Gersdorf, Rundfunkbegriff, S. 151ff, 155ff.

nur die Rezipienten erreichen, welche sich zum Zeitpunkt der Ausstrahlung für das jeweilige Programm entschieden haben[736].

Was den Rundfunk im Gegensatz zu Presse oder Abrufdiensten jedoch auszeichnet, ist sein einzigartiger Multiplikationseffekt, der darin besteht, daß eine unüberschaubare Vielzahl von Menschen *zeitgleich* erreicht werden kann. Zur Verdeutlichung des Multiplikationseffekts wird verschiedentlich auf ein sehr eindrucksvolles Beispiel verwiesen, nämlich, daß die Fernseh-Live-Übertragung einer Pressekonferenz am 9. November 1989 dazu geführt hat, daß „urknallartig" die innerdeutsche Grenze fiel[737]. Hierzu bedurfte es eines plötzlichen, massenhaften Ansturms von Menschen zu den Grenzübergängen entlang der Berliner Mauer. Ein solcher Effekt konnte nur durch die zeitgleiche Teilhabemöglichkeit einer Vielzahl von Menschen an der Fernseh-Live-Übertragung jener Pressekonferenz eintreten. Eine entsprechende Mitteilung via Presse oder über andere zeitlich individuell nutzbare Medien hätte eine derartige Massenmobilisierung wohl kaum bewirken können.

Es zeigt sich also, daß in dem Element der Zeitgleichheit ein besonderer Machtfaktor liegt[738].

Eine unüberschaubare Vielzahl von Menschen zeitgleich anzusprechen, gelingt am besten mit einem planmäßig ablaufenden Gesamtprogramm[739]. Freilich stellen auch Abrufdienste, wie etwa Internetangebote, Informationen bereit, die sehr wohl durch eine Vielzahl von Menschen gleichzeitig genutzt werden können. Nimmt man etwa die Portalseite des Internetauftritts einer großen Tageszeitung oder die Seite eines vergleichbaren Anbieters mit herausragender Massenattraktivität, so werden die dort zu findenden Inhalte ebenfalls von einem breiten Publikum gleichzeitig genutzt. Allerdings verliert sich die Masse, die zunächst einheitlich auf die Ausgangsseite zugreift, sehr schnell, entsprechend der individuellen Interessen, zu weiterführenden Beiträgen. Je individueller die Inhalte genutzt werden können, um so geringer werden die Möglichkeiten ein Massenpublikum gesamthaft anzusprechen. Zeitliche und inhaltliche Auswahloptionen sowie die freie Bestimmung der Rezeptionsdauer verringern also die gleichzeitige Einflußnahme auf eine Vielzahl von Menschen und schwächen mithin einen möglichen Multiplikationseffekt ab. Im Umkehrschluß folgt hieraus, daß der Multiplikationseffekt in dem Maße zunimmt, je weniger Möglichkeiten der Pro-

---

[736] Ebenda; vgl. auch S. 174ff.

[737] Herrmann, Rundfunkrecht, § 2, Rn. 88.

[738] *A.A.* Janik, K&R 2001, 572, 579.

[739] Sehr eindrücklich hierzu sind auch die Ausführungen im DLM-Strukturpapier, 2.1.2: Entscheidend für die Breitenwirkung ist die Eigenschaft als Verteildienst, der – ähnlich dem Wasser in einem zentralen Versorgungssystem – ständig in praktisch allen Haushalten präsent ist und dessen Inhalt per Knopfdruck rezipierbar ist.

grammgestaltung bestehen und daß er mithin bei einem planmäßig ablaufenden Gesamtprogramm am größten ist.

Ein Informations- und Kommunikationsdienst erreicht also unter dem Aspekt der Breitenwirkung dann einen besonders starken Einfluß auf die öffentliche Meinungsbildung, wenn er mittels eines planmäßig ablaufenden Gesamtprogramms, einen möglichst großen Personenkreis anspricht. Eine rundfunktypische Breitenwirkung ist allerdings nicht erst dann gegeben, wenn beide Merkmale in voller Ausprägung vorliegen. Entscheidend ist eine Gesamtbetrachtung. Defizite bei einem Kriterium können mitunter durch ein intensiveres Vorliegen des jeweils anderen ausgeglichen werden.

Neben diesen primären Aspekten lassen sich Rückschlüsse auf die Breitenwirkung eines Informations- und Kommunikationsangebots auch noch auf anderer Ebene gewinnen, nämlich wenn man die gesamtgesellschaftliche Wirkung eines Mediums danach untersucht, wie die Menschen es in ihren Alltag integrieren und welche Funktion es für politische, kulturelle, wirtschaftliche und sonstige Bereiche faktisch übernimmt[740]. Auch danach kommt dem Rundfunk eine herausragende Bedeutung für den Prozeß öffentlicher Meinungsbildung zu, denn insbesondere das Fernsehen hat eine dominante kulturprägende Kraft erreicht[741]. Noch nicht hinreichend erkennbar ist, welche Bedeutung den Online-Diensten von ihren Nutzern für die tägliche politische oder kulturelle Information beigemessen wird, also ob sie auf diesem Gebiet eine dem herkömmlichen Rundfunk vergleichbare Wirkungsintensität erreichen oder ob sie eher für den Bereich individueller Kommunikation beziehungsweise Unterhaltung genutzt werden.

bb. Aktualität

Die herausragende Meinungsbildungsrelevanz des Rundfunks liegt auch in seiner besonderen *Aktualität* begründet[742]. Nur eine rundfunktypische Produktions- und Übertragungstechnik erlaubt den Rezipienten live am tatsächlichen Geschehen teilzuhaben[743]. Die direkte Übertragung mittels Ton und erst recht mit Bewegtbildern versetzt den Rezipienten in die Lage, sich unmittelbar mit den Ereignissen auseinanderzusetzen. Eine größtmögliche Aktualität bieten Verteildienste. Denn hier ist eine Teilhabe an aktuellen Ereignissen auch ohne aktives

[740] Siehe hierzu Schulz, ZUM 1996, 487, 493.
[741] Ebenda, m.w.N.
[742] BVerfGE 90, 60, 87.
[743] DLM-Strukturpapier, 2.1.2.

Zutun möglich. Selbst bei passivem Gebrauch hat man die Chance, neuste Informationen zu erfahren.

Andere Medienformen können eine solche Aktualität nicht erreichen. Wenn man etwa einen im Internet bereitgestellten audiovisuellen Beitrag abruft, so kann dieser gewiß äußerst zeitnah zum aufgezeichneten Geschehen sein, dennoch ist der Rezipient nicht live dabei. Allerdings bemüht man sich gerade im Internet - entsprechend den Erwartungen der Nutzer - um eine möglichst rasche Einbindung neuer Inhalte. Deutlich schwerer wiegt der Verlust an Aktualität naturgemäß bei der Presse. Hier muß das Geschehene zunächst in Textform transformiert werden, danach folgt die Drucklegung und erst dann kann mehr oder minder schnell eine Verbreitung herbeigeführt werden.

Es gibt freilich auch einige neue Informations- und Kommunikationsangebote, die eine dem Rundfunk vergleichbare Aktualität erreichen. Hierzu gehören Push-Dienste, aber auch Internet-Broadcasting.

cc. Suggestivkraft

Wenn dem Rundfunk im Vergleich zu anderen Medien eine herausragende Meinungsbildungsrelevanz zugesprochen wird, so ist dies nicht zuletzt auch auf seine besondere *Suggestivkraft* zurückzuführen[744].

Diese beruht zunächst auf dem bei audiovisuellen Darstellungen entstehenden Eindruck von Authentizität[745]. Insbesondere die Kombination von Bewegtbildern und Originaltönen, wie etwa bei Liveberichterstattungen, verleiht den Rezipienten das Gefühl, direkt am aktuellen Geschehen teilzuhaben. Hierdurch erlangen die Darbietungen eine besondere Glaubwürdigkeit. Auch wenn allgemein bekannt ist, daß selbst audiovisuelle Darstellungen mitunter so gestaltet sein können, daß nicht das tatsächliche Geschehen objektiv widergegeben wird, sondern daß sich zielgerichtet bestimmte Meinungsbilder transportieren lassen, neigen die Rezipienten generell dazu, das Gesehene und Gehörte vorerst für bare Münze zu nehmen[746]. Schließlich wirken die Bewegtbilder und Originaltöne doch scheinbar wie Beweise, denn sie vermitteln den Rezipienten das Gefühl des eigenen Erlebens.

Mittels geschickter Zusammenstellung beziehungsweise Manipulation von Ton und Bewegtbilddokumenten lassen sich also künstliche „Wahrheiten“ erzeugen. Hierin liegt unter anderem die herausragende Suggestivkraft audiovisu-

[744] BVerfGE 90, 60, 87.
[745] Siehe etwa: DLM-Strukturpapier, 2.1.2; Gounalakis/ Rhode, CR 1998, 487, 491; Pieper/ Wiechmann, ZUM 1995, 82, 88.
[746] DLM-Strukturpapier, 2.1.2.

eller Darbietungen begründet[747]. Eine meinungsbildende Wirkung können bereits gestalterische Elemente, wie Licht oder Kameraeinstellung erlangen[748]. So wird die öffentliche Meinung über einen Politiker auch dadurch mitbestimmt, wenn dieser in Fernsehsendungen stets durch unvorteilhafte Kameraeinstellungen gezeigt wird oder wenn in seine Äußerungen vorwiegend negative Publikumsreaktionen hineingeschnitten werden.

Um solch scheinbare „Wahrheiten" suggerieren zu können, müssen die Darbietungen so weit wie möglich den Eindruck von Authentizität erwecken. Entscheidend hierfür ist, daß die Bewegtbilder und Töne den Rezipienten das Gefühl verleihen, direkt am aktuellen Geschehen teilzuhaben. Dies gelingt freilich nicht mit Scheckkarten- beziehungsweise Postkartengroßen Bilddarstellungen in schlechter Qualität und mit häufigen Übermittlungslücken[749]. Ruckelnde Bilder und niedrige Auflösungen erwecken nicht den Anschein unmittelbaren Erlebens[750]. Die Suggestivkraft von Darbietungen hängt folglich auch von der jeweiligen Übertragungsqualität ab. Diese ist bei herkömmlichen Rundfunkangeboten durchaus so, daß die Rezipienten sehr wohl den Eindruck erlangen können, unmittelbar das tatsächliche Geschehen verfolgen zu können. Daher wird solchen Darbietungen auch eine herausragende Suggestivkraft beigemessen. Dies kann man für entsprechende Internetangebote, nach dem bisherigen Stand der Technik, kaum behaupten. Die soeben beschriebene, mangelnde Übertragungsqualität verhindert jeglichen Anschein von direkter Teilhabe am Geschehen. Mehr Authentizität verspricht die rasch zunehmende Breitbandtechnik. Diese könnte eine deutlich bessere Übertragungsqualität insbesondere bei den Bewegtbilddarstellungen gewährleisten. Inwieweit sie damit auch die Suggestivkraft von Rundfunkdarbietungen erreichen könnte, läßt sich allerdings zum gegenwärtigen Zeitpunkt noch nicht abschätzen.

Herkömmliche Rundfunkdarbietungen erlangen jedoch nicht nur aufgrund der Kombination von Bewegtbildern und Tönen ihre herausragende Suggestivkraft, sondern auch weil die Darbietungen in Form planmäßig ablaufender Gesamtprogramme erfolgen[751].

Eine solche Darbietungsform ist am besten geeignet, Einfluß auf die öffentliche Meinungsbildung zu erlangen. Die Veranstalter haben die Möglichkeit,

---

[747] Vgl. DLM-Strukturpapier, 2.1.2; Gounalakis/ Rhode, CR 1998, 487, 491.

[748] DLM-Strukturpapier, 2.1.2.

[749] Vgl. Gounalakis, Konvergenz der Medien, 64. DJT, C 111; Hochstein, NJW 1997, 2977, 2980.

[750] Vgl. Hochstein, NJW 1997, 2977, 2980.

[751] Siehe hierzu ebenfalls S. 174; auch Bullinger, JZ 1996, 385, 387, begründet die besondere *„Faszinationskraft"* von Rundfunk mit einem kontinuierlich ablaufenden Gesamtprogramm.

gezielt bestimmte Informationen und Meinungen zusammenzustellen und als einheitliches Gesamtprogramm einer unbestimmten Vielzahl von Personen zu präsentieren. Die planvoll aneinandergereihten Inhalte lassen sich so gestalten, daß sie gezielt aufeinander aufbauen und sich gegenseitig verstärken[752]. So kann eine tendenziöse Berichterstattung weitaus subtiler erfolgen und somit wirksamer eine Scheinwelt erzeugt werden. Idealerweise wird das Gesamtprogramm durch geschickte Verknüpfung der einzelnen Bestandteile so gestaltet, daß die Rezipienten zum Einschalten angeregt und vom Aus- oder Umschalten abgehalten werden[753]. Derartige Einflußmöglichkeiten fehlen, wenn die Inhalte lediglich zur individuellen Auswahl bereitgestellt werden[754].

Für die besondere Suggestivkraft planmäßig ablaufender Gesamtprogramme sprechen im Detail noch weitere Aspekte. Dazu zählt unter anderem, daß solche Darbietungen sich in intellektueller Passivhaltung erleben lassen[755]. Sobald sich ein Rezipient für ein bestimmtes Programm entschieden hat, kann er in kontinuierlicher Abfolge eine Vielzahl unterschiedlichster Darbietungen erleben, ohne selbst aktiv werden zu müssen. Ihm ist es möglich, seine Aufmerksamkeit vornehmlich auf andere Tätigkeiten zu lenken oder generell nur oberflächlich dem Programm zu folgen. Ohne eine aktive, geistige Auseinandersetzung mit den Inhalten, läßt sich aber eine kritische Haltung zu den dargebotenen Meinungen und Informationen nur schwer aufbauen. Der Rezipient wird dadurch empfänglicher für Meinungsmanipulationen[756].

Nach anderer Ansicht soll genau ein gegenteiliger Effekt eintreten. Eine aktive Beteiligung der Nutzer soll nicht nur deren Aufmerksamkeit, sondern zugleich auch deren Empfänglichkeit für die Inhalte erhöhen[757]. Bei ausschließlich passiv nutzbaren Angeboten müßte demnach im Umkehrschluß eine geringere Meinungsbildungsrelevanz vermutet werden, da hier die Nutzer oberflächlicher, also mit geringerer Aufmerksamkeit die Inhalte verfolgen können.

Dieser Auffassung kann im Ergebnis jedoch nicht gefolgt werden. Richtig ist zunächst, daß eine aktive geistige Auseinandersetzung mit den Inhalten, einen intensiveren Meinungsbildungsprozeß als bei passivem Nutzungsverhalten befördert. Allein die aktive Steuerung des Rezeptionsvorgangs erfordert ein stetes Mitdenken, denn der Nutzer muß die jeweiligen Darbietungen zumindest insoweit erfassen und bewerten, daß er eine Entscheidung dahingehend treffen kann,

---

[752] So auch Bullinger, AfP 1996, 1, 7; ders., JZ 1996, 385, 387.
[753] Bullinger, JZ 1996, 385, 387.
[754] Vgl. auch Bullinger, Kommunikationsfreiheit, S. 34f, 43, 46.
[755] Bullinger/ Mestmäcker, Multimediadienste, S. 30; Schulz, ZUM 1996, 487, 492f.
[756] Vgl. Lent, Rundfunk-, Medien-, Teledienste, S. 118f.
[757] So jedoch Gersdorf, Rundfunkbegriff, S. 151f; ebenfalls Michel, ZUM 1998, 350, 351f.

ob er die aktuellen Inhalte weiter nutzen möchte oder nicht. Zudem ziehen die Inhalte nicht in einem festgelegten Zeitplan am Nutzer vorbei, sondern lassen sich entsprechend den individuellen Bedürfnissen auch zeitlich beliebig nutzen. Damit besteht die Möglichkeit, die Inhalte in Ruhe zu durchdenken und sich sorgfältig eine eigene Meinung zu bilden.

Wenn Rundfunkdarbietungen, speziell mit dem Verweis auf ihre herausragende Suggestivkraft, einem strengen Regulierungsrahmen unterworfen werden, so geschieht dies allerdings nicht, um eine besonders nachhaltige Informationsvermittlung zu reglementieren, sondern um der Gefahr tendenziöser Meinungsmanipulation entgegenzutreten. Anders gesagt: die Bürger sollen nicht davor geschützt werden, sich intensiv mit bestimmten Inhalten auseinanderzusetzen und sich fundiert eine Meinung zu bilden, sondern gerade davor, daß sie bei weniger intensiver geistiger Auseinandersetzung mit Inhalten von diesen in die Irre geleitet werden. Scheinwelten lassen sich eben besser suggerieren, wenn sich die Rezipienten nur oberflächlich mit den Inhalten beschäftigen. Aktive Nutzer mögen sich zwar intensiver mit den Inhalten auseinandersetzen, sind dabei aber auch kritischer und folglich weniger anfällig für Meinungsmanipulationen. Es bleibt also dabei, daß planmäßig ablaufende Gesamtprogramme, welche von den Rezipienten passiv genutzt werden, eine höhere Suggestivkraft aufweisen, als aktiv nutzbare Informations- und Kommunikationsangebote.

Die Möglichkeit, Rundfunk passiv zu nutzen und seine Eignung als Begleitmedium für alltägliche Verrichtungen, begünstigen zudem, daß selbst häufige Wiederholungen bestimmter Inhalte von den Rezipienten aufgenommen werden. Hierdurch wird die Suggestivkraft der Darbietungen nochmals verstärkt. Die regelmäßige Wiederholung bestimmter Aussagen führt dazu, daß diese nach und nach von den Rezipienten als eigene Positionen übernommen werden.

Wenn hingegen bei einem Informations- und Kommunikationsangebot eine aktive Nutzung erforderlich ist, wie etwa bei Presseerzeugnissen, wird der Nutzer wiederkehrende Inhalte ablehnen. Dies gilt um so mehr, wenn neben dem Aktivwerden noch finanzielle Mehraufwendungen für die Rezeption von bloßen Wiederholungen entstehen, wie etwa Kosten für den Internetzugang oder Aufwendungen bei Pay-per-view-Angeboten. Entsprechend geht in solchen Fällen die Möglichkeit verloren, daß wiederkehrende Meinungen sich bei den Rezipienten nach und nach einschleifen. Auch aus diesem Grund ist also die Suggestivkraft und mithin die Meinungsbildungsrelevanz von Rundfunk deutlich größer als bei Informations- und Kommunikationsangeboten, bei welchen eine passive Nutzung nicht möglich ist.

Eine Wiederholungswirkung wird freilich nicht nur durch wiederkehrende, identische Inhalte erreicht, sondern gelingt auch dann, wenn die Einzeldarbietungen eines Gesamtprogramms so zusammengestellt wurden, daß sie trotz differierender Inhalte dennoch ein einheitliches Meinungsbild erzeugen. So lassen sich aktuelle, gesellschaftlich relevante Themen sowohl in Nachrichtensendungen, politischen Magazinen, Gesprächskreisen, aber auch in Ratgebersendungen oder Spielfilmen aufgreifen. Entsprechend können die Rezipienten in den unterschiedlichsten Lebenslagen immer wieder auf ein bestimmtes Meinungsbild treffen. Das hat den Vorteil, daß man die Rezipienten nicht mit einzelnen sehr konkreten Aussagen überzeugen muß, welche mitunter auf unmittelbaren Widerspruch stoßen könnten, sondern man kann die Rezipienten quasi in wohldosierten Schritten an eine Meinung heranführen und von deren Richtigkeit nach und nach überzeugen. Hierdurch wird die Suggestivkraft solcher Angebote noch einmal erhöht.

Wenn hingegen Informations- und Kommunikationsangebote, bei welchen die Nutzer die Inhalte individuell zusammenstellen können, ein bestimmtes Meinungsbild in der Öffentlichkeit erzeugen wollen, so müssen sie entsprechende Äußerungen sehr klar in den Vordergrund stellen. Sie können nicht darauf vertrauen, daß sie die Nutzer über eine Vielzahl von Einzelaussagen, also gewissermaßen in homöopathischen Schritten, an eine vorgegebene Meinung gewöhnen können. Bei individuell nutzbaren Angeboten ist nicht gewiß, welche Aussagen die Nutzer auswählen, in welcher Reihenfolge das geschieht und wie intensiv sie sich mit den Inhalten auseinandersetzen. Wenn man aber einzelne Äußerungen sehr plakativ in den Vordergrund stellen muß, damit sie auch wahrgenommen werden, bleibt es nicht aus, daß die Nutzer solchen Aussagen kritisch begegnen und diese nicht als eigene Meinungen übernehmen. Mithin fehlt es entsprechenden Angeboten deutlich an Suggestivkraft.

Passiv nutzbare, planmäßig ablaufende Gesamtprogramme bieten hingegen beste Voraussetzungen, den Rezipienten äußerst subtil ein bestimmtes Meinungsbild zu suggerieren. Die einzelnen Informationen können idealerweise so zusammengestellt werden, daß sie sich gegenseitig ergänzen und verstärken, so daß den Rezipienten im Programmablauf ein bestimmtes Meinungsbild vermittelt wird, ohne daß sie bei den Einzelaussagen den Eindruck bekommen, beeinflußt zu werden.

Entscheidend dafür, daß sich die Inhalte gegenseitig verstärken können und daß sich ein bestimmtes Meinungsbild Schritt für Schritt verfestigt, ist, daß die Rezipienten möglichst lange an das laufende Gesamtprogramm gebunden werden. Zäsuren, die den Rezipienten zum Ab- beziehungsweise Umschalten bewegen könnten, müssen so weit wie möglich vermieden werden. Neben möglichst geschickten Verbindungen der einzelnen Darbietungen, ist es wichtig, daß das Eingeschaltetlassen des Empfangsgeräts keine individuellen Kosten verursacht und eine aktive Mitarbeit der Rezipienten weitgehend überflüssig ist[758].

So büßen etwa Pay-per-view-Angebote, im Vergleich zum herkömmlichen Rundfunk, mithin erheblich an Suggestivkraft ein. Hier kann der Rezipient die Inhalte „seines Programms" unabhängig wählen, ebenso wie er entscheidet, eine Zeitung oder eine Illustrierte zu lesen[759]. Des weiteren wird das „Festhalten" des Publikums beim Einzelentgeltfernsehen erheblich erschwert[760]. Der Nutzer muß sich bei jedem Angebot fragen, ob ihm der Erwerb der Sendung tatsächlich wert ist. Ein unreflektiertes „Dranbleiben" wird hierbei jedenfalls nicht unterstützt.

Freilich kann selbst bei interaktiven Angeboten eine Fesselungswirkung erreicht werden. Auch hier gelingt es mitunter sehr gut, auf weiterfolgende Angebote neugierig zu machen und den Nutzer an das Angebot zu binden. Die bloße „Fesselung" der Nutzer sagt aber noch nichts über die tatsächliche Suggestivkraft solcher Angebote aus. Man wird zwar an das Angebot gebunden und bewegt sich mitunter sogar entlang vorgegebener Pfade, aber man bleibt eben immer aktiv und damit auch wach und kritisch.

Allerdings kann selbst bei Abrufdiensten eine höhere Bindung der Nutzer an ein Angebot zu einer deutlich höheren Meinungsbildungsrelevanz führen[761]. Dann wohl aber nicht aufgrund der Suggestivkraft, sondern eher unter dem Aspekt der Breitenwirkung[762].

Resümierend gilt es festzustellen, daß die besondere Suggestivkraft von Rundfunk zum einen darauf beruht, daß insbesondere durch die Kombination von Bewegtbildern und Originaltönen der Eindruck von Authentizität entsteht, denn solche audiovisuellen Darbietungen verleihen den Rezipienten das Gefühl, unmittelbar am aktuellen Geschehen teilzuhaben. Hierdurch erlangen die Darbietungen eine besondere Glaubwürdigkeit.

Zum anderen wird den herkömmlichen Rundfunkdarbietungen eine herausragende Suggestivkraft zugesprochen, weil sie in Form planmäßig ablaufender Gesamtprogramme dargeboten werden. Die planvoll aneinandergereihten Inhalte lassen sich so gestalten, daß sie gezielt aufeinander aufbauen und sich gegen-

---

[758] Ähnlich auch Bullinger, JZ 1996, 385, 387.

[759] Bullinger, JZ 1996, 385, 387f; König, Die Einführung des digitalen Fernsehens, S. 84.

[760] Siehe dazu auch Bullinger/ Mestmäcker, Multimediadienste, S. 56; Bullinger, JZ 1996, 385, 387.

[761] Ausführlicher hierzu: S.174ff.

[762] Vgl. zur Breitenwirkung aber auch: S. 194ff.

seitig verstärken. So kann eine tendenziöse Berichterstattung weitaus subtiler erfolgen und somit wirksamer eine Scheinwelt erzeugt werden.

Befördert wird die besondere Suggestivkraft planmäßig ablaufender Gesamtprogramme dadurch, daß diese in intellektueller Passivhaltung nutzbar sind, denn ohne eine aktive geistige Auseinandersetzung mit den Inhalten, läßt sich eine kritische Haltung zu den dargebotenen Meinungen und Informationen nur schwer aufbauen. Die Rezipienten werden dadurch empfänglicher für Meinungsmanipulationen.

dd. Zwischenergebnis

Die soeben näher erläuterten Merkmale Breitenwirkung, Aktualität und Suggestivkraft sind kennzeichnend für die besondere Meinungsbildungsrelevanz von Rundfunk[763]. Allerdings wird man eine Rundfunkdarbietung nicht erst dann annehmen können, wenn alle Merkmale in voller Intensität gegeben sind. Bereits die herkömmlichen Rundfunkangebote unterscheiden sich insoweit mitunter deutlich. So fehlt den Hörfunkangeboten die besondere *Suggestivkraft* bewegter Bilder. Auch gibt es Fernsehsender, welche ausschließlich Wiederholungen von Sendungen beziehungsweise Spielfilmen ausstrahlen und damit erheblich an *Aktualität* einbüßen. Ebenso sind Spartenangebote zu erwähnen, welche trotz äußerst geringer *Breitenwirkung* dennoch als Rundfunk anzusehen sind. Es ist also durchaus vorstellbar, daß einzelne Merkmale nur sehr schwach ausgeprägt sind und dennoch von einer Rundfunkdarbietung auszugehen ist.

Im übrigen müssen für die Beantwortung der Frage, ob eine rundfunktypische Meinungsbildungsrelevanz vorliegt, die Merkmale Breitenwirkung, Aktualität und Suggestivkraft im Zusammenwirken betrachtet werden. So können deutliche Defizite bei einem Merkmal, durch ein intensiveres Vorliegen der anderen Merkmale ausgeglichen werden. Des weiteren kommt es nicht darauf an, ob ein Informations- beziehungsweise Kommunikationsangebot in jedem Einzelfall tatsächlich eine rundfunktypische Meinungsbildungsrelevanz aufweist. Entscheidend ist vielmehr die potentielle Eignung dieses Angebots, eine besondere Breitenwirkung, Aktualität und Suggestivkraft entfalten zu können.

Auch moderne Informations- und Kommunikationsangebote können durchaus eine rundfunktypische Meinungsbildungsrelevanz erreichen. Soweit sie nicht klar erkennbar dieselben Eigenschaften aufweisen, wie herkömmliche Rund-

[763] BVerfGE 90, 60, 87.

funkangebote, muß jeder einzelne Dienst danach beurteilt werden, welche Breitenwirkung, Aktualität und Suggestivkraft er entfaltet. Ein solcher Abwägungsprozeß soll nachfolgend an zwei Beispielen demonstriert werden, welche dem traditionellen Fernsehen mitunter sehr ähnlich sind, nämlich Internet-Broadcasting und Pay-per-view.

Internet-Broadcasting-Angebote lassen sich durchaus als planmäßig ablaufende Gesamtprogramme gestalten, welche nur zu vorgegebenen Zeiten von den Rezipienten genutzt werden können. Folglich läßt sich mit den Darbietungen eine rundfunktypische *Aktualität* erreichen[764]. So sind Live-Berichterstattungen denkbar. Ebenso ist es möglich, jederzeit neueste Informationen in das laufende Programm einzubinden. Gleichsam können solche Angebote auch eine beachtliche *Breitenwirkung* erlangen, denn auf jeden Fall gewährleisten sie einen Multiplikationseffekt, also das gleichzeitige Ansprechen einer unbestimmten Vielzahl von Menschen, mit einheitlichen Inhalten[765]. Auch ist es sehr wohl vorstellbar, daß Internet-Broadcasting-Angebote auf ein breites Publikumsinteresse stoßen. Beurteilt man die Breitenwirkung freilich danach, wie die Menschen ein Informations- und Kommunikationsangebot in ihren Alltag integrieren, um sich politisch, kulturell, wirtschaftlich etc. zu informieren, dann wird man beim Internet-Broadcasting zum gegenwärtigen Zeitpunkt noch keinerlei Ähnlichkeit zum Rundfunk feststellen können[766]. Gleiches gilt für die *Suggestivkraft* solcher Angebote. Zwar besteht auch hier die Möglichkeit, die einzelnen Inhalte planvoll aneinanderzureihen, also so zu gestalten, daß sie gezielt aufeinander aufbauen und sich gegenseitig verstärken. Damit läßt sich natürlich eine tendenziöse Berichterstattung erreichen. Dennoch fehlt beim Internet-Broadcasting ein ganz entscheidendes Merkmal rundfunktypischer Suggestivkraft, nämlich der Anschein von Authentizität. Einen solchen Eindruck können die Darbietungen nur dann erwecken, wenn sie den Rezipienten das Gefühl verleihen, direkt am aktuellen Geschehen teilzuhaben. Hierfür ist eine gewisse Qualität der Ton- und Bilddokumente unumgänglich. Solange Internet-Broadcasting nur äußerst kleine Bewegtbilddarstellungen realisieren kann und diese zudem häufig ruckelnd und in schlechter Qualität daherkommen, wird beim Nutzer kaum das Gefühl entstehen, das tatsächliche Geschehen unmittelbar mitzuerleben. Darum fehlt es bei solchen Angeboten an einer rundfunktypischen Suggestivkraft. Da auch das Merkmal der Breitenwirkung nur eingeschränkt bejaht werden kann, erreichen Internet-Broadcasting-Angebote keine dem herkömmlichen Rundfunk ver-

[764] Vgl. zum Merkmal der Aktualität, S. 196f.
[765] Vgl. zum Merkmal der Breitenwirkung, S. 194ff.
[766] Ebenda.

gleichbare Meinungsbildungsrelevanz. Mithin handelt es sich hierbei auch nicht um Rundfunk*darbietungen*[767].

Freilich ist es abzusehen, daß sich die Qualität von Internet-Broadcasting mit künftigen Übertragungstechniken erheblich verbessern wird. Schon heute sind mit Breitbandtechnologien deutliche Fortschritte zu verzeichnen. Je mehr die Internet-Broadcasting-Angebote die Qualität von herkömmlichen Rundfunkdarbietungen erreichen, desto größer ist ihre Authentizität und mithin ihre Suggestivkraft. Gleichzeitig erhöht sich deren Breitenwirkung. Sodann bestünde auch eine rundfunktypische Meinungsbildungsrelevanz und Internet-Broadcasting müßte als Rundfunkdarbietung eingestuft werden. Wann eine dem Rundfunk vergleichbare Qualität erreicht wird, kann gewiß nur im Einzelfall geklärt werden. Als Anhaltspunkte sollten folgende Voraussetzungen gelten: Die Darbietungen, in Form planmäßig ablaufender Gesamtprogramme, sollten grundsätzlich ohne Verzögerungen und Bildausfälle ablaufen und eine akzeptable Mindestgröße von etwa doppelter Postkartengröße erreichen. Die Bilder und Töne müssen zweifelsfrei und ohne Anstrengungen erkennbar und verständlich sein. Auch müssen solche Angebote von einer größeren Rezipientengruppe gleichzeitig genutzt werden können, ohne daß damit Qualitätsverluste einhergehen.

Bei *Pay-per-view-Angeboten* ist zunächst zu differenzieren. Werden sie in Form von Abrufdiensten angeboten, so wird nicht nur die Aktualität der Inhalte gemindert, sondern auch bei Breitenwirkung und Suggestivkraft müssen erhebliche Abstriche gemacht werden, weshalb solche Angebote keine rundfunktypische Meinungsbildungsrelevanz erreichen und folglich nicht als Rundfunkdarbietungen angesehen werden können[768].

Allerdings sind Pay-per-view-Angebote auch als planmäßig ablaufende Gesamtprogramme vorstellbar. In diesen Fällen können sie sehr wohl eine rundfunktypische *Aktualität* erreichen[769]. Beim Merkmal der *Breitenwirkung* stellt sich wieder die Frage, ob solche Angebote auch tatsächlich von breiten Bevölkerungskreisen akzeptiert und genutzt werden[770]. Jedenfalls kann auch hier ein Multiplikationseffekt entstehen[771]. Bei Pay-per-view-Angeboten muß die *Suggestivkraft* nicht notwendigerweise von der Übertragungsqualität abhängen, denn sie können ebenso wie herkömmliche Rundfunkangebote verbreitet werden. Damit erwecken auch solche Darbietungen ohne weiteres den Eindruck von Authentizität. Dennoch fehlt es Pay-per-view-Angeboten an Suggestivkraft und

[767] *A.A.* Janik, K&R 2001, 572, 578.
[768] Vgl. hierzu S. 194ff; S. 196f; S. 197ff.
[769] Vgl. zum Merkmal der Aktualität, S. 196f.
[770] Vgl. zum Merkmal der Breitenwirkung, S. 194ff.
[771] Ebenda.

zwar deshalb, weil ein passives Eingeschaltetlassen des Empfangsgerätes fortlaufende Mehrkosten verursacht. Die Nutzer werden sich öfter fragen, ob der Erwerb einer bestimmten Darbietung tatsächlich sinnvoll ist. Um eine solche Entscheidung treffen zu können, ist eine aktive geistige Auseinandersetzung mit den Inhalten notwendig. Die Rezipienten werden dadurch zugleich kritischer und sind folglich weniger empfänglich für Meinungsmanipulationen. Freilich dürfte ein solcher Verlust an Suggestivkraft noch nicht ausreichen, um Pay-per-view-Angebote in Form von Verteildiensten generell nicht mehr als Rundfunk anzusehen. Das wäre wohl erst dann der Fall, wenn zusätzlich bei den Merkmalen Breitenwirkung und Aktualität deutliche Abstriche zu verzeichnen wären.

d. Zusammenfassung

Im Folgenden sollen die Anforderungen, welche an eine Rundfunk*darbietung* im Sinne von § 2 I RStV zu stellen sind, ebenfalls anhand eines konkreten Beispiels zusammengefaßt werden. Sehr anschaulich lassen sich die vielen, dabei zu beachtenden Aspekte, an einem Teleshopping-Kanal demonstrieren. Dieser soll im konkreten Fall ein eigenständiger Verteildienst sein, der neben den reinen Warenpräsentationen auch produktunabhängige, informierende und unterhaltende Teile enthält. Ein solcher Dienst wäre dann als Rundfunk*darbietung* anzusehen, wenn er im Vergleich zu anderen Informations- und Kommunikationsangeboten eine deutlich erhöhte Meinungsbildungsrelevanz aufweist.

Ein positiver Vermutungstatbestand hierfür ist das Vorliegen eines *planmäßig ablaufenden Gesamtprogramms*[772]. Ein solches bietet die besten Möglichkeiten, meinungsbildend zu wirken, denn die Inhalte können vom Veranstalter gezielt zusammengestellt werden und als feststehendes Gesamtprogramm einer unbestimmten Vielzahl von Personen zeitgleich präsentiert werden. Eine solche massenkommunikative Beeinflussungskraft geht hingegen verloren, sobald den Rezipienten eine direkte, individuelle Einflußnahme auf die Programmgestaltung ermöglicht wird. Schaut man also zunächst nur auf die Darbietungsform, so kann man sagen, daß die Meinungsbildungsrelevanz von Abrufdiensten generell hinter der von planmäßig ablaufenden Gesamtprogrammen zurückbleibt.

Für das Beispiel der Teleshopping-Kanäle gilt somit folgendes: Handelt es sich, wie im konkreten Fall, um einen Verteildienst, so kann zunächst eine rundfunktypische Meinungsbildungsrelevanz vermutet werden. Eine Gestaltung als

---

[772] Ausführlicher hierzu, S. 174ff.

Abrufdienst würde indes gegen die Annahme einer Rundfunkdarbietung sprechen.

Neben der Darbietungsform sind auch diverse *inhaltliche Aspekte* zu beachten[773]. So muß eine *Rundfunkdarbietung redaktionell gestaltet* sein[774]. Es darf sich also nicht um eine bloße Aneinanderreihung separater Inhalte handeln, sondern die Darbietung muß durch eine gewisse Konzentrationsleistung entstanden sein[775]. Dazu ist eine Auswahl und Bearbeitung vorhandener Meinungen und Informationen erforderlich, sowie deren Verarbeitung zu einem für die potentiellen Rezipienten nutzbaren Produkt. Dies dürfte bei Teleshopping-Kanälen stets der Fall sein, es sei denn, es würde sich um einen weitgehend automatisierten Produktkatalog, etwa in Form einer Datenbank, handeln[776].

Eine redaktionelle Darbietung läge auch dann nicht vor, wenn lediglich thematisch sehr eng begrenzte Informationen und Meinungen ohne Einbindung in ein größeres Kommunikationsangebot übermittelt würden[777]. Diese Einschränkung trifft auf die typischen Teleshopping-Kanäle freilich nicht zu, sondern wäre wieder nur bei den reinen Produktkatalogen anzunehmen.

Auf inhaltlicher Seite gibt es auch eine Reihe negativer Vermutungstatbestände, welche gegen die Annahme einer rundfunktypischen Meinungsbildungsrelevanz sprechen. So können Angebote, deren Inhalte auf einen völlig anderen Zweck als die *Wirkung auf den Meinungsmarkt* ausgerichtet sind, natürlich nur einen sehr begrenzten Einfluß auf die öffentliche Meinungsbildung ausüben[778]. Entsprechend besteht auch kein Bedürfnis, solche Angebote den strengen rundfunkrechtlichen Normierungen zu unterwerfen[779]. Ein typisches Beispiel hierfür, ist die Ausrichtung eines Angebots auf den Warenmarkt[780]. Soweit die Inhalte lediglich den gewerblichen Erfolg beabsichtigen, mag die Vormachtstellung eines solchen Angebots zwar wettbewerbsrechtliche Bedeutung erlangen, aber es sind keine Gefahren für den Meinungspluralismus zu befürchten. Entscheidend dabei ist, daß der gewerbliche Zweck durchgehend und eindeutig erkennbar im Vordergrund steht.

---

[773] Ausführlicher hierzu, S. 181ff.
[774] Vgl. S. 181ff.
[775] Ebenda; s. auch S. 116ff.
[776] Ausführlicher hierzu, S. 116ff.
[777] Vgl. S. 181ff, S. 117ff.
[778] Vgl. S. 184ff.
[779] Vgl. S. 172.
[780] Ebenda.

Die hier in Frage stehenden Teleshopping-Kanäle sind nicht ausschließlich auf die Warenpräsentation beschränkt. Sie enthalten auch selbständige informierende und unterhaltende Programmteile. Folglich sind sie nicht nur auf den Warenmarkt ausgerichtet, sondern wirken darüber hinaus auch auf den Meinungsmarkt. Somit ist es nicht von vornherein auszuschließen, daß solche Angebote eine rundfunktypische Meinungsbildungsrelevanz entwickeln können.

Unzureichend für eine Rundfunkdarbietung ist auch die bloße Übermittlung von Tatsachen, welche ausschließlich Ergebnisse widerspiegeln, die direkt aus *Messungen oder Datenerhebungen* gewonnen wurden[781]. Diese sind kaum in der Lage, ein tendenziöses Meinungsklima zu erzeugen. Mithin besteht keine Notwendigkeit, solche Angebote dem strengen rundfunkrechtlichen Regulierungsrahmen zu unterstellen.

Die Inhalte von Teleshopping-Kanälen sind - wie auch im konkreten Fall - deutlich umfassender und damit sehr wohl in der Lage, eine rundfunktypische Meinungsbildungsintensität zu erreichen.

Schließlich kann auch bei *textorientierten Diensten* grundsätzlich nicht von einer Rundfunkdarbietung ausgegangen werden[782]. Ihnen fehlt vornehmlich die rundfunktypische Suggestivkraft bewegter Bilder. Eine Textorientierung liegt nicht nur bei reinen Textdiensten vor, sondern besteht auch, wenn die deutlich im Vordergrund stehenden Textbestandteile durch statische Bildelemente oder durch entsprechende, vereinzelte Tondokumente ergänzt werden.

Die Teleshopping-Kanäle sind üblicherweise so gestaltet, daß sie sehr wohl Bewegtbilder enthalten. Nur reine Produktkataloge könnten als Textdienste angesehen werden. Folglich spricht im konkreten Fall auch dieser Vermutungstatbestand nicht gegen die Annahme einer Rundfunkdarbietung.

Nach dem bislang Gesagten, könnten Teleshopping-Kanäle, welche neben der reinen Warenpräsentation auch produktunabhängige, informierende und unterhaltende Teile enthalten, durchaus als Rundfunkdarbietungen angesehen werden. Allerdings kann man aus dem Vorliegen positiver und dem Nichtvorliegen negativer Vermutungstatbestände nicht mit hinreichender Sicherheit ein endgültiges Ergebnis ableiten. In den meisten Fällen wird es darum notwendig sein, den tatsächlichen Einfluß auf die öffentliche Meinungsbildung am konkreten Einzelfall zu ermitteln[783]. Die herausragende Meinungsbildungsrelevanz von

[781] Vgl. S. 187ff.
[782] Vgl. S. 190ff.
[783] Vgl. S. 192ff.

Rundfunk wird mit dessen besonderer *Breitenwirkung, Aktualität und Suggestivkraft* begründet[784]. Die Frage, wann eine Rundfunkdarbietung angenommen werden kann, ist also danach zu bestimmen, ob und in welcher Intensität diese Eigenschaften vorliegen.

Teleshopping-Kanäle in Form planmäßig ablaufender Gesamtprogramme können eine rundfunktypische *Breitenwirkung* erlangen, denn auch hier läßt sich ein Multiplikationseffekt erreichen, also das gleichzeitige Ansprechen einer unbestimmten Vielzahl von Personen, mit einheitlichen Inhalten[785]. Auch werden Teleshopping-Kanäle durchaus von breiten Bevölkerungskreisen akzeptiert und genutzt[786].

Unproblematisch ist ebenfalls das Merkmal der *Aktualität.* Teleshopping-Kanäle, in Form von Verteildiensten, erlauben durchaus eine Beteiligung der Rezipienten am aktuellen Geschehen[787].

Fraglich bleibt schließlich, ob Teleshopping-Kanäle auch eine rundfunktypische *Suggestivkraft* erreichen können. Soweit es sich, wie im konkreten Beispiel, um ein planmäßig ablaufendes Gesamtprogramm handelt, bestehen selbstverständlich dieselben Möglichkeiten tendenziöser Berichterstattung wie bei typischen Rundfunkdarbietungen. Auch können die Rezipienten solche Angebote gleichsam in intellektueller Passivhaltung nutzen und sind daher weniger kritisch gegenüber den vermittelten Inhalten. Doch selbst die Möglichkeit besonders intensiver Einflußnahme auf die Rezipienten, hat kaum Auswirkungen auf die Meinungsbildungsrelevanz solcher Angebote, wenn die verbreiteten Inhalte keine wesentliche Gefahr für den Meinungspluralismus befürchten lassen, weil sie eben nicht auf den Meinungsmarkt, sondern auf den Warenmarkt ausgerichtet sind. Dies ist bei Teleshopping-Kanälen, welche ausschließlich produktbezogene Inhalte verbreiten, der Fall. Sofern diese, aufgrund ihrer Gestaltung, eine besonders intensive Beeinflussungskraft erzielen, entstehen allenfalls wettbewerbsrechtliche Gefahren. Der Meinungspluralismus kann erst dann gefährdet werden, wenn die Teleshopping-Kanäle - wie im vorliegenden Fall - neben den reinen Warenpräsentationen auch produktunabhängige, informierende und unterhaltende Teile enthalten. Diese bedienen nunmehr den Meinungsmarkt und können, gerade in planmäßig ablaufenden Gesamtprogrammen[788], sehr wohl ei-

---

[784] Ebenda; BVerfGE 90, 60, 87.
[785] Ausführlicher hierzu S. 194ff.
[786] Ebenda.
[787] Ausführlicher hierzu, S. 196f.
[788] Vgl. S. 174ff, S. 197ff.

nen rundfunktypischen Einfluß auf die öffentliche Meinungsbildung erlangen. Wenn solche Programmteile ausschlaggebend dafür sind, ob Teleshopping-Kanäle dem Rundfunkrecht zu unterstellen sind oder nicht, kommt es entscheidend auf deren Suggestivkraft an. Es ist also danach zu fragen, ob die Zuschauer diese Darbietungen in intellektueller Passivhaltung nutzen können, ob sie durch geschickte Verknüpfungen der verschiedenen Inhalte an die Darbietung gebunden werden, ob Zäsuren, durch welche die Rezipienten mitunter zum Ab- beziehungsweise Umschalten veranlaßt würden, weitgehend vermieden werden und ob ein Eindruck von Authentizität erzeugt wird[789]. Diese Voraussetzungen werden bei planmäßig ablaufenden Gesamtprogrammen, deren Darbietungen Kombinationen von Bewegtbildern und Tönen enthalten, generell erfüllt[790]. Mithin erreichen die hier in Frage stehenden Teleshopping-Kanäle durchaus eine rundfunktypische Suggestivkraft.

Nach der Gesamtschau aller Voraussetzungen ist festzustellen, daß ein Teleshopping-Kanal in Form eines eigenständigen Verteildienstes, der neben den reinen Warenpräsentationen auch produktunabhängige, informierende und unterhaltende Teile enthält, durchaus eine derart intensive Meinungsbildungsrelevanz aufweist, daß er als Rundfunkdarbietung im Sinne von § 2 I RStV angesehen werden kann.

5. Fernmeldetechnische Verbreitung

Ebenso wie beim verfassungsrechtlichen Rundfunkbegriff kann ein Informations- beziehungsweise Kommunikationsangebot auch auf einfachgesetzlicher Ebene schließlich nur dann als Rundfunk angesehen werden, wenn es unter Benutzung *elektromagnetischer Schwingungen* verbreitet wird[791].

---

[789] Vgl. zu diesen Voraussetzungen S. 197ff.
[790] Ebenda.
[791] Ausführlicher hierzu S. 126ff; s. u.a. auch Hoffmann-Riem, AfP 1996, 9, 12f; Jarass, Online-Dienste, S. 14ff; Michel, ZUM 1998, 350, 353; eingehender zur Technik: Herrmann, Rundfunkrecht, § 2, Rn. 53ff.

C. Teledienste und Mediendienste - Vorbemerkungen

Zum Bereich der elektronisch vermittelten Informations- und Kommunikationsdienste zählen heutzutage nicht mehr allein die klassischen Rundfunkangebote. Die fortschreitende technische Entwicklung hat in zunehmendem Maße eine Vielzahl neuartiger Dienste hervorgebracht. Mit deren Aufkommen stellte sich zugleich die Frage ihrer rechtlichen Bewertung, nämlich ob auch sie dem Rundfunkrecht unterliegen oder nicht. Entsprechend ist die Diskussion um die Frage, wie weit oder eng der Rundfunkbegriff zu fassen ist, bis dato nicht zur Ruhe gekommen. Dennoch war es lange Zeit möglich, die Informations- und Kommunikationsangebote danach zu unterscheiden, ob sie dem geltenden Rundfunkrecht unterliegen beziehungsweise keiner spezifischen Regulierung bedürfen[792].

Zunehmend entstanden jedoch immer mehr Dienste, welche den Zwischenbereich dieser Pole sehr breitgefächert ausfüllen. Beispielhaft hierfür sind die reinen Teleshopping-Kanäle. Während sie in gleicher Form wie herkömmliche Rundfunkangebote dargeboten werden, weisen sie eine erheblich geringere Meinungsbildungsrelevanz und damit ein geringeres Gefährdungspotential als Rundfunk auf. Auch sogenannte On-demand-Dienste erlauben vielfach keine eindeutige Zuordnung zu den genannten Bereichen. Zwar handelt es sich, anders als beim Rundfunk, nicht um Verteil- sondern um Abrufdienste - es bestehen also deutliche Unterschiede in der Darbietungsform. Dennoch werden auch hier mitunter typische Rundfunksendungen (z.B. die Tagesschau) verbreitet.

Trotz der Schwierigkeiten solche Angebote eindeutig rechtlich zu bewerten, wurde nochmals der Versuch unternommen, neuartige Informations- und Kommunikationsdienste entweder der rundfunkrechtlichen Regulierung zu unterstellen oder aber im Rahmen einer sogenannten „Negativliste" bestimmte Dienste vom Rundfunkbegriff auszunehmen[793]. Zugleich wurde aber bereits das Bedürfnis nach einem System abgestufter Regelungsdichte deutlich. So wurde empfohlen, daß bestimmte Dienste, „soweit sie aufgrund ihrer Ausgestaltung nur von geringem Einfluß auf die öffentliche Meinungsbildung sind und deutlich

---

[792] So noch die Ergebnisse der Besprechung der Chefs der Staats- und Senatskanzleien vom 09./10. November 1994, wiedergegeben bei Kuch, ZUM 1997, 225.

[793] Diese Liste wurde von der Arbeitsgruppe „Rundfunkbegriff", auf Basis eines Auftrags der Rundfunkkommission vom 02. Juni 1995, erstellt und ist auf der Ministerpräsidentenkonferenz vom 25.-27. Oktober 1995 zustimmend zur Kenntnis genommen worden. Abgedruckt ist die sog. „Negativliste" etwa bei Meier, in: Roßnagel, Recht der Multimedia-Dienste, § 2 MDStV, Rn. 7.

hinter dem herkömmlichen Rundfunk zurückbleiben, nicht in vollem Umfang den engeren rundfunkrechtlichen Regelungen unterliegen sollen"[794]. Auch wurden bereits Überlegungen angestellt, welche Regelungen für solche Dienste ausreichend wären. Diese „Negativliste" war somit bereits Grundlage für die Entwicklung von Teledienstegesetz und Mediendienstestaatsvertrag[795].

Allerdings wurde die Diskussion hinsichtlich der Regulierungsbedürftigkeit moderner Informations- und Kommunikationsdienste durchaus sehr kontrovers geführt[796]. Zum einen wurde und wird die möglichst weitgehende Liberalisierung des gesamten Bereichs der elektronisch vermittelten Medien gefordert, so auch die endgültige Beseitigung der Sonderstellung des Rundfunks[797]. Zum anderen wird sehr wohl auch bei den modernen Informations- und Kommunikationsangeboten ein gewisser Regulierungsbedarf gesehen. Zwar soll und darf die Entwicklung des Mediensektors, der in immer stärkerem Maße sowohl ein bedeutender Wirtschaftsfaktor, als auch Bildungs- und Informationsressource sein wird, nicht durch übermäßige Regulierung behindert werden[798]. Auch sind die berechtigten Interessen von Nutzern und Anbietern entsprechender Informations- und Kommunikationsangebote vor unverhältnismäßigen Eingriffen zu schützen. Dennoch bestehen eine Vielzahl öffentlicher Ordnungsinteressen, welche die Einführung eines Mindestmaßes an Regulierungen erforderlich und angemessen erscheinen lassen[799]. Insbesondere Daten-, Jugend- und Verbraucherschutzregelungen sind unerläßlich[800]. Auch die Frage der Verantwortlichkeit für die verbreiteten Inhalte, ist bei den neuen Medienformen nicht immer leicht zu beantworten und bedarf spezieller Normierung. Anbieter und Nutzer solcher Dienste werden gerade hier ein besonderes Bedürfnis nach Rechtssicherheit haben. Regulierungen können folglich nicht nur ein Hindernis für die Entwicklung moderner Technologien sein, sondern auch Garant für deren breite Akzeptanz in der Bevölkerung.

---

[794] Ebenda.

[795] Kuch, ZUM 1997, 225, 226; Meier, in: Roßnagel, Recht der Multimedia-Dienste, § 2 MDStV, Rn. 7.

[796] Gounalakis, NJW 1997, 2993; s. auch Eberle, in: Prinz/ Peters, FS für Engelschall, S. 153ff.

[797] Vgl. hierzu auch die Ausführungen oben, S. 56ff.

[798] Vgl. etwa Amtl. Begr. zum MDStV, A. Allgemeines, abgedruckt bei Ring, Medienrecht, Bd. II, G II 1.300.

[799] Ebenda.

[800] Ebenda.

Die Regulierungsnotwendigkeit wurde sowohl vom Bund als auch den Ländern erkannt und sollte möglichst zügig umgesetzt werden[801]. Allerdings machten sowohl die Länder als auch der Bund eine Gesetzgebungskompetenz für den Bereich der modernen Informations- und Kommunikationsdienste geltend[802]. Die notwendigen Regelungen sollten jedoch nicht an den unterschiedlichen Auffassungen in Kompetenzfragen scheitern[803]. Darum verständigten sich Bund und Länder am 01.07.1996 darauf, im Rahmen der Zuständigkeitsverteilung des Grundgesetzes einen in der Sache einheitlichen Rechtsrahmen in Form eines Bundesgesetzes und eines Länderstaatsvertrags zu schaffen[804]. Infolgedessen entstanden zum einen der Mediendienstestaatsvertrag der Länder[805] und im Rahmen des Informations- und Kommunikationsdienste-Gesetzes des Bundes auch das Teledienstegesetz[806].

[801] Zum Gang der Gesetzgebungsverfahren s. etwa: Kröger/ Moos, ZUM 1997, 462; Meier, in: Roßnagel, Recht der Multimedia-Dienste, § 2 MDStV, Rn. 3ff; Spindler, in: Roßnagel, Recht der Multimedia-Dienste, § 2 TDG, Rn. 4ff.

[802] Zu den Kompetenzfragen s. u.a. Gersdorf, in Prinz/ Peters, FS für Engelschall, S. 163ff.

[803] So die gemeinsame Erklärung vom Bundeskanzler und den Ministerpräsidenten der Bundesländer vom 18.12.1996, abgedruckt etwa bei Engel-Flechsig, ZUM 1997, 231 oder bei Meier, in: Roßnagel, Recht der Multimedia-Dienste, § 2 MDStV, Rn. 13.

[804] Ebenda.

[805] Ausführlich hierzu ab S. 245.

[806] Dazu im Folgenden mehr.

D. Teledienste

Auf den grundlegenden Wandel in der Medienlandschaft und das Aufkommen einer Vielzahl von neuartigen Informations- und Kommunikationsangeboten reagierte der Bund im Rahmen seiner Zuständigkeiten mit der Schaffung eines Gesetzes zur Regelung der Rahmenbedingungen für Informations- und Kommunikationsdienste[807]. Damit sollte eine verläßliche Grundlage für die Gestaltung der sich dynamisch entwickelnden Medienangebote geschaffen werden und ein Ausgleich zwischen freiem Wettbewerb, berechtigten Nutzerbedürfnissen und öffentlichen Ordnungsinteressen herbeigeführt werden[808]. Der Gesetzgeber sah diesbezüglich einen Handlungsbedarf in zwei Richtungen: Zum einen ging es um die Beseitigung von Hemmnissen für die freie Entfaltung der Marktkräfte im Bereich der neuen Informations- und Kommunikationsdienste und die Gewährleistung einheitlicher wirtschaftlicher Rahmenbedingungen für das Angebot und die Nutzung dieser Dienste[809]. Zum anderen ging es um die Einführung notwendiger Regelungen im Datenschutz, in der Datensicherheit, im Urheberrecht und im Jugendschutz[810]. Das Informations- und Kommunikationsdienste-Gesetz ist dementsprechend in eine Reihe von Artikeln aufgeteilt, welche jeweils einen eigenständigen Regelungsbereich beinhalten. Von zentraler Bedeutung ist Art. 1 IuKDG, welcher das Teledienstegesetz enthält.

Der Bund führt seine Zuständigkeit für die Schaffung des Informations- und Kommunikationsdienste-Gesetzes vornehmlich auf Art. 74 I Nr. 11 GG (Recht der Wirtschaft) zurück und zwar insbesondere für die Regelungen der Zugangsfreiheit und des Verbraucherschutzes ebenso wie für den Datenschutz und die Datensicherheit[811]. Die Regelungskompetenz im Bereich des gewerblichen Rechtsschutzes und des Urheberrechts wird auf Art. 73 Nr. 9 GG zurückgeführt[812]. Die Zuständigkeit für Regelungen im Bereich des Strafrechts wird mit

[807] Zur Entstehungsgeschichte des Informations- und Kommunikationsdienste-Gesetzes (IuKDG) siehe die vorstehenden Ausführungen. Vgl. auch Kröger/ Moos, ZUM 1997, 462 mit einer Reihe von Eckdaten.

[808] Begr. zum Regierungsentwurf des IuKDG, BT-Drs. 13/ 7385, Begründung, A. Allgemeiner Teil, Ziel des Gesetzes.

[809] Ebenda.

[810] Ebenda.

[811] Begr. zum Regierungsentwurf des IuKDG, BT-Drs. 13/ 7385, Begründung, A. Allgemeiner Teil, Gesetzgebungskompetenz des Bundes.

[812] Ebenda.

Art. 74 I Nr. 1 GG und im Bereich des Jugendschutzes mit Art. 74 I Nr. 7 GG begründet[813].

In Art. 1 IuKDG, also dem Teledienstegesetz, werden die grundlegenden rechtlichen Rahmenbedingungen für einen Teil der modernen Informations- und Kommunikationsangebote normiert. Hierzu gehört zunächst eine Definition, welche dieser Angebote als Teledienste anzusehen sind (§ 2 TDG). Weitere zentrale Normen des Teledienstegesetzes sind Regelungen zur Sicherstellung der Zugangsfreiheit (§ 5 TDG) und der Verantwortlichkeit der Diensteanbieter (§§ 8-11 TDG).

Der Normenkanon des ursprünglichen Teledienstegesetzes vom 22.07.1997 wurde mit dem Gesetz über rechtliche Rahmenbedingungen für den elektronischen Geschäftsverkehr[814] vom 14.12.2001 um eine Reihe weiterer Regelungen ergänzt. Hierzu zählen etwa die Einführung des Herkunftslandprinzips (§ 4 TDG), wie auch zusätzliche Informationspflichten (§ 6-7 TDG). Mit diesen neuen Regelungen wurden die Vorgaben der E-Commerce-Richtlinie[815] in nationales Recht umgewandelt[816].

Das Teledienstegesetz regelt die erweiterten Formen der Individualkommunikation, also vornehmlich jene neuen, vom Benutzer individuell im Wege der neuen Informations- und Kommunikationstechnologien nutzbaren Dienste[817]. Prägend für solche Angebote sind insbesondere die hierdurch möglichen Anwendungen im Sinne eines individuellen und frei kombinierbaren Umgangs mit digitalisierten Informationen verschiedener - interaktiv verwendbarer - Darstellungsformen, wie Zeichen, Bilder oder Töne[818].

Im Folgenden gilt es zu untersuchen, welche Informations- und Kommunikationsangebote konkret als Teledienste im Sinne von § 2 I TDG anzusehen sind. Zugleich gilt es, die Differenzen zu den Mediendiensten[819] und den Rundfunkangeboten[820] deutlich herauszuarbeiten.

---

[813] Ebenda.
[814] Elektronischer Geschäftsverkehr-Gesetz – EGG.
[815] EU-Richtlinie 2000/31/EG (ABl. EG Nr. L 178 S.1 -ECRL-).
[816] Vgl. Begründung zum Regierungsentwurf des EGG, BT-Drs. 14/ 6098, S. 11.
[817] Begr. zum Regierungsentwurf des IuKDG, BT-Drs. 13/ 7385, Begründung, A. Allgemeiner Teil, Einordnung der neuen Informations- und Kommunikationsdienste.
[818] Ebenda.
[819] Vgl. auch S. 245ff.
[820] Vgl. auch S. 165ff.

Zu den Telediensten zählen gemäß § 2 I TDG

> *„alle elektronischen Informations- und Kommunikationsdienste, die für eine individuelle Nutzung von kombinierbaren Daten wie Zeichen, Bilder oder Töne bestimmt sind und denen eine Übermittlung mittels Telekommunikation zugrunde liegt“.*

§ 2 II TDG enthält eine exemplarische Aufzählung verschiedener Teledienste.

I. Elektronische Informations- und Kommunikationsdienste

Die Teledienste werden in § 2 I TDG unter anderem als *elektronische Informations- und Kommunikationsdienste* umschrieben. Bei der Bestimmung, was unter *„Dienst“* zu verstehen ist, geht das Teledienstegesetz vom konkreten Angebot einer einzelnen, in sich abgeschlossenen Informations- und Kommunikationsdienstleistung aus und nicht etwa vom Gesamtspektrum der Angebote eines Diensteanbieters[821]. Entsprechend ist es möglich, daß innerhalb des einheitlich erscheinenden Gesamtangebots eines Anbieters ein Einzelangebot als Teledienst, ein anderes hingegen als Mediendienst zu bewerten ist.

Mit der expliziten Erwähnung, daß es sich um *elektronische* Dienste handeln muß, wird - vergleichbar dem Merkmal „Übermittlung mittels Telekommunikation“ - deutlich gemacht, daß es nicht um die Nutzung verkörperter Inhalte, wie Presseprodukte, geht. Darüber hinaus läßt sich nunmehr die nicht unproblematische Frage der rechtlichen Behandlung von Fernschreibediensten beziehungsweise Faksimile-Zeitungen anhand dieser Tatbestandsvoraussetzung noch deutlicher beantworten[822]. So ist ein Informations- und Kommunikationsangebot, welches die Nutzer nur in verkörperter Form nutzen können, selbst wenn es mittels Telekommunikation übermittelt wurde, eindeutig kein *elektronisch* nutzbares Angebot und kann damit keinesfalls als Teledienst angesehen werden.

II. Kombinierbare Daten

Besonders kennzeichnend für Teledienste ist zudem die individuelle Nutzung von *„kombinierbaren Daten wie Zeichen, Bilder öder Töne“*. Fraglich ist, ob mit diesem Merkmal das Teledienstegesetz auf Dienste beschränkt wird, die audiovisuelle oder kommunikative Inhalte transportieren, mit der Folge, daß etwa

[821] Engel-Flechsig/ Maennel/ Tettenborn, S. 11.
[822] Siehe hierzu auch S. 130f.

eine Übermittlung von Computerprogrammen keinesfalls als Teledienst angesehen werden könnte[823]. Eine solche Einschränkung würde freilich der angestrebten Entwicklungsoffenheit des Teledienstegesetzes nicht gerecht[824]. Gleichsam sprechen auch verschiedene, unter § 2 II TDG explizit genannte, Beispiele gegen eine derartige Auslegung[825]. So werden gemäß § 2 II Nr. 5 TDG „Angebote von Waren und Dienstleistungen in elektronisch abrufbaren Datenbanken" den Telediensten zugerechnet, obschon hier gewiß keine rein kommunikativen Inhalte im Vordergrund stehen[826]. Gegen eine Beschränkung des Anwendungsbereichs des Teledienstegesetzes allein auf kommunikative Inhalte spricht auch die ausdrückliche Erwähnung von Angeboten zum Datenaustausch unter § 2 II Nr. 1 TDG[827]. Schließlich lassen auch die Gesetzesmaterialien keine derartige Absicht erkennen. Im Gegenteil, der Gesetzgeber spricht ganz allgemein von „digitalisierten Informationen verschiedener [...] Darstellungsformen (z.B. Text, Grafik, Sprache, Bild, Bildfolgen usw.)"[828].

Man kann folglich nicht davon ausgehen, daß § 2 I TDG nur Dienste mit kommunikativen Inhalten erfaßt, sondern es darf festgestellt werden, daß das Teledienstegesetz für jegliche Art von Inhalten offen ist. Entscheidend ist allein die Möglichkeit, die Inhalte individuell nutzen zu können. Dazu zählt vor allem die, von § 2 I TDG ausdrücklich geforderte, freie Kombinierbarkeit der Daten.

Unter *„kombinierbar",* dürfte wohl die grundsätzliche Fähigkeit der Inhalte zur individuellen Nutzung zu verstehen sein. Darüber hinausgehende Anforderungen, sind an dieses Merkmal nicht zu stellen. So muß es sich gewiß nicht um Kombinationen von Inhalten unterschiedlicher Art handeln, also etwa Bild und Ton etc. Es genügt, wenn die dargebotenen Inhalte überhaupt kombinierbar, also frei zusammenstellbar sind. Diese Fähigkeit wäre beispielsweise bei alleinstehenden Inhalten, in Form einzelner Aussagen, ganz offensichtlich nicht gegeben.

---

[823] Vgl. hierzu auch Spindler, in: Roßnagel, Recht der Multimedia-Dienste, § 2 TDG, Rn. 20ff.

[824] So auch Spindler, in: Roßnagel, Recht der Multimedia-Dienste, § 2 TDG, Rn. 21.

[825] Vgl. Spindler, in: Roßnagel, Recht der Multimedia-Dienste, § 2 TDG, Rn. 23.

[826] Ebenda.

[827] Ebenda.

[828] Begr. zum Regierungsentwurf des IuKDG, BT-Drs. 13/ 7385, Begründung, A. Allgemeiner Teil, Einordnung der neuen Informations- und Kommunikationsdienste.

III. Individuelle Nutzung

Das Teledienstegesetz regelt die sogenannten erweiterten Formen der Individualkommunikation[829]. Hierzu sollen nicht nur rein individualkommunikative Dienste zählen, sondern ebenso Angebote, welche durchaus an eine Allgemeinheit gerichtet sein können, jedoch von den Nutzern individuell genutzt werden.

Damit wird die herkömmliche, strikte Unterscheidung von Informations- und Kommunikationsangeboten in massenkommunikative und individualkommunikative Dienste aufgeweicht. Entsprechend können die Teledienste einerseits und die Mediendienste beziehungsweise Rundfunkangebote andererseits keineswegs allein danach unterschieden werden, ob sie an eine Allgemeinheit gerichtet sind oder nicht. Vielmehr wurde im Teledienstegesetz ein anderer Anknüpfungspunkt gewählt. Entscheidend ist gemäß § 2 I TDG, ob die Dienste *„für eine individuelle Nutzung [...] bestimmt sind“*. Diese Bedingung kann allerdings nicht nur von individualkommunikativen Diensten erfüllt werden, sondern auch von Angeboten, welche an eine Allgemeinheit gerichtet sind.

Da Informations- und Kommunikationsdienste, die an die Allgemeinheit gerichtet sind, grundsätzlich auch gemäß § 2 I 1 MDStV den Mediendiensten beziehungsweise gemäß § 2 I 1 RStV dem Rundfunk zugeordnet werden können, gilt es an dieser Stelle hinreichend zu klären, welche Merkmale erkennen lassen, daß solche Dienste gegebenenfalls *„für eine individuelle Nutzung [...] bestimmt sind“*. Charakteristisch für entsprechende Teledienste ist zum einen, daß sie die notwendigen technischen Voraussetzungen für Interaktionsmöglichkeiten bereitstellen[830]. Zum anderen ist entscheidend, in welchem Maße die Kommunikationsinhalte einseitig vorgegeben sind beziehungsweise individuell zusammengestellt beziehungsweise mitgestaltet werden können. Anhand dieser Indizien lassen sich Rückschlüsse auf die Zielrichtung des Diensteanbieters gewinnen. So beabsichtigt dieser gewiß eine individuelle Nutzung seines Informations- und Kommunikationsangebots, wenn den Nutzern die technischen Möglichkeiten bereitstehen, auf eine bestimmte Botschaft, auch wenn sie an die Allgemeinheit gerichtet ist, auf dem gleichen Kommunikationsweg individuell zu reagieren und wo mitunter sogar durch Replik und Gegenreplik ein echter Dialog möglich wird[831].

---

[829] Begr. zum Regierungsentwurf des IuKDG, BT-Drs. 13/ 7385, Begründung, A. Allgemeiner Teil, Einordnung der neuen Informations- und Kommunikationsdienste.
[830] Gounalakis/ Rhode, CR 1998, 487, 488.
[831] Heyl, ZUM 1998, 115, 118.

Sehr anschauliche Beispiele hierfür sind Telebanking und Telespiele, welche - etwa als Internet-Angebote - zunächst jedermann, einheitlich zur Verfügung stehen, bei denen dann aber der Informationsaustausch von Nutzer zu Nutzer höchst unterschiedlich gestaltet wird. Im Gegensatz hierzu wird bei Teletexten im Sinne von § 2 II Nr. 3 MDStV deutlich, daß diese für eine einheitliche Nutzung durch eine unbestimmte Vielzahl von Rezipienten bestimmt sind, denn sie erlauben keinerlei individuelle Einflußnahme auf die Inhalte von Seiten der Nutzer. Es fehlt hier an entsprechenden technischen Rückkopplungsmöglichkeiten.

In Grenzfällen, wie etwa einer privaten Homepage, ist sehr genau zu differenzieren, ob die Übermittlung bestimmter Inhalte an eine Vielzahl von Nutzern oder das Anknüpfen von Interaktionen und Dialogen mit einigen dazu bereiten Nutzern im Vordergrund steht[832].

Entscheidend ist also, mit welcher Zielrichtung der Anbieter in den Markt tritt[833]. Liegt der Schwerpunkt eher auf der Meinungsbildung, also der gleichförmigen Beeinflussung einer unbestimmten Vielzahl von Personen, wie sie durch die traditionellen Massenmedien erreicht werden kann, so spricht dies für Rundfunk beziehungsweise für einen Mediendienst[834]. Wird hingegen schwerpunktmäßig eine Interaktion mit beziehungsweise zwischen den Nutzern beabsichtigt oder ist das Angebot so gestaltet, daß die Kommunikationsinhalte von jedem Nutzer individuell zusammengestellt beziehungsweise mitgestaltet werden können, so ist eher von einem Teledienst auszugehen[835].

Allerdings ist der Anwendungsbereich des Teledienstegesetzes nicht allein auf Angebote, die *„für eine individuelle Nutzung [...] bestimmt sind“*, beschränkt. Ein rein am Wortlaut orientiertes Verständnis hätte zur Folge, daß man Verteildienste, welche nur für einen beschränkten Rezipientenkreis bestimmt sind, nicht dem Regelungsbereich des Teledienstegesetzes zuordnen könnte. Schließlich erlauben Verteildienste keine „individuelle Nutzung“, wie dies etwa bei Abrufdiensten der Fall ist[836]. Gleichsam würden aber auch der Rundfunkstaatsvertrag und der Mediendienstestaatsvertrag nicht zur Anwendung kommen, denn diese Normen erfassen nur solche Informations- und Kommunikationsdienste, welche an eine Allgemeinheit gerichtet sind. Eine solche Regelungslücke entspricht allerdings nicht dem Willen der Gesetzgeber.

---

832 Heyl, ZUM 1998, 115, 119.

833 Spindler, in: Roßnagel, Recht der Multimedia-Dienste, § 2 TDG, Rn. 33.

834 Spindler, in: Roßnagel, Recht der Multimedia-Dienste, § 2 TDG, Rn. 34.

835 Ebenda; s. auch Begr. zum Regierungsentwurf des IuKDG, BT-Drs. 13/ 7385, Begründung, A. Allgemeiner Teil, Einordnung der neuen Informations- und Kommunikationsdienste.

836 Vgl. insoweit auch Fechner, Medienrecht, Rn. 984.

Dies wird deutlich, wenn man die Entstehungsgeschichte von Teledienstegesetz und Mediendienstestaatsvertrag heranzieht[837]. So waren Ausgangspunkt für die Unterscheidung von Telediensten und Mediendiensten die Bund-Länder-Einigungen vom 01.07.1996 und 18.12.1996, wonach die „an die Allgemeinheit gerichteten" Dienste in den Zuständigkeitsbereich der Länder fallen und der Bund jene Dienste regelt, die „nicht an die Allgemeinheit gerichtet" sind[838]. Mithin sollten individualkommunikative Dienste - also auch das eben beschriebene Angebot - eindeutig vom Bund geregelt werden. Regelungslücken gab es nicht.

Wenn mit dem Teledienstegesetz nunmehr ausdrücklich die sogenannten *erweiterten Formen der Individualkommunikation* geregelt werden sollen, darf man wohl davon ausgehen, daß darunter ein Kreis von Informations- und Kommunikationsangeboten zu verstehen ist, der noch über den Bereich der rein individualkommunikativen Dienste hinaus geht - diese aber zugleich einschließt. Hierfür spricht auch die Regelung des § 2 II Nr. 1 TDG, welche ausdrücklich als Beispiel für Teledienste „Angebote im Bereich der Individualkommunikation" anführt[839].

Das Teledienstegesetz erfaßt also nicht nur Kommunikationsformen, die sich am Modell der face-to-face-Kommunikation orientieren, also bei denen typischerweise ein Rollenwechsel zwischen Kommunikatoren und Rezipienten stattfindet, sondern zu den Telediensten können auch Verteildienste zählen, welche sich ausschließlich an einen beschränkten Teilnehmerkreis richten[840]. Damit fallen unter das Teledienstegesetz sowohl solche Informations- und Kommunikationsangebote, welche von vornherein nur einem individuell bestimmten Rezipientenkreis zugänglich sind, als auch solche, die einer Allgemeinheit offen stehen, jedoch „für eine individuelle Nutzung [...] bestimmt sind"[841].

[837] Siehe hierzu auch S. 211ff, S. 215ff.

[838] So Engel-Flechsig/ Maennel/ Tettenborn, S. 12f; auch Meier, in: Roßnagel, Recht der Multimedia-Dienste, § 2 MDStV, Rn. 11 (hier sind auch die zitierten Bund-Länder-Einigungen abgedruckt).

[839] Siehe hierzu auch S. 231ff.

[840] Engel-Flechsig/ Maennel/ Tettenborn, S. 13; so im Ergebnis auch Lent, Rundfunk-, Medien-, Teledienste, S. 169f; Bei einem solchen Verständnis wird auch klar, warum § 2 IV Nr. 3 und § 3 Nr. 3 TDG die Verteildienste explizit erwähnen, anderenfalls würden Verteildienste ohnehin vom Anwendungsbereich des Teledienstegesetzes ausgeschlossen sein. *a.A.* sind u.a. Fechner, Medienrecht, Rn. 984; ebenso Gounalakis/ Rhode, CR 1998, 487, 489.

[841] So auch Mayer, Das Internet im öffentlichen Recht, S. 186.

IV. Irrelevanz der Entgeltlichkeit

Gemäß § 2 III TDG kommt es für die Anwendung des Teledienstegesetzes nicht darauf an, ob die Teledienste entgeltlich oder unentgeltlich genutzt werden[842].

V. Übermittlung mittels Telekommunikation

Um Informations- und Kommunikationsdienste gemäß § 2 I TDG den Telediensten zuordnen zu können, ist schließlich erforderlich, daß diesen eine *„Übermittlung mittels Telekommunikation zugrunde liegt"*.

Der Gesetzgeber stellte dabei auf denselben Telekommunikationsbegriff ab, wie er in § 3 Nr. 16 TKG a.F. definiert wurde[843]. Diese Definition findet sich nunmehr nahezu wortgleich unter § 3 Nr. 22 TKG[844]: Demnach ist unter *Telekommunikation* der technische Vorgang des Aussendens, Übermittelns und Empfangens von Signalen mittels Telekommunikationsanlagen zu verstehen. Zu den Telekommunikationsanlagen zählen gemäß § 3 Nr. 23 TKG technische Einrichtungen oder Systeme, die als Nachrichten identifizierbare elektromagnetische oder optische Signale senden, übertragen, vermitteln, empfangen, steuern oder kontrollieren können[845].

Mechanische Informations- und Kommunikationsangebote, wie Presseprodukte, können demnach ebensowenig wie Offline-Angebote (z.B. ein Angebot auf CD-Rom), den Telediensten zugerechnet werden[846]. Unerheblich ist hingegen, ob es sich um schmalbandige oder breitbandige Übertragungsleitungen handelt oder ob eine Funkübertragung vorliegt[847].

Im übrigen ist eine Übermittlung mittels Telekommunikation sowohl dem Rundfunk, den Telediensten und den Mediendiensten zueigen, so daß dieses Tatbe-

[842] Vgl. Begr. zum Regierungsentwurf des IuKDG, BT-Drs. 13/ 7385, Begründung, B. Besonderer Teil, Zu Artikel 1, Zu § 2, Zu Absatz 3.

[843] Vgl. Begr. zum Regierungsentwurf des IuKDG, BT-Drs. 13/ 7385, Begründung, A. Allgemeiner Teil, Einordnung der neuen Informations- und Kommunikationsdienste.

[844] In der Begr. zum Regierungsentwurf des TKG 2004, BR-Drs. 755/03, heißt es in der Begründung zu § 3 Nr. 22: "Hier wurde § 3 Nr. 16 TKG-alt unverändert übernommen".

[845] Hier wurde die Definition des § 3 Nr. 17 TKG a.F. völlig unverändert übernommen: s. auch Begr. zum Regierungsentwurf des TKG 2004, BR-Drs. 755/03, Begründung zu § 3 Nr. 24.

[846] Spindler, in: Roßnagel, Recht der Multimedia-Dienste, § 2 TDG, Rn. 17; Engel-Flechsig/ Maennel/ Tettenborn, S. 11; Fechner, Medienrecht, Rn. 985f.

[847] Spindler, in: Roßnagel, Recht der Multimedia-Dienste, § 2 TDG, Rn. 17; vgl. auch Meier, in: Roßnagel, Recht der Multimedia-Dienste, § 2 MDStV, Rn. 33.

standsmerkmal bei den Abgrenzungsproblemen zwischen diesen Informations- und Kommunikationsangeboten keinerlei Bedeutung erlangt[848]. Hingegen muß im Verhältnis zum Telekommunikationsgesetz unbedingt beachtet werden, daß das Teledienstegesetz nicht die Telekommunikation selbst regelt, sondern die Nutzung der mittels Telekommunikation übermittelten Inhalte[849].

VI. Ausschlußtatbestände

Der Anwendungsbereich des Teledienstegesetzes wird durch eine Reihe von Ausschlußtatbeständen begrenzt. Diese sollen im folgenden näher untersucht werden.

1. § 2 IV Nr. 1 TDG

Gemäß § 2 IV Nr. 1 TDG gilt das Teledienstegesetz nicht für „Telekommunikationsdienstleistungen und das geschäftsmäßige Erbringen von Telekommunikationsdiensten nach § 3 des Telekommunikationsgesetzes vom 25. Juli 1996 (BGBl. I S. 1120)". Hiermit wird der Tatsache Rechnung getragen, daß die Übermittlung von Telediensten die Telekommunikation voraussetzt, weshalb sowohl das Teledienstegesetz als auch das Telekommunikationsgesetz funktionsbezogen zur Anwendung kommen können[850]. Die Regelung stellt klar, daß im Teledienstegesetz die inhaltlichen und nutzungsrelevanten Komponenten der bereitgestellten Angebote geregelt werden[851]. Wohingegen der technische Vorgang der Telekommunikation nach § 3 Nr. 16 TKG a.F., die Telekommunikationsdienstleistungen nach § 3 Nr. 18 TKG a.F. und das geschäftsmäßige Erbringen von Telekommunikationsdiensten nach § 3 Nr. 5 TKG a.F. unberührt bleiben[852]. Problematisch in diesem Zusammenhang ist, daß mit Neufassung des Telekommunikationsgesetzes zwar die Definitionen von Telekommunikation (jetzt in § 3 Nr. 22 TKG) und vom geschäftsmäßigen Erbringen von Telekommunikationsdiensten (jetzt in § 3 Nr. 10 TKG) nahezu wortgleich übernommen wurden, jedoch die Bestimmung des Begriffs „Telekommunikationsdienstlei-

[848] Beachte darum, auch an dieser Stelle, die Ausführungen unter S. 126ff.
[849] Siehe ausführlich zu dieser Problematik die Ausführungen zu § 2 IV Nr. 1 TDG, auf S. 223 und zum Bereich der Telekommunikation, ab S. 269ff.
[850] Begr. zum Regierungsentwurf des IuKDG, BT-Drs. 13/ 7385, Begründung, B. Besonderer Teil, Zu Artikel 1, Zu § 2, Zu Absatz 4.
[851] Ebenda.
[852] Ebenda; vgl. hierzu auch die Ausführungen zum Abschnitt Telekommunikation, S. 269ff.

stungen“ entfallen ist. Die Frage, ob § 2 IV Nr. 1 TDG entsprechend seinem Wortlaut auch künftig an die Fassung des Telekommunikationsgesetzes vom 25. Juli 1996 anknüpfen soll oder ob lediglich im Zuge der Novellierung des Telekommunikationsgesetzes eine Anpassung von § 2 IV Nr. 1 TDG versäumt wurde, kann jedoch dahin gestellt bleiben. So wurde in der Begründung zum Regierungsentwurf des Telekommunikationsgesetzes in Bezug auf den unter § 3 Nr. 25 TKG neu eingeführten Begriff der „Telekommunikationsdienste“ ausdrücklich klar gestellt, daß dieser den Begriff der Telekommunikationsdienstleistungen ersetzt und daß seine Definition bislang in § 3 Nr. 18 und 19 TKG a.F. dargestellt war[853]. Daraus ergibt sich, daß sich insoweit am sachlichen Geltungsbereich des Telekommunikationsgesetzes beziehungsweise des Ausschlußtatbestandes des § 2 IV Nr. 1 TDG nichts geändert hat[854].

2. § 2 IV Nr. 2 TDG

Das Teledienstegesetz gilt gemäß § 2 IV Nr. 2 TDG des weiteren nicht für solche Informations- und Kommunikationsangebote, welche sich zugleich als Rundfunk im Sinne von § 2 RStV darstellen. Hier kommt allein der Rundfunkstaatsvertrag zur Anwendung.

3. § 2 IV Nr. 3 TDG

Gemäß § 2 IV Nr. 3 TDG gilt das Teledienstegesetz nicht für „inhaltliche Angebote bei Verteildiensten und Abrufdiensten, soweit die redaktionelle Gestaltung zur Meinungsbildung für die Allgemeinheit im Vordergrund steht, nach § 2 des Mediendienste-Staatsvertrages in der Fassung vom 20. Januar bis 7. Februar 1997“. Diese Regelung war im ursprünglichen Gesetzentwurf noch nicht enthalten[855] und wurde erst während des Gesetzgebungsverfahrens auf ausdrücklichen Wunsch der Länder aufgenommen[856].

---

[853] Begr. zum Regierungsentwurf des TKG 2004, BR-Drs. 755/03, Begründung zu § 3 Nr. 25.

[854] So auch Koenig/ Neumann, K&R 2004, Beilage 3, S. 26; vgl. hierzu auch die Ausführungen zum Abschnitt Telekommunikation, S. 269ff.

[855] Vgl. Begr. zum Regierungsentwurf des IuKDG, BT-Drs. 13/ 7385, Begründung, B. Besonderer Teil, Zu Artikel 1, Zu § 2, Zu Absatz 4.

[856] Vgl. Stellungnahme des Bundesrates zum Regierungsentwurf des IuKDG, BT-Drs. 13/ 7385, 2. Zu Artikel 1, Begründung zu c und die Gegenäußerung der Bundesregierung, BT-Drs. 13/ 7385, Zu Nummer 2, zu Buchstabe c; beachte in diesem Zusammenhang im übrigen auch: Spindler, in: Spindler/ Schmitz/ Geis, TDG, § 2, Rn. 20.

Sie soll den Anbietern und Nutzern von Informations- und Kommunikationsangeboten eine möglichst zweifelsfreie Zuordnung ihrer Dienste zu den Regelungsbereichen von Teledienstegesetz beziehungsweise Mediendienstestaatsvertrag ermöglichen[857]. Dabei wird der Norm lediglich ein deklaratorischer Charakter zugesprochen[858]. Sie verdeutlicht die zwischen Bund und Ländern im Vorfeld der Gesetzgebungsverfahren getroffene Vereinbarung über die Aufteilung der Regelungsbereiche im Rahmen der jeweiligen Zuständigkeiten[859]. Eine solche Klarstellung war insbesondere mit Blick auf die sehr offen formulierten Anwendungsbereiche sowohl des Teledienstegesetzes aber insbesondere auch des Mediendienstestaatsvertrags zwingend geboten. Andernfalls wäre es äußerst schwierig, eine klare Trennlinie zwischen diesen Normen zu ziehen.

Zudem bestand auf Seiten der Länder ein besonderes Interesse an einer solchen Klarstellung, denn sie hatten, entsprechend der vorangegangenen Bund-Länder-Einigung[860] und im Bewußtsein ihrer Verpflichtung zu bundestreuem Verhalten[861], mit § 2 I 3 MDStV bereits den Anwendungsbereich des Mediendienstestaatsvertrags erheblich eingeschränkt, indem sie festlegten, daß die Bestimmungen des Teledienstegesetzes durch den Mediendienstestaatsvertrag unberührt bleiben. Entsprechend werden Informations- und Kommunikationsangebote, welche gemäß § 2 I TDG als Teledienste anzusehen sind, dem Anwendungsbereich des Mediendienstestaatsvertrags gänzlich entzogen, obschon sie mitunter zugleich die sehr weit gefaßten Tatbestandsvoraussetzungen des § 2 I 1 MDStV erfüllen würden. Damit der Regelungsbereich des Mediendienstestaatsvertrags nicht durch eine zu weitgehende Ausdehnung des Teledienstegesetzes ausgehöhlt wird, bestanden die Länder auf eine dem § 2 I 3 MDStV entsprechende Regelung im Teledienstegesetz[862]. Dem ist der Bund mit § 2 IV Nr. 3 TDG auch nachgekommen[863].

Das Teledienstegesetz gilt demnach nicht für „inhaltliche Angebote bei Verteildiensten und Abrufdiensten, soweit die redaktionelle Gestaltung zur Meinungsbildung für die Allgemeinheit im Vordergrund steht“. In Konkurrenzsituationen zwischen dem Teledienstegesetz und dem Mediendienstestaatsvertrag kommt also - getreu dem Grundsatz des Art. 31 GG, wonach Bundesrecht dem

[857] Ebenda.

[858] Vgl. die Gegenäußerung der Bundesregierung zur Stellungnahme des Bundesrates, BT-Drs. 13/ 7385, Zu Nummer 2, zu Buchstabe c.

[859] Siehe hierzu auch S. 211ff.

[860] Ebenda.

[861] Vgl. Stellungnahme des Bundesrates zum Regierungsentwurf des IuKDG, BT-Drs. 13/ 7385, 2. Zu Artikel 1, Begründung zu c.

[862] Ebenda.

[863] Vgl. hierzu (mit zum Teil weitergehenden Ausführungen) auch S. 248ff.

Landesrecht vorgeht - grundsätzlich das Teledienstegesetz zur Anwendung, es sei denn, es handelt sich um solche Dienste, wie sie § 2 IV Nr. 3 TDG beschreibt, hier wäre dann allein der Anwendungsbereich des Mediendienstestaatsvertrags eröffnet. Damit sind Überschneidungen der Regelungsbereiche von Teledienstegesetz und Mediendienstestaatsvertrag im Ergebnis ausgeschlossen[864].

Mit der Formulierung *„soweit [...] im Vordergrund steht"* läßt § 2 IV Nr. 3 TDG im übrigen erkennen, daß auch Teledienste durchaus redaktionell gestaltet sein können, also daß es sich dabei nicht um ein exklusives Merkmal der Mediendienste handelt. Erst wenn die redaktionelle Gestaltung zur Meinungsbildung für die Allgemeinheit das vordergründige Ziel eines Informations- und Kommunikationsangebots ist, kann ein Mediendienst angenommen werden. Welche Hinweise dafür sprechen, daß dies der Fall ist, wird nachfolgend geklärt.

a. Redaktionelle Gestaltung

Zunächst muß das in Frage stehende Informations- und Kommunikationsangebot eine *redaktionelle Gestaltung* aufweisen. Die Anforderungen, die an dieses Merkmal zu stellen sind, wurden bereits im Rahmen des verfassungsrechtlichen Rundfunkbegriffs hinreichend erörtert[865]. Da kein Grund ersichtlich ist, weshalb im Rahmen des Teledienstegesetzes andere Maßstäbe gelten sollten[866], genügt es an dieser Stelle, die dort gefundenen Ergebnisse lediglich noch einmal zusammenzutragen:

Ein redaktionell gestaltetes Informations- und Kommunikationsangebot ist dadurch gekennzeichnet, daß eine Vermittlungsleistung erbracht wird. Diese besteht darin, daß die unterschiedlichsten Informationsinhalte recherchiert, aufgegriffen und verarbeitet werden, um sie sodann zu einem konzentrierten, die Rezipienten interessierenden Informationspaket zu schnüren[867]. Dabei ist es unerheblich, ob ein ausgewogenes oder aber einseitiges Meinungsbild gezeichnet wird. Für die Vermittlungsfunktion kommt es ausschließlich darauf an, daß es sich nicht um eine bloße Widerspiegelung der vorhandenen Einzelmeinungen handelt, sondern eine gewisse Konzentrations-, Einschmelzungs- und Regenerierungsleistung vorliegt. Folglich nehmen solche Informations- und Kommuni-

---

[864] So auch Engel-Flechsig/ Maennel/ Tettenborn, S. 13.
[865] Vgl. S. 112ff.
[866] So auch Spindler, in: Roßnagel, Recht der Multimedia-Dienste, § 2 TDG, Rn. 31.
[867] Ebenda.

kationsangebote, die lediglich eine reine Aneinanderreihung von separaten Inhalten darstellen, von vornherein keine Vermittlungsfunktion war. Eine redaktionelle Gestaltung liegt auch dann nicht vor, wenn lediglich thematisch sehr eng begrenzte Informationen oder bestimmte Meinungen, ohne Einbindung in ein größeres Kommunikationsangebot, übermittelt werden.

Ein Angebot bleibt auch dann Ergebnis redaktioneller Bearbeitung, wenn die Rezeption einer individuellen Gestaltung zugänglich ist. Der Vermittlungszusammenhang wird nicht etwa durch den interaktiven Abruf von Inhalten aufgehoben. In der vorangegangenen Zusammenstellung eines Gesamtprogramms aus der Vielzahl vorhandener Meinungen und Informationen, liegt bereits die redaktionelle Gestaltung, mit ihrer Auswahl-, Konzentrations- und Vermittlungsleistung.

Auch die Aufnahme von Inhalten Dritter in das Gesamtprogramm stellt regelmäßig eine redaktionelle Tätigkeit dar. Selbst wenn sich der Anbieter solche Inhalte meist nicht zu eigen machen will, nimmt er dennoch eine redaktionelle Aufgabe war, indem er solche Inhalte gezielt auswählt und in einem von ihm festgelegten Rahmen präsentiert, um ein bestimmtes Meinungsbild zu erzeugen.

b. Zur Meinungsbildung für die Allgemeinheit

Allein das Merkmal der redaktionellen Gestaltung könnte freilich keine hinreichend sichere Abgrenzung zwischen Telediensten und Mediendiensten gewährleisten, denn hierbei handelt es sich keineswegs um ein exklusives Merkmal der Mediendienste. Auch Angebote der Individualkommunikation können durchaus redaktionell gestaltet sein[868]. Daher kommt es zudem entscheidend darauf an, ob mit der redaktionellen Gestaltung eine *„Meinungsbildung für die Allgemeinheit"* beabsichtigt wird, denn hierin unterscheiden sich Teledienstegesetz und Mediendienstestaatsvertrag deutlich. Die Zielrichtung der Teledienste ist nämlich nicht, die auf öffentliche Meinungsbildung angelegte massenmediale Versorgung, sondern die durch den Nutzer bestimmbare Kommunikation[869].

Über § 2 IV Nr. 3 TDG werden folglich nur solche Informations- und Kommunikationsangebote vom Anwendungsbereich des Teledienstegesetzes ausgeschlossen, deren vornehmliches Ziel die Einflußnahme auf den öffentlichen Meinungsmarkt ist. Die redaktionelle Gestaltung muß also darauf ausge-

[868] Vgl. auch Spindler, in: Roßnagel, Recht der Multimedia-Dienste, § 2 TDG, Rn. 71f.
[869] Vgl. Begr. zum Regierungsentwurf des IuKDG, BT-Drs. 13/ 7385, Begründung, A. Allgemeiner Teil, Einordnung der neuen Informations- und Kommunikationsdienste.

richtet sein, daß die Kommunikationsinhalte Einfluß auf die Meinungsbildung einer unbestimmten Vielzahl von Personen erlangen sollen. Eine besondere Relevanzschwelle bezüglich der Eignung zur Meinungsbildung ist nicht notwendig[870]. Darum scheidet eine an den Kommunikationsinhalten orientierte Differenzierung grundsätzlich aus[871].

Maßgeblich ist vielmehr die Frage, ob mit den Inhalten eine meinungsbildende Wirkung erreicht werden soll oder ob andere Ziele beabsichtigt sind. Nimmt man etwa einen elektronischen Warenkatalog, der den Kunden eine direkte Bestellmöglichkeit eröffnet, so mag dieser zwar mitunter redaktionell gestaltet sein (Anordnung der Produkte, graphische Gestaltung etc.) und gewiß auch eine meinungsbildende Wirkung auf die Kunden entfalten (zur Qualität der Produkte, der Notwendigkeit einer entsprechenden Anschaffung, der Angemessenheit des Preises etc.), dennoch will der Anbieter nicht allein, daß die Kunden sich lediglich eine Meinung über die Produkte bilden, sondern sein Interesse liegt erkennbar auf dem Absatz der Waren. Die Kommunikationsinhalte sind also weniger für den Meinungsmarkt, als für den Warenmarkt bestimmt[872].

Ob das Merkmal *„Meinungsbildung für die Allgemeinheit"* als erfüllt angesehen werden kann, hängt also davon ab, mit welcher Zielrichtung der Anbieter in den Markt tritt[873]. Dem entsprechend ist danach zu fragen, ob das redaktionell gestaltete Informations- und Kommunikationsangebot die Einflußnahme auf den öffentlichen Meinungsmarkt beabsichtigt oder ob es eine Individualkommunikation wirtschaftlicher Art ermöglicht[874].

c. Im Vordergrund stehend

Freilich läßt sich die Bewertung, ob die verschiedenen Informations- und Kommunikationsinhalte eines Angebots darauf ausgerichtet sind, meinungsbildend zu wirken, nicht immer einheitlich vornehmen. So ist etwa vorstellbar, daß bei einem elektronischen Warenkatalog neben den dominierenden Produktbeschreibungen zum Teil auch ganz allgemeine Informationen verbreitet werden, welche

---

[870] Vgl. aber auch, mit zum Teil *a.A.:* Meier, in: Roßnagel, Recht der Multimedia-Dienste, § 2 MDStV, Rn. 27; Spindler, in: Roßnagel, Recht der Multimedia-Dienste, § 2 TDG, Rn. 33 aber auch Rn. 72.

[871] Nur ganz wenigen Kommunikationsinhalten, ist eine Eignung zur Meinungsbildung abzusprechen: vgl. S. 92ff.

[872] Vgl. hierzu auch die Differenzierung zwischen Rundfunk und Mediendiensten, unter S. 184ff.

[873] Spindler, in: Roßnagel, Recht der Multimedia-Dienste, § 2 TDG, Rn. 33.

[874] Ebenda.

zwar thematisch verwandt sein mögen, jedoch weniger dem Warenabsatz, als vielmehr der Meinungsbildung dienen.

In § 2 IV Nr. 3 TDG wird diese Problematik dadurch gelöst, daß darauf abgestellt wird, ob die Meinungsbildung für die Allgemeinheit *„im Vordergrund steht"* oder nicht. Entscheidend ist also, welche Ausrichtung der Dienst schwerpunktmäßig erfahren hat[875]. Demgemäß ist das soeben beschriebene Beispiel eindeutig den Telediensten zuzuordnen, denn in diesem Fall steht der individualkommunikative, wirtschaftliche Leistungsaustausch erkennbar im Vordergrund. Die rein meinungsbildenden Beiträge sind diesem Ziel lediglich untergeordnet. Erst wenn die öffentliche Meinungsbildung das dominierende Ziel eines Informations- und Kommunikationsdienstes ist, scheidet die Anwendung des Teledienstegesetzes gemäß § 2 IV Nr. 3 TDG aus und es handelt sich um einen Mediendienst.

Die rechtliche Beurteilung eines Informations- beziehungsweise Kommunikationsangebots entsprechend der jeweils im Vordergrund stehenden Zielrichtung, ist freilich nur dann möglich, wenn die verschiedenen Inhalte tatsächlich als einheitliches Angebot anzusehen sind. Besteht hingegen nur eine scheinbare Verbindung aus einzelnen Teilen, welche auch selbständig nebeneinander bestehen könnten und sich deutlich voneinander abgrenzen, so sind diese auch getrennt rechtlich zu bewerten[876]. Entsprechend gilt es, vor der Prüfung, welche inhaltlichen Angebote, mit welchem Ziel im Vordergrund stehen, darauf zu achten, ob die zu bewertenden Inhalte überhaupt ein einheitliches Angebot darstellen.

d. Zusammenfassung

Durch die Regelung des § 2 IV Nr. 3 TDG werden Überschneidungen der Regelungsbereiche von Teledienstegesetz und Mediendienstestaatsvertrag vermieden. Soweit bei einem Informations- und Kommunikationsangebot die redaktionelle Gestaltung zur Meinungsbildung für die Allgemeinheit im Vordergrund steht, ist eher von einem Mediendienst auszugehen. Liegt der Schwerpunkt eines Angebots hingegen nicht auf der öffentlichen Meinungsbildung, sondern wird vornehmlich ein anderes Ziel verfolgt, etwa eine Individualkommunikation wirtschaftlicher Art, handelt es sich um einen Teledienst. Sollte es trotz dieser klaren Abgrenzung wider Erwarten dennoch zu einer Überschneidung kommen, gilt der Grundsatz des Art. 31 GG, wonach Bundesrecht dem Landesrecht vorgeht.

---

[875] Spindler, in: Roßnagel, Recht der Multimedia-Dienste, § 2 TDG, Rn. 34.
[876] Vgl. hierzu auch die Ausführungen zu den Online-Banking-Angeboten, S. 293ff.

Hieraus darf jedoch keinesfalls eine Vermutungsregel abgeleitet werden, wonach im Zweifelsfall ein Teledienst anzunehmen ist[877].

4. § 2 IV Nr. 4 TDG

Die über Art. 1 Nr. 2a EGG neu eingeführte Regelung des § 2 IV Nr. 4 TDG stellt klar, daß das Teledienstegesetz nicht für den Bereich der Besteuerung gilt[878]. In der Begründung zum Regierungsentwurf des Art. 1 Nr. 2a EGG[879] wird diese Regelung wie folgt erläutert: Dem Bereich der Besteuerung ist sowohl das materielle Steuerrecht, als auch das Steuerverfahrensrecht zugeordnet[880]. Damit unterfallen Tätigkeiten, die der Durchführung eines Verwaltungsverfahrens oder eines gerichtlichen Verfahrens in Steuersachen, eines Strafverfahrens wegen einer Steuerstraftat oder eines Bußgeldverfahrens wegen einer Steuerordnungswidrigkeit dienen, nicht dem Anwendungsbereich des Teledienstegesetzes[881]. Die Tätigkeit von Steuerberatern außerhalb der genannten Verfahren ist nicht vom Anwendungsbereich des Teledienstegesetzes ausgenommen[882].

5. § 2 V TDG

Gemäß § 2 V TDG bleiben presserechtliche Vorschriften unberührt. Hiermit soll klargestellt werden, daß das Teledienstegesetz keinen Gebrauch von der Rahmenkompetenz des Bundes für die Presse nach Art. 75 I Nr. 2 GG macht[883].

6. § 2 VI TDG

Ein letzter Ausschlußtatbestand findet sich in § 2 VI TDG. Diese, über Art. 1 Nr. 2b EGG neu eingeführte Regelung, soll lediglich klarstellen, daß das Tele-

---

877 Ausführlich hierzu Spindler, in: Roßnagel, Recht der Multimedia-Dienste, § 2 TDG, Rn. 35; vgl. aber auch Waldenberger, MMR 1998, 124, 126.

878 Diese Regelung geht auf einen gleichlautenden Ausschluß in der E-Commerce-Richtlinie (EU-Richtlinie 2000/31/EG (ABl. EG Nr. L 178 S.1 -ECRL-)) zurück, nämlich auf Art. 1 V a ECRL.

879 BT-Drs. 14/ 6098, S. 15.

880 Ebenda.

881 Ebenda.

882 Ebenda.

883 So die Begr. zum Regierungsentwurf des IuKDG, BT-Drs. 13/ 7385, Begründung, B. Besonderer Teil, Zu Artikel 1, Zu § 2, Zu Absatz 5.

dienstegesetz weder Regelungen im Bereich des internationalen Privatrechts schafft, noch daß es sich mit der Zuständigkeit der Gerichte befaßt[884].

VII. Beispielhafte Aufzählung

In § 2 II TDG findet sich eine beispielhafte, nicht abschließende (*„insbesondere“*) Aufzählung verschiedener Informations- und Kommunikationsangebote, welche als Teledienste im Sinne von § 2 I TDG anzusehen sind[885]. Diese hat der Gesetzgeber in fünf Kategorien unterteilt, welche sich freilich nicht immer trennscharf voneinander unterscheiden lassen.

Ohnehin müssen bei der Auslegung des Beispielkatalogs stets auch die allgemeinen Tatbestandsvoraussetzungen der Teledienste im Sinne von § 2 I TDG berücksichtigt werden, ebenso wie die diversen Ausschlußtatbestände des § 2 TDG[886]. Ein Informations- und Kommunikationsdienst kann also nicht allein aufgrund seiner Vergleichbarkeit zu einem der in § 2 II TDG aufgezählten Beispiele uneingeschränkt als Teledienst angesehen werden.

Im Folgenden sollen die einzelnen Kategorien eingehend erläutert und gegebenenfalls von ähnlichen Angeboten aus dem Bereich der Mediendienste beziehungsweise des Rundfunks abgegrenzt werden.

1. § 2 II Nr. 1 TDG

Zu den Telediensten zählen gemäß § 2 II Nr. 1 TDG zunächst *„Angebote im Bereich der Individualkommunikation“*. Beispielhaft werden *„Telebanking“* für den wirtschaftlich geprägten Bereich der Individualkommunikation und *„Datenaustausch“* für das breite Spektrum der individuell nutz- und gestaltbaren Inhalte genannt[887]. Zu letzterem sollen insbesondere Meinungsforen oder neue Formen der Zusammenarbeit, wie etwa Telearbeit, Telemedizin, Telelernen oder Telematik zählen[888].

---

[884] Auch diese Regelung geht auf die E-Commerce-Richtlinie (EU-Richtlinie 2000/31/EG (ABl. EG Nr. L 178 S.1 -ECRL-)) zurück, nämlich auf Art. 1 IV ECRL.

[885] So die Begr. zum Regierungsentwurf des IuKDG, BT-Drs. 13/ 7385, Begründung, B. Besonderer Teil, Zu Artikel 1, Zu § 2, Zu Absatz 2; s. auch Engel-Flechsig/ Maennel/ Tettenborn, S. 11.

[886] Siehe auch Spindler, in: Roßnagel, Recht der Multimedia-Dienste, § 2 TDG, Rn. 15; Im Einzelnen zu den Ausschlußtatbeständen: s. S. 223ff.

[887] Vgl. Begr. zum Regierungsentwurf des IuKDG, BT-Drs. 13/ 7385, Begründung, B. Besonderer Teil, Zu Artikel 1, Zu § 2, Zu Absatz 2, Zu Nummer 1.

[888] Ebenda.

Schaut man sich diese Beispiele genauer an, weisen sie überwiegend eine deutlich erkennbare Gemeinsamkeit auf. So ist die Kommunikation beziehungsweise der Informationsaustausch hier von vornherein auf einen feststehenden Teilnehmerkreis beschränkt. Darin unterscheiden sie sich nicht nur deutlich von den an die Allgemeinheit gerichteten Mediendiensten beziehungsweise Rundfunkangeboten, sondern ebenso von den übrigen Kategorien des § 2 II TDG, welche auch Dienste erfassen, bei denen die Kommunikationsinhalte durchaus einer unbestimmten Vielzahl von Personen zur Verfügung stehen können.

Ein wenig problematisch ist die eindeutige Zuordnung von Meinungsforen zu den *Angeboten im Bereich der Individualkommunikation*[889]. So könnten sie auch als *Angebote zur Kommunikation* im Sinne von § 2 II Nr. 2 TDG beziehungsweise als Mediendienste oder eventuell auch als Rundfunk qualifiziert werden. Dies ist darauf zurückzuführen, daß Meinungsforen ganz unterschiedliche Erscheinungsformen aufweisen können.

Unter § 2 II Nr. 1 TDG fallen ausschließlich solche Meinungsforen, welche von vornherein auf einen feststehenden Teilnehmerkreis beschränkt sind. Dabei ist die Anzahl der Nutzer im Prinzip unerheblich[890]. Eine Grenzziehung wäre völlig willkürlich[891]. Entscheidend ist allein, daß die Angebote nicht für jedermann zugänglich sind.

Hiervon zu unterscheiden sind bereits solche Dienste, welche zwar an die Allgemeinheit gerichtet sind, aber dennoch die Möglichkeit zur Aufnahme einer individuellen Kommunikation bieten. Dazu zählen etwa Chat-Angebote, welche von jedermann genutzt werden können, um sodann mit anderen, ausgewählten Teilnehmern, in einem separaten Chat-Raum, eine individuelle Kommunikation aufzubauen. Da solche Angebote nicht von vornherein auf einen feststehenden Teilnehmerkreis beschränkt sind, fällt es schwer, sie als *Angebote im Bereich der Individualkommunikation* gemäß § 2 II Nr. 1 TDG zu bezeichnen. Sie sind aber sehr wohl für eine individuelle Nutzung bestimmt und sollten daher als Teledienste im Sinne von § 2 II Nr. 2 TDG, also als *Angebote zur Kommunikation*, angesehen werden.

Noch problematischer ist die rechtliche Zuordnung von offenen Meinungsforen, welche jedermann die Möglichkeit bieten, an der Diskussion teilzunehmen, sei es mit eigenen Beiträgen oder als passiver Beobachter. Da solche Mei-

---

[889] Obschon diese in der Begr. zum Regierungsentwurf des IuKDG ohne Differenzierung als Teledienste i.S.v. § 2 II Nr. 1 TDG beispielhaft angeführt wurden, BT-Drs. 13/ 7385, Begründung, B. Besonderer Teil, Zu Artikel 1, Zu § 2, Zu Absatz 2, Zu Nummer 1.

[890] Vgl. jedoch Spindler, in: Roßnagel, Recht der Multimedia-Dienste, § 2 TDG, Rn. 57; Kröger/ Moos, ZUM 1997, 462, 468.

[891] Vgl. S. 12f.

nungsforen generell an die Allgemeinheit gerichtet sind, können sie keinesfalls als *Angebote im Bereich der Individualkommunikation* gemäß § 2 II Nr. 1 TDG angesehen werden. Vielmehr wäre es naheliegend, sie als Mediendienste anzusehen. Allerdings unterfallen nicht alle an die Allgemeinheit gerichteten Informations- und Kommunikationsangebote dem Mediendienstestaatsvertrag, sondern sind im Falle, daß sie „für eine individuelle Nutzung [...] bestimmt sind", gemäß § 2 I TDG als Teledienste anzusehen, „soweit [nicht] die redaktionelle Gestaltung zur Meinungsbildung für die Allgemeinheit im Vordergrund steht" (§ 2 IV Nr. 3 TDG). Entsprechend gilt es zu untersuchen, ob offene Meinungsforen „für eine individuelle Nutzung [...] bestimmt sind"[892]. Dies ist durchaus fraglich, denn im Unterschied zu anderen Telediensten, wie etwa Telebanking oder elektronische Bestelldienste, bei denen die Kommunikation naturgemäß höchst individuell, also zwischen dem Anbieter und dem jeweiligen Nutzer erfolgt, sind die Diskussionsbeiträge bei offenen Meinungsforen jedermann zugänglich. Zudem kommt es bei Meinungsforen, anders als beim Telebanking oder bei Bestelldiensten, nicht auf die aktive Mitwirkung eines jeden Nutzers an. Meinungsforen können auch passiv genutzt werden, indem man lediglich die Diskussionsbeiträge anderer Nutzer verfolgt. Geht man nun etwa davon aus, daß eine unbestimmte Vielzahl von Nutzern, sich auf eine solche passive Nutzung beschränken, also lediglich fremde Inhalte rezipieren, so bestünde aus deren Sicht kein Unterschied zu einem Mediendienst oder gar (bei audiovisuellen Beiträgen) zum Rundfunk. Eine individuelle Nutzung des Meinungsforums läßt sich aus dieser Perspektive nicht erkennen. Andererseits ist zu bedenken, daß ein Nutzer mit einem aktiven Diskussionsbeitrag die Kommunikation entscheidend mitgestalten und ihr eine individuelle Prägung geben kann. Zudem fände in Meinungsforen ohne individuelle Beteiligung der Nutzer keine Diskussion statt. Hier liegt auch der entscheidende Anknüpfungspunkt für die Beurteilung, ob offene Meinungsforen „für eine individuelle Nutzung [...] bestimmt sind" oder nicht. Der Anbieter eines offenen Meinungsforums stellt lediglich die technischen Möglichkeiten - eine Plattform - bereit, welche von den Nutzern dazu verwandt werden kann, miteinander zu kommunizieren. Der Schwerpunkt solcher Angebote liegt also nicht auf der Meinungsbildung, im Sinne einer gleichförmigen Beeinflussung einer unbestimmten Vielzahl von Personen, denn das Angebot selbst enthält noch gar keine Inhalte, sondern dient lediglich dazu, eine von den Nutzern individuell gestaltete Kommunikation zu ermöglichen[893]. Dementsprechend sind auch offene Meinungsforen „für eine individuelle Nutzung [...]

[892] Vgl. hierzu S. 219ff.

[893] Vgl. auch zu diesem Argument S. 219ff.

bestimmt“ und darum, trotz ihrer Ausrichtung an eine Allgemeinheit, grundsätzlich als Teledienste anzusehen[894].

Etwas anderes gilt gemäß § 2 IV Nr. 3 TDG nur dann, „soweit die redaktionelle Gestaltung zur Meinungsbildung für die Allgemeinheit im Vordergrund steht“. Dies kann mitunter der Fall sein, wenn offene Meinungsforen moderiert werden[895]. Hierfür genügt es allerdings nicht, daß lediglich einzelne Diskussionsbeiträge nicht veröffentlicht werden[896]. Entscheidend ist, daß ein wirklich redaktioneller Beitrag erbracht wird, also daß der Moderator gezielt einzelne Beiträge der Nutzer auswählt und zusammenstellt und so die Möglichkeit bekommt, ein bestimmtes Meinungsbild zu erzeugen. Solche Meinungsforen sind dann regelmäßig als Mediendienste zu qualifizieren[897].

Sieht man von solchen Ausnahmen ab, sind Meinungsforen generell den Telediensten zuzuordnen, wobei insbesondere die offenen Meinungsforen nicht als *Angebote im Bereich der Individualkommunikation* im Sinne von § 2 II Nr. 1 TDG angesehen werden können, sondern wohl eher als *Angebote zur Kommunikation* im Sinne von § 2 II Nr. 2 TDG.

Schließlich können auch E-Mail-Dienste, welche eine Kommunikation zwischen Einzelpersonen ermöglichen beziehungsweise geschlossene E-Mail-Listen als *Angebote im Bereich der Individualkommunikation* im Sinne von § 2 II Nr. 1 TDG bezeichnet werden[898].

2. § 2 II Nr. 2 TDG

Zu den Telediensten sollen gemäß § 2 II Nr. 2 TDG auch *„Angebote zur Information und Kommunikation“* zählen. Diese Kategorie ist sehr offen formuliert und erfaßt somit eine Vielzahl von Angeboten, die ganz unterschiedliche Informationen zum Inhalt haben können[899]. Beispielhaft werden in § 2 II Nr. 2 TDG

---

[894] Vgl. hierzu Spindler, in: Roßnagel, Recht der Multimedia-Dienste, § 2 TDG, Rn. 77; Kröger/ Moos, AfP 1997, 675, 679; s. dazu aber auch Determann, Kommunikationsfreiheit im Internet, S. 531f.

[895] Zum Begriff *moderiert*: s. S. 342f.

[896] Ebenso Spindler, in: Roßnagel, Recht der Multimedia-Dienste, § 2 TDG, Rn. 78.

[897] Ebenso Spindler, in: Roßnagel, Recht der Multimedia-Dienste, § 2 TDG, Rn. 78; Kröger/ Moos, AfP 1997, 675, 679; dies., ZUM 1997, 462, 468; Determann, Kommunikationsfreiheit im Internet, S. 531f.

[898] Ebenso Spindler, in: Roßnagel, Recht der Multimedia-Dienste, § 2 TDG, Rn. 78; Kröger/ Moos, ZUM 1997, 462, 468; Meier, in: Roßnagel, Recht der Multimedia-Dienste, § 2 MDStV, Rn. 66; vgl. hierzu auch S. 282ff.

[899] Vgl. Begr. zum Regierungsentwurf des IuKDG, BT-Drs. 13/ 7385, Begründung, B. Besonderer Teil, Zu Artikel 1, Zu § 2, Zu Absatz 2, Zu Nummer 2.

zum einen - für die individuelle Nutzung bestimmte - Datendienste wie Verkehrs-, Wetter-, Umwelt- und Börsendaten genannt. Aber auch Einzelwerbeangebote über Waren und Dienstleistungen sowie sonstige Angebote und Anzeigen (z.B. Homepages) sollen erfaßt werden[900].

Ausgeschlossen sind ausdrücklich solche Angebote, die mit dem Ziel der Meinungsbildung für die Allgemeinheit redaktionell aufbereitet sind, wie etwa Textdienste im Rundfunk[901]. Dieser explizite Ausschluß ist freilich mit dem nachträglich im Gesetzgebungsverfahren eingeführten § 2 IV Nr. 3 TDG überflüssig geworden, denn dieser stellt klar, daß das Teledienstegesetz generell nicht für inhaltliche Angebote gilt, soweit die redaktionelle Gestaltung zur Meinungsbildung für die Allgemeinheit im Vordergrund steht. Solche Angebote können dementsprechend von vornherein nicht als Teledienste im Sinne von § 2 II Nr. 2 TDG angesehen werden, selbst wenn dieser nicht einen gleichlautenden Ausschluß wie in § 2 IV Nr. 3 TDG enthielte. Damit genügt es an dieser Stelle auch, auf die entsprechenden Ausführungen zu § 2 IV Nr. 3 TDG zu verweisen[902].

Die generalklauselartige Weite des § 2 II Nr. 2 TDG, führt dazu, daß eine Vielzahl ganz unterschiedlicher Dienste erfaßt werden und daß es sogar zu Überschneidungen mit anderen Kategorien des § 2 II TDG kommen kann. So wurde etwa im vorstehenden Abschnitt deutlich, daß Meinungsforen oder E-Mail-Listen je nach Ausgestaltung entweder unter § 2 II Nr. 1 TDG beziehungsweise unter § 2 II Nr. 2 TDG zu subsumieren sind[903]. Ebenso ist der Unterschied zwischen Einzelwerbeangeboten über Waren und Dienstleistungen, die unter § 2 II Nr. 2 TDG fallen sollen und den Angeboten von Waren und Dienstleistungen im Sinne von § 2 II Nr. 5 TDG nicht immer klar erkennbar. Darum ist es wichtig, hinreichend deutlich zu machen, welche Dienste von § 2 II Nr. 2 TDG schwerpunktmäßig erfaßt werden. Dies soll im folgenden geschehen.

Auffällig ist zunächst, daß eine Reihe unterschiedlichster Datendienste wie Verkehrs-, Wetter-, Umwelt-, und Börsendaten beispielhaft genannt werden. Solche Angebote können durchaus an die Allgemeinheit gerichtet sein und sind dergestalt den Textdiensten im Sinne von § 2 II Nr. 3 MDStV beziehungsweise den in § 2 II Nr. 2 MDStV genannten Diensten sehr ähnlich. Der entscheidende Unterschied zu solchen Mediendiensten ist, daß bei Angeboten im Sinne von § 2 II Nr. 2 TDG nicht die redaktionelle Gestaltung zur Meinungsbildung für die All-

900 Ebenda.
901 Ebenda.
902 Vgl. S. 224ff.
903 Vgl. S. 231ff.

gemeinheit im Vordergrund stehen darf und - wie in der Begründung zum Regierungsentwurf noch einmal ausdrücklich klargestellt wird[904] - daß sie für eine individuelle Nutzung bestimmt sind. Im Wesentlichen werden von der in § 2 II Nr. 2 TDG genannten Kategorie also jegliche Informationsangebote erfaßt, welche Daten zur individuellen Nutzung bereitstellen, ohne daß eine redaktionelle Gestaltung zur Meinungsbildung für die Allgemeinheit im Vordergrund steht. Solche Angebote, bei denen es lediglich um die reine Übermittlung von Daten geht, können auch nicht den Mediendiensten im Sinne von § 2 II Nr. 4 MDStV zugerechnet werden, denn sie sind ausdrücklich von den dort beschriebenen Abrufdiensten ausgenommen.

Auch die anderen, in § 2 II Nr. 2 TDG genannten, Beispiele, wie die Angebote zur Verbreitung von Informationen über Waren und Dienstleistungen sind vornehmlich als Informationsangebote zu verstehen. Anders als bei den Diensten im Sinne von § 2 II Nr. 5 TDG, welche durch interaktive und unmittelbare Bestellmöglichkeiten gekennzeichnet sind, steht hier nicht die wirtschaftliche Betätigung im Vordergrund, also der direkte Absatz von Produkten, sondern es geht vielmehr um die Verbreitung von Informationen über Waren und Dienstleistungen, mithin vornehmlich um Werbeangebote[905]. Freilich gilt auch hier, daß bei solchen Angeboten nicht die redaktionelle Gestaltung zur Meinungsbildung für die Allgemeinheit im Vordergrund stehen darf[906]. Anderenfalls wären sie den Mediendiensten zuzuordnen.

Neben den bisher erwähnten *Angeboten zur Information* erfaßt § 2 II Nr. 2 TDG auch *Angebote zur Kommunikation*. Hierzu zählen - wie bereits erwähnt[907] - insbesondere offene, unmoderierte Meinungsforen und entsprechende E-Mail-Listen.

Als Beispiel für Angebote im Sinne von § 2 II Nr. 2 TDG gelten auch Homepages[908]. Diese können sowohl Angebote zur Information als auch zur Kommunikation darstellen. Letzteres wird darauf zurückgeführt, daß Homepages vielfach dazu dienen, die Besucher zur Kontaktaufnahme mit dem Anbieter der

---

904 Begr. zum Regierungsentwurf des IuKDG, BT-Drs. 13/ 7385, Begründung, B. Besonderer Teil, Zu Artikel 1, Zu § 2, Zu Absatz 2, Zu Nummer 2.

905 Auch die Begr. zum Regierungsentwurf des IuKDG spricht ausdrücklich von „Einzelwerbeangeboten", BT-Drs. 13/ 7385, Begründung, B. Besonderer Teil, Zu Artikel 1, Zu § 2, Zu Absatz 2, Zu Nummer 2.

906 Zu diesem Kriterium vgl. S. 224ff.

907 Vgl. S. 231ff.

908 Vgl. etwa Begr. zum Regierungsentwurf des IuKDG, BT-Drs. 13/ 7385, Begründung, B. Besonderer Teil, Zu Artikel 1, Zu § 2, Zu Absatz 2, Zu Nummer 2; Spindler, in: Roßnagel, Recht der Multimedia-Dienste, § 2 TDG, Rn. 70; Heyl, ZUM 1998, 115, 118f; s. auch Determann, Kommunikationsfreiheit im Internet, S. 533f.

Seite zu animieren[909]. Diese Tatsache trifft freilich nur auf einen Teil von Homepages zu, andere sind ausschließlich darauf ausgerichtet, an eine beliebige Öffentlichkeit Informationen zu vermitteln. Während man Angebote, welche vornehmlich als Ausgangspunkt für die Aufnahme individueller Kommunikationen dienen, durchaus als Angebote zur Kommunikation im Sinne von § 2 II Nr. 2 TDG bewerten kann[910], ist die rechtliche Qualifizierung von Homepages, bei denen der Informationscharakter deutlich im Vordergrund steht, weniger eindeutig. Hier gilt es, zu differenzieren. Entscheidendes Abgrenzungskriterium ist dabei die Tatsache, ob bei dem zu bewertenden Angebot eine redaktionelle Gestaltung zur Meinungsbildung für die Allgemeinheit im Vordergrund steht. Ist dies der Fall, handelt es sich um einen Mediendienst, andernfalls um ein Angebot zur Information im Sinne von § 2 II Nr. 2 TDG. Welche Anforderungen an dieses Abgrenzungsmerkmal zu stellen sind, wurde weiter oben bereits ausführlich erörtert[911]. Aus den dort gewonnenen Ergebnissen wird auch deutlich, daß längst nicht jedes, mehr oder minder umfassend aufbereitete, inhaltliche Angebot, als redaktionell gestaltet angesehen werden kann. Darum muß auch eine noch so aufwendig gestaltete Homepage nicht zwangsläufig Produkt redaktioneller Bearbeitung sein. Dient sie etwa allein zur Verbreitung eines einzelnen Aufrufs, der persönlichen Darstellung eines privaten Anbieters oder der reinen Beschreibung eines Produkts, so handelt es sich lediglich um thematisch sehr eng begrenzte Informationen, welche ohne Einbindung in ein größeres Kommunikationsangebot, keinesfalls als Ergebnis redaktioneller Gestaltung angesehen werden können[912]. Ein redaktionell gestaltetes Angebot ist vielmehr dadurch gekennzeichnet, daß unterschiedlichste Informationsinhalte recherchiert, aufgegriffen, verarbeitet und zu einem konzentrierten Informationspaket geschnürt werden[913]. Solange dies nicht der Fall ist[914], können entsprechende Informationsangebote als Teledienste im Sinne von § 2 II Nr. 2 TDG angesehen werden. Neben dem Merkmal der redaktionellen Gestaltung ist entscheidend, ob ein Beitrag zur Meinungsbildung für die Allgemeinheit erbracht wird. Dabei kommt es nicht auf eine besondere Relevanzschwelle bezüglich der Eignung zur Meinungsbildung an[915]. Werbeangebote könnten dieses Merkmal ebenso erfüllen, wie Nachrich-

[909] Heyl, ZUM 1998, 115, 118f.
[910] Spindler, in: Roßnagel, Recht der Multimedia-Dienste, § 2 TDG, Rn. 71; Heyl, ZUM 1998, 115, 118f.
[911] Vgl. S. 224ff und S. 112ff.
[912] Vgl. S. 226ff und S. 117ff.
[913] Vgl. S. 226ff und S. 112ff.
[914] Vgl. dazu S. 112ff.
[915] Vgl. S. 227ff.

ten[916]. Entscheidend ist allein, ob der Anbieter mit den Inhalten eine Einflußnahme auf den öffentlichen Meinungsmarkt beabsichtigt oder ob er andere - etwa wirtschaftliche - Ziele verfolgt[917]. Ebenso wie Verkaufsangebote, dienen auch reine Werbeangebote vornehmlich der Steigerung des Produktabsatzes und weisen darum eine wirtschaftliche Prägung auf[918].

Im Ergebnis gilt, mit Blick auf die Homepages, folgendes: Dienen sie vornehmlich als Ausgangspunkt für die Aufnahme individueller Kommunikationen, sind sie als *Angebote zur Kommunikation* im Sinne von § 2 II Nr. 2 TDG zu bewerten. Steht hingegen bei rein informierenden Homepages die redaktionelle Gestaltung zur Meinungsbildung für die Allgemeinheit im Vordergrund, wie etwa bei ins Internet gestellten Presseprodukten, handelt es sich um *Mediendienste*. Fehlt es einer Homepage jedoch an einer redaktionellen Gestaltung (z.B. Verbreitung eines einzelnen Aufrufs) oder wird vornehmlich ein anderer Zweck als die Einwirkung auf den Meinungsmarkt (z.B. Einzelwerbeangebote) beabsichtigt, so handelt es sich um ein *Angebot zur Information* im Sinne von § 2 II Nr. 2 TDG.

3. § 2 II Nr. 3 TDG

Beispielhaft für Teledienste werden in § 2 II Nr. 3 TDG auch *„Angebote zur Nutzung des Internets oder weiterer Netze"* genannt. Dazu sollen laut Begründung zum Regierungsentwurf die von den Zugangsvermittlern - insbesondere Online-Anbietern - bereitgestellten Angebote zur Nutzung der neuen Dienste, wie etwa Navigationshilfen, zählen[919].

Auch Access-Provider scheinen auf den ersten Blick die Tatbestandsmerkmale von § 2 II Nr. 3 TDG zu erfüllen - schließlich dienen sie gerade dazu, den Zugang zu Angeboten im Internet zu vermitteln[920]. Hiergegen spricht allerdings die Definition des Begriffs Diensteanbieter in § 3 Nr. 1 TDG[921]. Zu diesen sollen nämlich nicht nur natürliche oder juristische Personen zählen, welche eigene oder fremde Teledienste zur Nutzung bereithalten, sondern auch solche, die den Zugang zur Nutzung vermitteln. Würde man die reine Zugangsvermittlung von

[916] Anders jedoch Spindler, in: Roßnagel, Recht der Multimedia-Dienste, § 2 TDG, Rn. 72.
[917] Vgl. S. 227ff.
[918] Vgl. hierzu auch S. 121ff.
[919] Begr. zum Regierungsentwurf des IuKDG, BT-Drs. 13/ 7385, Begründung, B. Besonderer Teil, Zu Artikel 1, Zu § 2, Zu Absatz 2, Zu Nummer 3.
[920] Zu diesem Ergebnis kommen: Lent, Rundfunk-, Medien-, Teledienste, S. 172; Kröger/ Moos, AfP 1997, 675, 679; Mayer, Das Internet im öffentlichen Recht, S. 190f.
[921] Spindler, in: Roßnagel, Recht der Multimedia-Dienste, § 2 TDG, Rn. 86.

Access-Providern bereits als eigenständigen Teledienst im Sinne von § 2 II Nr. 3 TDG ansehen, würde die zweite Alternative freilich keinen Sinn mehr machen. Gegen die Qualifizierung der Tätigkeit von Access-Providern als Teledienst sprechen auch die Informationspflichten aus § 6 und § 7 TDG. Diese lassen sich bei der reinen Zugangsvermittlung gar nicht umsetzen und gesonderte Regeln für Access-Provider fehlen. Folglich ist davon auszugehen, daß der Gesetzgeber hierin keine eigenständigen Teledienste sieht, welche Informationspflichten zu beachten hätten.

Vielmehr unterfallen Access-Provider, soweit es um die zugrunde liegende Technik geht, den Regelungen des Telekommunikationsgesetzes. Wird jedoch nach der rechtlichen Verantwortlichkeit für die Inhalte gefragt, ist jener Rechtsrahmen entscheidend, welchem der Dienst, zu dem der Zugang vermittelt wird, unterfällt. Auch der Access-Provider ist nämlich gemäß § 3 Nr. 1 TDG Anbieter des Teledienstes, zu dem er den Zugang vermittelt.

Fraglich ist des weiteren, ob Push-Dienste als Teledienste im Sinne von § 2 II Nr. 3 TDG qualifiziert werden können. Hierfür spräche die individuelle Übermittlung von Inhalten, entsprechend den Vorgaben der Nutzer[922]. Allerdings kann man die spezielle Übertragungstechnik von Push-Diensten nicht losgelöst von den verbreiteten Inhalten betrachten[923]. Das inhaltliche Angebot und die Push-Technik sind keine separaten Dienste sondern bilden eine untrennbare Einheit. Die Inhalte werden bei Push-Diensten eben nur nicht zum Abruf bereitgestellt, sondern automatisch an die Nutzer gesandt. Außer dieser unterschiedlichen Übertragungsweise handelt es sich im übrigen um ganz normale Informations- und Kommunikationsangebote, welche nach den allgemeinen Grundsätzen den jeweils einschlägigen Regulierungsrahmen zuzuordnen sind[924]. So sind Push-Dienste, deren Inhalte eine redaktionelle Gestaltung zur Meinungsbildung für die Allgemeinheit erfahren haben (z.B. Nachrichtenangebote), als Mediendienste anzusehen, während andere Push-Dienste, welche etwa Software-Updates verbreiten, den Telediensten zuzuordnen sind[925]. Durch diese an den Inhalten orientierte rechtliche Bewertung von Push-Diensten wird sichergestellt, daß die generelle Unterscheidung der Regelungsbereiche von Mediendienstestaatsvertrag und Teledienstegesetz danach, ob eine redaktionelle Gestaltung zur Meinungsbildung für die Allgemeinheit im Vordergrund steht, nicht dadurch aufgehoben wird, daß die Inhalte durch Push-Technik verbreitet werden.

---

[922] Vgl. hierzu auch Spindler, in: Roßnagel, Recht der Multimedia-Dienste, § 2 TDG, Rn. 87ff.

[923] So jedoch Spindler, in: Roßnagel, Recht der Multimedia-Dienste, § 2 TDG, Rn. 90.

[924] *A.A.:* Spindler, in: Roßnagel, Recht der Multimedia-Dienste, § 2 TDG, Rn. 89f.

[925] Vgl. hierzu auch Lent, Rundfunk-, Medien-, Teledienste, S. 148f.

Da also, entgegen vielfach vertretener Ansichten, weder die Access-Provider noch die Push-Dienste als spezielle Teledienste im Sinne von § 2 II Nr. 3 TDG angesehen werden können, bleibt es fraglich, welche Informations- und Kommunikationsangebote der Gesetzgeber als „Angebote zur Nutzung des Internets oder weiterer Netze“ ansieht. Anhaltspunkte hierzu liefert die Begründung zum Regierungsentwurf, welche ein Beispiel ausdrücklich benennt, nämlich Navigationshilfen[926].

Hierzu zählen - gerade im Internet - auch die Suchmaschinen[927]. Diese ermöglichen, daß die Nutzer, aus der schier unerschöpflichen Masse von Informations- und Kommunikationsangeboten im Internet, eine ihren persönlichen Interessen entsprechende Auswahl treffen können. Die Suchmaschinen sind also entscheidend für eine individuelle und effektive Nutzung des Internets und können damit durchaus als „Angebote zur Nutzung des Internets“ im Sinne von § 2 II Nr. 3 TDG angesehen werden. Dies gilt jedoch gemäß § 2 IV Nr. 3 TDG nur solange, wie nicht die redaktionelle Gestaltung zur Meinungsbildung für die Allgemeinheit im Vordergrund steht[928].

Zu den Navigationshilfen zählen jedoch nicht nur Suchmaschinen. Da auch Angebote zur Nutzung von anderen Netzen als dem Internet von § 2 II Nr. 3 TDG erfaßt werden, könnte es sich beispielsweise ebenso um elektronische Programmführer in digitalen Kabelnetzen handeln. Auch hier gilt es wieder, zu differenzieren[929]. Sind diese etwa in Form einer Datenbank gehalten, welche lediglich die verschiedenen Programme auflistet und die Möglichkeit bietet, einzelne Sendungen zur Nutzung auszuwählen, handelt es sich gewiß um einen Teledienst im Sinne von § 2 II Nr. 3 TDG. Unschädlich dürfte auch sein, wenn die Inhalte der einzelnen Sendungen kurz skizziert werden. Sobald die Programme jedoch kommentiert werden oder der Programmführer sich nicht nur als Datenbank präsentiert, sondern ähnlich wie eine umfangreiche Fernsehzeitung auch zusätzliche Informationen enthält, wird regelmäßig von einer redaktionellen Gestaltung zur Meinungsbildung für die Allgemeinheit auszugehen sein, was dazu

[926] Begr. zum Regierungsentwurf des IuKDG, BT-Drs. 13/ 7385, Begründung, B. Besonderer Teil, Zu Artikel 1, Zu § 2, Zu Absatz 2, Zu Nummer 3.

[927] So auch Engel-Flechsig/ Maennel/ Tettenborn, S. 11; Spindler, in: Roßnagel, Recht der Multimedia-Dienste, § 2 TDG, Rn. 84; Janik, AfP 2000, 7, 14; Determann, Kommunikationsfreiheit im Internet, S. 531; *a.A.* Lent, Rundfunk- Medien-, Teledienste, S. 172.

[928] Vgl. zu den Suchmaschinen und deren differenzierte rechtliche Bewertung auch S. 289.

[929] Anders Lent, Rundfunk-, Medien-, Teledienste, S. 172, 155f, der Navigationshilfen generell als Mediendienste im Sinne von § 2 II Nr. 4 MDStV einordnet.

führt, daß der elektronische Programmführer als Mediendienst im Sinne von § 2 II Nr. 4 MDStV zu qualifizieren ist.

Im übrigen gilt für die Navigationshilfen generell, daß die Zuordnung der hierdurch vermittelten Angebote zu den Regelungsbereichen von Teledienstegesetz und Mediendienstestaatsvertrag von der rechtlichen Bewertung der Navigationshilfen selbst unberührt bleibt[930].

Der Anwendungsbereich von § 2 II Nr. 3 TDG ist jedoch nicht nur auf die vorstehend beschriebenen Navigationshilfen beschränkt. So spricht der Gesetzgeber im Zusammenhang mit Zugangsvermittlern insbesondere von Online-Anbietern[931]. Dies läßt den Schluß zu, daß mit § 2 II Nr. 3 TDG speziell auch Dienste, wie AOL, CompuServe oder T-Online, erfaßt werden sollen. Derartige Angebote ermöglichten, gerade in der Anfangszeit des Internet, auch für Nutzer, welche nicht die Möglichkeit hatten, etwa über Universitäten oder große Unternehmen Online zu gehen, den Zugang zum Internet. Während es heute eine kaum noch zu überblickende Anzahl von Access-Providern gibt, welche einen Internetzugang anbieten, war man zu Zeiten, als das Teledienstegesetz geschaffen wurde, noch im wesentlichen auf die eben beschriebenen Online-Anbieter beschränkt. Darum wird der Gesetzgeber, wenn er in § 2 II Nr. 3 TDG von Angeboten zur Nutzung des Internet spricht, vermutlich genau diese Dienste im Auge gehabt haben[932]. Online-Dienste unterscheiden sich von reinen Access-Anbietern darin, daß sie sich nicht darauf beschränken, nur den Zugang zum Internet herzustellen, sondern es handelt sich um zum Teil sehr umfangreiche, selbständige Informations- und Kommunikationsangebote, welche neben E-Mail-Diensten und Kommunikationsforen eine Vielzahl von Informationen für ihre Nutzer bereit halten und quasi nur zusätzlich den Zugang zum Internet ermöglichen. Dies erklärt, warum solche Online-Anbieter, anders als Access-Provider, als eigenständige Teledienste im Sinne von § 2 II Nr. 3 TDG angesehen werden können[933]. Obschon die inhaltlichen Angebote bei Online-Diensten mitunter durchaus Ergebnis redaktioneller Gestaltung sein können, sind sie dennoch nicht als Mediendienste anzusehen, da sie nicht einer Allgemeinheit zur Verfügung stehen, sondern nur den registrierten Nutzern, mit zum Teil personalisierten Inhalten.

---

[930] Begr. zum Regierungsentwurf des IuKDG, BT-Drs. 13/ 7385, Begründung, B. Besonderer Teil, Zu Artikel 1, Zu § 2, Zu Absatz 2, Zu Nummer 3; Engel-Flechsig/ Maennel/ Tettenborn, S. 11.

[931] Begr. zum Regierungsentwurf des IuKDG, BT-Drs. 13/ 7385, Begründung, B. Besonderer Teil, Zu Artikel 1, Zu § 2, Zu Absatz 2, Zu Nummer 3.

[932] Vgl. hierzu insbesondere Mayer, Das Internet im öffentlichen Recht, S. 195ff, (196).

[933] So im Ergebnis auch Kröger/ Moos, AfP 1997, 675, 679.

4. § 2 II Nr. 4 TDG

In § 2 II Nr. 4 TDG werden als Beispiele für Teledienste *„Angebote zur Nutzung von Telespielen"* genannt. Diese Kategorie ist sehr eindeutig und bereitet kaum Abgrenzungsschwierigkeiten.

Erfaßt werden alle Spieleangebote, welche interaktiv gestaltet, also für eine individuelle Nutzung bestimmt sind[934] und denen eine Übermittlung mittels Telekommunikation zugrunde liegt[935]. Damit können Offline-Angebote, wie etwa Computerspiele auf CD-ROM, nicht als Telespiele im Sinne von § 2 II Nr. 4 TDG angesehen werden[936]. Gleiches gilt, wenn Spielesoftware zunächst komplett auf den Rechner der Nutzer geladen wird, um dann Offline gestartet und genutzt zu werden[937].

Unerheblich für die Zuordnung von Telespielen zu § 2 II Nr. 4 TDG ist, wenn ein Spieleangebot jedermann zur Verfügung steht[938]. Zudem kommt es nicht darauf an, ob die Nutzer das Angebot separat oder zusammen mit einer Vielzahl von Mitspielern nutzen[939].

Ausgeschlossen sind Angebote in Verteildiensten. Hier fehlt es an der Möglichkeit der interaktiven Einflußnahme und damit an einem entscheidenden Merkmal von Telediensten. Damit können Spiele in Rundfunksendungen keinesfalls als Telespiele im Sinne von § 2 II Nr. 4 TDG angesehen werden[940]. Auch die Abgrenzung zu Mediendiensten ist unproblematisch. Bei Spielangeboten in Verteildiensten mangelt es an der für Teledienste notwendigen interaktiven Ausgestaltung und Telespiele in Form von Abrufdiensten sind ausdrücklich von § 2 II Nr. 4 MDStV ausgenommen.

Schwierigkeiten ergeben sich im Zusammenhang mit § 2 II Nr. 4 TDG lediglich daraus, daß in der Begründung zum Regierungsentwurf die Telespiele als eine besondere Form von Angeboten mit Bewegtbilddarstellungen (Video-on-

---

[934] Vgl. S. 219ff.

[935] Vgl. S. 222ff.

[936] Engel-Flechsig/ Maennel/ Tettenborn, S. 11; Spindler, in: Roßnagel, Recht der Multimedia-Dienste, § 2 TDG, Rn. 91f.

[937] Spindler, in: Roßnagel, Recht der Multimedia-Dienste, § 2 TDG, Rn. 92; Lent, Rundfunk-, Medien-, Teledienste, S. 173. Bei den entsprechenden Downloadangeboten handelt es sich wohl eher um Angebote im Sinne von § 2 II Nr. 2 TDG oder § 2 II Nr. 5 TDG.

[938] Vgl. S. 219ff.

[939] Vgl. hierzu auch, mit zum Teil weitergehender Differenzierung, Spindler, in: Roßnagel, Recht der Multimedia-Dienste, § 2 TDG, Rn. 92.

[940] So auch Lent, Rundfunk-, Medien-, Teledienste, S. 173; Spindler, in: Roßnagel, Recht der Multimedia-Dienste, § 2 TDG, Rn. 92.

demand) angesehen werden[941]. Es wäre jedoch falsch, aus dieser mißverständlichen Formulierung, den Schluß zu ziehen, jegliche Video-on-demand-Angebote generell als Teledienste im Sinne von § 2 II Nr. 4 TDG anzusehen[942]. Vielmehr dürfte der Gesetzgeber mit der Feststellung einer gewissen Ähnlichkeit von Telespielen und Video-on-demand-Angeboten lediglich darauf abgestellt haben, daß moderne und graphisch sehr aufwendig gestaltete Telespiele, mitunter durchaus den Eindruck echter Bewegtbilddarstellungen erwecken können[943]. Die individuelle Steuerung der Spiele würde sich dann quasi wie ein stetiger Abruf immer neuer Bewegtbildsequenzen darstellen.

Schließlich ist noch darauf hinzuweisen, daß Telespiele, selbst wenn sie im Einzelfall eine redaktionelle Gestaltung (etwa durch Moderation) erfahren, dennoch in aller Regel nicht als Mediendienste, sondern als Teledienste anzusehen sind, da mit Spieleangeboten wohl im seltensten Fall eine Meinungsbildung für die Allgemeinheit beabsichtigt wird[944].

5. § 2 II Nr. 5 TDG

Zu den Telediensten zählen gemäß § 2 II Nr. 5 TDG des weiteren auch *„Angebote von Waren und Dienstleistungen in elektronisch abrufbaren Datenbanken mit interaktivem Zugriff und unmittelbarer Bestellmöglichkeit“*. Anhand dieser Kategorie wird die wirtschaftliche Prägung der Teledienste besonders deutlich[945]. So soll, laut Begründung zum Regierungsentwurf, mit § 2 II Nr. 5 TDG ein breites Spektrum wirtschaftlicher Betätigung mittels der neuen Dienste erfaßt werden, wozu sowohl elektronische Bestell-, Buchungs- und Maklerdienste als auch interaktiv nutzbare Bestell- und Buchungskataloge, Beratungsdienste und ähnliche Formen wirtschaftlicher Betätigung zählen sollen, soweit diese Angebote unmittelbar, also ohne Medienbruch, in Anspruch genommen werden können[946].

---

941 Vgl. Begr. zum Regierungsentwurf des IuKDG, BT-Drs. 13/ 7385, Begründung, B. Besonderer Teil, Zu Artikel 1, Zu § 2, Zu Absatz 2, Zu Nummer 4.

942 Vgl. zu dieser Problematik ausführlicher: Spindler, in: Roßnagel, Recht der Multimedia-Dienste, § 2 TDG, Rn. 93; Heyl, ZUM 1998, 115, 119.

943 So auch Heyl, ZUM 1998, 115, 119.

944 Ausführlicher zu diesem Differenzierungskriterium: s. S. 224ff.

945 Engel-Flechsig/ Maennel/ Tettenborn, S. 11; vgl. hierzu auch die Begr. zum Regierungsentwurf des IuKDG, BT-Drs. 13/ 7385, Begründung, A. Allgemeiner Teil, Ziel des Gesetzes.

946 Begr. zum Regierungsentwurf des IuKDG, BT-Drs. 13/ 7385, Begründung, B. Besonderer Teil, Zu Artikel 1, Zu § 2, Zu Absatz 2, Zu Nummer 5.

Solche Angebote unterscheiden sich sehr deutlich von Waren- und Dienstleistungsangeboten, welche in Form von Verteildiensten dargeboten werden[947], wie etwa Teleshopping-Angebote, die als Rundfunk im Sinne von § 2 I RStV beziehungsweise als Mediendienste im Sinne von § 2 II Nr. 1 MDStV zu qualifizieren sind. Verteildienste erlauben, anders als die in § 2 II Nr. 5 TDG genannten Dienste, eben naturgemäß keine interaktive Nutzung. Zudem fehlt es bei Verteildiensten an der Möglichkeit, die dargebotenen Waren oder Dienstleistungen „ohne Medienbruch", also ohne Zuhilfenahme eines weiteren Kommunikationsmittels[948], zum Beispiel eines Telefons, in Anspruch zu nehmen.

Auch dann, wenn es sich bei den Waren- und Dienstleistungsangeboten um Abrufdienste handelt, läßt sich die Zuordnung zu § 2 II Nr. 5 TDG beziehungsweise zu § 2 II Nr. 4 MDStV ebenso eindeutig vornehmen[949]. So grenzen sich die verschiedenen Regelungsbereiche deutlich voneinander ab. Während § 2 IV Nr. 3 TDG klar stellt, daß das Teledienstegesetz nicht für Angebote gilt, bei welchen die redaktionelle Gestaltung zur Meinungsbildung für die Allgemeinheit im Vordergrund steht, werden von § 2 II Nr. 4 MDStV ausdrücklich solche Dienste ausgenommen, bei denen es vornehmlich um einen individuellen Leistungsaustausch geht. Soweit Abrufdienste also hauptsächlich auf den Absatz von Waren- und Dienstleistungen ausgerichtet sind, handelt es sich um Teledienste im Sinne von § 2 II Nr. 5 TDG[950].

---

[947] Vgl. aber auch Spindler, in: Roßnagel, Recht der Multimedia-Dienste, § 2 TDG, Rn. 97ff.
[948] Engel-Flechsig/ Maennel/ Tettenborn, S. 11.
[949] Vgl. aber auch Spindler, in: Roßnagel, Recht der Multimedia-Dienste, § 2 TDG, Rn. 95f.
[950] Vgl. hierzu auch Lent, Rundfunk-, Medien-, Teledienste, S. 142f; Kröger/ Moos, ZUM 1997, 462, 466f; Kuch, ZUM 1997, 225, 229.

E. Mediendienste

Auch die Länder haben ihre Regelungskompetenz für den Bereich der modernen Informations- und Kommunikationsangebote wahrgenommen und den Staatsvertrag über Mediendienste (Mediendienstestaatsvertrag) vereinbart, welcher am 01.08.1997 in Kraft getreten ist[951]. Dieser setzte zugleich den BTX-Staatsvertrag vom 31.08.1991 außer Kraft[952].

Der Mediendienstestaatsvertrag umfaßt solche Informations- und Kommunikationsangebote, welche ebenso wie Rundfunk an die Allgemeinheit gerichtet sind, also keine Individualkommunikation darstellen. Mediendienste weisen im Vergleich zum Rundfunk jedoch eine deutlich geringere Meinungsbildungsrelevanz auf[953]. Darum können sie auch nicht dem Ordnungsrahmen des Rundfunkstaatsvertrags unterstellt werden.

Mit dem 6. Rundfunkänderungsstaatsvertrag vom 20./21. Dezember 2002 wurde der Mediendienstestaatsvertrag einigen Änderungen unterzogen. Der neue, am 01.07.2002 in Kraft getretene, Mediendienstestaatsvertrag enthält nunmehr einige Regelungen, mit denen die Vorgaben der E-Commerce-Richtlinie[954] der Europäischen Union in nationales Recht umgesetzt wurden[955]. Zu den wesentlichen Änderungen zählen die Verankerung des Herkunftslandprinzips, weitere Regelungen zur Verantwortlichkeit der Diensteanbieter sowie eine Konkretisierung der Informationspflichten für geschäftsmäßige Mediendienste und kommerzielle Kommunikationen[956].

Im folgenden soll nun näher untersucht werden, welche Informations- und Kommunikationsdienste im einzelnen vom Mediendienstestaatsvertrag erfaßt werden. Dabei genügt es, bei der Abgrenzung von Mediendiensten zu vergleichbaren Rundfunkangeboten beziehungsweise Telediensten im wesentlichen auf

---

[951] Vgl. hierzu, insbesondere zur Entstehungsgeschichte, auch die Ausführungen auf den S. 211ff und S. 215f.

[952] So die Regelung in § 23 III MDStV (a.F.).

[953] Vgl. hierzu die Amtl. Begr. zu § 2 MDStV, abgedruckt bei Ring, Medienrecht, Bd. II, G II 1.300.

[954] EU-Richtlinie 2000/31/EG (ABl. EG Nr. L 178 S.1 -ECRL-).

[955] Vgl. Begründung zum Sechsten Rundfunkänderungsstaatsvertrag, A. Allgemeines.

[956] Ebenda.

die vorstehenden Ausführungen zu verweisen[957] und die dort gefundenen Ergebnisse noch einmal kurz im Kontext darzustellen beziehungsweise verschiedentlich um zusätzliche Aspekte zu ergänzen.

Der Anwendungsbereich des Mediendienstestaatsvertrags wird in § 2 MDStV geregelt. Gemäß § 2 I 1 MDStV gilt der Mediendienstestaatsvertrag

> *„für das Angebot und die Nutzung von an die Allgemeinheit gerichteten Informations- und Kommunikationsdiensten (Mediendiensten) in Text, Ton oder Bild, die unter Benutzung elektromagnetischer Schwingungen ohne Verbindungsleitung oder längs oder mittels eines Leiters verbreitet werden."*

§ 2 II MDStV enthält eine exemplarische Aufzählung verschiedener Mediendienste.

I. Informations- und Kommunikationsdienste

Kennzeichnend für Mediendienste ist zunächst, daß es sich um *Informations- und Kommunikationsdienste* handelt, die *in Text, Ton oder Bild* verbreitet werden.

Wenn die Formulierung „Dienste" gebraucht wird, so sind damit die einzelnen konkreten Informations- und Kommunikationsangebote gemeint und nicht etwa das gesamte Angebotsspektrum eines Diensteanbieters[958]. Entsprechend ist es möglich, daß innerhalb des einheitlich erscheinenden Gesamtangebots eines Anbieters ein Einzelangebot als Mediendienst, ein anderes als Teledienste zu bewerten ist[959].

Auch sonst sind mit der Formulierung *„Informations- und Kommunikationsdienste"* keinerlei Einschränkungen verbunden. Jegliche Vermittlung von *Text, Ton oder Bild* wird erfaßt, wobei diese Angebotsformen nicht alternativ nebeneinander stehen, sondern auch beliebig kombiniert vorliegen können[960].

[957] Zur Abgrenzung zum Rundfunk s. S. 183ff, zu den Telediensten s. S. 215ff.
[958] So auch Heyl, ZUM 1998, 115, 118; Engel-Flechsig, ZUM 1997, 231, 234; Engel-Flechsig/ Maennel/ Tettenborn, S. 12.
[959] Ebenda.
[960] Amtl. Begr. zu § 2 MDStV, abgedruckt bei Ring, Medienrecht, Bd. II, G II 1.300.

II. Angebot und Nutzung

Der Mediendienstestaatsvertrag gilt gemäß § 2 I 1 MDStV für des *Angebot* und die *Nutzung* von Mediendiensten. Diese Tatbestandsmerkmale werden zwar nicht explizit definiert, man kann jedoch anhand der Begriffsbestimmungen des § 3 MDStV Rückschlüsse auf deren Inhalt ziehen[961]. So wird in § 3 Nr. 1 MDStV der Begriff „Diensteanbieter" definiert. In Anlehnung an diese Begriffsbestimmung ist demnach unter *„Angebot"* das Bereithalten eigener oder fremder Mediendienste zur Nutzung beziehungsweise die Zugangsvermittlung zu verstehen[962].

„Nutzung" ist entsprechend der Definition des Nutzers gemäß § 3 Nr. 2 MDStV die Inanspruchnahme der Mediendienste, insbesondere um Informationen zu erlangen oder zugänglich zu machen[963].

III. Allgemeinheit

Mediendienste sind ebenso wie Rundfunk an die *Allgemeinheit* gerichtet[964]. Der Mediendienstestaatsvertrag erfaßt also keinesfalls Dienste der Individualkommunikation. Diese stehen vielmehr im Vordergrund der Regelungen des Teledienstegesetzes[965].

Freilich sind - wie bereits gezeigt wurde[966] - auch eine Vielzahl von Telediensten durchaus einer Allgemeinheit zugänglich. Darum kann sich die Abgrenzung zwischen Telediensten und Mediendiensten nicht allein daran orientieren, ob ein Informations- und Kommunikationsangebot einer unbestimmten Vielzahl von Personen zur Verfügung steht oder nicht[967]. Vielmehr müssen die unterschiedlichen Perspektiven von Teledienstegesetz und Mediendienstestaatsvertrag beachtet werden. Während es für Mediendienste gemäß § 2 I 1 MDStV allein darauf ankommt, daß die Angebote generell *an die Allgemeinheit gerichtet* sind, ist es für Teledienste gemäß § 2 I TDG entscheidend, daß sie *„für eine individuelle Nutzung von kombinierbaren Daten wie Zeichen, Bilder oder*

---

[961] Meier, in: Roßnagel, Recht der Multimedia-Dienste, § 2 MDStV, Rn. 21.
[962] Ebenda.
[963] Vgl. auch Meier, in: Roßnagel, Recht der Multimedia-Dienste, § 2 MDStV, Rn. 22.
[964] Zum Merkmal der Allgemeinheit beim Rundfunk i.S.v. § 2 I RStV vgl. S. 166ff.
[965] Vgl. Begr. zum Regierungsentwurf des IuKDG, BT-Drs. 13/ 7385, Begründung, A. Allgemeiner Teil, Einordnung der neuen Informations- und Kommunikationsdienste; s. auch S. 219ff.
[966] Vgl. S. 219ff.
[967] Ebenda.

Töne bestimmt sind". Welche Hinweise dafür sprechen, daß ein Informations- und Kommunikationsangebot durchgängig an eine Allgemeinheit gerichtet ist beziehungsweise daß es „für eine individuelle Nutzung [...] bestimmt" ist, wurde bereits im Rahmen der Teledienste ausführlich erörtert[968].

Die generelle Ausrichtung eines Informations- und Kommunikationsangebots an eine Allgemeinheit wird im übrigen nicht zwingend dadurch verändert, daß die Inhalte zum individuellen Abruf bereitgestellt werden[969]. Erst wenn die Nutzer nicht nur aus vorgegebenen Inhalten auswählen können, sondern die Möglichkeit haben, aktiven Einfluß auf die Kommunikationsinhalte zu nehmen, liegt eine individuelle Nutzung vor[970].

Hinsichtlich der Frage, welche Anforderungen des weiteren an das Merkmal der Allgemeinheit zu stellen sind, kann auf die entsprechenden Ausführungen zum verfassungsrechtlichen und einfach-gesetzlichen Rundfunkbegriff verwiesen werden[971].

IV. Redaktionelle Gestaltung als Tatbestandsmerkmal?

Neben dem Merkmal der Allgemeinheit ist das entscheidende Kriterium für die Abgrenzung von Mediendiensten und Telediensten, ob eine „redaktionelle Gestaltung zur Meinungsbildung" im Vordergrund steht[972]. Soweit dies der Fall ist, scheidet nämlich gemäß § 2 IV Nr. 3 TDG die Anwendung des Teledienstegesetzes aus. Allerdings enthält der Mediendienstestaatsvertrag keine dementsprechende Normierung. Das läßt den Schluß zu, daß eine „redaktionelle Gestaltung zur Meinungsbildung" keine positive Voraussetzung des Mediendienstestaatsvertrags ist[973]. Vielmehr erfaßt § 2 I MDStV dem Wortlaut nach jegliche an die Allgemeinheit gerichteten Informations- und Kommunikationsangebote, also auch eine Vielzahl von Telediensten im Sinne von § 2 I und II TDG. Allerdings stellt § 2 I 3 MDStV klar, daß die Bestimmungen des Teledienstegesetzes unberührt bleiben. Damit wird deutlich, daß der Mediendienstestaatsvertrag seinen

[968] Siehe dort, S. 219ff.
[969] Vgl. S. 24ff.
[970] Ebenda.
[971] Vgl. S. 10ff und S. 166ff.
[972] So auch Spindler, in: Roßnagel, Recht der Multimedia-Dienste, § 2 TDG, Rn. 31, 81.
[973] Zu dieser Frage s. auch Spindler, in: Roßnagel, Recht der Multimedia-Dienste, § 2 TDG, Rn. 26, 28, 76.

Anwendungsbereich keinesfalls auf den Bereich der Teledienste erstrecken möchte.

Auf Wunsch der Länder sollte auch im Teledienstegesetz eine Regelung aufgenommen werden, welche klarstellt, daß das Teledienstegesetz nicht für „Mediendienste im Sinne des Mediendienste-Staatsvertrages" gilt[974]. Die Bundesregierung unterstützte diesen Vorschlag. Allerdings übernahm sie nicht die Formulierung der Länder, sondern normierte in § 2 IV Nr. 3 TDG, daß das Teledienstegesetz nicht für „inhaltliche Angebote bei Verteildiensten und Abrufdiensten, soweit die redaktionelle Gestaltung zur Meinungsbildung für die Allgemeinheit im Vordergrund steht" gilt.

Fraglich ist, ob der Bund hier eine Definition der Mediendienste verwendet, wie sie auch die Länder bei der Schaffung des Mediendienstestaatsvertrags vor Augen hatten oder ob mit dieser Regelung der Anwendungsbereich des Mediendienstestaatsvertrags beschränkt werden sollte. Allerdings lassen weder der Wortlaut noch die amtliche Begründung von § 2 MDStV erkennen, daß bei Mediendiensten eine „redaktionelle Gestaltung zur Meinungsbildung für die Allgemeinheit im Vordergrund" stehen muß. Vielmehr ist anzunehmen, daß im Mediendienstestaatsvertrag ganz bewußt auf eine solche Einschränkung des Anwendungsbereichs verzichtet wurde, denn mit § 23 II MDStV a.F. hatten die Länder eine Regelung geschaffen, mit der sie im Falle, daß der Bund keine klare Abgrenzungsregel zum Mediendienstestaatsvertrag im Teledienstegesetz verankert, § 2 I 3 MDStV für gegenstandslos erklären und so ihre Regelungskompetenz für an die Allgemeinheit gerichtete Informations- und Kommunikationsangebote in ganzer Breite wahrnehmen[975]. Dem entspräche dann auch der Wortlaut des § 2 I 1 MDStV, wonach generell die an die Allgemeinheit gerichteten Informations- und Kommunikationsangebote als Mediendienste anzusehen sind. Die Regelung des § 2 IV Nr. 3 TDG müßte demnach also als Einschränkung des Anwendungsbereichs des Mediendienstestaatsvertrags verstanden werden. Dies wäre freilich vom Grundsatz des Art. 31 GG, wonach Bundesrecht dem Landesrecht vorgeht, getragen.

Schließlich gäbe es noch eine letzte Vermutung, welche dafür spräche, daß auch der Mediendienstestaatsvertrag der Länder für die Annahme eines Mediendienstes voraussetzt, daß hier die „redaktionelle Gestaltung zur Meinungsbildung für die Allgemeinheit im Vordergrund steht". Zum einen läßt auch die

---

[974] Vgl. Stellungnahme des Bundesrates zum Regierungsentwurf des IuKDG, BT-Drs. 13/ 7385, 2. Zu Artikel 1.

[975] Vgl. Amtl. Begr. zu § 23 MDStV (a.F.), abgedruckt bei Ring, Medienrecht, Bd. II, G II 1.300. § 23 II MDStV a.F. lautete wie folgt: „Wird im Teledienstegesetz nicht klargestellt, daß Mediendienste im Sinne dieses Staatsvertrages vom Anwendungsbereich des Teledienstegesetzes ausgenommen sind, wird § 2 Abs. 1 Satz 3 gegenstandslos."

neue Fassung des Mediendienstestaatsvertrags gemäß § 2 I 3 MDStV die Bestimmungen des Teledienstegesetzes unberührt und erkennt damit zugleich die Einschränkungen des § 2 IV Nr. 3 TDG an, zum anderen wurde in der Neufassung die Regelung des § 23 II MDStV a.F. nicht wieder mit aufgenommen, woraus der Schluß zu ziehen wäre, daß die Länder davon ausgehen, daß das Teledienstegesetz mit § 2 IV Nr. 3 TDG ausreichend klargestellt hat, nicht für Mediendienste im Sinne des Mediendienstestaatsvertrags Geltung zu beanspruchen.

Dennoch wäre es zu weitgehend, hieraus den Schluß zu ziehen, daß auch die Länder generell den Anwendungsbereich des Mediendienstestaatsvertrags lediglich auf Informations- und Kommunikationsangebote beschränkt sehen, bei welchen die „redaktionelle Gestaltung zur Meinungsbildung für die Allgemeinheit im Vordergrund steht“. Vielmehr nehmen sie ihre volle Regelungskompetenz für die Massenkommunikation war, indem sie zunächst alle Informations- und Kommunikationsangebote erfassen, die an die Allgemeinheit gerichtet sind, mithin auch eine Vielzahl von Diensten, welche ebenso die Voraussetzungen des Teledienstegesetzes erfüllen. Zugleich erkennen die Länder freilich die mit dem Bund getroffenen Vereinbarungen über die Aufteilung der Regelungsbereiche an und akzeptieren uneingeschränkt die Abgrenzungsregelung des § 2 IV Nr. 3 TDG. Soweit sich die Anwendungsbereiche der Gesetze im Sinne von § 2 I 1 MDStV und § 2 I TDG überlagern gilt also gemäß § 2 IV Nr. 3 TDG, daß „inhaltliche Angebote bei Verteildiensten und Abrufdiensten, soweit die redaktionelle Gestaltung zur Meinungsbildung für die Allgemeinheit im Vordergrund steht“ nicht dem Teledienstegesetz unterfallen, sondern als Mediendienste anzusehen sind. Obschon sich gewiß die meisten Informations- und Kommunikationsangebote anhand dieser Normierung entweder zu dem einen oder dem anderen Regelungsbereich zuordnen lassen, kann man anhand dieser - aus der Perspektive des Teledienstegesetzes gesehen - negativen Abgrenzung dennoch keine positive Voraussetzung für die Mediendienste gewinnen[976]. Es wäre verfehlt, zu den Mediendiensten allein solche Angebote zu zählen, bei denen „die redaktionelle Gestaltung zur Meinungsbildung für die Allgemeinheit im Vordergrund steht“. Durch § 2 IV Nr. 3 TDG wird lediglich eine bestimmte Teilmenge von Diensten, vom Anwendungsbereich des Teledienstegesetzes ausgeschlossen. Darüber hinaus sind jedoch weitere Dienste vorstellbar, welche weder die Voraussetzungen von § 2 I TDG erfüllen, noch eine redaktionelle Bearbeitung erfahren haben. Hier kämen etwa eine einzelne Aussage oder ein alleinstehender Aufruf etc. in Frage, welche als Verteildienste an eine unbestimmte Vielzahl von Personen verbreitet werden. Solche Angebote richten sich an eine Allge-

[976] Anders: Engel-Flechsig/ Maennel/ Tettenborn, S. 13; Theis, Multimedia-Gesetze, Erläuterungen zu § 2 TDG.

meinheit, sind nicht redaktionell gestaltet[977] und sind auch nicht für eine individuelle Nutzung bestimmt. Damit erfüllen sie weder die Voraussetzungen von § 2 I TDG, noch unterfielen derartige Angebote dem Anwendungsbereich des Mediendienstestaatsvertrags, wäre dieser im Sinne von § 2 IV Nr. 3 TDG beschränkt. Eine solche Regelungslücke läßt sich nur vermeiden, wenn man § 2 I 1 MDStV nicht einschränkend auslegt, sondern - entsprechend dem Wortlaut - jegliche Informations- und Kommunikationsangebote, welche an die Allgemeinheit gerichtet sind, als Mediendienste ansieht, soweit dem nicht die Regelungen des Teledienstegesetzes entgegenstehen.

Mithin ist das Vorliegen einer „redaktionelle[n] Gestaltung zur Meinungsbildung für die Allgemeinheit", keine zwingend notwendige Voraussetzung, um ein Informations- und Kommunikationsangebot als Mediendienst qualifizieren zu können.

V. Fernmeldetechnische Verbreitung

Charakteristisch für Mediendienste ist gemäß § 2 I 1 MDStV schließlich, daß sie *„unter Benutzung elektromagnetischer Schwingungen ohne Verbindungsleitung oder längs oder mittels eines Leiters verbreitet werden"*. Die Länder haben sich mit dieser Formulierung vermutlich am Wortlaut von § 2 I 1 RStV orientiert. Dennoch bestehen in der Sache keinerlei Unterschiede zum Merkmal der *Übermittlung mittels Telekommunikation*, welches der Bund bei den Telediensten normiert hat. Darum genügt es an dieser Stelle, uneingeschränkt auf die dortigen Ausführungen zu verweisen[978].

VI. Ausschlußtatbestände

Der Mediendienstestaatsvertrag beansprucht in § 2 I 1 MDStV zunächst einen ausgesprochen weiten Anwendungsbereich, indem er, wie vorstehend gezeigt, alle fernmeldetechnisch vermittelten Informations- und Kommunikationsangebote, welche an die Allgemeinheit gerichtet sind, erfaßt. Allerdings finden sich im Mediendienstestaatsvertrag auch verschiedene Ausschlußtatbestände, welche dessen Regelungsbereich deutlich begrenzen. Diese sollen im Folgenden näher beleuchtet werden.

---

[977] Vgl. hierzu auch S. 117ff.
[978] Vgl. S. 222f.

1. § 2 I 2 MDStV

Gemäß § 2 I 2 MDStV bleiben die Bestimmungen des Rundfunkstaatsvertrages unberührt. Mit dieser Regelung wird klargestellt, daß Informations- und Kommunikationsdienste, welche die Voraussetzungen von § 2 I RStV erfüllen - insbesondere das Kriterium der *Darbietung* -, weiterhin allein den Vorschriften des Rundfunkstaatsvertrags unterliegen[979], obschon solche Dienste zugleich auch die Merkmale von Mediendiensten aufweisen. Mediendienste erfüllen im Umkehrschluß hingegen nicht die Voraussetzungen von § 2 I RStV. Ihnen fehlt das für Rundfunk entscheidende Merkmal der *Darbietung*[980].

Die Regelung des § 2 I 2 MDStV stellt zudem die Anwendbarkeit von § 20 II RStV sicher. Danach unterfallen Mediendienste, wenn und soweit sie dem Rundfunk zuzuordnen sind, gänzlich den Regelungen des Rundfunkstaatsvertrags.

2. § 2 I 3 MDStV

Auch § 2 I 3 MDStV enthält verschiedene Ausschlußtatbestände. So „bleiben die Bestimmungen des Teledienstegesetzes in der in einem Bundesgesetz erstmalig beschlossenen Fassung, die Bestimmungen des Telekommunikationsgesetzes sowie der Bereich der Besteuerung unberührt".

Während letzterer Ausschlußtatbestand, also der Bereich der Besteuerung, erst mit dem 6. Rundfunkänderungsstaatsvertrag neu eingeführt wurde[981], stellte auch die ursprüngliche Version von § 2 I 3 MDStV bereits klar, daß die Bestimmungen des Teledienstegesetzes und des Telekommunikationsgesetzes vom Mediendienstestaatsvertrag unberührt bleiben. Die Ausgangsregelung stand allerdings noch unter dem Vorbehalt des § 23 II MDStV a.F. Hiernach wäre § 2 I 3 MDStV a.F. gegenstandslos geworden, wenn im Teledienstegesetz nicht klargestellt worden wäre, daß Mediendienste im Sinne des Mediendienstestaatsvertrags vom Anwendungsbereich des Teledienstegesetzes ausgenommen sind. Da im Teledienstegesetz mit § 2 IV Nr. 3 TDG eine dem entsprechende Regelung aufgenommen wurde, konnte der am 01.07.2002 in Kraft getretene Mediendien-

[979] Vgl. Amtl. Begr. zu § 2 MDStV, abgedruckt bei Ring, Medienrecht, Bd. II, G II 1.300.

[980] Ebenda.

[981] Diese Regelung geht wohl auf einen gleichlautenden Ausschluß in der E-Commerce-Richtlinie (EU-Richtlinie 2000/31/EG (ABl. EG Nr. L 178 S.1 -ECRL-)) zurück, nämlich auf Art. 1 V a ECRL.

stestaatsvertrag auf eine Regelung wie § 23 II MDStV a.F. verzichten[982]. § 2 I 3 MDStV gilt nunmehr also vorbehaltlos.

Neben dem Bereich der Besteuerung sollen die Bestimmungen des Teledienstegesetzes und des Telekommunikationsgesetzes vom Mediendienstestaatsvertrag unberührt bleiben. Damit führt diese Regelung zu einer deutlichen Beschränkung des Anwendungsbereichs des Mediendienstestaatsvertrags, wie er sich in § 2 I 1 MDStV darstellt.

So erfaßt die sehr weite Definition der Mediendienste in § 2 I 1 MDStV auch eine Reihe von Informations- und Kommunikationsangeboten, welche ebenfalls die Voraussetzungen des Teledienstegesetzes erfüllen. § 2 I 3 MDStV stellt sicher, daß solche Dienste allein den Vorschriften des Teledienstegesetzes unterfallen, also dem Anwendungsbereich des Mediendienstestaatsvertrags entzogen werden.

Aus diesem Grund empfiehlt es sich, bei der Abgrenzung von Telediensten und Mediendiensten als erstes zu prüfen, ob das in Frage stehende Informations- und Kommunikationsangebot dem Anwendungsbereich des Teledienstegesetzes unterfällt. Ist dies der Fall, so ist gemäß § 2 I 3 MDStV die Anwendung des Mediendienstestaatsvertrags auf dieses Angebot von vornherein ausgeschlossen. Es handelt sich dann ausschließlich um einen Teledienst, selbst wenn zugleich die Voraussetzungen von § 2 I 1 MDStV erfüllt sind.

Würde man die Anwendbarkeit des Teledienstegesetzes nicht bereits im Vorfeld klären, so müßte dies an dieser Stelle inzident geschehen, um sicherzustellen, daß der Mediendienstestaatsvertrag gemäß § 2 I 3 MDStV überhaupt auf das entsprechende Angebot anwendbar ist. Eine inzidente Prüfung ist freilich nicht zu empfehlen, denn sie erschwert den Vorgang nur unnötig. Schließlich gilt es bereits im Rahmen des Teledienstegesetzes zu überprüfen, ob dessen grundsätzliche Anwendbarkeit nicht gemäß § 2 IV Nr. 3 TDG dadurch ausgeschlossen ist, daß es sich um inhaltliche Angebote bei Verteildiensten und Abrufdiensten handelt, bei denen die redaktionelle Gestaltung zur Meinungsbildung für die Allgemeinheit im Vordergrund steht.

3. § 2 III MDStV

Ein weiterer Ausschlußtatbestand findet sich in § 2 III MDStV. Diese mit dem 6. Rundfunkänderungsstaatsvertrag neu eingeführte Regelung soll lediglich klar-

---

[982] Inwieweit mit § 2 IV Nr. 3 TDG tatsächlich dem ursprünglichen Wunsch der Länder entsprochen wurde, ist fraglich, allerdings haben die Länder diese Regelung scheinbar als ausreichend akzeptiert. Vgl. hierzu auch S. 248ff und Spindler, in: Roßnagel, Recht der Multimedia-Dienste, § 2 TDG, Rn. 27.

stellen, daß der Mediendienstestaatsvertrag weder Regelungen im Bereich des internationalen Privatrechts schafft, noch daß er sich mit der Zuständigkeit der Gerichte befaßt[983].

VII. § 20 II RStV

Eine Beschränkung des Anwendungsbereichs des Mediendienstestaatsvertrags findet sich schließlich auch in der Regelung des § 20 II RStV, wonach Mediendienste, wenn und soweit sie materiell und inhaltlich dem Rundfunk zuzuordnen sind, allein den Bestimmungen des Rundfunkstaatsvertrags unterfallen[984]. Zwar gilt gemäß § 2 I 3 RStV grundsätzlich, daß der Rundfunkstaatsvertrag nicht für Mediendienste im Sinne von § 2 MDStV gilt, jedoch wurde die Bestimmung des § 20 II RStV ausdrücklich von dieser Regelung ausgenommen. Da zudem gemäß § 2 I 2 MDStV die Bestimmungen des Rundfunkstaatsvertrags durch den Mediendienstestaatsvertrag unberührt bleiben, muß man bei der Frage, ob ein Informations- und Kommunikationsangebot als Mediendienst angesehen werden kann, stets auch § 20 II RStV beachten, selbst wenn die Voraussetzungen des § 2 I MDStV durchweg erfüllt sind.

§ 20 II RStV trägt der zum Teil sehr großen Ähnlichkeit zwischen Rundfunkangeboten und Mediendiensten und den daraus resultierenden Abgrenzungsschwierigkeiten Rechnung[985]. Der entscheidende Unterschied besteht allein darin, daß Mediendienste nicht die für Rundfunk typische Meinungsbildungsrelevanz erreichen und so, aufgrund ihrer geringeren Gefahr für den Meinungspluralismus, nicht den strengen, vielfaltsichernden Maßnahmen des Rundfunkrechts unterworfen werden müssen[986]. Allerdings können Mediendienste mitunter dem herkömmlichen Rundfunk so nahe kommen, daß die zurückhaltenden Vorgaben des Mediendienstestaatsvertrags nicht mehr ausreichen, die zur Sicherung der Rundfunkfreiheit gemäß Art. 5 I 2 GG erforderlichen Maßnahmen zu gewährleisten[987]. Auf genau solche Grenzfälle ist § 20 II RStV zugeschnitten[988]. Ausge-

[983] Auch diese Regelung geht auf die E-Commerce-Richtlinie (EU-Richtlinie 2000/31/EG (ABl. EG Nr. L 178 S.1 -ECRL-)) zurück, nämlich auf Art. 1 IV ECRL.

[984] Vgl. hierzu auch die Amtl. Begr. zu § 20 RStV, abgedruckt in Hartstein/ Ring/ Kreile/ Dörr/ Stettner, Rundfunkstaatsvertrag, B5.

[985] Vgl. hierzu S. 172f, S. 183ff, S. 192ff.

[986] Vgl. hierzu auch die Amtl. Begr. zu § 2 MDStV, abgedruckt in Ring, Medienrecht, Bd. II, G II 1.300.

[987] Vgl. Jarass, AfP 1998, 133, 140.

sprochen wichtig ist es jedoch, diese Bestimmung restriktiv auszulegen, um ein rundfunkrechtliches „Rollback" zu verhindern[989]. Würde man zu geringe Anforderungen an die rundfunktypische Meinungsbildungsrelevanz stellen, so würden mit § 20 II RStV nicht nur einzelne Sonderfälle erfaßt, sondern der Anwendungsbereich des Mediendienstestaatsvertrags würde zu Gunsten des Rundfunkstaatsvertrags erheblich beschnitten. In diesem Fall wären dann auch die teilweise geäußerten Bedenken, hinsichtlich der Verfassungsmäßigkeit von § 20 II RStV, aufgrund dessen sehr unbestimmter Formulierung, durchaus nachvollziehbar[990]. Soweit man diese Regelung jedoch nur auf ausgesprochene Grenzfälle zwischen herkömmlichen Rundfunkangeboten und typischen Mediendiensten beschränkt, so wird man angesichts eines dynamischen und funktionalen Rundfunkbegriffs keine eindeutige und klar formulierte Trennlinie erwarten dürfen. Dergestalt ist die Regelung in § 20 II RStV wohl die einzige Möglichkeit, Mediendienste, welche eine rundfunktypische Meinungsbildungsrelevanz erreichen, auch dem erforderlichen Regulierungsrahmen zu unterwerfen.

Die besondere Meinungsbildungsrelevanz des Rundfunks ergibt sich aus seiner Breitenwirkung, Aktualität und Suggestivkraft[991]. Welche Anforderungen an ein Informations- beziehungsweise Kommunikationsangebot hinsichtlich dieser Merkmale konkret zu stellen sind, um es als Rundfunkdarbietung qualifizieren zu können, wurde bereits weiter oben ausführlich erläutert[992]. Darum soll es an dieser Stelle auch genügen, auf die dortigen Ausführungen zu verweisen. Im übrigen ist die Frage, ob ein Informations- beziehungsweise Kommunikationsangebot eine rundfunktypische Meinungsbildungsrelevanz erreicht, ohnehin im rundfunkrechtlichen Teil von zentralerer Bedeutung, als im Rahmen von § 20 II RStV, schließlich wird man Informations- und Kommunikationsangebote in den meisten Fällen generell einem konkreten Regulierungsrahmen zuordnen können. So ist § 20 II RStV auch weniger für die allgemeine Abgrenzung von Rundfunkangeboten und Mediendiensten entscheidend, als vielmehr für bestimmte Sonderfälle, etwa wenn ein Mediendienst sich durch zusätzliche Angebote möglicherweise zu einer Rundfunkdarbietung verändert beziehungsweise wenn ein

[988] Vgl. Amtl. Begr. zu § 20 RStV, abgedruckt in Hartstein/ Ring/ Kreile/ Dörr/ Stettner, Rundfunkstaatsvertrag, B5; s. auch Meier, in: Roßnagel, Recht der Multimedia-Dienste, § 2 MDStV, Rn. 35.
[989] Ring, ZUM 1998, 358, 361; Jarass, AfP 1998, 133, 140.
[990] Solche Zweifel werden z.B. geäußert von Determann, Kommunikationsfreiheit im Internet, S. 528; Meier, in: Roßnagel, Recht der Multimedia-Dienste, § 2 MDStV, Rn. 35; Kröger/ Moos, ZUM 1997, 462, 465.
[991] BVerfGE 90, 60, 87.
[992] Vgl. S. 192ff.

Informations- beziehungsweise Kommunikationsdienst verschiedene Angebote bereitstellt, welche zum Teil als Mediendienst, zum Teil aber als Rundfunk zu qualifizieren sind. Diese Annahme ergibt sich insbesondere aus der Formulierung „wenn und soweit", welche im Folgenden darum näher erläutert werden soll.

Betrachtet man zunächst allein das „wenn", so sind die daraus resultierenden Rechtsfolgen ausgesprochen eindeutig: Stellt sich ein Mediendienst, etwa durch Aufnahme zusätzlicher Angebote, nunmehr als Rundfunk dar, unterfällt dieser Dienst allein den Bestimmungen des Rundfunkstaatsvertrags[993]. So kann ein Teleshopping-Angebot, welches aufgrund seiner engen inhaltlichen Begrenzung allein auf den Warenabsatz, als Mediendienst im Sinne von § 2 II Nr. 1 MDStV angesehen wird[994], dadurch zu einem Rundfunkangebot werden, daß zusätzlich rein unterhaltende Teile beziehungsweise Informationen, welche über die bloße Warenpräsentation hinausgehen, regelmäßig dargeboten werden[995]. Ebenso können reine Textdienste im Sinne von § 2 II Nr. 3 MDStV, denen eine rundfunktypische Meinungsbildungsrelevanz aufgrund der fehlenden Suggestivkraft bewegter Bilder abgesprochen wird[996], dadurch zu Rundfunkangeboten werden, daß sie nunmehr auch Bewegtbilddarstellungen aufnehmen[997].

Die eindeutigen Rechtsfolgen, die sich aus § 20 II RStV ergeben, „wenn" ein Mediendienst dem Rundfunk zuzuordnen ist, scheinen durch die „Soweit-Klausel" des § 20 II RStV zum Teil wieder konterkariert zu werden. Aus der Formulierung „soweit" könnte der Schluß gezogen werden, daß nur die Teile eines Mediendienstes, die sich als Rundfunk darstellen, einer rundfunkrechtlichen Zulassung bedürfen[998]. Eine solche Teillizenzierung widerspräche freilich auf den ersten Blick dem Willen des Gesetzgebers, der ausdrücklich darauf hinweist, daß ein Mediendienst, der dem Rundfunk zuzuordnen ist, „allein den Bestimmungen des Rundfunkstaatsvertrags" unterfällt[999]. Betrachtet man allein diese Aussage, so könnte ein Informations- beziehungsweise Kommunikations-

---

[993] Vgl. Amtl. Begr. zu § 20 RStV, abgedruckt in Hartstein/ Ring/ Kreile/ Dörr/ Stettner, Rundfunkstaatsvertrag, B5.
[994] Vgl. hierzu auch die Amtl. Begr. zu § 2 MDStV, abgedruckt in Ring, Medienrecht, Bd. II, G II 1.300.
[995] Ausführlicher hierzu: s. S. 184ff.
[996] Vgl. hierzu auch die Amtl. Begr. zu § 2 MDStV, abgedruckt in Ring, Medienrecht, Bd. II, G II 1.300.
[997] Ausführlicher hierzu: s. S. 190ff.
[998] Siehe auch Schulz, Thesenpapier, 2.3.
[999] Amtl. Begr. zu § 20 RStV, abgedruckt bei Hartstein/ Ring/ Kreile/ Dörr/ Stettner, Rundfunkstaatsvertrag, B 5, § 20.

angebot nur einheitlich entweder als Mediendienst beziehungsweise als Rundfunk qualifiziert werden. Damit würde allerdings die „Soweit-Klausel" überflüssig. Dieser scheinbare Widerspruch läßt sich jedoch mit einer differenzierten Sichtweise auflösen:

Die Formulierung „soweit" deutet auf eine eindeutig erkennbare Trennlinie hin, welche im Falle des § 20 II RStV also zwischen dem Teil eines Mediendienstes, welcher Rundfunkqualität erlangt und dem übrigen Angebot, welches weiterhin dem Mediendienstestaatsvertrag unterfällt, verlaufen müßte. Wenn eine solche Trennlinie, welche in der Lage sein muß, eine klare und eindeutige Unterscheidung der verschiedenen Teile zu ermöglichen, deutlich erkennbar ist, so ist gegen eine differenzierte rechtliche Bewertung nichts einzuwenden[1000]. Jener Teil, der eine rundfunktypische Meinungsbildungsrelevanz erreicht, stellt sich dann quasi schon als eigenständiges Angebot dar[1001].

Ein Informations- beziehungsweise Kommunikationsdienst ist jedoch einheitlich zu bewerten, wenn der Teil mit Rundfunkqualität untrennbar in das Gesamtangebot eingebunden ist, denn die enge Verflechtung der Angebotsteile führt dazu, daß mit der Rundfunkqualität des einen Teils, die Meinungsbildungsrelevanz des Gesamtangebots erhöht wird. Sehr deutlich würde dies etwa bei Textdiensten im Sinne von § 2 II Nr. 3 MDStV, wenn unmittelbar neben den Texten auch Bewegtbildsequenzen dargeboten würden. Hier könnte man nicht mehr sagen, daß die Texte, obschon redaktionell bearbeitet, darum nicht als Rundfunkdarbietungen anzusehen sind, weil ihnen die Suggestivkraft bewegter Bilder fehlt, schließlich sind sie nunmehr unmittelbar mit Bewegtbilddarstellungen verbunden[1002]. In solchen Fällen ist der gesamte Dienst gemäß § 20 II RStV als Rundfunk anzusehen.

Eine hinreichende Abgrenzung wäre selbst dann noch nicht gegeben, wenn die Bewegtbilddarstellungen nicht mit den Textelementen vermischt, sondern optisch voneinander getrennt, etwa in Form eines geteilten Bildschirms, dargestellt würden. Sehr anschaulich läßt sich diese Problematik darstellen, indem man eine Parallele zu den sogenannten Laufbändern zieht, welche von verschiedenen Fernsehsendern zeitgleich zu den Bewegtbilddarstellungen angeboten werden. Zwar handelt es hierbei nicht direkt um einen Fall im Sinne von § 20 II RStV, schließlich werden nicht Mediendienste um Rundfunkangebote ergänzt, sondern es werden neben typischen Rundfunkdarbietungen Textdienste angeboten, welche zumindest bei separater Betrachtung als Mediendienste zu qualifizieren sind.

[1000] Vgl. auch Schulz, Thesenpapier, 2.3.
[1001] Vgl. zu der Abgrenzungsproblematik auch S. 281ff.
[1002] Vgl. S. 190ff.

Dennoch steht man auch bei solchen Laufbändern vor der Frage, ob sie sich deutlich genug von den übrigen Angebotsteilen abgrenzen lassen, so daß sie eigenständig einem bestimmten Rechtsrahmen zugeordnet werden können oder ob sie untrennbar mit dem Gesamtangebot verbunden sind.

Für die Eigenständigkeit der Laufbänder würde sprechen, daß diese sich zumeist sehr deutlich, etwa über ihre farbliche Gestaltung, vom eigentlichen Rundfunkprogramm abheben und regelmäßig Inhalte präsentieren, welche nicht mit den Bewegtbildern in unmittelbarem thematischen Zusammenhang stehen (Börsenkurse, Wetterdaten, aktuelle Nachrichten etc.). Würde man die Laufbänder daraufhin - soweit sie die entsprechenden Voraussetzungen erfüllen - als selbständige Mediendienste qualifizieren, welche von dem übrigen Rundfunkprogramm zu unterscheiden sind[1003], so würde man allerdings die Wechselwirkungen, welche sich aus der festen Verbindung von Laufband und Bewegtbildern ergeben, verkennen beziehungsweise unterschätzen.

Diese wären vornehmlich dann besonders stark, wenn die Inhalte des Laufbands den Bewegtbildern thematisch entsprechen oder gar dazu dienen, die Bilder zu erläutern (etwa bei aktuellen Nachrichten aus Krisenregionen, während im Hintergrund entsprechende Bilder gezeigt werden). In diesem Fall könnte man nicht mehr sagen, das Laufband sei als Mediendienst zu qualifizieren, weil es ihm im Unterschied zum Rundfunk an der Suggestivkraft bewegter Bilder fehlt[1004]. Die Inhalte des Laufbandes stehen in einer so unmittelbaren Nähe zu den Bildern, daß sie zeitgleich von den Rezipienten wahrgenommen werden können. Die im Laufband verbreiteten Nachrichten erlangen also durch die Bilder im Hintergrund durchaus eine dem Rundfunk vergleichbare Meinungsbildungsrelevanz, welche es rechtfertigt, sie auch den strengen Regelungen des Rundfunkrechts zu unterwerfen. Über dieses Beispiel hinaus gibt es weitere Gründe, die dafür sprechen, Laufbänder generell nicht als Mediendienste anzusehen.

Rundfunkveranstalter könnten die Qualifizierung der Laufbänder als Mediendienste dazu nutzen, verschiedene Anforderungen des Rundfunkrechts zu umgehen beziehungsweise aufzuweichen. So gibt es bei Mediendiensten, außer für Teleshopping im Sinne von § 2 II Nr. 1 MDStV, keine Begrenzung der Zeiten für Werbung, wie es sie gemäß §§ 44, 45 RStV bei Rundfunkdarbietungen gibt. Würde das Laufband als Mediendienst zu bewerten sein, könnte es also durchaus dazu verwandt werden, dauerhaft Werbung - wenn auch nur in Textform - in eine Rundfunkdarbietung einzublenden, soweit sich das Laufband nur deutlich genug von den Bewegtbildern abhebt und die Inhalte entsprechend § 13 II

[1003] So entschieden vom VG Berlin, MMR 1999, 175ff.
[1004] Vgl. hierzu auch S. 190ff, S. 197ff.

MDStV als Werbung gekennzeichnet sind. Noch problematischer sind die Gefahren einzuschätzen, die sich für die freie, öffentliche Meinungsbildung ergeben, wenn die Laufbänder dazu verwendet werden, die zeitgleich dargebotenen Bewegtbilder zu kommentieren. Während man bei Rundfunkdarbietungen gemäß § 25 RStV auf die Einhaltung von Meinungsvielfalt achten muß, gibt es für Mediendienste keine solche Vorschrift. Darum könnte man mit Laufbändern, würde man sie als Mediendienste qualifizieren, stets ein einseitiges Meinungsbild zeichnen und so das ausgewogene Bild der Rundfunkdarbietung teilweise konterkarieren, zumindest aber gefährden.

Im Ergebnis wird man also sagen müssen, daß Laufbänder, welche fest mit einem Rundfunkprogramm verbunden sind, generell nicht als eigenständige Mediendienste angesehen werden können[1005]. Auch eine differenzierte rechtliche Bewertung von Laufbändern entsprechend den jeweiligen Inhalten wäre keine Lösung. Zwar würden die oben genannten Gefahren für die freie öffentliche Meinungsbildung nicht gegeben sein, wenn lediglich Börsenkurse oder Wetterdaten etc. kontinuierlich durch das Fernsehbild laufen, doch würde eine an den Inhalten orientierte Abgrenzung stets willkürlich wirken und Einzelfallösungen sind stets auch mit Grauzonen verbunden, welche Umgehungsversuche begünstigen[1006].

Wenn andererseits eine eigenständige rechtliche Bewertung von Laufbändern als Mediendienste unter anderem auch damit begründet wird, daß dem Gesetzgeber bei Schaffung des Mediendienstestaatsvertrags bekannt war, daß etwa der Fernsehtext, welcher nunmehr ausdrücklich als Mediendienst im Sinne von § 2 II Nr. 3 MDStV anzusehen ist, transparent oder auch teilweise über die laufenden Fernsehbilder eingeblendet werden kann und damit auch hier ein gleichzeitiges Wahrnehmen dieser Angebote möglich ist[1007], muß dem entgegengehalten werden, daß dieser Fall keineswegs mit den Laufbändern zu vergleichen ist, welche fest mit der Rundfunkdarbietung verbunden sind. Sowohl der Fernsehtext, als auch die Fernsehbilder können nämlich völlig selbständig genutzt werden. Die Rezipienten bestimmen autonom, ob sie den Fernsehtext zeitgleich mit den Bewegtbildern nutzen wollen oder nicht und können zudem die konkreten Inhalte auswählen. Damit fehlen dem Anbieter solcher Textdienste jene Einflußmöglichkeiten auf die öffentliche Meinungsbildung, wie sie weiter oben für die Laufbänder aufgezeigt wurden. Folglich ist es durchaus gerechtfertigt, Fernsehtextangebote als eigenständige Mediendienste anzusehen. Die fest mit den Bewegtbildern verbundenen Laufbänder bilden hingegen mit dem Rundfunk-

---

[1005] *A.A.* VG Berlin, MMR 1999, 175ff.
[1006] Siehe jedoch mit *a.A.* VG Berlin, MMR 1999, 175ff.
[1007] So das VG Berlin, MMR 1999, 175ff.

programm eine Einheit, welche in einer Gesamtschau als Rundfunk zu qualifizieren ist.

Anhand der Laufbänder ist also deutlich geworden, daß eine hinreichende Abgrenzbarkeit einzelner Angebotsteile, welche deren eigenständige rechtliche Qualifizierung erlauben würde, nur dann gegeben ist, wenn sich die Angebote separat und selbständig nutzen lassen, also wenn die Nutzer frei bestimmen können, ob sie diese nebeneinander nutzen wollen oder nicht. Fest miteinander verbundene Teile, welche allenfalls eine optische Trennung aufweisen, sind als Einheit zu betrachten und als solche dem entsprechenden Rechtsrahmen zuzuordnen. Diese Erkenntnisse erlauben auch eine widerspruchsfreie Anwendung der „Soweit-Klausel" des § 20 II RStV[1008]. So unterfällt ein Mediendienst entsprechend dem Willen des Gesetzgebers allein den Bestimmungen des Rundfunkstaatsvertrags[1009], wenn er untrennbar mit Angebotsteilen verbunden ist, welche sich nunmehr als Rundfunk darstellen. Grenzt sich der Rundfunkteil vom übrigen Mediendienst jedoch so deutlich ab, daß er auch eigenständig genutzt werden kann, so ist der ursprüngliche Mediendienst „soweit" er sich jetzt als Rundfunk darstellt gemäß § 20 II RStV lizenzpflichtig, während der andere Teil weiterhin allein den Bestimmungen des Mediendienstestaatsvertrags unterfällt.

Die Umsetzung der vorstehenden theoretischen Erwägungen kann in der Praxis mitunter große Schwierigkeiten bereiten. So läßt sich insbesondere die Grenze, an der ein Mediendienst ganz oder teilweise zum Rundfunk wird, kaum anhand objektiver Kriterien bestimmen, sondern muß bei jedem Angebot individuell ermittelt werden. Die Entscheidung darüber, ob ein Mediendienst gemäß § 20 II 1 RStV dem Rundfunk zuzuordnen ist, trifft gemäß § 20 II 2 RStV die zuständige Landesmedienanstalt im Einvernehmen mit allen Landesmedienanstalten[1010]. Stellen diese fest, daß die Voraussetzungen des § 20 II 1 RStV vorliegen, hat der Anbieter gemäß § 20 II 2 RStV die Wahl, innerhalb von sechs Monaten, nachdem ihm die Feststellung bekanntgegeben wurde, einen Zulassungsantrag für die Veranstaltung von Rundfunk zu stellen oder den Mediendienst so anzubieten, daß er nicht mehr dem Rundfunk zuzuordnen ist[1011]. Um diesbezüglich von vornherein Rechtssicherheit zu erlangen, sind Anbieter von Mediendiensten ge-

[1008] Die eventuell auftretenden Widersprüche wurden bereits weiter oben angesprochen.
[1009] Vgl. hierzu die Amtl. Begr. zu § 20 RStV, abgedruckt bei Hartstein/ Ring/ Kreile/ Dörr/ Stettner, Rundfunkstaatsvertrag, B 5, § 20.
[1010] Siehe hierzu auch die Amtl. Begr. zu § 20 RStV, abgedruckt bei Hartstein/ Ring/ Kreile/ Dörr/ Stettner, Rundfunkstaatsvertrag, B 5, § 20.
[1011] Ebenda.

mäß § 20 II 3 RStV berechtigt, bei der zuständigen Landesmedienanstalt einen Antrag auf rundfunkrechtliche Unbedenklichkeit zu stellen[1012]. Während die Einstufung eines Mediendienstes als Rundfunk nach § 20 II 1 RStV bislang von den Landesmedienanstalten noch nicht vorgenommen wurde, gab es jedoch bereits eine Reihe von Unbedenklichkeitsbescheinigungen gemäß § 20 II 3 RStV.

Abschließend gilt es noch darauf hinzuweisen, daß § 20 II RStV, entsprechend der systematischen Einordnung der Vorschrift, nur private Veranstalter betrifft. Öffentlich-rechtliche Veranstalter bedürfen für das Anbieten entsprechender Mediendienste ohnehin einer besonderen gesetzlichen Ermächtigung[1013].

VIII. Beispielhafte Aufzählung

Eine beispielhafte Aufzählung verschiedener Mediendienste findet sich in § 2 II MDStV. Diese wurde bewußt nicht abschließend formuliert (*„insbesondere"*), um der Tatsache Rechnung zu tragen, daß es im Zuge einer inhaltlichen und technischen Weiterentwicklung denkbar ist, daß künftig noch weitere Formen von Mediendiensten angeboten werden, die nicht in der Aufzählung enthalten sind[1014].

Der Beispielkatalog ist in vier Kategorien unterteilt: Während die §§ 2 II Nr. 1-3 MDStV ausschließlich Verteildienste erfassen, ist § 2 II Nr. 4 MDStV auf Abrufdienste ausgerichtet. Um Informations- und Kommunikationsangebote sicher als Mediendienste ansehen zu können, genügt es jedoch nicht allein, daß die speziellen Voraussetzungen der Beispiele erfüllt sind, sondern auch die allgemeinen Tatbestandvoraussetzungen der Mediendienste im Sinne von § 2 I MDStV und die diversen Ausschlußtatbestände müssen berücksichtigt werden[1015].

Im Folgenden soll näher erläutert werden, welche Informations- und Kommunikationsangebote den einzelnen Kategorien des § 2 II MDStV zuzuordnen sind. Da die Mediendienste in den vorstehenden Ausführungen bereits sehr ausführlich sowohl von Rundfunkangeboten im Sinne von § 2 I RStV, als auch von Telediensten im Sinne von § 2 TDG abgegrenzt wurden, genügt es an dieser Stelle, im wesentlichen auf die dortigen Ergebnisse zurückzugreifen.

[1012] Ebenda.

[1013] Jarass, AfP 1998, 133, 140.

[1014] Amtl. Begr. zu § 2 MDStV, abgedruckt in Ring, Medienrecht, Bd. II, G II 1.300.

[1015] Zu den allgemeinen Tatbestandsvoraussetzungen der Mediendienste s. S. 246ff und zu den Ausschlußtatbeständen s. S. 251ff.

1. § 2 II Nr. 1 MDStV

Zu den Mediendiensten zählen gemäß § 2 II Nr. 1 MDStV zunächst *„Verteildienste in Form von direkten Angeboten an die Öffentlichkeit für den Absatz von Waren oder Erbringung von Dienstleistungen, einschließlich unbeweglicher Sachen, Rechte und Verpflichtungen, gegen Entgelt (Teleshopping)“*[1016].

Allerdings sind längst nicht alle fernmeldetechnisch verbreiteten und an die Allgemeinheit gerichteten Verkaufsangebote, als Mediendienste anzusehen. Je nach Ausgestaltung des Angebots, kann es sich ebenso um Rundfunk im Sinne von § 2 I RStV handeln oder um einen Teledienst im Sinne von § 2 II Nr. 5 TDG beziehungsweise § 2 II Nr. 2 TDG[1017]. Trotz der Vielgestaltigkeit von Teleshoppingangeboten, lassen sich diese dennoch sehr klar voneinander unterscheiden und eindeutig den jeweils einschlägigen Regulierungsrahmen zuordnen.

Zunächst gilt es festzustellen, ob es sich um einen Abrufdienst oder um einen Verteildienst handelt[1018]. Letzteren Falls scheidet die Anwendung des Teledienstegesetzes generell aus, denn Teledienste sind gemäß § 2 I TDG dadurch gekennzeichnet, daß sie für eine individuelle Nutzung bestimmt sind, während hingegen bei Verteildiensten die Inhalte einseitig vom Anbieter vorgegeben werden, ohne daß die Nutzer diese mitgestalten können[1019]. Im Falle, daß es sich um einen Abrufdienst handelt, ist wiederum § 2 II Nr. 1 MDStV nicht anwendbar, denn dieser erfaßt ausdrücklich nur Verteildienste. In Abgrenzung zum Teledienstegesetz ist also der Anwendungsbereich von § 2 II Nr. 1 MDStV sehr eindeutig zu bestimmen.

Schwieriger ist schon die Unterscheidung zu Rundfunkdarbietungen. Teleshopping ist als Rundfunk zu behandeln, wenn die Darbietung regelmäßig, das heißt nicht nur in wenigen Ausnahmefällen, Programmbestandteile enthält, die keinen Produktbezug mehr aufweisen, sondern die allein der allgemeinen Information beziehungsweise Unterhaltung der Zuschauer dienen[1020].

Darum werden von § 2 II Nr. 1 MDStV nur solche Teleshopping-Angebote in Form von Verteildiensten erfaßt, welche allein für den Warenmarkt und nicht schon für den Meinungsmarkt bestimmt sind[1021]. Die generelle Ausrichtung eines Teleshopping-Angebots auf den Warenmarkt ist daran zu erkennen, daß der gewerbliche Zweck, spricht der Absatz von Waren und Dienstleistungen, durch-

---

[1016] Diese Begriffsbestimmung entspricht Art. 1f EU-Fernsehrichtlinie.
[1017] Vgl. hierzu die entsprechenden Abschnitte weiter oben.
[1018] Siehe hierzu auch S. 333 und S. 349.
[1019] Vgl. hierzu auch S. 243f.
[1020] Ausführlicher hierzu: S. 184ff.
[1021] Ebenda.

gehend und eindeutig erkennbar im Vordergrund steht[1022]. Kennzeichnend für gewerbliche Interessen sind beispielsweise die dauerhafte Einblendung von Kaufpreis, Bestell- und Verkaufsbedingungen oder vergleichbare Angaben[1023]. Ein ausreichender Produktbezug ist freilich nicht nur bei der bloßen Präsentation der Produkte, zusammen mit den eben erwähnten Daten gegeben, sondern besteht auch bei Umfeldbeschreibungen, die sich auf das Produkt, seine Herstellung oder seinen Gebrauch beziehen[1024].

2. § 2 II Nr. 2 MDStV

Beispielhaft für Mediendienste werden in § 2 II Nr. 2 MDStV auch *„Verteildienste, in denen Meßergebnisse und Datenermittlungen in Text oder Bild mit oder ohne Begleitton verbreitet werden“* genannt. Laut amtlicher Begründung zum Mediendienstestaatsvertrag zählen hierzu etwa Verteildienste, welche Ergebnisse von Messungen aus dem Umweltbereich oder Wetterdaten verbreiten[1025].

Solche Mediendienste unterscheiden sich von Rundfunkdarbietungen durch ihre enge inhaltliche Begrenzung auf Angebote, die nur in geringem Maße der öffentlichen Meinungsbildung dienen[1026]. So läßt sich mit der Übermittlung allein solcher Tatsachen, welche ausschließlich Ergebnisse widerspiegeln, die direkt aus Messungen oder Datenerhebungen gewonnen wurden, kaum ein tendenziöses Meinungsklima erzeugen[1027]. Je stärker diese aber einer redaktionellen Bearbeitung unterworfen sind beziehungsweise in ein redaktionelles Umfeld eingebunden werden, desto größer sind die Gefahren für die öffentliche Meinungsbildung und damit die Notwendigkeit einer intensiveren Regulierung[1028]. Dementsprechend wird die Grenze zu einer Rundfunkdarbietung überschritten, sobald die reine Präsentation von Daten und Meßergebnissen etwa durch Moderation begleitet oder durch zusätzliche Informationsteile ergänzt wird[1029]. Unproblematisch ist grundsätzlich die bloße Auswahl der Daten und deren graphische Aufbereitung[1030].

1022 Ebenda.
1023 Ebenda.
1024 Ebenda.
1025 Amtl. Begr. zu § 2 MDStV, abgedruckt bei Ring, Medienrecht, Bd. II, G II 1.300.
1026 Ebenda.
1027 Ausführlicher hierzu: S. 187ff.
1028 Ebenda.
1029 Ebenda.
1030 Ebenda.

Für eine strikte inhaltliche Begrenzung der Mediendienste im Sinne von § 2 II Nr. 2 MDStV auf Daten und Meßergebnisse spricht neben der Abgrenzung zu den Rundfunkdarbietungen auch die notwendige Unterscheidung zu den Textdiensten im Sinne von § 2 II Nr. 3 MDStV[1031]. Eine klare Grenzziehung würde deutlich erschwert, wenn etwa allgemeine Nachrichten auch als Daten im Sinne von § 2 II Nr. 2 MDStV angesehen würden, denn gerade die Vermittlung von Nachrichten ist ein ganz typischer Anwendungsbereich von Textdiensten im Sinne von § 2 II Nr. 3 MDStV.

Notwendig ist schließlich noch die Abgrenzung zu den Telediensten[1032]. So könnte die Verbreitung von Daten und Meßergebnissen mitunter auch als Datendienst im Sinne von § 2 II Nr. 2 TDG angesehen werden. Allerdings müssen Teledienste gemäß § 2 I TDG für eine individuelle Nutzung bestimmt sein. Damit unterscheiden sie sich deutlich von Angeboten im Sinne von § 2 II Nr. 2 MDStV, denn dieser erfaßt ausdrücklich nur Verteildienste, welche gerade dadurch gekennzeichnet sind, daß die Inhalte einseitig vom Anbieter vorgegeben werden, ohne daß die Nutzer diese mitgestalten können. Damit sind Überschneidungen der Anwendungsbereiche von § 2 II Nr. 2 MDStV und § 2 II Nr. 2 TDG ausgeschlossen.

3. § 2 II Nr. 3 MDStV

In § 2 II Nr. 3 MDStV werden als Beispiele für Mediendienste *„Verteildienste in Form von Fernsehtext, Radiotext und vergleichbaren Textdiensten“* genannt. Kennzeichnend für diese Angebote ist, daß sie rein textorientiert sind, also keine Bewegtbilddarstellungen enthalten[1033]. Dabei ist es für die Textorientierung durchaus unproblematisch, wenn die deutlich im Vordergrund stehenden Textbestandteile durch statische Bildelemente oder durch einzelne Tondokumente ergänzt werden[1034]. Sobald solche Angebote jedoch Bewegtbilder enthalten, welche für die Nutzer untrennbar mit den Textelementen verbunden sind, weist das gesamte Angebot eine rundfunktypische Meinungsbildungsrelevanz auf und unterliegt damit dem Rundfunkrecht[1035].

Ebenso unproblematisch ist die Abgrenzung zu den Telediensten. Zwar könnte man Textdienste durchaus auch als Angebote zur Information und

---

[1031] Ebenda.

[1032] Vgl. hierzu auch die entsprechenden Ausführungen zu den Teleshopping-Angeboten, S. 262ff.

[1033] Ausführlicher hierzu: S. 190ff.

[1034] Ebenda.

[1035] Ebenda; vgl. hierzu auch die Ausführungen zu § 20 II RStV, S. 254ff.

Kommunikation im Sinne von § 2 II Nr. 2 TDG ansehen, dazu müßten sie aber gemäß § 2 I TDG für eine individuelle Nutzung bestimmt sein. Das ist jedoch bei Verteildiensten, auf welche § 2 II Nr. 3 MDStV ausdrücklich beschränkt ist, ausgeschlossen. Damit kommt es auch hier nicht zu Überschneidungen der Anwendungsbereiche von Teledienstegesetz und Mediendienstestaatsvertrag.

4. § 2 II Nr. 4 MDStV

Zu den Mediendiensten zählen gemäß § 2 II Nr. 4 MDStV schließlich auch *„Abrufdienste, bei denen Text-, Ton- oder Bilddarbietungen auf Anforderung aus elektronischen Speichern zur Nutzung übermittelt werden, mit Ausnahme von solchen Diensten, bei denen der individuelle Leistungsaustausch oder die reine Übermittlung von Daten im Vordergrund steht, ferner von Telespielen"*.

Durch die ausdrückliche Beschränkung auf Abrufdienste sind Verteildienste vom Anwendungsbereich des § 2 II Nr. 4 MDStV ausgeschlossen. Damit unterscheiden sie sich deutlich von den in § 2 II Nr. 1-3 MDStV genannten Verteildiensten. Ebenso werden Rundfunkangebote regelmäßig in Form von Verteildiensten dargeboten, so daß sich hier gleichfalls kaum Abgrenzungsschwierigkeiten ergeben[1036]. Allerdings ist es nicht ausgeschlossen, daß auch Abrufdienste Rundfunkqualität aufweisen können[1037]. Dies ist insbesondere bei solchen Angeboten zu vermuten, welche inhaltlich den herkömmlichen Rundfunkdarbietungen ausgesprochen ähnlich sind[1038]. In solchen Fällen muß dann anhand der Kriterien Breitenwirkung, Aktualität und Suggestivkraft untersucht werden, ob der konkrete Dienst eine rundfunktypische Meinungsbildungsrelevanz aufweist[1039]. Welche Anforderungen konkret an diese Merkmale zu stellen sind, wurde bereits weiter oben sehr ausführlich erörtert. Darum soll es an dieser Stelle genügen, lediglich auf die entsprechenden Ausführungen zu verweisen[1040].

Einer intensiveren Betrachtung bedarf jedoch das Verhältnis zwischen § 2 II Nr. 4 MDStV und den Telediensten im Sinne von § 2 II TDG, denn hier sind auf den ersten Blick eine Vielzahl von Überschneidungen zu erwarten, da § 2 II Nr. 4 MDStV zunächst ganz allgemein von „Abrufdienste[n], bei denen Text-, Ton- oder Bilddarbietungen auf Anforderung aus elektronischen Speichern zur Nutzung übermittelt werden" spricht. Allerdings weisen sowohl § 2 TDG, als auch

[1036] Vgl. S. 174ff.
[1037] Vgl. S. 180.
[1038] Vgl. S. 181ff.
[1039] Vgl. S. 192ff.
[1040] Ebenda.

§ 2 II Nr. 4 MDStV einander entsprechende Ausschlußtatbestände auf, welche eine eindeutige Grenzziehung ermöglichen. So stellt § 2 IV Nr. 3 TDG klar, daß das Teledienstegesetz nicht für „inhaltliche Angebote bei Verteildiensten und Abrufdiensten, soweit die redaktionelle Gestaltung zur Meinungsbildung für die Allgemeinheit im Vordergrund steht“ gilt. Von § 2 II Nr. 4 MDStV sind hingegen genau solche Angebote ausgeschlossen, bei denen diese Voraussetzung gerade nicht gegeben ist und welche darum als Teledienste anzusehen sind, nämlich solche Dienste, bei denen der individuelle Leistungsaustausch oder die reine Übermittlung von Daten im Vordergrund steht, ebenso wie Telespiele.

Mit dem Ausschluß von Diensten, bei denen der individuelle Leistungsaustausch im Vordergrund steht, wird eine eindeutige Abgrenzung zu den in § 2 II Nr. 1, 3 und 5 TDG genannten Telediensten erreicht. So soll laut amtlicher Begründung zum Mediendienstestaatsvertrag der individuelle Leistungsaustausch unter anderem dann im Vordergrund stehen, wenn die elektronisch erbrachten Leistungen auf ein konkretes Individualverhältnis zwischen dem Nutzer und dem Anbieter bezogen sind, wie dies zum Beispiel bei Telebanking oder bei der Übermittlung von Röntgenbildern oder Krankendaten durch das Krankenhaus an den Hausarzt der Fall ist[1041]. Damit werden vornehmlich die Angebote zur Individualkommunikation im Sinne des § 2 II Nr. 1 TDG beschrieben. Individuelle, auf das konkrete Verhältnis zwischen Nutzer und Anbieter bezogene Leistungen werden aber auch bei den Angeboten zur Nutzung des Internet oder weiterer Netze im Sinne von § 2 II Nr. 3 TDG erbracht[1042] und erst recht steht der individuelle Leistungsaustausch bei den Waren- und Dienstleistungsangeboten im Sinne von § 2 II Nr. 5 TDG im Vordergrund[1043].

Von § 2 II Nr. 4 MDStV werden neben diesen Angeboten zudem solche Dienste ausgeschlossen, bei denen die reine Übermittlung von Daten im Vordergrund steht. Das soll beispielsweise bei Fahrplänen, Flugplänen oder Devisenkursen der Fall sein[1044]. Damit werden also auch ein Großteil der Angebote zur Information im Sinne von § 2 II Nr. 2 TDG von dem Ausschlußtatbestand erfaßt[1045]. Schließlich sind vom Anwendungsbereich des § 2 II Nr. 4 MDStV noch die Telespiele ausgenommen, so daß auch mit Blick auf § 2 II Nr. 4 TDG keine Überschneidungen zu befürchten sind.

Resümierend kann man also feststellen, daß § 2 II Nr. 4 MDStV ganz überwiegend die in § 2 II TDG genannten Teledienste ausschließt und damit auch im

---

1041 Amtl. Begr. zu § 2 MDStV, abgedruckt in Ring, Medienrecht, Bd. II, G II 1.300.
1042 Vgl. S. 238ff.
1043 Vgl. S. 243f.
1044 Amtl. Begr. zu § 2 MDStV, abgedruckt in Ring, Medienrecht, Bd. II, G II 1.300.
1045 Vgl. S. 242ff; so auch Determann, Kommunikationsfreiheit im Internet, S. 533.

Falle von Abrufdiensten eine eindeutige Abgrenzung zwischen Telediensten und Mediendiensten ermöglicht. Bleiben trotz der Ausschlußtatbestände noch Überschneidungen übrig, so ist auf die Regelungen des Teledienstegesetzes, welche gemäß § 2 I 3 MDStV vom Mediendienstestaatsvertrag unberührt bleiben, abzustellen. Danach unterfallen gemäß § 2 IV Nr. 3 TDG solche Dienste nicht dem Teledienstegesetz, bei denen „die redaktionelle Gestaltung zur Meinungsbildung für die Allgemeinheit im Vordergrund steht". Diese sind dann, soweit es sich um Abrufdienste handelt, als Mediendienste im Sinne von § 2 II Nr. 4 MDStV zu qualifizieren, es sei denn sie erreichen entsprechend den Eingangs genannten Kriterien sogar Rundfunkqualität.

F. Telekommunikation

Abschließend soll noch auf den Anwendungsbereich des Telekommunikationsgesetzes, speziell in Abgrenzung zum Teledienstegesetz, zum Mediendienstestaatsvertrag und zum Rundfunkstaatsvertrag eingegangen werden. Dabei gilt es zunächst allgemeine Abgrenzungsfragen zu klären, bevor anschließend auf die rechtliche Bewertung eines konkreten Informations- und Kommunikationsangebots, nämlich der Internet-Telefonie, ausführlicher eingegangen wird.

I. Allgemeine Abgrenzungsfragen

Die Tatsache, daß sowohl Teledienste, wie auch Mediendienste und Rundfunkangebote mittels Telekommunikation im Sinne von § 3 Nr. 22 TKG übermittelt werden, bereitet keinerlei Abgrenzungsschwierigkeiten[1046]. Während nämlich das Teledienstegesetz, der Mediendienstestaatsvertrag und der Rundfunkstaatsvertrag allein die inhaltlichen und nutzungsrelevanten Komponenten der Informations- und Kommunikationsangebote regeln, sind die Bestimmungen des Telekommunikationsgesetzes ausschließlich auf die Übertragungsmöglichkeiten, also auf den technischen Vorgang der Telekommunikation ausgerichtet[1047]. Folglich sind Überschneidungen der Regelungsbereiche insoweit ausgeschlossen. Die Regelungen des Telekommunikationsgesetzes einerseits und die Bestimmungen des Teledienstegesetzes, des Mediendienstestaatsvertrags oder des Rundfunkstaatsvertrags andererseits, können folglich funktionsbezogen nebeneinander zur Anwendung kommen[1048]. Wenn ein Anbieter eines Informations-

---

[1046] Zur Übermittlung mittels Telekommunikation vgl. beim Rundfunk S. 210 i.V.m. S. 126ff, bei den Telediensten S. 222, bei den Mediendiensten S. 251.

[1047] Vgl. hierzu insbesondere Begr. zum Regierungsentwurf des IuKDG, BT-Drs. 13/ 7385, Begründung, A. Allgemeiner Teil, Einordnung der neuen Informations- und Kommunikationsdienste; Begr. zum Gesetzentwurf des TKG, BT-Drs. 13/ 3609, Begründung, B. Besonderer Teil, Zu § 3; s. auch Bleisteiner, Rechtliche Verantwortlichkeit im Internet, S. 109f; Engel-Flechsig/ Maennel/ Tettenborn, S. 14; dies., NJW 1997, 2981, 2983; Fechner, Medienrecht, Rn. 1065ff; Kloepfer/ Neun, Informationsrecht, § 11, Rn. 86; Meier, in: Roßnagel, Recht der Multimedia-Dienste, § 2 MDStV, Rn. 48; Paschke, Rn. 105ff; Spindler, in: Roßnagel, Recht der Multimedia-Dienste, § 2 TDG, Rn. 36f; ders., in: Spindler/ Schmitz/ Geis, TDG, § 2, Rn. 22, 26.

[1048] Vgl. auch Kloepfer/ Neun, Informationsrecht, § 13, Rn. 19f.

beziehungsweise Kommunikationsdienstes zugleich die technischen Voraussetzungen für die Übermittlung bereitstellt, so muß er neben dem entsprechenden Regulierungsrahmen für die Inhalte, auch die Bestimmungen des Telekommunikationsgesetzes beachten.

Teledienste, Mediendienste und Rundfunk sind also keine Telekommunikationsdienste im Sinne von § 3 Nr. 24 TKG, sondern sie setzen Telekommunikation im Sinne von § 3 Nr. 22 TKG lediglich voraus. Die rechtliche Unterscheidung bereitet in aller Regel kaum Probleme, insbesondere wenn das zu beurteilende Angebot eindeutig nur in einer Transportleistung beziehungsweise einer inhaltlichen Leistung besteht.

Dennoch gibt es mitunter auch Abgrenzungsprobleme. So wurde bislang etwa bei der Internet-Telefonie[1049] problematisiert, ob es sich um einen Teledienst im Sinne von § 2 TDG handelt oder aber um eine Telekommunikationsdienstleistung im Sinne von § 3 Nr. 18 TKG a.F., um einen Telekommunikationsdienst im Sinne von § 3 Nr. 5 TKG a.F. beziehungsweise sogar um einen Sprachtelefondienst im Sinne von § 3 Nr. 15 TKG a.F. Die in diesem Zusammenhang diskutierten Fragen sind durch die Novellierung des Telekommunikationsgesetzes allein nicht hinfällig geworden. Zwar sind die Begriffe Telekommunikationsdienstleistung und Sprachtelefondienst entfallen, jedoch haben sich die dort diskutierten Probleme zum Teil lediglich auf neu eingeführte Kategorien verlagert. Darum sollen im Folgenden anhand des Beispiels der Internet-Telefonie die Begriffe *Telekommunikationsdienst* im Sinne von § 3 Nr. 24 TKG beziehungsweise § 3 Nr. 10 TKG und *Öffentlich zugänglicher Telefondienst* im Sinne von § 3 Nr. 17 TKG näher erläutert werden.

II. Internet-Telefonie

Zunächst läge es nahe, die Internet-Telefonie als *„Angebot[...] im Bereich der Individualkommunikation"* im Sinne von § 2 II Nr. 1 TDG anzusehen, schließlich sind gerade Telefongespräche zwischen den miteinander verbundenen Teilnehmern ganz typische Beispiele für Individualkommunikation[1050]. Dennoch erscheint die Zuordnung von Internet-Telefonie zu den Telediensten im Sinne von § 2 TDG systemfremd. Der Anbieter von Internet-Telefonie stellt keine Inhalte, sondern lediglich die technischen Voraussetzungen für die Aufnahme von Telefongesprächen bereit. Die Regelungen des Teledienstegesetzes knüpfen je-

[1049] Zur Funktionsweise von Internet-Telefonie s. S. 339.
[1050] So Bleisteiner, Rechtliche Verantwortlichkeit im Internet, S. 110.

doch, wie in den vorangegangen Ausführungen gezeigt, nicht an die Transportleistung, sondern an die inhaltlichen Komponenten der Angebote an. Fraglich ist zudem, wie bei der Internet-Telefonie, insbesondere bei jenen Varianten, bei denen die Endgeräte Telefone sind, die Informationspflichten gemäß §§ 6 und 7 TDG umgesetzt werden sollen.

Es spricht also vieles dafür, Internet-Telefonie eher als Telekommunikationsdienst im Sinne von § 3 Nr. 24 TKG beziehungsweise § 3 Nr. 10 TKG anzusehen. Diese Annahme, gilt es im Folgenden zu überprüfen. Sollte sie sich bestätigen, so wäre gemäß § 2 IV Nr. 1 TDG die Anwendung des Teledienstegesetzes auf Internet-Telefonie-Angebote ohnehin ausgeschlossen[1051], gleichgültig, ob nun die Voraussetzungen gemäß § 2 I TDG erfüllt wären oder nicht.

1. Telekommunikationsdienst im Sinne von § 3 Nr. 24 TKG

Telekommunikationsdienste sind gemäß § 3 Nr. 24 TKG *„in der Regel gegen Entgelt erbrachte Dienste, die ganz oder überwiegend in der Übertragung von Signalen über Telekommunikationsnetze bestehen, einschließlich Übertragungsdienste in Rundfunknetzen“*. Fraglich ist, ob Internet-Telefonie-Angebote diese Voraussetzungen erfüllen:

a. Dienst

Zunächst muß es sich bei dem konkreten Internet-Telefonie-Angebot überhaupt um einen eigenständigen *Dienst* handeln.

Soweit die Internet-Telefonie direkt zwischen Computern, also ohne Vermittlung durch einen speziellen Anbieter, stattfindet, wird dieses Merkmal nicht erfüllt[1052]. Hier wird die Übertragung der Sprache allein durch die von den Nutzern installierte spezielle Software bewirkt. Einen besonderen Anbieter, der die Übertragung der Signale übernimmt, gibt es bei dieser Variante von Internet-Telefonie also nicht[1053]. Als solche kämen lediglich die Access-Provider in Frage, die den Nutzern den Zugang zum Internet, über das die Kommunikation erfolgt, ermöglichen. Diese sind zwar generell als Anbieter von Telekommunikationsdiensten anzusehen[1054], allerdings ist die Qualifikation nicht davon abhängig, daß sie auch die Möglichkeit zur Internet-Telefonie bieten, sondern ist al-

---

[1051] Vgl. hierzu auch die Ausführungen zum sachlichen Anwendungsbereich von § 2 IV Nr. 1 TDG, S. 223f.

[1052] Vgl. zu den unterschiedlichen Varianten von Internet-Telefonie S. 339.

[1053] So auch Windthorst/ Franke, CR 1999, 14, 17; Müller-Terpitz, MMR 1998, 65, 66.

[1054] Vgl. S. 282.

lein auf die Tatsache zurückzuführen, daß sie den Zugang zum Internet vermitteln. Für Access-Provider ist es gleichgültig, ob die von ihnen vermittelten Daten zur Übertragung von E-Mails, Internetseiten oder Sprache dienen. Darum sind sie auch nicht als Anbieter der direkt zwischen Computern stattfindenden Internet-Telefonie anzusehen[1055]. Bei dieser Variante von Internet-Telefonie gibt es also keinen speziellen Anbieter, so daß sie auch nicht als eigenständiger Telekommunikationsdienst im Sinne von § 3 Nr. 24 TKG angesehen werden kann.

Anders ist es bei den übrigen Varianten von Internet-Telefonie, wie Computer-zu-Telefon oder Telefon-zu-Telefon. Die Kommunikation via Internet bedarf hier sogenannter Gateways, welche den Übergang zwischen Internet und öffentlichem, vermittelnden Telefonnetz herstellen. Die Betreiber dieser Gateways ermöglichen also erst solche Formen von Internet-Telefonie. In solchen Fällen kann also von einem eigenständigen *Dienst* ausgegangen werden.

b. Übertragung von Signalen über Telekommunikationsnetze

Telekommunikationsdienste bestehen *ganz oder überwiegend in der Übertragung von Signalen über Telekommunikationsnetze.* Unter *Telekommunikationsnetz* ist gemäß § 3 Nr. 27 TKG „die Gesamtheit von Übertragungssystemen und gegebenenfalls Vermittlungs- und Leitwegeinrichtungen sowie anderweitigen Ressourcen, die die Übertragung von Signalen über Kabel, Funk, optische und andere elektromagnetische Einrichtungen ermöglichen [...]“ zu verstehen. Diese Definition entspricht Art. 2 a) RRL[1056]. Dort und auch in der Begründung zum Regierungsentwurf des Telekommunikationsgesetzes ist ausdrücklich klar gestellt, daß zu den Telekommunikationsnetzen sowohl leitungs- als auch paketvermittelte Netze und damit auch das Internet zählen[1057]. Damit liegt bei der Internet-Telefonie also unproblematisch eine Übertragung von Signalen über Telekommunikationsnetze vor.

c. Entgelt

Kennzeichnend für Dienste im Sinne von § 3 Nr. 24 TKG ist schließlich, daß diese *in der Regel gegen Entgelt erbracht* werden. Dies ist bei jedermann zugänglichen Internet-Telefonie-Angeboten gewöhnlich der Fall.

[1055] Ebenso Windthorst/ Franke, CR 1999, 14, 17; Müller-Terpitz, MMR 1998, 65, 66; EU-Kommission, ABl. EG 98/ C 6/ 04.

[1056] Richtlinie 2002/21/EG.

[1057] Art. 2 a) RRL, Richtlinie 2002/21/EG; Begr. zum Regierungsentwurf des TKG 2004, BR-Drs. 755/03, Begründung zu § 3 Nr. 27.

d. Zwischenergebnis

Eigenständige Angebote zur Internet-Telefonie - vornehmlich in Form von Computer-zu-Telefon und Telefon-zu-Telefon - sind, soweit sie in der Regel gegen Entgelt erbracht werden, Telekommunikationsdienste im Sinne von § 3 Nr. 24 TKG.

2. Telekommunikationsdienst im Sinne von § 3 Nr. 10 TKG

Ein geschäftsmäßiges Erbringen von Telekommunikationsdiensten ist gemäß § 3 Nr. 10 TKG *„das nachhaltige Angebot von Telekommunikation für Dritte mit oder ohne Gewinnerzielungsabsicht"*.

a. Nachhaltiges Angebot

Auch hier muß es sich zunächst wieder um ein eigenständiges Angebot handeln. Diesbezüglich kann auf die obigen Ausführungen zum Telekommunikations*dienst* im Sinne von § 3 Nr. 24 TKG verwiesen werden[1058].

Der Begriff *„nachhaltig"* erfordert, daß das Angebot eine gewisse Häufigkeit aufweist und auf eine gewisse Dauer angelegt ist[1059].

b. Telekommunikation

Des weiteren muß Telekommunikation angeboten werden. Telekommunikation ist gemäß § 3 Nr. 22 TKG *„der technische Vorgang des Aussendens, Übermittelns und Empfangens von Signalen mittels Telekommunikationsanlagen"*. Telekommunikationsanlagen sind gemäß § 3 Nr. 23 TKG *„technische Einrichtungen oder Systeme, die als Nachrichten identifizierbare elektromagnetische oder optische Signale senden, übertragen, vermitteln, empfangen, steuern oder kontrollieren können"*.

Bei der Internet-Telefonie werden die Kommunikationsinhalte durchaus in Form von Signalen übertragen. Dies erfolgt über technische Anlagen wie Telefone, Computer, Gateways, Telekommunikationsnetze, Internet und viele andere

---

1058 Vgl. S. 271f.

1059 Vgl. Begr. zum Regierungsentwurf des TKG 2004, BR-Drs. 755/03, Begründung zu § 3 Nr. 11; s. auch Ehmer, in: Beck'scher TKG-Kommentar, § 3, Rn. 8; Lünenbürger, in: Scheurle/ Mayen, TKG, § 3, Rn. 18f.

mehr[1060]. Diese sind, je nach konkreter Funktion, alle in der Lage, elektromagnetische oder optische Signale senden, übertragen, vermitteln, empfangen, steuern oder kontrollieren zu können. Folglich findet bei der Internet-Telefonie Telekommunikation statt.

c. Für Dritte

Im Sinne von § 3 Nr. 10 TKG muß das nachhaltige Angebot von Telekommunikation *für Dritte* erfolgen. Dies ist bei jedermann zugänglichen Internet-Telefonie-Angeboten der Fall.

Aber auch wenn in Unternehmen die Telekommunikation via Internet erfolgt, kann es sich um ein Angebot von Telekommunikation *für Dritte* handeln. Als solche kommen nämlich auch Arbeitnehmer in Betracht, denen Privatgespräche am Arbeitsplatz gestattet sind[1061].

d. Mit oder ohne Gewinnerzielungsabsicht

Für eine Qualifizierung eines Angebots im Sinne von § 3 Nr. 10 TKG kommt es ausdrücklich nicht darauf an, ob seitens des Anbieters eine Gewinnerzielungsabsicht besteht oder nicht.

e. Zwischenergebnis

Sofern ein eigenständiges Angebot von Internet-Telefonie eine gewisse Häufigkeit aufweist und auf eine gewisse Dauer angelegt ist, handelt es sich insbesondere bei einem jedermann zugänglichen Angebot auch um einen Telekommunikationsdienst im Sinne von § 3 Nr. 10 TKG.

3. Öffentlich zugänglicher Telefondienst

Schließlich soll noch der Frage nachgegangen werden, ob Internet-Telefonie-Angebote auch als *Öffentlich zugängliche Telefondienste* angesehen werden können. Gemäß § 3 Nr. 17 TKG ist ein Öffentlich zugänglicher Telefondienst *„ein der Öffentlichkeit zur Verfügung stehender Dienst für das Führen von In-*

[1060] Vgl. hierzu auch die technische Beschreibung von Internet-Telefonie, S. 339.
[1061] Meinberg/ Grabe, K&R 2004, 409, 413.

lands- und Auslandsgesprächen einschließlich der Möglichkeit, Notrufe abzusetzen".

a. Dienst

Zunächst muß es sich auch hier wieder um ein eigenständiges Angebot handeln. Diesbezüglich kann auf die obigen Ausführungen zum Telekommunikations-*dienst* im Sinne von § 3 Nr. 24 TKG verwiesen werden[1062].

b. Öffentlichkeit

Ein solcher Dienst muß *„der Öffentlichkeit"* zur Verfügung stehen. Dazu muß er an beliebige natürliche oder juristische Personen und nicht lediglich an die Teilnehmer geschlossener Benutzergruppen gerichtet sein[1063]. Internet-Telefonie, die etwa nur innerhalb eines Intranets möglich ist, erfüllt daher nicht das Merkmal der Öffentlichkeit[1064]. Das gilt selbst dann, wenn die Teilnehmer einer solchen geschlossenen Benutzergruppe auch mit Außenstehenden die Kommunikation aufnehmen können[1065]. Entscheidend ist allein, ob das Angebot hinsichtlich der Möglichkeit zur Inanspruchnahme nur für einen bestimmten Personenkreis bereitgestellt wird oder für jedermann.

c. Führen von Inlands- und Auslandsgesprächen

Kennzeichnend für Öffentlich zugängliche Telefondienste ist weiterhin, daß diese *für das Führen von Inlands- und Auslandsgesprächen* bestimmt sind. Diese Voraussetzung verbindet zwei Merkmale der inzwischen entfallenen Kategorie der Sprachtelefondienste im Sinne von § 3 Nr. 15 TKG a.F., nämlich daß ein *direkter Transport und Vermittlung von Sprache* stattfindet und zwar in *Echtzeit.*

[1062] Vgl. S. 271f.
[1063] Vgl. Schütz, in: Beck'scher TKG-Kommentar, § 3, Rn. 18a; Lünenbürger, in: Scheurle/ Mayen, TKG, § 3, Rn. 51ff; Mertens, MMR 2000, 77, 79; Müller-Terpitz, MMR 1998, 65, 66.
[1064] Vgl. Müller-Terpitz, MMR 1998, 65, 66.
[1065] Vgl. Lünenbürger, in: Scheurle/ Mayen, TKG, § 3, Rn. 54.

Erforderlich ist daher zunächst, daß ein Austausch von Sprache stattfindet, mithin also eine zwischenmenschliche Kommunikation[1066]. Folglich können Angebote, die allein der Datenübermittlung dienen, keinesfalls als Öffentlich zugängliche Telefondienste angesehen werden[1067]. Aber auch bei synthetisch erzeugten oder zwischengespeicherten Mitteilungen und bei lediglich einseitig gerichteter Sprache kann von einer zwischenmenschlichen Kommunikation, im Sinne eines Austauschs von Sprache, nicht die Rede sein[1068]. Somit wurden auch solche Angebote bislang generell nicht als Sprachtelefondienste angesehen. Gleiches gilt grundsätzlich auch für Öffentlich zugängliche Telefondienste, jedoch ist im Einzelfall zu prüfen, ob nicht einer der in § 3 Nr. 17 TKG ausdrücklich genannten Dienste vorliegt, welche auch von den Öffentlich zugänglichen Telefondiensten eingeschlossen sein sollen.

Auch die Voraussetzung *„Vermittlung von Sprache"* ist dem Tatbestandsmerkmal *Führen von Inlands- und Auslandsgesprächen* immanent und erfordert, daß jeder Nutzer bei jedem einzelnen Telekommunikationsvorgang stets die Wahl hat, welchen Gesprächspartner er erreichen will[1069]. Es muß also immer eine Auswahl zwischen mehreren Endpunkten möglich sein[1070]. Auswählbar ist ein Gesprächspartner, wenn er vom Nutzer beispielsweise durch Eingabe einer Rufnummer oder Nennung eines Namens eindeutig adressiert werden kann[1071]. Die Voraussetzung der *„Vermittlung von Sprache"* ist folglich auch bei der Internet-Telefonie gegeben[1072].

Die Voraussetzung des *„direkten Transports [...] von Sprache"* ist schließlich gegeben, wenn die Sprachmitteilungen direkt zum adressierten Netzabschlußpunkt transportiert werden[1073]. Wird die Sprache jedoch zwischengespeichert und führt dies zu einer deutlich zeitversetzten Übermittlung, wie etwa bei Sprachpost, so wird das Merkmal des *„direkten Transports"* nicht erfüllt[1074]. Mithin kann es sich bei solchen Angeboten auch nicht um Öffentlich zugängliche Telefondienste handeln. Transportbedingte Zwischenspeicherungen sind

---

[1066] Vgl. Schütz, in: Beck'scher TKG-Kommentar, § 3, Rn. 18a; Lünenbürger, in: Scheurle/ Mayen, TKG, § 3, Rn. 47; Müller-Terpitz, MMR 1998, 65, 67.

[1067] So auch, allerdings noch zum Sprachtelefondienst: Lünenbürger, in: Scheurle/ Mayen, TKG, § 3, Rn. 47.

[1068] Vgl. Müller-Terpitz, MMR 1998, 65, 67.

[1069] Vgl. Schütz, in: Beck'scher TKG-Kommentar, § 3, Rn. 18a; Lünenbürger, in: Scheurle/ Mayen, TKG, § 3, Rn. 48; Müller-Terpitz, MMR 1998, 65, 67.

[1070] Vgl. Schütz, in: Beck'scher TKG-Kommentar, § 3, Rn. 18a; Lünenbürger, in: Scheurle/ Mayen, TKG, § 3, Rn. 48.

[1071] Müller-Terpitz, MMR 1998, 65, 67.

[1072] Ebenda.

[1073] Müller-Terpitz, MMR 1998, 65, 66.

[1074] Ebenda.

allerdings unproblematisch[1075]. Ebenso ist es unerheblich, wenn die Sprachdaten, wie bei der paketvermittelten Übertragungsweise, auf unterschiedlichen Wegen zum Empfänger gelangen können[1076]. Folglich erfüllt auch Internet-Telefonie das Merkmal des *„direkten Transports [...] von Sprache"*[1077].

Die Übertragung der Sprache muß in *„Echtzeit"* erfolgen. Diese bislang bei den Sprachtelefondiensten im Sinne von § 3 Nr. 15 TKG a.F. ausdrücklich normierte Voraussetzung, muß auch bei den Öffentlich zugänglichen Telefondiensten Beachtung finden. Bei diesen handelt es sich um Dienste „für das Führen von Inlands- und Auslandsgesprächen". Das heißt, es muß also ein *Gespräch* möglich sein. Mit diesem Begriff wird üblicherweise eine Echtzeitkommunikation verbunden. Eine solche wird dann angenommen, wenn die Kommunikation von den Gesprächsteilnehmern noch als direkt und unmittelbar empfunden werden kann[1078]. Für die Heranziehung des Echtzeitkriteriums auch für die Öffentlich zugänglichen Telefondienste wird des weiteren zu Recht auch auf die Legaldefinition des *Anrufs* in § 3 Nr. 1 TKG verwiesen[1079].

Für die Frage, wann eine Kommunikation von den Gesprächsteilnehmern noch als direkt und unmittelbar empfunden wird, gilt: Verzögerungen bei der Sprachübertragung von bis zu 400 Millisekunden werden noch akzeptiert[1080]. Wird dieser Grenzwert jedoch überschritten, so wird der Sprachaustausch von den Gesprächsteilnehmern nicht mehr als zeitgleich im Sinne eines normalen menschlichen Dialogs empfunden[1081]. Es tritt dann vermehrt gleichzeitiges Schweigen beziehungsweise unbeabsichtigtes Doppelsprechen auf[1082].

Bislang kam es bei der Internet-Telefonie noch häufig zu deutlichen Verzögerungen bei der Sprachübertragung beziehungsweise sogar zu Verlusten einzelner Datenpakete, so daß die Nutzer solcher Angebote nicht den Eindruck einer direkten und unmittelbaren Kommunikation gewinnen konnten[1083]. Internet-Telefonie wurde darum allgemein nicht den Sprachtelefondiensten zugeord-

---

[1075] Ebenda.

[1076] Ebenda; Windthorst/ Franke, CR 1999, 14, 19; *a.A.* Lünenbürger, in: Scheurle/ Mayen, TKG, § 3, Rn. 50.

[1077] Müller-Terpitz, MMR 1998, 65, 67.

[1078] Vgl. Mertens, MMR 2000, 77, 79; Müller-Terpitz, MMR 1998, 65, 67; Schütz, in: Beck'scher TKG-Kommentar, § 3, Rn. 18a.

[1079] Meinberg/ Grabe, K&R 2004, 409, 414.

[1080] Vgl. Mertens, MMR 2000, 77, 79; Müller-Terpitz, MMR 1998, 65, 67; Lünenbürger, in: Scheurle/ Mayen, TKG, § 3, Rn. 50; Windthorst/ Franke, CR 1999, 14, 20.

[1081] Ebenda.

[1082] Müller-Terpitz, MMR 1998, 65, 67.

[1083] Vgl. hierzu etwa Göckel, Handbuch Multimedia-Recht, Teil 23, Rn. 7ff.

net[1084]. Jedoch hat sich die Qualität von Internet-Telefonie in den letzten Jahren deutlich verbessert. Soweit Internet-Telefonie über Breitbandtechnik betrieben wird, kann heute eine mit herkömmlicher Sprachtelefonie vergleichbare Echtzeitübertragung durchaus ermöglicht werden. Allerdings kann Internet-Telefonie mit ganz unterschiedlicher Qualität angeboten werden. Des weiteren kann bei der paketvermittelten Internet-Telefonie auch eine grundsätzlich gute Übertragungsqualität in Zeiten hoher Netzbelastung spürbar beeinträchtigt werden. Allerdings steht es zu erwarten, daß derzeit mitunter noch bestehende Mängel bei der Sprachqualität[1085] zunehmend in den Hintergrund treten werden und die Internet-Telefonie-Angebote künftig generell in der Lage sein werden, das Echtzeitkriterium zu erfüllen.

d. Notrufmöglichkeit

Schließlich ist es für einen Öffentlich zugänglichen Telefondienst noch erforderlich, daß dieser die *Möglichkeit* bietet, *Notrufe abzusetzen.* Derzeit bestehen bei Internet-Telefonie-Angeboten verschiedentlich noch Einschränkungen hinsichtlich der Funktionalität von Notrufmöglichkeiten[1086]. Generell ist es jedoch auch bei Internet-Telefonie möglich, eine Notruffunktion einzurichten[1087]. Während dies bei einer Nutzung von Internet-Telefonie an einem festen Standort kaum Schwierigkeiten bereitet, stößt eine entsprechende Umsetzung bei nomadisch genutzten Diensten mitunter auf Schwierigkeiten, insbesondere bestehen hier Probleme, den Standort des Anrufers mit technischen Mitteln zu bestimmen[1088].

e. Zwischenergebnis

Eigenständige, für jedermann zugängliche Internet-Telefonie-Angebote können, sobald sie konstant das Kriterium der Sprachübertragung in Echtzeit erfüllen, und eine ausreichende Notrufmöglichkeit bereitstellen als Öffentlich zugängliche Telefondienste im Sinne von § 3 Nr. 17 TKG angesehen werden.

[1084] Vgl. Göckel, Handbuch Multimedia-Recht, Teil 23, Rn. 34; Holznagel/ Enaux/ Nienhaus, Grundzüge des Telekommunikationsrechts, S. 57f; Mertens, MMR 2000, 77, 79; Müller-Terpitz, MMR 1998, 65, 67; Lünenbürger, in: Scheurle/ Mayen, TKG, § 3, Rn. 50; Windthorst/ Franke, CR 1999, 14, 20; EU-Kommission, ABl. EG 98/ C 6/ 04.

[1085] Vgl. Stiftung Warentest, test 2005, Heft 8, S. 28ff.

[1086] Vgl. hierzu auch Kurth, MMR Beilage 3/2005, 3, 5f.

[1087] Ebenda.

[1088] Ebenda.

4. Zusammenfassung

Eigenständige Angebote zur Internet-Telefonie können, soweit sie im Einzelfall die jeweiligen Voraussetzungen erfüllen, Telekommunikationsdienste im Sinne von § 3 Nr. 24 TKG beziehungsweise § 3 Nr. 10 TKG darstellen. Auf solche Angebote wäre dann gemäß § 2 IV Nr. 1 TDG die Anwendung des Teledienstegesetzes ausgeschlossen, selbst wenn sie die Voraussetzungen von § 2 I TDG erfüllten.

Welche Anforderungen an Internet-Telefonie-Angebote im Rahmen des Telekommunikationsrechts zu stellen sind, insbesondere ob sie ebenso, wie herkömmliche Telefondienste als Öffentlich zugängliche Telefondienste im Sinne von § 3 Nr. 17 TKG anzusehen sind, wird davon abhängig sein, inwieweit diese künftig aus Sicht der Nutzer als gleichwertige Alternative zu den herkömmlichen Telefondiensten angesehen werden können.

G. Rechtliche Einordnung verschiedener Dienste

Im Folgenden sollen eine Reihe verschiedener Informations- und Kommunikationsdienste, anhand der in den vorstehenden Ausführungen gewonnenen Ergebnisse, dem jeweils einschlägigen Regulierungsrahmen zugeordnet werden. Dazu sind zunächst einige allgemeingültige Vorbemerkungen erforderlich.

I. Allgemeine Vorbemerkungen

Zunächst gilt es zu beachten, daß es bei der rechtlichen Qualifizierung eines Informations- beziehungsweise Kommunikationsdienstes nicht etwa auf das Gesamtspektrum der Angebote eines Diensteanbieters ankommt, sondern es ist allein auf das konkrete Angebot einer einzelnen, in sich abgeschlossenen Informations- beziehungsweise Kommunikationsdienstleistung abzustellen.

Allerdings können einzelne Angebote mitunter auch nebeneinander zur Anwendung kommen. Hier stellt sich dann die Frage, ob diese einheitlich rechtlich zu bewerten sind oder separat dem jeweils einschlägigen Regulierungsrahmen zuzuordnen sind. Beispielhaft hierfür sind etwa Laufbänder, die parallel zum Fernsehprogramm dargeboten werden oder der Fernsehtext, der transparent über das Fernsehprogramm eingeblendet werden kann. Aber auch im Internet gibt es zahlreiche Beispiele für ein Nebeneinander unterschiedlichster Angebote. So ist es möglich, daß höchst individuelle Angebote, wie Telebanking oder E-Mail-Kommunikation zeitgleich neben Angeboten genutzt werden können, die für jedermann zugänglich sind. Dies kann sowohl über eine einheitlich erscheinende Oberfläche eines Diensteanbieters erfolgen, als auch über nebeneinander eingeblendete Fenster mit jeweils unterschiedlichen Angeboten von einem beziehungsweise verschiedenen Anbietern. Soweit sich die einzelnen Angebotsteile hinreichend deutlich von einander abgrenzen, so sind sie eigenständig rechtlich zu bewerten[1089]. Das ist dann der Fall, wenn sich die Angebote separat und selbständig nutzen lassen, also wenn die Nutzer frei bestimmen können, ob sie diese nebeneinander nutzen wollen oder nicht[1090]. Fest miteinander verbundene Teile, welche allenfalls - wie etwa bei Laufbändern - eine optische Trennung aufwei-

[1089] Ausführlich hierzu S. 254ff.
[1090] Ebenda.

sen, sind als Einheit zu bewerten und als solche dem entsprechenden Regulierungsrahmen zuzuordnen[1091].

II. Konkrete Beispiele

Nachfolgend sollen einige Informations- und Kommunikationsangebote, welche zum Teil bereits an verschiedenen Stellen dieser Arbeit beispielhaft erwähnt wurden, dem jeweils einschlägigen medienrechtlichen Regulierungsrahmen (Art. 5 I 2 GG, Rundfunkstaatsvertrag, Teledienstegesetz, Mediendienstestaatsvertrag, Telekommunikationsgesetz) zugeordnet werden. Soweit die rechtliche Qualifizierung in den vorstehenden Ausführungen bereits ausführlich erörtert wurde, soll es nunmehr genügen, lediglich die Ergebnisse noch einmal kurz darzustellen.

1. Access-Provider

Reine *Access-Provider* bieten keine eigenen Inhalte an, sondern stellen nur den technischen Zugang zu solchen bereit. Damit unterfallen sie allein den Regelungen des Telekommunikationsgesetzes[1092]. Allerdings unterliegen sie, soweit es um die rechtliche Verantwortlichkeit für Inhalte, zu welchen sie den Zugang vermitteln, geht, auch den speziellen Regelungen von §§ 8ff TDG und §§ 6ff MDStV[1093].

2. E-Mail

E-Mail-Angebote können höchst unterschiedlich gestaltet sein und dementsprechend den verschiedensten Regulierungsrahmen unterfallen. Während nachfolgend noch auf die E-Mail-Listen näher eingegangen wird, geht es hier zunächst um die direkte E-Mail-Kommunikation zwischen einzelnen Personen. Aber auch hierbei gilt es zu differenzieren:

Solche *E-Mail-Angebote*, die mit der bloßen Bereitstellung eines E-Mail-Servers, lediglich die technischen Voraussetzungen für die Aufnahme einer E-Mail-Kommunikation ermöglichen, bieten keine eigenen Inhalte an. Die Kommunikationsinhalte werden allein von den Nutzern erzeugt. In Ermangelung ei-

---

[1091] Ebenda.
[1092] Vgl. S. 116ff, S. 238ff.
[1093] Vgl. S. 238ff.

nes inhaltlichen Angebots unterfallen solche Dienste ausschließlich dem Telekommunikationsgesetz[1094].

Soweit jedoch über eine WWW-Seite die Möglichkeit zur E-Mail-Kommunikation eröffnet wird, handelt es sich sehr wohl um eigenständige inhaltliche Angebote. Diese sind regelmäßig erst nach einem individuellen Login nutzbar, zumindest sind sie aber vornehmlich für eine individuelle Nutzung bestimmt. Folglich können derartige Angebote den Telediensten im Sinne von § 2 II Nr. 1 TDG zugeordnet werden[1095].

3. E-Mail-Listen

Bei *E-Mail-Listen* kann generell von eigenständigen Angeboten ausgegangen werden, welche je nach konkreter Ausgestaltung, als Teledienste beziehungsweise als Mediendienste zu qualifizieren sind. *Geschlossene E-Mail-Listen*, bei denen die Beiträge nur an einen begrenzten Teilnehmerkreis verbreitet werden, sind generell als Teledienste im Sinne von § 2 II Nr. 1 TDG anzusehen[1096]. Bei an die Allgemeinheit gerichteten, *offenen E-Mail-Listen* ist danach zu differenzieren, ob eine redaktionelle Gestaltung zur Meinungsbildung für die Allgemeinheit im Vordergrund steht[1097]. Dies ist etwa dann der Fall, wenn von Seiten des Anbieters bestimmte Informationen recherchiert, bearbeitet und zusammengestellt werden, welche sodann an die Nutzer, die sich in die E-Mail-Liste eingetragen haben, verbreitet werden[1098]. Eine redaktionelle Gestaltung kann sich mitunter aber auch daraus ergeben, daß *E-Mail-Listen* moderiert werden. Dabei genügt es jedoch nicht, daß lediglich einzelne Diskussionsbeiträge der Nutzer nicht veröffentlicht werden[1099]. Erforderlich ist, daß der Moderator gezielt bestimmte Beiträge auswählt und zusammenstellt und so die Möglichkeit bekommt, ein bestimmtes Meinungsbild zu erzeugen[1100]. Soweit bei *E-Mail-Listen* also eine redaktionelle Gestaltung zur Meinungsbildung für die Allgemeinheit im Vordergrund steht, unterfallen sie dem Mediendienstestaatsvertrag[1101]. Zudem werden solche Angebote auch vom Schutzbereich des Art. 5 I 2 GG um-

[1094] Vgl. S. 269f.
[1095] Vgl. S. 231ff (a.E.).
[1096] Ebenda.
[1097] Vgl. hierzu auch S. 224ff.
[1098] Vgl. zur *redaktionellen Gestaltung* etwa S. 226f.
[1099] Vgl. S. 231ff.
[1100] Ebenda.
[1101] Ebenda.

faßt. Im übrigen sind *offene E-Mail-Listen* als Teledienste im Sinne von § 2 II Nr. 2 TDG anzusehen[1102].

4. FTP, Gopher, Telnet

FTP, Gopher und *Telnet* sind keine eigenständigen Informations- und Kommunikationsdienste. Es handelt sich hierbei lediglich um sogenannte Client-Server-Software. Einer rechtlichen Bewertung sind lediglich die Inhalte zugänglich, die von einem Anbieter zum Abruf bereitgestellt werden. Ob die Bereitstellung beziehungsweise der Abruf nun mittels *FTP, Gopher, Telnet* oder anderweitig geschieht, ist völlig unerheblich.

5. Homepages

Homepages können je nach Ausgestaltung unterschiedlichen Regulierungsrahmen unterfallen. Soweit *Homepages* erst nach einem individuellen Login nutzbar sind, also nur einem begrenzten Teilnehmerkreis zur Verfügung stehen, sind sie generell als Teledienste im Sinne von § 2 II Nr. 1 TDG anzusehen. Bei *Homepages*, die jedermann zugänglich sind, ist danach zu differenzieren, ob eine redaktionelle Gestaltung zur Meinungsbildung für die Allgemeinheit im Vordergrund steht. Dies ist etwa dann nicht der Fall, wenn eine *Homepage* allein dazu dient, die Besucher zur Kontaktaufnahme mit dem Anbieter der Seite zu animieren. Eine solche, ist darum als Angebot zur Kommunikation im Sinne von § 2 II Nr. 2 TDG zu bewerten[1103]. Des weiteren fehlt es an einer redaktionellen Gestaltung, wenn es sich lediglich um thematisch sehr eng begrenzte Informationen, ohne Einbindung in ein größeres Kommunikationsangebot handelt, wie etwa bei *Homepages*, die allein der Verbreitung eines einzelnen Aufrufs, der persönlichen Darstellung eines privaten Anbieters oder der reinen Beschreibung eines Produkts dienen. Diese sind darum, als Angebote zur Information im Sinne von § 2 II Nr. 2 TDG zu qualifizieren[1104]. Sobald bei *Homepages* jedoch eine redaktionelle Gestaltung zur Meinungsbildung für die Allgemeinheit im Vordergrund steht[1105], handelt es sich um Mediendienste[1106]. Solche Angebote unterfallen im übrigen auch dem Schutzbereich des Art. 5 I 2 GG.

1102 Ebenda; vgl. auch S. 234ff.

1103 Vgl. S. 234ff.

1104 Ebenda.

1105 Ausführlicher zu diesem Merkmal s. S. 224ff.

1106 Vgl. S. 234ff.

6. Internet-Broadcasting

Stellt man allein auf *Internet-Broadcasting-Angebote* ab, die an die Allgemeinheit gerichtet und redaktionell gestaltet sind, so unterfallen diese generell dem Schutzbereich des Art. 5 I 2 GG. Auf einfachgesetzlicher Ebene gilt es zu prüfen, welche Meinungsbildungsintensität derartige Angebote aufweisen. Davon hängt es ab, ob sie dem Mediendienstestaatsvertrag beziehungsweise den strengeren Regeln des Rundfunkstaatsvertrags unterfallen. Als Anhaltspunkte für das Erreichen einer rundfunktypischen Meinungsbildungsintensität sollten folgende Voraussetzungen gelten[1107]: Die Darbietungen, in Form planmäßig ablaufender Gesamtprogramme, sollten grundsätzlich ohne Verzögerungen und Bildausfälle ablaufen und eine akzeptable Mindestgröße von etwa doppelter Postkartengröße erreichen. Die Bilder und Töne müssen zweifelsfrei und ohne Anstrengungen erkennbar und verständlich sein. Auch müssen solche Angebote von einer größeren Rezipientengruppe gleichzeitig genutzt werden können, ohne daß damit Qualitätsverluste einhergehen. Solange *Internet-Broadcasting-Angebote* diese Voraussetzungen nicht erfüllen, sind sie als Mediendienste zu qualifizieren[1108].

7. Internet-Telefonie

Eigenständige Angebote[1109] zur Internet-Telefonie sind, soweit sie in der Regel gegen Entgelt erbracht werden, Telekommunikationsdienste im Sinne von § 3 Nr. 24 TKG[1110]. Sofern ein eigenständiges Angebot von Internet-Telefonie eine gewisse Häufigkeit aufweist und auf eine gewisse Dauer angelegt ist, handelt es sich insbesondere bei einem jedermann zugänglichen Angebot auch um einen Telekommunikationsdienst im Sinne von § 3 Nr. 10 TKG[1111]. Auf solche Angebote wäre dann gemäß § 2 IV Nr. 1 TDG die Anwendung des Teledienstegesetzes ausgeschlossen, selbst wenn sie die Voraussetzungen von § 2 I TDG erfüllten.

Eigenständige, für jedermann zugängliche Internet-Telefonie-Angebote können, sobald sie konstant das Kriterium der Sprachübertragung in Echtzeit erfüllen[1112] und eine ausreichende Notrufmöglichkeit bereitstellen[1113], darüber

[1107] Vgl. S. 204ff.
[1108] Ebenda.
[1109] Vgl. S. 271f.
[1110] Vgl. S. 271ff.
[1111] Vgl. S. 273ff.
[1112] Vgl. S. 275ff.
[1113] Vgl. S. 278.

hinaus auch als Öffentlich zugängliche Telefondienste im Sinne von § 3 Nr. 17 TKG angesehen werden[1114].

8. Laufbänder, Split-Screen-TV

Wie bereits schon in den Vorbemerkungen ausgeführt, bilden *Laufbänder* mit dem Fernsehprogramm, neben welchem sie parallel dargeboten werden, eine untrennbare Einheit, die in ihrer Gesamtheit rechtlich zu bewerten ist[1115]. Folglich können solche *Laufbänder* nicht etwa als selbständige Mediendienste angesehen werden, sondern sie sind Bestandteil des Rundfunkprogramms und unterfallen folglich dem Rundfunkstaatsvertrag[1116].

Nur wenn sich die verschiedenen Angebotsteile hinreichend deutlich voneinander abgrenzen lassen, können sie eigenständig rechtlich bewertet werden[1117]. Dabei genügt eine bloße optische Trennung - wie bei den *Laufbändern* - nicht, sondern die einzelnen Angebotsteile müssen sich separat und selbständig nutzen lassen, also die Nutzer müssen frei bestimmen können, ob sie diese nebeneinander nutzen wollen oder nicht[1118].

9. Meinungsforen

Zu den *Meinungsforen* lassen sich unterschiedlichste Kommunikationsangebote, wie etwa Newsgroups, Chat-Foren, elektronische „Schwarze Bretter" etc. zählen, die je nach konkreter Ausgestaltung verschiedenen Normen unterfallen. Für eine Qualifikation als Teledienste, Mediendienste oder Rundfunk kommen freilich generell nur fernmeldetechnisch verbreitete *Meinungsforen* in Betracht.

Meinungsforen, welche von vornherein auf einen feststehenden Teilnehmerkreis beschränkt sind, sind generell als Angebote im Bereich der Individualkommunikation im Sinne von § 2 II Nr. 1 TDG zu bewerten[1119]. Ausgenommen sind lediglich Diskussionen, bei denen die Kommunikationsinhalte ohne Vermittlung durch einen speziellen Anbieter, direkt zwischen den miteinander verbundenen Teilnehmern, ausgetauscht werden. Hier fehlt es bereits an einem eigenständigen Informations- beziehungsweise Kommunikationsangebot.

[1114] Vgl. S. 274ff.
[1115] Vgl. S. 281f und s. auch S. 254ff.
[1116] Vgl. S. 254ff; *a.A.* VG Berlin, MMR 1999, 175ff.
[1117] Ebenda.
[1118] Ebenda.
[1119] Vgl. S. 231ff.

Von den generell nur einem begrenzten Teilnehmerkreis zugänglichen *Meinungsforen*, sind bereits solche Angebote zu unterscheiden, welche zwar an die Allgemeinheit gerichtet sind, aber dennoch die Möglichkeit zur Aufnahme einer individuellen Kommunikation bieten. Dazu zählen etwa Chat-Angebote, welche von jedermann genutzt werden können, um sodann mit anderen, ausgewählten Teilnehmern, in einem separaten Chat-Raum, eine individuelle Kommunikation aufzubauen. Derartige Dienste sind als Angebote zur Kommunikation im Sinne von § 2 II Nr. 2 TDG anzusehen[1120].

Dazu zählen auch die *offenen Meinungsforen*, welche jedermann die Möglichkeit bieten, an der Diskussion teilzunehmen, sei es mit eigenen Beiträgen oder als passiver Beobachter[1121]. Etwas anderes gilt gemäß § 2 IV Nr. 3 TDG nur dann, „soweit die redaktionelle Gestaltung zur Meinungsbildung für die Allgemeinheit im Vordergrund steht“. Dies kann mitunter der Fall sein, wenn offene Meinungsforen moderiert werden[1122]. Hierfür genügt es allerdings nicht, daß lediglich einzelne Diskussionsbeiträge nicht veröffentlicht werden[1123]. Entscheidend ist, daß ein wirklich redaktioneller Beitrag erbracht wird, also daß der Moderator gezielt einzelne Beiträge der Nutzer auswählt und zusammenstellt und so die Möglichkeit bekommt, ein bestimmtes Meinungsbild zu erzeugen[1124]. Solche Meinungsforen sind dann regelmäßig als Mediendienste zu qualifizieren und würden zugleich dem Schutzbereich des Art. 5 I 2 GG unterfallen[1125].

10. Near-video-on-demand

Im Unterschied zum herkömmlichen Rundfunk fehlt es *Near-Video-on-demand-Angeboten* an der Möglichkeit der zeitgleichen Einflußnahme auf eine Allgemeinheit. Die Nutzer können bei *Near-Video-on-demand-Angeboten* zu unterschiedlichen Zeitpunkten auf die Darbietungen zugreifen. Dadurch wird die Gleichzeitigkeit des Rezeptionsvorgangs eingeschränkt, was zu einer gewissen Individualisierung der Nutzung führt. Hieraus ergibt sich zugleich auch ein gewisser Verlust an Meinungsmacht. Dennoch wird ebenso wie beim herkömmlichen Rundfunk ein festgelegtes Gesamtprogramm verbreitet, bei dem die Reihenfolge der Darbietungen prinzipiell vorbestimmt ist. Letztlich handelt es sich also um einen passiv nutzbaren Verteildienst, dessen Darbietungen in kurzen

---

[1120] Vgl. S. 231ff.
[1121] Ebenda.
[1122] Ebenda.
[1123] Ebenda.
[1124] Ebenda.
[1125] Vgl. hierzu auch S. 24ff und S. 112ff.

Abständen wiederholt werden. Ein Verlust an Suggestivkraft ist bei solchen Angeboten folglich nicht zu erwarten. Vielmehr besteht die Möglichkeit, daß aufgrund der zeitlichen Disponibilität der Darbietungen, die Breitenwirkung solcher Angebote erhöht wird, was sogar zu einer Verstärkung der Meinungsmacht führen kann. Allein die Abweichung in der Darbietungsform bewirkt folglich nicht, daß jedermann zugängliche *Near-Video-on-demand-Angebote* einem anderen Regulierungsrahmen zu unterstellen sind, als herkömmlicher Rundfunk[1126]. Nur wenn sich auch auf inhaltlicher Seite ein Verlust an Meinungsmacht ergibt, unterfallen *Near-Video-on-demand-Angebote* mitunter nicht mehr dem Rundfunkstaatsvertrag[1127].

Im übrigen werden der Allgemeinheit zugängliche *Near-Video-on-demand-Angebote* generell vom Schutzbereich des Art. 5 I 2 GG umfaßt.

11. Pay-TV, Pay-per-view, Pay-per-channel

Zunächst gilt generell, daß *Pay-TV-Angebote* durchaus an eine Allgemeinheit gerichtet sein können und nicht allein aufgrund der Tatsache, daß die Rezipienten zunächst mit dem Veranstalter in eine vertragliche Beziehung treten müssen, um das Angebot nutzen zu können, als individualkommunikative Angebote anzusehen sind[1128]. Das Merkmal der Allgemeinheit wird schon dann erfüllt, wenn es jedem Interessierten möglich ist, einen entsprechenden Pay-TV-Vertrag einzugehen[1129]. Es ist also nicht von vornherein ausgeschlossen, daß *Pay-TV* als Rundfunk qualifiziert werden kann.

Soweit also das Merkmal der Allgemeinheit erfüllt wird, gilt es im übrigen danach zu differenzieren, ob *Pay-TV-Angebote* eine rundfunktypische Meinungsbildungsrelevanz aufweisen. Bei *Pay-per-channel-Angeboten* bestehen insoweit keinerlei Probleme, da sie sich von herkömmlichen Rundfunkprogrammen lediglich in der besonderen Entgeltpflichtigkeit unterscheiden. Weniger eindeutig ist schon die Bewertung von *Pay-per-view-Angeboten*, die in Form planmäßig ablaufender Gesamtprogramme dargeboten werden[1130]. Anders als bei den *Pay-per-channel-Angeboten* ist das Entgelt hier für die tatsächlich genutzten Programmbeiträge zu entrichten und nicht pauschal für die Nutzung eines bestimmten Kanals. Folglich entstehen bei *Pay-per-view-Angeboten* mit dem Eingeschaltetlassen des Empfangsgeräts fortlaufende Mehrkosten. Die Nut-

---

1126 Vgl. S. 158 und S. 180.
1127 Vgl. S. 181ff.
1128 Vgl. S. 10ff (a.E.) und S. 21f.
1129 Ebenda.
1130 Vgl. hierzu auch S. 205f.

zer werden sich darum stets fragen, ob der Erwerb einer bestimmten Darbietung tatsächlich sinnvoll ist. Um eine solche Entscheidung treffen zu können, ist eine aktive geistige Auseinandersetzung mit den Inhalten notwendig. Die Rezipienten werden dadurch zugleich kritischer und sind folglich weniger empfänglich für Meinungsmanipulationen. Allerdings reicht dieser Verlust an Suggestivkraft noch nicht aus, um *Pay-per-view-Angebote* in Form von Verteildiensten generell nicht mehr als Rundfunk im Sinne von § 2 I RStV anzusehen[1131]. Das wäre wohl erst dann der Fall, wenn zusätzlich bei den Merkmalen Breitenwirkung und Aktualität deutliche Abstriche zu verzeichnen wären, wie etwa bei *Pay-per-view-Angeboten*, die in Form von Abrufdiensten angeboten werden[1132]. Steht bei diesen eine redaktionelle Gestaltung zur Meinungsbildung für die Allgemeinheit im Vordergrund, sind sie als Mediendienste, im übrigen als Teledienste zu qualifizieren.

Soweit es sich bei den Pay-TV-Angeboten, in den dargestellten Varianten, nicht um Teledienste handelt, unterfallen sie auch dem Schutzbereich des Art. 5 I 2 GG.

12. Push-Dienste

Informations- und Kommunikationsdienste, die mittels *Push*-Technik verbreitet werden, sind nach den allgemeinen Grundsätzen den jeweils einschlägigen Regulierungsrahmen zuzuordnen[1133]. Die spezielle Übertragungstechnik solcher Dienste führt zu keiner gesonderten rechtlichen Bewertung.

13. Sparten-, Zielgruppen-, Special-interest-Programme etc.

Bei Informations- und Kommunikationsangeboten, die auf begrenzte Räumlichkeiten beschränkt sind oder vornehmlich auf einen bestimmten Personenkreis thematisch ausgerichtet sind, ist bei der rechtlichen Qualifizierung insbesondere die Frage, ob sie an eine Allgemeinheit gerichtet sind, problematisch. Zu solchen Angeboten zählen beispielsweise *Laden-, Hotel-, oder Werksfunk* ebenso wie spezielle *Kinder-, Wissenschafts-, oder Sportprogramme.*

Die Tatsache, daß sich derartige Angebote mitunter nur an einen äußerst begrenzten Empfängerkreis richten, spricht keineswegs gegen die Annahme des

---

[1131] Ebenda.
[1132] Ebenda.
[1133] Ausführlicher hierzu s. S. 238ff.

Merkmals der Allgemeinheit[1134]. Vielmehr ist jede Mehrzahl von Personen ausreichend, denn die Festlegung einer bestimmten Mindestzahl, wäre völlig willkürlich[1135]. Entscheidender ist das Merkmal der Beliebigkeit des Empfängerkreises[1136]. Danach kann ein Angebot dann nicht mehr als an die Allgemeinheit gerichtet angesehen werden, wenn die Kommunikationsinhalte ausschließlich für einen begrenzten und feststehenden Personenkreis bestimmt und zugänglich sind, Dritte also nicht an der Kommunikation teilhaben können[1137]. Dementsprechend können etwa *Funksonderdienste*, wie *Polizei-, See- und Flugnavigationsdienste* nicht als Rundfunk qualifiziert werden[1138]. Bei diesen handelt es sich um die Befriedigung von bereichsspezifischen Informations- und Kommunikationsbedürfnissen einer homogenen Gruppe. Der Veranstalter will nur für einen, durch bestimmte Merkmale (vertragliche, mitgliedschaftliche oder öffentlich-rechtliche Beziehungen) verbundenen Personenkreis Informations- und Kommunikationsmöglichkeiten bereitstellen; Dritte sollen von diesen Angeboten ausgeschlossen sein. Auch *Werksfunk* richtet sich nicht an die Allgemeinheit[1139]. Hier werden wichtige Informationen an die Belegschaft des Unternehmens vermittelt. Es geht also um die Erfüllung der Informations- und Kommunikationsbedürfnisse einer homogenen Gruppe. Folglich kann auch *Werksfunk* nicht als Rundfunk angesehen werden. *Hotelfunk* ist hingegen durchaus als Rundfunk zu qualifizieren[1140]. Dieser enthält im wesentlichen Informationen und Unterhaltungsprogramme, welche nicht ausschließlich auf die speziellen Bedürfnisse der aktuell anwesenden Gäste ausgerichtet sind, sondern sie sind regelmäßig so allgemein gehalten, daß sie jeden Gast ansprechen sollen, also auch potentielle Gäste. *Hotelfunk* wird deshalb nicht für bestimmte Benutzer gemacht, sondern für eine unbestimmte Vielzahl von Personen. Schließlich unterliegt die Belegung von Hotels einem stetigen Wandel; Gäste reisen ab, neue kommen hinzu. Beim *Krankenhausfunk* liegt eine ähnliche Situation wie beim *Hotelfunk* vor. Auch hier wendet sich das Programm nicht an einen festen Kreis von Rezipienten, denn dieser unterliegt ebenfalls einem stetigen Wechsel, sei es durch Besucher oder durch Patienten. Mithin ist der *Krankenhausfunk* an eine Allgemeinheit gerichtet und kann als Rundfunk angesehen werden[1141]. Am deutlichsten zeigt sich der Allgemeinbezug eines Programms beim *Ladenfunk*. Wa-

[1134] Vgl. S. 12ff.
[1135] Ebenda.
[1136] Vgl. S. 14ff.
[1137] Ebenda.
[1138] Vgl. S. 18ff.
[1139] Ebenda.
[1140] Ebenda.
[1141] Ebenda.

renhäuser werden ständig von unterschiedlichem Publikum frequentiert. Ziel der Darbietungen sind deshalb nicht nur die aktuell anwesenden, sondern ebenso die potentiellen Kunden.

Schließlich können auch *thematisch eng begrenzte Informations- und Kommunikationsangebote* das Merkmal der Allgemeinheit durchaus erfüllen. So ist es unerheblich, wenn derartige Angebote tatsächlich nur von einer Teilöffentlichkeit genutzt werden. Entscheidend ist, daß die Angebote für jedermann zugänglich und bestimmt sind. Die enge thematische Begrenzung könnte jedoch auch aus einem anderen Grund gegen eine Bewertung als Rundfunk sprechen. So unterfallen etwa die in § 2 II Nr. 1 und 2 MDStV genannten Dienste darum nicht dem Rundfunkstaatsvertrag, weil sie eine enge inhaltliche Begrenzung auf Angebote aufweisen, die nur in geringem Maße der öffentlichen Meinungsbildung dienen[1142]. Dementsprechend ist gerade bei thematisch sehr eng begrenzten Informations- und Kommunikationsangeboten darauf zu achten, ob diese eine rundfunktypische Meinungsbildungsrelevanz erreichen. Dies ist etwa, wie bei Teleshopping-Angeboten im Sinne von § 2 II Nr. 1 MDStV, dann nicht der Fall, wenn das Angebot generell eine andere Zielrichtung als die Wirkung auf den Meinungsmarkt verfolgt und die Inhalte sich diesem Zweck derart unterordnen, daß sie die Meinung der Rezipienten ausschließlich zweckgebunden beeinflussen, ohne eine darüber hinausgehende Bedeutung erlangen zu wollen[1143]. Eine rundfunktypische Meinungsbildungsrelevanz wird ebenso nicht erreicht, wenn, wie im Falle der Dienste im Sinne von § 2 II Nr. 2 MDStV, lediglich Tatsachen übermittelt werden, welche ausschließlich Ergebnisse widerspiegeln, die direkt aus Messungen oder Datenerhebungen gewonnen wurden[1144]. Diese sind kaum in der Lage, ein tendenziöses Meinungsklima zu erzeugen. Mithin besteht keine Notwendigkeit, solche Angebote dem strengen rundfunkrechtlichen Regulierungsrahmen zu unterstellen. Sie erreichen folglich ebenso wie Teleshopping-Angebote im Sinne von § 2 II Nr. 1 MDStV nicht die Qualität einer Rundfunkdarbietung.

Abschließend kann man also festhalten, daß *Sparten-, Zielgruppen-, Special-interest-Programme* etc., die nicht an eine Allgemeinheit gerichtet sind, wie etwa *Polizei-, See- und Flugnavigationsdienste* oder *Werksfunk*, als Teledienste zu bewerten sind[1145]. Erfüllen sie hingegen das Merkmal der Allgemeinheit, wie beispielsweise *Hotelfunk, Krankenhausfunk* oder *Ladenfunk*, so gilt es, insbesondere bei thematisch sehr eng begrenzten Informations- und Kommunikationsangeboten, zu überprüfen, ob sie im konkreten Einzelfall eine rundfunktypi-

[1142] Vgl. S. 183ff.
[1143] Vgl. S. 184ff.
[1144] Vgl. S. 187ff.
[1145] Vgl. hierzu insbesondere auch S. 219ff.

sche Meinungsbildungsrelevanz erreichen. Ist dies nicht der Fall, handelt es sich um Mediendienste, im übrigen um Rundfunk im Sinne des Rundfunkstaatsvertrags. Sind die fernmeldetechnisch verbreiteten *Sparten-, Zielgruppen-, Special-interest-Programme* etc. an eine Allgemeinheit gerichtet und redaktionell gestaltet, so unterfallen sie schließlich auch dem Schutzbereich des Art. 5 I 2 GG.

14.Suchmaschinen

Suchmaschinen können generell als „Angebote zur Nutzung des Internets" im Sinne von § 2 II Nr. 3 TDG angesehen werden, soweit gemäß § 2 IV Nr. 3 TDG nicht eine redaktionelle Gestaltung zur Meinungsbildung für die Allgemeinheit im Vordergrund steht[1146]. Dementsprechend sind insbesondere solche Angebote, bei denen die Suchergebnisse ausschließlich durch eine *automatische Suche* ermittelt werden, als Teledienste zu bewerten. Bei diesen greift der Ausschlußtatbestand des § 2 IV Nr. 3 TDG schon in Ermangelung einer redaktionellen Gestaltung nicht[1147]. Etwas anderes könnte für *Suchmaschinen* gelten, bei denen es sich um *manuell zusammengestellte Verzeichnisse* handelt. Diese sind durchaus Ergebnis redaktioneller Gestaltung[1148]. Fraglich ist jedoch, ob mit der redaktionellen Gestaltung eine Meinungsbildung für die Allgemeinheit beabsichtigt wird oder ob ein anderes Ziel im Vordergrund steht. Über § 2 IV Nr. 3 TDG werden nur solche Informations- und Kommunikationsangebote vom Anwendungsbereich des Teledienstegesetzes ausgeschlossen, deren vornehmliches Ziel die Einflußnahme auf den öffentlichen Meinungsmarkt ist[1149]. Auf den ersten Blick scheint bei *Suchmaschinen* generell eine die Nutzer möglichst zufriedenstellende Beantwortung, deren individueller Suchanfragen, im Vordergrund zu stehen. Während dies bei *automatischen Suchmaschinen* durch spezielle Suchtechniken erreicht werden soll, setzen *Suchmaschinen mit manuell erstellten Verzeichnissen* auf eine redaktionelle Auswahl, Bewertung und Zusammenstellung der Suchergebnisse. Im Vordergrund von *Suchmaschinen* steht generell also zunächst das Bemühen, auf individuelle Suchanfragen der Nutzer, möglichst zutreffende und verwertbare Ergebnisse zu liefern. Je besser ihnen das gelingt, um so größer wird ihr Marktanteil sein. Freilich gilt es durchaus zu beachten, daß Anbieter *manuell zusammengestellter Verzeichnisse* durchaus in der Lage sind, mit der redaktionellen Auswahl bestimmter Inhalte, eine einseitig ausgerichtete Ergebnisliste zu erstellen. Allerdings handelt es sich dabei zumeist nur um Ver-

---

1146 Vgl. auch S. 238ff.
1147 Vgl. hierzu auch S. 226ff.
1148 Ebenda.
1149 Vgl. S. 227ff.

weise auf fremde Inhalte. Diesen gehen die Nutzer dann entsprechend den individuellen Interessen nach. Insofern haben auch die Anbieter von *Suchmaschinen mit manuell zusammengestellten Verzeichnissen* kaum die Möglichkeit, ein eigenes Meinungsbild zu erzeugen, mit welchem sie auf den öffentlichen Meinungsmarkt deutlichen Einfluß nehmen könnten. Es ist also durchaus zweifelhaft, ob bei solchen Angeboten eine redaktionelle Gestaltung zur Meinungsbildung für die Allgemeinheit im Vordergrund steht. Solange im Einzelfall das Ziel der Einflußnahme auf den öffentlichen Meinungsmarkt nicht ausreichend erkennbar ist beziehungsweise nicht deutlich im Vordergrund des Angebots steht, kann § 2 IV Nr. 3 TDG nicht zur Anwendung kommen. Dementsprechend sind *Suchmaschinen*, generell als Teledienste im Sinne von § 2 II Nr. 3 TDG anzusehen. Im Zweifelsfall muß auf den Grundsatz des Art. 31 GG, wonach Bundesrecht dem Landesrecht vorgeht, abgestellt werden. Danach würde ebenfalls das Teledienstegesetz und nicht der Mediendienstestaatsvertrag zur Anwendung kommen.

15. Telebanking

Obschon Telebanking-Angebote im Teledienstegesetz ausdrücklich als Beispiele für Angebote im Bereich der Individualkommunikation im Sinne von § 2 II Nr. 1 TDG genannt werden, ist die rechtliche Bewertung solcher Angebote im konkreten Einzelfall mitunter weniger eindeutig: So bieten Telebanking-Angebote häufig, neben den typischen Bankgeschäften (Abfrage des Kontostands, Überweisungen, Darlehensabschlüsse etc.), welche erst nach vorherigem Aufbau einer individuellen Kommunikation (Login) getätigt werden können, auch mehr oder minder große Bereiche mit ganz allgemeinen Informationen (Wirtschaftsnachrichten, Börsenkurse etc.), welche jedermann zur Verfügung stehen. Auf den ersten Blick erscheinen solche Angebote zwar durchaus als zusammengehörige Einheit, betrachtet man hingegen die verschiedenen Bereiche genauer, fällt auf, daß diese mitunter auch völlig selbständig nebeneinander bestehen können. Das ist dann der Fall, wenn die reinen Informationsteile so umfangreich sind, daß sie auch ohne die individuellen Bankgeschäfte ein eigenständig nutzbares Angebot darstellen würden. Zudem sind die verschiedenen Bereiche deutlich voneinander getrennt. So können die individuellen Bankgeschäfte selbstverständlich erst nach vorherigem Aufbau einer individuellen Kommunikation (Login) getätigt werden. Entsprechend erscheint es angebracht, diese Bereiche auch separat den einschlägigen Regelungsbereichen zuzuordnen. Während die nur individuell zugänglichen Angebote typischerweise Angebote im Bereich der Individualkommunikation im Sinne von § 2 II Nr. 1 TDG darstellen, sind die darüber hinausgehenden Informationsteile, welche der Allgemeinheit zugänglich sind und vornehmlich der Meinungsbildung dienen, als Mediendienst zu qualifizieren[1150]. Letztere werden auch vom Schutzbereich des Art. 5 I 2 GG umfaßt.

16. Teleshopping

Teleshopping-Angebote können je nach konkreter Ausgestaltung unterschiedlichen Regulierungsrahmen unterfallen. Folglich muß bei der rechtlichen Bewertung solcher Angebote, stets der konkrete Einzelfall betrachtet werden. Zunächst gilt es danach zu unterscheiden, ob es sich um Abruf- oder Verteildienste handelt[1151].

Teleshopping-Angebote in Form von Verteildiensten können sowohl Rundfunk im Sinne des Rundfunkstaatsvertrags als auch Mediendienste darstellen[1152]. Ihnen fehlt es an einer rundfunktypischen Meinungsbildungsrelevanz, wenn sie ausschließlich für den Warenmarkt und nicht schon für den Meinungsmarkt bestimmt sind[1153]. Folglich sind *Teleshopping-Angebote* in Form von Verteildiensten, die ausschließlich auf den Warenmarkt ausgerichtet sind, als Mediendienste im Sinne von § 2 II Nr. 1 MDStV anzusehen[1154]. Eine generelle Ausrichtung auf den Warenmarkt ist daran zu erkennen, daß der gewerbliche Zweck, spricht der Absatz von Waren und Dienstleistungen, durchgehend und eindeutig erkennbar im Vordergrund steht[1155]. Kennzeichnend für gewerbliche Interessen sind beispielsweise die dauerhafte Einblendung von Kaufpreis, Bestell- und Verkaufsbedingungen oder vergleichbare Angaben[1156]. Ein ausreichender Produktbezug ist freilich nicht nur bei der bloßen Präsentation der Produkte zusammen mit den eben erwähnten Daten gegeben, sondern besteht auch bei Umfeldbeschreibungen, die sich auf das Produkt, seine Herstellung oder seinen Gebrauch beziehen[1157]. *Teleshopping-Angebote* in Form von Verteildiensten sind als Rundfunk im Sinne von § 2 I RStV zu behandeln, wenn die Darbietungen regelmäßig Programmbestandteile ohne Produktbezug enthalten[1158]. Sollte sich ein *Teleshopping-Angebot* nur ausnahmsweise im Einzelfall als Rundfunk dar-

---

[1150] Vgl. hierzu auch S. 265ff.
[1151] Vgl. hierzu auch S. 206ff.
[1152] Ebenda.
[1153] Vgl. S. 184ff.
[1154] Ebenda; vgl. auch S. 262ff.
[1155] Vgl. S. 184ff.
[1156] Ebenda.
[1157] Ebenda.
[1158] Ebenda; s. auch S. 206ff.

stellen, so liegt lediglich ein Aufsichtsproblem vor[1159]. Eine generelle Qualifizierung als Rundfunk wäre zu weitreichend[1160].

Teleshopping-Angebote in Form von Abrufdiensten, können generell nicht dem Rundfunkstaatsvertrag zugeordnet werden[1161]. Diese sind als Mediendienste im Sinne von § 2 II Nr. 4 MDStV beziehungsweise als Teledienste im Sinne von § 2 II Nr. 5 TDG anzusehen[1162]. Die Unterscheidung erfolgt hier vergleichbar der Differenzierung zwischen Rundfunk und Mediendiensten. Gemäß § 2 IV Nr. 3 TDG kommt es entscheidend darauf an, ob eine redaktionelle Gestaltung zur Meinungsbildung für die Allgemeinheit im Vordergrund steht oder ob vornehmlich ein andere Zweck als die Einwirkung auf den öffentlichen Meinungsmarkt beabsichtigt wird[1163]. Ein *Teleshopping-Angebot* in Form eines Abrufdienstes ist folglich als Teledienst zu qualifizieren, wenn eine Individualkommunikation wirtschaftlicher Art ermöglicht werden soll und ist als Mediendienst anzusehen, wenn die öffentliche Meinungsbildung das dominierende Ziel darstellt. Dementsprechend schließt § 2 II Nr. 4 MDStV gerade auch solche Angebote aus, „bei denen der individuelle Leistungsaustausch [...] im Vordergrund steht" und § 2 II Nr. 5 TDG stellt ausdrücklich auf „Angebote von Waren und Dienstleistungen in elektronisch abrufbaren Datenbanken mit interaktivem Zugriff und unmittelbarer Bestellmöglichkeit" ab.

Für einen *elektronischen Warenkatalog*, der den Kunden eine direkte Bestellmöglichkeit eröffnet, gilt daher folgendes: Ein solches Angebot mag zwar mitunter redaktionell gestaltet sein (Anordnung der Produkte, graphische Gestaltung etc.) und gewiß auch eine meinungsbildende Wirkung auf die Kunden entfalten (zur Qualität der Produkte, der Notwendigkeit einer entsprechenden Anschaffung, der Angemessenheit des Preises etc.), dennoch will der Anbieter nicht allein, daß die Kunden sich lediglich eine Meinung über die Produkte bilden, sondern sein Interesse liegt erkennbar auf dem Absatz der Waren. Die Kommunikationsinhalte sind also weniger für den Meinungsmarkt, als für den Warenmarkt bestimmt. Damit ist ein solches Angebot, als Teledienst im Sinne von § 2 II Nr. 5 TDG anzusehen.

Um einen Mediendienst im Sinne von § 2 II Nr. 4 MDStV würde es sich handeln, wenn die Kommunikationsinhalte, wie etwa im Fall einer Online-Zeitung, überwiegend auf den Meinungsmarkt ausgerichtet sind und nur beiläufig bestimmte Waren oder Dienstleistungen (zum Beispiel Merchandising-Produkte) zum Verkauf angeboten werden.

[1159] Vgl. S. 184ff.
[1160] Ebenda.
[1161] Vgl. hierzu auch S. 174ff.
[1162] Vgl. hierzu auch S. 243ff.
[1163] Vgl. S. 224ff.

Im übrigen sind redaktionell gestaltete *Teleshopping-Angebote*, deren Kommunikationsinhalte durchgängig für eine Allgemeinheit bestimmt und zugänglich sind, auch vom Schutzbereich des Art. 5 I 2 GG umfaßt. Dazu zählen insbesondere solche Angebote, die als Rundfunk im Sinne von § 2 I RStV beziehungsweise als Mediendienste im Sinne von § 2 II Nr. 1 MDStV qualifiziert werden können, nicht jedoch solche, die als Teledienste im Sinne von § 2 II Nr. 5 TDG zu bewerten sind.

17. Telespiele

Die *Telespiele* sind überwiegend den Telediensten im Sinne von § 2 II Nr. 4 TDG zuzuordnen[1164]. Etwas anderes gilt lediglich, wenn sie im Rahmen von Verteildiensten angeboten werden, welche für die Allgemeinheit bestimmt und zugänglich sind[1165]. In solchen Fällen würde es sich um einen Mediendienst handeln, wenn das Angebot ausschließlich auf die Veranstaltung von *Telespielen* beschränkt ist[1166]. Sobald es jedoch darüber hinaus regelmäßig Programmbestandteile enthält, die für den Meinungsmarkt bestimmt sind, wäre es als Rundfunk im Sinne von § 2 I RStV zu bewerten[1167]. So unterfallen etwa *Spiele im Rahmen herkömmlicher Rundfunkprogramme*, an welchen sich die Rezipienten etwa via Telefon beteiligen können, ebenso wie das gesamte Programm dem Rundfunkstaatsvertrag[1168]. Soweit Angebote von *Telespielen* also dem Mediendienstestaatsvertrag beziehungsweise dem Rundfunkstaatsvertrag unterfallen, werden sie zugleich auch vom Schutzbereich des Art. 5 I 2 GG umfaßt.

Nicht den Telediensten im Sinne von § 2 II Nr. 4 TDG zuzuordnen, sind schließlich noch Offline-Angebote, wie etwa Computerspiele auf CD-ROM oder Angebote, bei denen die Spielesoftware zunächst komplett auf den Rechner der Nutzer geladen werden muß, um sodann Offline gestartet und genutzt werden zu können[1169].

[1164] Vgl. S. 242ff.
[1165] Ebenda.
[1166] Vgl. hierzu S. 184ff.
[1167] Ebenda.
[1168] Vgl. hierzu auch S. 27f.
[1169] Vgl. S. 242ff.

18. Video-on-demand

Bei der rechtlichen Bewertung von *Video-on-demand-Angeboten* kommt es entscheidend darauf an, welche Inhalte, in welcher Form und in welcher Qualität zum Abruf bereit gestellt werden.

Sofern es sich lediglich um Angebote handelt, bei denen keine redaktionelle Gestaltung zur Meinungsbildung für die Allgemeinheit im Vordergrund steht, handelt es sich um Teledienste[1170]. So fehlt es etwa an einer redaktionellen Gestaltung, wenn es sich nur um thematisch sehr eng begrenzte Informationen, ohne Einbindung in ein größeres Kommunikationsangebot handelt[1171]. Das wäre etwa bei *Video-on-demand-Angeboten* der Fall, welche lediglich einen einzelnen Aufruf oder eine persönliche Darstellung eines privaten Anbieters zum Abruf bereitstellen. Doch selbst wenn eine redaktionelle Gestaltung gegeben ist, sind *Video-on-demand-Angebote* noch immer als Teledienste zu bewerten, wenn sie vornehmlich ein anderes Ziel als die Einflußnahme auf den öffentlichen Meinungsmarkt beabsichtigen[1172]. Dies wäre etwa der Fall, wenn einzelne Werbespots zum Abruf bereitgestellt würden.

Sobald jedoch bei *Video-on-demand-Angeboten* eine redaktionelle Gestaltung zur Meinungsbildung für die Allgemeinheit im Vordergrund steht, sind sie vornehmlich als Mediendienste im Sinne von § 2 II Nr. 4 MDStV zu qualifizieren.

Allerdings kann es sich mitunter auch um Rundfunk im Sinne des Rundfunkstaatsvertrags handeln. Zwar weisen Abrufdienste zunächst generell eine geringere Meinungsbildungsrelevanz auf, als herkömmlicher Rundfunk[1173], jedoch ist es nicht ausgeschlossen, daß auch *Video-on-demand-Angebote* in Bezug auf Suggestivkraft, Breitenwirkung und Aktualität im Einzelfall eine rundfunktypische Meinungsmacht erreichen können[1174]. In solchen Fällen müßten auch sie dem Rundfunkstaatsvertrag unterstellt werden.

Soweit *Video-on-demand-Angebote* als Mediendienste beziehungsweise als Rundfunk im Sinne des Rundfunkstaatsvertrags anzusehen sind, unterfallen sie im übrigen auch dem Schutzbereich des Art. 5 I 2 GG.

[1170] Vgl. S. 224ff; vgl. hierzu auch S. 242ff.

[1171] Vgl. S. 226f.

[1172] Vgl. S. 227ff.

[1173] Vgl. S. 174ff.

[1174] Vgl. S. 192ff.

H. Fazit/ Ausblick

Die vorstehenden Ausführungen zeigen, daß eine trennscharfe und praktikable Abgrenzung der Anwendungsbereiche von Rundfunkstaatsvertrag, Teledienstegesetz, Mediendienstestaatsvertrag und Telekommunikationsgesetz durchaus möglich ist. Ebenso gilt es zu erwarten, daß auch künftige, bislang noch nicht absehbare Informations- und Kommunikationsangebote anhand der gefundenen Abgrenzungskriterien, in das bestehende Regelungssystem eingeordnet werden können.

Dennoch gibt es vielfach deutliche Kritik an der Aufspaltung des Rechts der elektronischen Informations- und Kommunikationsangebote in verschiedene Gesetze[1175]. Dies wird etwa mit den im Einzelfall durchaus möglichen Abgrenzungsschwierigkeiten begründet. Die daraus resultierende Rechtsunsicherheit kann sich für die Anbieter von Informations- und Kommunikationsangeboten als erhebliches Risiko und damit als Investitions- beziehungsweise Innovationshemmnis erweisen. Gerade dies steht jedoch im deutlichen Widerspruch zu den ursprünglichen Zielen von Teledienstegesetz und Mediendienstestaatsvertrag[1176]. Kritisiert wird an dem bestehenden Regelungssystem zudem die damit einhergehende Zersplitterung der Aufsichtsinstanzen. Schließlich spräche für einen einheitlichen Rechtsrahmen für elektronische Informations- und Kommunikationsdienste auch die Tatsache, daß Informations- und Kommunikationsangebote - wie die im vorstehenden Abschnitt gewonnenen Erkenntnisse zeigen - häufig, abhängig von ihrer konkreten Ausgestaltung, jeweils unterschiedlichen Regelungsbereichen zu unterstellen sind.

Trotz aller, zum Teil durchaus berechtigter Kritik an dem derzeitigen Regelungssystem, gilt es jedoch zu bedenken, daß auch innerhalb eines einheitlichen Rechtsrahmens differenzierte Regelungen, die sich an der jeweiligen Meinungsbildungsrelevanz der verschiedenen Informations- und Kommunikationsdienste

---

[1175] Gounalakis, Konvergenz der Medien, Gutachten C, 64. DJT, C 86ff; Holznagel, ZUM 1999, 425, 433ff; Janik, K&R 2001, 572, 581; Meier, in: Roßnagel, Recht der Multimedia-Dienste, § 2 MDStV, Rn. 69f; Paschke, Medienrecht, § 1, Rn. 36; Spindler, in: Roßnagel, Recht der Multimedia-Dienste, § 2 TDG, Rn. 102; Waldenberger, MMR 1998, 124f; vgl. hierzu auch Hoffmann-Riem/ Schulz/ Held, Konvergenz und Regulierung, S. 37ff.

[1176] Vgl. Amtl. Begr. zum MDStV, A. Allgemeines und B., zu § 1, abgedruckt bei Ring, Medienrecht, Bd. II, G II 1.300; Begr. zum Regierungsentwurf des IuKDG, BT-Drs. 13/ 7385, Begründung, A. Allgemeiner Teil, Notwendigkeit eines neuen Gesetzes und B. Besonderer Teil, Zu Artikel 1, Zu § 1.

orientieren, notwendig wären. Mithin würde auch ein einheitliches Mediengesetzbuch nicht in der Lage sein, Abgrenzungsschwierigkeiten vollständig zu vermeiden. Folglich besteht kein Grund, das bisherige, durchaus praktikable Regelungssystem aufzugeben, in dem sich die einzelnen Regelungsbereiche im übrigen sehr wohl deutlich voneinander abgrenzen lassen.

I. Thesen

I. Einleitung

1. In den letzten Jahren sind eine Vielzahl neuartiger Informations- und Kommunikationsangebote entstanden, die sich erheblich von den klassischen Medien, wie etwa Rundfunk, Presse, Film unterscheiden. Während sich die verschiedenen Medien bislang ohne größere Probleme überwiegend entsprechend ihrer technischen Verbreitung unterscheiden ließen, bereitet dieses Abgrenzungskriterium insbesondere bei fortschreitender Konvergenz der Medien zunehmend Schwierigkeiten.

2. Ziel der Arbeit ist es, derartige Abgrenzungsprobleme auszuräumen. Dazu werden der verfassungsrechtliche Rundfunkbegriff sowie die Anwendungsbereiche von Rundfunkstaatsvertrag, Teledienstegesetz, Mediendienstestaatsvertrag und Telekommunikationsgesetz herausgearbeitet und voneinander abgegrenzt und eine Reihe neuartiger Informations- und Kommunikationsangebote den jeweils einschlägigen Regulierungsrahmen zugeordnet.

II. Verfassungsrechtlicher Rundfunkbegriff

Adressierung an die Allgemeinheit

3. Die Notwendigkeit einer gesonderten verfassungsrechtlichen Normierung der Rundfunkfreiheit ist zum einen darin begründet, daß insbesondere der Rundfunk in seiner medialen Wirkung – der Vermittlung von Meinungen und Informationen – ein immanent wichtiges, für eine funktionierende Demokratie unentbehrliches Kommunikationsmittel ist.

4. Es muß also gewährleistet sein, daß hier eine ausgewogene Berichterstattung erfolgt, welche meinungsoffen bleibt und eine private, unvoreingenommene Meinungsbildung beim Rezipienten möglich macht.

5. Zum anderen ist ebenso die besondere Art der Informationsverbreitung von Bedeutung. Rundfunk wird in einer Weise ausgestrahlt, daß jeder, der ein entsprechendes Empfangsgerät besitzt oder sich beschafft, am Kommunikationsprozeß teilnehmen kann, ohne daß der Rundfunkveranstalter sich direkt an den Rezipienten wenden muß.

6. Gerade diese potentielle publizistische Breitenwirkung eines Mediums hebt die so verbreitete Kommunikation von der individuell organisierten, nur bestimmten Teilnehmern zugänglichen Kommunikation ab und rechtfertigt, auf Grund der Gefahr von Fehlgebrauch beziehungsweise Mißbrauch publizistischer Macht, eine besondere Regelung.

7. Sobald Kommunikationsinhalte nicht mehr auf einen bestimmten Personenkreis beschränkt bleiben, sondern jedermann zur Verfügung stehen, besteht immer die Möglichkeit, daß sie einen besonders hohen Verbreitungsgrad und damit auch mehr Meinungsmacht erlangen beziehungsweise daß sie besonders zu schützende Personengruppen, wie Kinder- und Jugendliche erreichen.

8. Das heißt also, sobald keine Individualkommunikation mehr vorliegt, beginnen die typischen Gefahren von Massenkommunikationsmitteln.

9. Zwischenformen gibt es nur innerhalb dieser Kategorien.

10. Deshalb ist es weiterhin legitim, davon auszugehen, daß Massenkommunikation immer dann vorliegt, wenn die Tatbestandsmerkmale einer Individualkommunikation nicht gegeben sind.

11. Individualkommunikation ist dann anzunehmen, wenn die Kommunikationsinhalte ausschließlich für einen begrenzten und feststehenden Personenkreis bestimmt und zugänglich sind, Dritte also nicht an der Kommunikation teilhaben können.

12. Zur Massenkommunikation zählen solche Angebote, bei denen die konkreten Kommunikationsinhalte für jedermann bestimmt und zugänglich sind.

13. Für das in Art. 5 I 2 GG geschützte Massenkommunikationsmittel Rundfunk ist mithin kennzeichnend, daß die Kommunikationsinhalte nicht an einen genau bestimmten Empfängerkreis gerichtet, sondern an die *Allgemeinheit* adressiert sind.

14. Für die Annahme einer solchen *Allgemeinheit* ist es nicht entscheidend, daß die dargebotenen Inhalte tatsächlich von einem besonders großen Personenkreis genutzt werden. Die Festsetzung einer bestimmten Zahl als Grenze wäre ein Akt der Willkür. Ausreichend sind auch Teilöffentlichkeiten, weshalb Pay-TV oder Spartenprogramme etc. durchaus der Massenkommunikation zugeordnet werden können. Letztlich wird man jede Mehrzahl von Personen als *Allgemeinheit* ansehen müssen.

15. Wenn jedoch eine äußerst überschaubare Personenzahl ebenso eine Allgemeinheit darstellen kann, so kommt es für die klare Abgrenzung zur Individualkommunikation entscheidend auf das Merkmal der *Beliebigkeit* des Personenkreises an. Davon ist auszugehen, wenn die dargebotenen Inhalte einer unbestimmten Vielzahl von Personen zugänglich gemacht werden.

16. Ein Kommunikationsangebot, welches von vornherein nur für einen abgegrenzten Teilnehmerkreis bestimmt und zugänglich ist, scheidet damit aus dem Bereich der Massenkommunikation aus. Das ist vornehmlich dann der Fall, wenn die Teilnehmer durch vertragliche, mitgliedschaftliche oder andere Beziehungen mit dem jeweiligen Anbieter oder untereinander verbunden sind und das Angebot der Befriedigung spezifischer Rezeptionsbedürfnisse der Gruppe dient.

17. Individualkommunikation ist ebenso anzunehmen, wenn jedermann zugängliche Angebote eine individuelle, von jedem Nutzer autonom bestimmte Kommunikation ermöglichen.

18. Für die Annahme von Massenkommunikation ist jedoch nicht entscheidend, daß eine festgefügte Rollenverteilung zwischen Kommunikator und Rezipient aufrechterhalten wird. Ein Wechsel erscheint durchaus möglich.

19. Unvereinbar mit dem Begriff der Massenkommunikation ist hingegen, wenn der Rezipient sich seine Informationen nicht nur selbst aussucht oder zusammenstellt, sondern durch völlig individualisierte Handlungen zum Schöpfer der Inhalte wird und somit bezogen auf ein und dieselbe Informationsvermittlung sowohl Kommunikator als auch Rezipient ist.

20. Hiervon zu unterscheiden und der Massenkommunikation zuzuordnen sind Angebote, bei denen eigene Beiträge der Nutzer nicht zur Begründung einer individuellen Kommunikation führen, sondern für jedermann zugänglich

sind. Das trifft etwa auf „Schwarze Bretter" und offene Diskussionsgruppen zu.

21. Ebenso werden Zugriffs- und Abrufdienste nicht schon deshalb zu Individualkommunikation, weil die Nutzer bestimmte Inhalte, die Reihenfolge der Übermittlung oder den Zeitpunkt der Nutzung frei auswählen können. Solange die Kommunikationsinhalte vom Anbieter vorgegeben und jedermann zugänglich sind, ist auch hier von Massenkommunikation auszugehen.

Redaktionelle Darbietung

Funktion der Rundfunkfreiheit

22. Der Schutzbereich der Rundfunkfreiheit im Sinne von Art. 5 I 2 GG ist entwicklungsoffen und funktionsbezogen zu bestimmen. Damit ist die Zuordnung von "Neuen Diensten" zum verfassungsrechtlichen Rundfunkbegriff mit der Frage verknüpft, ob diese funktionell an die Stelle des klassischen Rundfunks treten oder nicht.

Eignung zur Meinungsbildung

23. Das Bundesverfassungsgericht hat seit jeher die besondere Bedeutung des Rundfunks für die öffentliche Meinungsbildung betont. Von daher unterfallen nur solche Informations- und Kommunikationsangebote dem verfassungsrechtlichen Rundfunkbegriff, welche zur *öffentlichen Meinungsbildung* beitragen.

24. Der Begriff "öffentliche Meinungsbildung" erscheint allerdings mißverständlich. So könnte man auf den Gedanken kommen, daß es sich um den Prozeß der Bildung einer öffentlichen Meinung handelt. Dies ist aber nicht der Fall. Das Grundgesetz schützt nicht nur die Freiheit des demokratischen Meinungswettstreites, dessen Grundlage und Ergebnis eine öffentliche Meinung ist, sondern auch die Freiheit der individuellen Entfaltung. Somit muß auch die freie Bildung einer individuellen Meinung mittels Rundfunk gewährleistet sein. Dies gilt um so mehr, als daß sich individuelle und öffentliche Meinung nicht trennen lassen, denn sie setzen einander voraus und beeinflussen sich. Folglich kann von einem *einheitlichen Prozeß der Meinungsbildung* gesprochen werden.

25. Meinungsbildung mittels Rundfunk beschränkt sich nicht etwa - wie man auf Grund des Wortlauts von Art. 5 I 2 GG vermuten könnte - auf eine Berichterstattung im engeren Sinne, also auf die Wiedergabe von Tatsachen, wie etwa bei Nachrichtensendungen oder politischen Kommentaren; sondern es wird jegliche Vermittlung von Informationen und Meinungen umfaßt. Wenn von "Freiheit der Berichterstattung" die Rede ist, sollte damit lediglich verdeutlicht werden, daß hier nicht - wie bei der Presse - auch die freie unternehmerische Tätigkeit gewährleistet werden sollte, sondern nur die Freiheit der Vermittlungstätigkeit. Insofern ist in dem Begriff "Berichterstattung" kein Präjudiz über die inhaltliche Weite der Rundfunkfreiheit zu sehen.

Dienende Freiheit

26. Die Rundfunkfreiheit ist von vornherein nicht zum Zweck der Persönlichkeitsentfaltung oder Interessenverfolgung seitens der Rundfunkveranstalter normiert worden.

27. Im Vordergrund der Normierung der Kommunikationsfreiheiten standen stets die Freiheit der Meinungsäußerung und die Freiheit des Zugangs zu Informationen. Gleichzeitig wurde auch die besondere Bedeutung beziehungsweise die Gefahr der Massenmedien für den Kommunikationsprozeß erkannt. Bei Schaffung des Grundgesetzes wurden die entsprechenden Beratungen hauptsächlich unter dem Gesichtspunkt, wie ein freier und unbeeinflußter Prozeß der Meinungsbildung gewährleistet werden kann, geführt.

28. Wird davon gesprochen, daß die Rundfunkfreiheit der individuellen und öffentlichen Meinungsbildung *dient*, so wird damit nicht der Schutzbereich der Rundfunkfreiheit begrenzt, sondern lediglich der Normzweck verdeutlicht.

Sondersituation des Rundfunks - positive Rundfunkordnung

29. Die Notwendigkeit einer positiven Rundfunkordnung wurde stets mit der Sondersituation des Rundfunks begründet. Zwar verlieren die klassischen Rechtfertigungsgründe für eine positive Rundfunkordnung insbesondere mit dem Aufkommen von neuen Übertragungswegen sowie durch die Digitaltechnik an Bedeutung, dennoch wird man eher von einer Modifizierung der Sondersituation im Rundfunkwesen, als von einer Beendigung sprechen müssen.

30. Auch unter den veränderten technischen Bedingungen werden Argumente wie Frequenzknappheit, hoher Finanzbedarf und Faszinationskraft nicht völlig hinfällig sondern erlangen teilweise neue Bedeutung.

31. Hinzu treten neue Gefahren für den Pluralismus in der Rundfunklandschaft, nämlich die Tendenz zur Verspartung des Programmangebotes und extreme Konzentrationsbestrebungen. Insbesondere intermediäre Konzentration birgt ein erhebliches Risikopotential bezüglich der Meinungsvielfalt in sich.

32. Man wird folglich auch künftig nicht auf einen objektiv-rechtlichen Ordnungsrahmen verzichten können. Meinungsvielfalt läßt sich durch das "freie Spiel der Kräfte", einzig kontrolliert durch die Mechanismen des Wirtschaftsrechts, nicht garantieren. Spezielle und wenig massenattraktive Programme würden auf dem Nachfragemarkt keinen Platz finden. Zudem bewirken mehr Rundfunkprogramme nicht automatisch größere Meinungsvielfalt, sondern es besteht vielmehr ein "Mehr vom Gleichen" zu befürchten.

33. Vielfaltssicherung muß also über bloße Konzentrationskontrolle hinausgehen. Dazu bedarf es positiver, ordnender Maßnahmen. Denn ist erst einmal eine Verzerrung des Meinungsmarktes, bis hin zu vorherrschender Meinungsmacht des Staates oder einzelner gesellschaftlicher Gruppierungen entstanden, so lassen sich diese Fehlentwicklungen im Nachhinein nur schwer oder gar nicht rückgängig machen.

Meinungsbildung

34. Auch Meinungsäußerungs- und Informationsfreiheit sind für den Prozeß freier Meinungsbildung ebenso grundlegend wie die Rundfunkfreiheit. Meinungsbildung ist also kein Spezifikum ausschließlich der Rundfunkfreiheit, sondern ist Wesensmerkmal des Art. 5 I GG in seiner Gesamtheit.

35. Rundfunk nimmt in diesem Prozeß der Meinungsbildung lediglich eine vermittelnde Rolle war. Er erfüllt in herausragender Weise die Aufgabe eines Bindeglieds zwischen Meinungsäußerungs- und Informationsfreiheit.

36. Inhaltlich gesehen sind deshalb grundsätzlich all jene Informations- und Kommunikationsinhalte von der Meinungsbildungsfunktion der Rundfunkfreiheit umfaßt, die der Meinungsäußerungs- und Informationsfreiheit unterfallen - der objektive Ordnungsrahmen der Rundfunkfreiheit kann hier natürlich zu Einschränkungen führen. Der originäre Anwendungsbereich der

Rundfunkfreiheit bezieht sich hingegen lediglich auf die freie und ungehinderte Vermittlung der Informationen und Meinungen.

37. Meinungen sind durch das Element der Stellungnahme, des Dafürhaltens, der Beurteilung geprägt. Die Meinungsäußerung ist damit die Kundgabe einer persönlichen Auffassung, die sich der einzelne zu Verhältnissen, Ereignissen, Ideen oder Personen bildet. Für Meinungen ist also der subjektive Bezug zwischen dem Einzelnen und dem Gegenstand seiner Äußerung kennzeichnend. Im Umkehrschluß dazu kann also alles meinungsbildend sein, zu dem man einen subjektiven Bezug haben kann; mithin auch das Wetter oder die Börsenkurse etc.

38. Die inhaltliche Weite des Prozesses freier Meinungsbildung ergibt sich auch aus der Informationsfreiheit. Die Persönlichkeitsbildung des Menschen verlangt nach einer Vielzahl von Informationen, welche als Orientierungswissen dienen und woraus sich der Einzelne sein Weltbild und seine Wertevorstellungen formen kann. Dazu sind nicht nur sachliche Inhalte notwendig, sondern auch der soziale Kontakt mit der Umwelt und dabei nicht nur das Gespräch mit einer Person, sondern vielmehr auch jeder sinnlich wahrnehmbare Eindruck. Im Interesse umfassender individueller Meinungsbildung und ungehinderter Persönlichkeitsentfaltung muß also auch die Informationsfreiheit inhaltlich sehr weit verstanden werden.

39. *Meinungsbildend* sind demnach nahezu alle Informationen und sonstigen Kommunikationsinhalte; *Meinungsbildung* kann jeden Sachbereich erfassen.

40. Folglich leisten auch alle neuen Informations- und Kommunikationsmedien einen Beitrag zur *Meinungsbildung*, denn sie alle transportieren Inhalte, welche zu Gegenständen von Überlegungen, Bewertungen werden. Die bloße Existenz derartiger Inhalte gestaltet die Lebensumgebung eines Jeden und beeinflußt damit dessen Erfahrungsschatz sowie seine Wertevorstellung und gibt ihm eine ganz eigene Idee von der Welt. Dies gilt zum Beispiel selbst bei Teleshoppingangeboten, bei denen Waren ohne nähere Beschreibung listenmäßig, allein mit Angabe des Preises dargeboten werden, wie auch bei Telespielen. Bei Datendiensten können sich allerdings Einschränkungen ergeben. Während etwa telefonische Zeitansagedienste mangels Relevanz für die Meinungsbildung aus dem Rundfunkbegriff ausscheiden, sind eine Vielzahl von Datendiensten jedoch meinungsbildend und lassen sich daher durchaus dem Rundfunkbegriff zuordnen.

41. Bei Zugrundelegung eines solch extensiven Verständnisses, sind nahezu alle Informations- und Kommunikationsangebote für die Meinungsbildung relevant, weshalb diesem Merkmal nur eine äußerst eingeschränkte Abgrenzungswirkung und nur geringe Definitionskraft bezüglich des Rundfunkbegriffs zukommt.

42. Dennoch wird man den Schutz der Rundfunkfreiheit nicht von dem Erreichen einer bestimmten Relevanzschwelle abhängig machen können. Sie umfaßt jegliche meinungsbildende Inhalte, ohne daß diese eine besondere Intensität aufweisen müssen oder daß an den Begriff *"meinungsbildend"* hohe Anforderungen zu stellen sind.

43. Ein sehr weiter verfassungsrechtlicher Rundfunkbegriff erfordert jedoch längst nicht, daß alle Informations- und Kommunikationsangebote, die vom Schutzbereich des Art. 5 I 2 GG erfaßt werden, auch den gleichen einfachgesetzlichen Regelungen zu unterwerfen sind. Vielmehr ist hier ein *System abgestufter Regelungsdichte*, welches seine Regelungsintensität an die Relevanz der einzelnen Dienste für die Meinungsbildung anpaßt, gerechtfertigt und sogar erforderlich.

44. Ob Informations- und Kommunikationsangebote entsprechend ihrer *Meinungsbildungsintensität* nun dem Rundfunkstaatsvertrag, dem Mediendienstestaatsvertrag oder dem Teledienstegesetz zuzuordnen sind, läßt sich sowohl an *äußeren*, als auch an *inhaltlichen Kriterien* feststellen. Insbesondere die *Abkehr von einem planmäßig ablaufenden Gesamtprogramm* und der *Grad der Individualisierung der Nutzung* geben hier deutliche Hinweise.

Vermittlung/ redaktionelle Darbietung

45. Die Massenmedien nehmen eine "Brückenfunktion" zwischen der freien Meinungsäußerung und der ungehinderten Informationsbeschaffung wahr, indem sie ermöglichen, daß nicht jeder Kommunikator ein eigenes Kommunikationsnetz aufbauen muß und nicht jeder Informationssuchende sich selbst mit allen Quellen auseinandersetzen braucht. Massenmedien erbringen im Kommunikationsprozeß folglich eine *vermittelnde Rolle*.

46. Die Vermittlungsleistung liegt in der *redaktionellen Tätigkeit* begründet. Also darin, daß die verschiedensten Informationsinhalte recherchiert, aufgegriffen und verarbeitet werden um sie sodann zu einem konzentrierten, die Rezipienten interessierenden Informationspaket zu schnüren.

47. Genau in dieser Vermittlungsfunktion liegt auch der Grund für die besondere Normierung der Medienfreiheiten. Es handelt sich nicht nur um eine medienspezifische Wiederholung der allgemeinen Kommunikationsfreiheiten aus Art. 5 I 1 GG, sondern es soll speziell die Vermittlungsleistung frei von staatlichem oder anderweitig einseitigem Einfluß gehalten werden.

48. Die spezifische Bedeutung der Rundfunkfreiheit ist also im Schutz der Vermittlungsfunktion zu sehen. Rundfunk im Sinne des Art. 5 I 2 GG liegt mithin nur dann vor, wenn das jeweilige Informations- und Kommunikationsangebot eine redaktionelle Darbietung ist.

49. Kennzeichnend für die Vermittlungsleistung ist die Auswahl und Bearbeitung der vorhandenen Meinungen und Informationen und deren Verarbeitung zu einem für die potentiellen Rezipienten nutzbaren Produkt. Dazu gehört etwa, daß identische Inhalte zusammengefaßt und sich widersprechende Meinungen gegenübergestellt werden. Typischerweise besteht die *redaktionelle Tätigkeit* folglich in einer gewissen Konzentrationsleistung.

50. Vermittlung im Sinne des Art. 5 I 2 GG geht daher über die bloße technische Verbreitung, also das unreflektierte Präsentieren von Inhalten, hinaus. Folglich nehmen solche Informations- und Kommunikationsangebote, die lediglich eine reine Aneinanderreihung von separaten Inhalten darstellen, von vornherein keine Vermittlungsfunktion war. Dies trifft etwa – je nach konkreter Ausgestaltung – auf Datenbanken, aber auch auf offene Diskussionsforen oder unmoderierte Newsgroups zu.

51. Eine redaktionelle Darbietung liegt auch dann nicht vor, wenn lediglich thematisch sehr eng begrenzte Informationen oder bestimmte Meinungen, ohne Einbindung in ein größeres Kommunikationsangebot, übermittelt werden. Dies gilt etwa für Verkehrsleitsysteme, Produktkataloge und auch für alleinstehende Internet-Seiten allerdings nicht für Spartenangebote. Diese können sehr wohl als redaktionelle Darbietungen angesehen werden.

52. An der Qualifikation eines Angebotes als redaktionelle Darbietung ändert sich nichts, wenn die Rezeption einer individuellen Gestaltung zugänglich ist. Der Vermittlungszusammenhang wird durch den interaktiven Abruf von Inhalten nicht aufgehoben. Mit der Zusammenstellung eines Gesamtprogramms aus der Vielzahl vorhandener Meinungen und Informationen, entsteht bereits die redaktionelle Darbietung, mit ihrer Auswahl-, Konzentrations- und Vermittlungsleistung.

53. Auch die Aufnahme von Inhalten Dritter in das Gesamtprogramm stellt regelmäßig eine redaktionelle Tätigkeit dar. Selbst wenn sich der Rundfunkunternehmer solche Inhalte meist nicht zu eigen machen will, nimmt er dennoch seine Programmfreiheit gerade dadurch war, daß er solche Inhalte gezielt auswählt und in einem von ihm festgelegten Rahmen präsentiert, um ein bestimmtes Meinungsbild zu erzeugen.

54. Bei der Ausstrahlung von Werbesendungen, für die der Dritte zahlt, ist dies regelmäßig nicht der Fall, da diese nicht zur inhaltlichen Ausgestaltung des Gesamtprogramms ausgewählt werden. Sie dienen primär der Finanzierung der redaktionellen Tätigkeit. Soweit kommerzielle Werbung aber den wirtschaftlichen Erhalt eines Rundfunkprogramms sichert, wird auch sie von der Rundfunkfreiheit umfaßt.

55. Dies gilt auch beim öffentlich-rechtlichen Rundfunk. Auch zu dessen Finanzierung ist Werbung erforderlich. Ein für breite Bevölkerungsschichten attraktives Programm läßt sich nicht allein über Rundfunkgebühren finanzieren, zumindest dann nicht, wenn diese, in einem angemessenen Rahmen bleiben sollen.

Fernmeldetechnische Übermittlung

56. Rundfunk im Sinne von Art. 5 I 2 GG unterscheidet sich von Presse und Film – welche körperhaft verbreitet werden – durch seine spezifische fernmeldetechnische Verbreitung.

57. Nur eine solche, an technischen Kriterien orientierte, Abgrenzung sorgt für klare Ergebnisse und vermeidet Rechtsunsicherheiten. Eine darüber hinausgehende Differenzierung anhand von wertenden Gesichtspunkten (wie bislang in Einzelfällen: etwa bei Programmzeitschriften von Rundfunkanstalten oder Faksimile-Zeitungen angewandt) wird durch vermehrt auftretende medienübergreifende Angebote deutlich erschwert und würde nur zu Rechtsunsicherheiten führen.

III. Exkurs: Individualisierungsstufen

58. Der Schutzbereich der Rundfunkfreiheit gemäß Art. 5 I 2 GG ist nicht auf klassische Darbietungsformen beschränkt, sondern umfaßt ebenso eine Viel-

zahl moderner Informations- und Kommunikationsdienste, soweit es sich dabei um massenkommunikative und redaktionelle Darbietungen handelt, die via elektromagnetischer Schwingungen vermittelt werden. Grundrechtserheblich sind alle meinungsbildenden Programme, ohne daß dabei Art oder Intensität der Einwirkung auf den Prozeß der Meinungsbildung zu berücksichtigen sind.

59. Allerdings bedarf es auf einfach-gesetzlicher Ebene eines Systems abgestufter Regelungsdichte, welches sich an der unterschiedlichen Meinungsmacht beziehungsweise dem Mißbrauchspotential der verschiedenen Dienste orientiert.

60. Eine derartige Systematisierung gelingt allerdings nicht – wie zum Teil versucht – allein anhand des Interaktivitätsbegriffs, sondern neben den unterschiedlichen Nutzungsformen gibt es weitere Anhaltspunkte, mittels derer die Meinungsmacht eines Dienstes bestimmt werden kann.

61. Zunächst gibt es zwei Konstanten. Dazu zählt zum einen der Bereich klassischer Individualkommunikation, der nur einer geringen beziehungsweise gar keiner Regulierung bedarf und zum anderen der Bereich herkömmlichen Rundfunks, der aufgrund seiner überragenden Meinungsmacht besonders strenger Regulierung zu unterwerfen ist.

62. Die Bereiche zwischen diesen Kategorien ergeben sich aus den unterschiedlichen Variationsmöglichkeiten der Merkmale von Individual- und Massenkommunikation. Diese sind allerdings begrenzt, so daß sich klare Anhaltspunkte für eine Systematisierung ergeben.

63. Ausschlaggebend für Veränderungen der Meinungsmacht sind dabei folgende Punkte: Kreis der Nutzer, Individualisierung der Nutzung und inhaltliche Begrenzung.

64. Es lassen sich somit fünf Kategorien bilden: Herkömmlicher Rundfunk, Rundfunkähnliche Dienste, Individualisierte Massenkommunikation, Überindividuelle Kommunikation und Telekommunikationstechnisch vermittelte Individualkommunikation.

IV. Einfachgesetzlicher Rundfunkbegriff

Allgemeinheit

65. Die Definition der *Allgemeinheit*, wie sie bei der Rundfunkfreiheit gefunden wurde, kann ohne Einschränkungen auf den einfachgesetzlichen Rundfunkbegriff übertragen werden. Sobald sich ein Informations- und Kommunikationsangebot an eine solche Allgemeinheit wendet, ist es gerechtfertigt und mit Art. 5 I 2 GG vereinbar, solche Dienste einem strengen Regulierungsrahmen, wie ihn etwa der Rundfunkstaatsvertrag darstellt, zu unterwerfen.

66. Eine Differenzierung des Merkmals der *Allgemeinheit*, welches auch für Mediendienste im Sinne von § 2 I 1 MDStV gilt, ist nicht möglich. Rundfunk und Mediendienste müssen folglich anhand anderer Kriterien unterschieden werden.

Veranstaltung

67. Das Tatbestandsmerkmal der *Veranstaltung* kennzeichnet das Erfordernis der Veröffentlichung redaktioneller Darbietungen. Gleichzeitig läßt sich hierin eine Abgrenzung zur bloßen technischen Weiterleitung von Rundfunkprogrammen erkennen.

Verbreitung

68. Typischerweise ist eine Rundfunkveranstaltung nicht auf einen bestimmten Ort beschränkt, sondern kann weiträumig, mittels entsprechender Technik durch einfachen "Knopfdruck" empfangen und direkt wahrgenommen werden. Diesem Tatbestand entspricht das Merkmal der *Verbreitung*.

69. Eine solche liegt dann nicht vor, wenn sich diese innerhalb einer überblickbaren räumlichen Einheit (geschlossene Räume, aber auch freie Räume, wie Straßen und Plätze) vollzieht. Das ist anzunehmen, wenn sich die Darbietung ganz gezielt an eine Gruppierung richtet, welche sich von ihrer Umgebung deutlich abgrenzt, selbst wenn sie weiterhin jedermann offen steht; der Veranstalter muß also die Möglichkeit haben, das Publikum zu erfassen. Dies ist beispielsweise in den Fällen von Hotel-, Laden-, Krankenhausfunk etc. nicht möglich. Solche Einrichtungen gewähren naturgemäß einen weitgehend unbeschränkten, zumeist auch unkontrollierten Zutritt. Der stete

Wechsel des Personenkreises verhindert, daß sich der Veranstalter einen Überblick über das konkrete Publikum verschaffen kann; das Merkmal der *Verbreitung* wird daher in solchen Fällen erfüllt.

70. Vom Rundfunkbegriff sind mangels *Verbreitung* hingegen ausgeschlossen: räumlich beschränkte Darbietungen etwa mittels Handmegaphon, Lautsprecherwagen, Verstärkeranlagen bei Veranstaltungen, Verwendung eines Videorecorders in einem Raume einer Diskothek, Übertragung des Geschehens auf einer Pferderennbahn innerhalb des Geländes.

71. Eine *Verbreitung* im rundfunkrechtlichen Sinne liegt zudem dann nicht vor, wenn sie nicht zum unmittelbaren (optisch-akustischen) Empfang der Darbietung bestimmt ist, sondern nur der technischen Umsetzung der Darbietung in ein Druckwerk dient. Vom Rundfunkbegriff werden daher zum Beispiel Fernschreibedienste oder Faksimile-Zeitungen nicht erfaßt.

Darbietung

72. Ein Dienst ist dann als Rundfunk*darbietung* anzusehen, wenn er im Vergleich zu anderen Informations- und Kommunikationsangeboten eine deutlich erhöhte Meinungsbildungsrelevanz aufweist.

Form

73. Ein positiver Vermutungstatbestand hierfür ist das Vorliegen eines *planmäßig ablaufenden Gesamtprogramms*. Hierin liegt unter anderem die besondere Breitenwirkung und Suggestivkraft, mithin die herausragende Meinungsmacht des Rundfunks begründet.

74. Sobald den Rezipienten aber eine direkte, individuelle Einflußnahme auf die Programmgestaltung ermöglicht wird, verlieren die Darbietungen deutlich an massenkommunikativer Beeinflussungskraft.

75. Abrufdienste würden demnach nicht dem Rundfunkstaatsvertrag unterfallen sondern dem Mediendienstestaatsvertrag beziehungsweise dem Teledienstegesetz. Etwas anderes gilt bei bestimmten Zugriffsdiensten, wie etwa Near-video-on-demand-Angeboten. Hier hat der Rezipient zwar eine erhöhte zeitliche Auswahlmöglichkeit, was zu einer gewissen Individualisierung der Nutzung führt und die Gleichzeitigkeit des Rezeptionsvorgangs einschränkt, dennoch wird regelmäßig ein planmäßig ablaufendes Gesamtprogramm dar-

geboten, welches eine passive Nutzung erlaubt. Nach dem bisher Gesagten sind solche Dienste mithin als Rundfunk anzusehen.

76. Ein reichweitenbezogenes System abgestufter Vielfaltssicherung ist abzulehnen.

Inhalt

77. Neben der Darbietungsform sind auch diverse *inhaltliche Aspekte* zu beachten. So muß eine *Rundfunkdarbietung redaktionell gestaltet* sein.

78. Auf inhaltlicher Seite gibt es zudem eine Reihe negativer Vermutungstatbestände, welche gegen die Annahme einer rundfunktypischen Meinungsbildungsrelevanz sprechen:

79. Enthält ein Programm Beiträge, die allein der Information oder Unterhaltung der Rezipienten dienen, also für den Meinungsmarkt bestimmt sind, so spricht dies für eine Rundfunkdarbietung. Nur wenn die Inhalte generell eine andere Zielrichtung als die Wirkung auf den Meinungsmarkt verfolgen und sie sich diesem Zweck derart unterordnen, daß sie die Meinung der Rezipienten ausschließlich zweckgebunden beeinflussen, ohne eine darüber hinausgehende Bedeutung erlangen zu wollen, können solche Darbietungen von rundfunkrechtlichen Regelungen befreit werden.

80. Des weiteren scheidet die Annahme einer Rundfunkdarbietung aus, bei der bloßen Übermittlung von Tatsachen, welche ausschließlich Ergebnisse widerspiegeln, die direkt aus Messungen oder Datenerhebungen gewonnen wurden. Diese sind kaum in der Lage, ein tendenziöses Meinungsklima zu erzeugen. Mithin besteht keine Notwendigkeit, solche Angebote dem strengen rundfunkrechtlichen Regulierungsrahmen zu unterstellen. Etwas anderes gilt, sobald die Tatsachenmitteilungen moderiert oder gar kommentiert werden, denn dergestalt ließe sich sehr wohl Einfluß auf die freie öffentliche Meinungsbildung ausüben. Unschädlich sind grundsätzlich die Auswahl der Daten, ihre Zusammenstellung oder deren graphische Aufbereitung, allerdings könnte die Grenze zu einer rundfunktypischen Darbietung überschritten werden, wenn gezielt ausgesuchte Ergebnisse verschiedener Meßstationen oder Datenerhebungen so zusammengestellt würden, daß sich hieraus unmittelbar Wertungen ablesen lassen. Hier wäre es empfehlenswert, eine am Einzelfall orientierte Gesamtbewertung aller Umstände, wie Inhalte, Anzahl der Datenerhebungen und Grad der redaktionellen Einflußnahme, vor-

zunehmen und darauf die Einordnung als Rundfunk beziehungsweise Mediendienst zu stützen.

81. Schließlich kann auch bei textorientierten Diensten grundsätzlich nicht von einer Rundfunkdarbietung ausgegangen werden. Eine Textorientierung liegt nicht nur bei reinen Textdiensten vor, sondern besteht auch, wenn die deutlich im Vordergrund stehenden Textbestandteile durch statische Bildelemente oder durch einzelne Tondokumente ergänzt werden.

82. Generell gilt, enthält ein Dienst Bestandteile, die für sich allein bereits Rundfunkqualität erlangen, ist das gesamte Angebot als Rundfunk zu bewerten. Allerdings liegt lediglich ein Aufsichtsproblem vor, wenn das Angebot nur ausnahmsweise im Einzelfall Programmteile enthält, welche die Grenze zum Rundfunk überschreiten.

Breitenwirkung, Aktualität, Suggestivkraft

83. Allerdings kann man aus dem Vorliegen positiver und dem Nichtvorliegen negativer Vermutungstatbestände nicht mit hinreichender Sicherheit ein endgültiges Ergebnis ableiten. In den meisten Fällen wird es darum notwendig sein, den tatsächlichen Einfluß auf die öffentliche Meinungsbildung am konkreten Einzelfall zu ermitteln. Die herausragende Meinungsbildungsrelevanz von Rundfunk wird mit dessen besonderer *Breitenwirkung, Aktualität und Suggestivkraft* begründet. Die Frage, wann eine Rundfunkdarbietung angenommen werden kann, ist also danach zu bestimmen, ob und in welcher Intensität diese Eigenschaften vorliegen.

84. Eine für Rundfunk typische *Breitenwirkung* besteht darin, daß eine unüberschaubare Vielzahl von Menschen zeitgleich erreicht werden kann. Dies gelingt am besten mit einem planmäßig ablaufenden Gesamtprogramm.

85. Die *Breitenwirkung* eines Informations- und Kommunikationsangebots bestimmt sich auch danach, wie die Menschen es in ihren Alltag integrieren und welche Funktion es für politische, kulturelle, wirtschaftliche und sonstige Bereiche faktisch übernimmt.

86. Die herausragende Meinungsbildungsrelevanz des Rundfunks liegt auch in seiner besonderen *Aktualität* begründet. Nur eine rundfunktypische Produktions- und Übertragungstechnik erlaubt den Rezipienten live am tatsächlichen Geschehen teilzuhaben. Die direkte Übertragung mittels Ton und erst

recht mit Bewegtbildern versetzt den Rezipienten in die Lage, sich unmittelbar mit den Ereignissen auseinanderzusetzen. Eine größtmögliche Aktualität bieten Verteildienste.

87. Die besondere *Suggestivkraft* von Rundfunk beruht zum einen darauf, daß insbesondere durch die Kombination von Bewegtbildern und Originaltönen der Eindruck von Authentizität entsteht, denn solche audiovisuellen Darbietungen verleihen den Rezipienten das Gefühl, unmittelbar am aktuellen Geschehen teilzuhaben. Hierdurch erlangen die Darbietungen eine besondere Glaubwürdigkeit.

88. Zum anderen wird den herkömmlichen Rundfunkdarbietungen eine herausragende *Suggestivkraft* zugesprochen, weil sie in Form planmäßig ablaufender Gesamtprogramme dargeboten werden. Die planvoll aneinandergereihten Inhalte lassen sich so gestalten, daß sie gezielt aufeinander aufbauen und sich gegenseitig verstärken. So kann eine tendenziöse Berichterstattung weitaus subtiler erfolgen und somit wirksamer eine Scheinwelt erzeugt werden.

89. Befördert wird die besondere *Suggestivkraft* planmäßig ablaufender Gesamtprogramme dadurch, daß diese in intellektueller Passivhaltung nutzbar sind, denn ohne eine aktive geistige Auseinandersetzung mit den Inhalten, läßt sich eine kritische Haltung zu den dargebotenen Meinungen und Informationen nur schwer aufbauen. Die Rezipienten werden dadurch empfänglicher für Meinungsmanipulationen.

90. Für die Beantwortung der Frage, ob eine rundfunktypische Meinungsbildungsrelevanz vorliegt, müssen die Merkmale Breitenwirkung, Aktualität und Suggestivkraft im Zusammenwirken betrachtet werden. So können deutliche Defizite bei einem Merkmal, durch ein intensiveres Vorliegen der anderen Merkmale ausgeglichen werden.

91. Des weiteren kommt es nicht darauf an, ob ein Informations- beziehungsweise Kommunikationsangebot in jedem Einzelfall tatsächlich eine rundfunktypische Meinungsbildungsrelevanz aufweist. Entscheidend ist vielmehr die potentielle Eignung dieses Angebots, eine besondere Breitenwirkung, Aktualität und Suggestivkraft entfalten zu können.

92. Auch moderne Informations- und Kommunikationsangebote können durchaus eine rundfunktypische Meinungsbildungsrelevanz erreichen. Soweit sie

nicht klar erkennbar dieselben Eigenschaften aufweisen, wie herkömmliche Rundfunkangebote, muß jeder einzelne Dienst danach beurteilt werden, welche Breitenwirkung, Aktualität und Suggestivkraft er entfaltet.

Fernmeldetechnische Verbreitung

93. Auch auf einfachgesetzlicher Ebene kann ein Informations- beziehungsweise Kommunikationsangebot schließlich nur dann als Rundfunk angesehen werden, wenn es unter Benutzung *elektromagnetischer Schwingungen* verbreitet wird.

V. Teledienste

Elektronische Informations- und Kommunikationsdienste

94. Bei der Bestimmung, was unter *„Dienst“* zu verstehen ist, geht das Teledienstegesetz vom konkreten Angebot einer einzelnen, in sich abgeschlossenen Informations- und Kommunikationsdienstleistung aus und nicht etwa vom Gesamtspektrum der Angebote eines Diensteanbieters.

95. Mit der expliziten Erwähnung, daß es sich um *elektronische* Dienste handeln muß, wird - vergleichbar dem Merkmal „Übermittlung mittels Telekommunikation“ - deutlich gemacht, daß es nicht um die Nutzung verkörperter Inhalte, wie Presseprodukte, geht. So ist ein Informations- und Kommunikationsangebot, welches die Nutzer nur in verkörperter Form nutzen können, selbst wenn es mittels Telekommunikation übermittelt wurde (wie etwa: Fernschreibedienste beziehungsweise Faksimile-Zeitungen), eindeutig kein *elektronisch* nutzbares Angebot und kann damit keinesfalls als Teledienst angesehen werden.

Kombinierbare Daten

96. Von § 2 I TDG werden nicht nur Dienste mit kommunikativen Inhalten erfaßt, sondern das Teledienstegesetz ist für jegliche Art von Inhalten offen. Entscheidend ist allein die Möglichkeit, die Inhalte individuell nutzen zu können. Dazu zählt vor allem die, von § 2 I TDG ausdrücklich geforderte, freie Kombinierbarkeit der Daten.

97. Es muß sich nicht um Kombinationen von Inhalten unterschiedlicher Art handeln, also etwa Bild und Ton etc. Es genügt, wenn die dargebotenen Inhalte überhaupt kombinierbar, also frei zusammenstellbar sind. Diese Fähigkeit wäre beispielsweise bei alleinstehenden Inhalten, in Form einzelner Aussagen, ganz offensichtlich nicht gegeben.

Individuelle Nutzung

98. Das Teledienstegesetz regelt die sogenannten erweiterten Formen der Individualkommunikation. Hierzu sollen nicht nur rein individualkommunikative Dienste zählen, sondern ebenso Angebote, welche durchaus an eine Allgemeinheit gerichtet sein können, jedoch von den Nutzern individuell genutzt werden. Entsprechend können die Teledienste einerseits und die Mediendienste beziehungsweise Rundfunkangebote andererseits keineswegs allein danach unterschieden werden, ob sie an eine Allgemeinheit gerichtet sind oder nicht.

99. Indiz dafür, daß ein Informations- bzw. Kommunikationsangebot für eine individuelle Nutzung bestimmt ist, ist zum einen, daß es die notwendigen technischen Voraussetzungen für Interaktionsmöglichkeiten bereitstellt. Zum anderen ist entscheidend, in welchem Maße die Kommunikationsinhalte einseitig vorgegeben sind beziehungsweise individuell zusammengestellt beziehungsweise mitgestaltet werden können.

100. In Grenzfällen, wie etwa einer privaten Homepage, ist sehr genau zu differenzieren, ob die Übermittlung bestimmter Inhalte an eine Vielzahl von Nutzern oder das Anknüpfen von Interaktionen und Dialogen mit einigen dazu bereiten Nutzern im Vordergrund steht.

101. Entscheidend ist also, mit welcher Zielrichtung der Anbieter in den Markt tritt. Liegt der Schwerpunkt eher auf der Meinungsbildung, also der gleichförmigen Beeinflussung einer unbestimmten Vielzahl von Personen, wie sie durch die traditionellen Massenmedien erreicht werden kann, so spricht dies für Rundfunk beziehungsweise für einen Mediendienst. Wird hingegen schwerpunktmäßig eine Interaktion mit beziehungsweise zwischen den Nutzern beabsichtigt oder ist das Angebot so gestaltet, daß die Kommunikationsinhalte von jedem Nutzer individuell zusammengestellt beziehungsweise mitgestaltet werden können, so ist eher von einem Teledienst auszugehen.

102. Das Teledienstegesetz erfaßt nicht nur Kommunikationsformen, die sich am Modell der face-to-face-Kommunikation orientieren, also bei denen typischerweise ein Rollenwechsel zwischen Kommunikatoren und Rezipienten stattfindet, sondern zu den Telediensten können auch Verteildienste zählen, welche sich ausschließlich an einen beschränkten Teilnehmerkreis richten.

Übermittlung mittels Telekommunikation

103. Um Informations- und Kommunikationsdienste gemäß § 2 I TDG den Telediensten zuordnen zu können, ist schließlich erforderlich, daß diesen eine *„Übermittlung mittels Telekommunikation zugrunde liegt"*. Mechanische Informations- und Kommunikationsangebote, wie Presseprodukte, können demnach ebensowenig wie Offline-Angebote (z.B. ein Angebot auf CD-Rom), den Telediensten zugerechnet werden.

Ausschlußtatbestände

§ 2 IV Nr. 3 TDG

104. Durch die Regelung des § 2 IV Nr. 3 TDG werden Überschneidungen der Regelungsbereiche von Teledienstegesetz und Mediendienstestaatsvertrag vermieden.

105. Soweit bei einem Informations- und Kommunikationsangebot die redaktionelle Gestaltung zur Meinungsbildung für die Allgemeinheit im Vordergrund steht, ist eher von einem Mediendienst auszugehen. Liegt der Schwerpunkt eines Angebots hingegen nicht auf der öffentlichen Meinungsbildung, sondern wird vornehmlich ein anderes Ziel verfolgt, etwa eine Individualkommunikation wirtschaftlicher Art, handelt es sich um einen Teledienst.

106. Sollte es trotz dieser klaren Abgrenzung wider Erwarten dennoch zu einer Überschneidung kommen, gilt der Grundsatz des Art. 31 GG, wonach Bundesrecht dem Landesrecht vorgeht. Hieraus darf jedoch keinesfalls eine Vermutungsregel abgeleitet werden, wonach im Zweifelsfall ein Teledienst anzunehmen ist.

Beispielhafte Aufzählung

107. Ein Informations- und Kommunikationsdienst kann nicht allein aufgrund seiner Vergleichbarkeit zu einem der in § 2 II TDG aufgezählten Beispiele uneingeschränkt als Teledienst angesehen werden. Bei der Auslegung des Beispielkatalogs müssen stets auch die allgemeinen Tatbestandsvoraussetzungen der Teledienste im Sinne von § 2 I TDG berücksichtigt werden, ebenso wie die diversen Ausschlußtatbestände des § 2 TDG.

§ 2 II Nr. 1 TDG

108. Zu den Telediensten zählen gemäß § 2 II Nr. 1 TDG zunächst *„Angebote im Bereich der Individualkommunikation"*. Bei diesen ist die Kommunikation beziehungsweise der Informationsaustausch von vornherein auf einen feststehenden Teilnehmerkreis beschränkt. Darin unterscheiden sie sich nicht nur deutlich von den an die Allgemeinheit gerichteten Mediendiensten beziehungsweise Rundfunkangeboten, sondern ebenso von den übrigen Kategorien des § 2 II TDG, welche auch Dienste erfassen, bei denen die Kommunikationsinhalte durchaus einer unbestimmten Vielzahl von Personen zur Verfügung stehen können.

§ 2 II Nr. 2 TDG

109. Zu den Telediensten sollen gemäß § 2 II Nr. 2 TDG auch *„Angebote zur Information und Kommunikation"* zählen. Diese Kategorie ist sehr offen formuliert und erfaßt somit eine Vielzahl von Angeboten, die ganz unterschiedliche Informationen zum Inhalt haben können. Ausgeschlossen sind ausdrücklich solche Angebote, die mit dem Ziel der Meinungsbildung für die Allgemeinheit redaktionell aufbereitet sind, wie etwa Textdienste im Rundfunk. Dieser explizite Ausschluß ist freilich mit dem nachträglich im Gesetzgebungsverfahren eingeführten § 2 IV Nr. 3 TDG überflüssig geworden, denn dieser stellt klar, daß das Teledienstegesetz generell nicht für inhaltliche Angebote gilt, soweit die redaktionelle Gestaltung zur Meinungsbildung für die Allgemeinheit im Vordergrund steht.

110. Im Wesentlichen werden von der in § 2 II Nr. 2 TDG genannten Kategorie also jegliche Informationsangebote erfaßt, welche Daten zur individuellen Nutzung bereitstellen, ohne daß eine redaktionelle Gestaltung zur Meinungsbildung für die Allgemeinheit im Vordergrund steht. Solche Angebote, bei denen es lediglich um die reine Übermittlung von Daten geht, können

auch nicht den Mediendiensten im Sinne von § 2 II Nr. 4 MDStV zugerechnet werden, denn sie sind ausdrücklich von den dort beschriebenen Abrufdiensten ausgenommen.

111. Auch die anderen in § 2 II Nr. 2 TDG genannten Beispiele, wie die Angebote zur Verbreitung von Informationen über Waren und Dienstleistungen sind vornehmlich als Informationsangebote zu verstehen. Anders als bei den Diensten im Sinne von § 2 II Nr. 5 TDG, welche durch interaktive und unmittelbare Bestellmöglichkeiten gekennzeichnet sind, steht hier nicht die wirtschaftliche Betätigung im Vordergrund, also der direkte Absatz von Produkten, sondern es geht vielmehr um die Verbreitung von Informationen über Waren und Dienstleistungen, mithin vornehmlich um Werbeangebote. Freilich gilt auch hier, daß bei solchen Angeboten nicht die redaktionelle Gestaltung zur Meinungsbildung für die Allgemeinheit im Vordergrund stehen darf. Anderenfalls wären sie den Mediendiensten zuzuordnen.

112. Als Beispiel für Angebote im Sinne von § 2 II Nr. 2 TDG gelten auch Homepages. Für diese gilt folgendes: Dienen sie vornehmlich als Ausgangspunkt für die Aufnahme individueller Kommunikationen, sind sie als *Angebote zur Kommunikation* im Sinne von § 2 II Nr. 2 TDG zu bewerten. Steht hingegen bei rein informierenden Homepages die redaktionelle Gestaltung zur Meinungsbildung für die Allgemeinheit im Vordergrund, wie etwa bei ins Internet gestellten Presseprodukten, handelt es sich um Mediendienste. Fehlt es einer Homepage jedoch an einer redaktionellen Gestaltung (z.B. Verbreitung eines einzelnen Aufrufs) oder wird vornehmlich ein anderer Zweck als die Einwirkung auf den Meinungsmarkt (z.B. Einzelwerbeangebote) beabsichtigt, so handelt es sich um ein *Angebot zur Information* im Sinne von § 2 II Nr. 2 TDG.

§ 2 II Nr. 3 TDG

113. Beispielhaft für Teledienste werden in § 2 II Nr. 3 TDG auch *„Angebote zur Nutzung des Internets oder weiterer Netze"* genannt. Dazu sollen laut Begründung zum Regierungsentwurf die von den Zugangsvermittlern - insbesondere Online-Anbietern - bereitgestellten Angebote zur Nutzung der neuen Dienste, wie etwa Navigationshilfen, zählen.

114. Die Tätigkeit eines Access-Providers stellt jedoch keinen eigenständigen Teledienst dar. Vielmehr unterfallen Access-Provider, soweit es um die zugrunde liegende Technik geht, den Regelungen des Telekommunikations-

gesetzes. Wird jedoch nach der rechtlichen Verantwortlichkeit für die Inhalte gefragt, ist jener Rechtsrahmen entscheidend, welchem der Dienst, zu dem der Zugang vermittelt wird, unterfällt.

115. Zu den Angeboten im Sinne von § 2 II Nr. 3 TDG zählen insbesondere die Suchmaschinen im Internet ebenso wie etwa elektronische Programmführer in digitalen Kabelnetzen. Dies gilt jedoch gemäß § 2 IV Nr. 3 TDG nur solange, wie nicht die redaktionelle Gestaltung zur Meinungsbildung für die Allgemeinheit im Vordergrund steht.

116. Im übrigen gilt für die Navigationshilfen generell, daß die Zuordnung der hierdurch vermittelten Angebote zu den jeweils einschlägigen Regelungsbereichen von der rechtlichen Bewertung der Navigationshilfen selbst unberührt bleibt.

117. Der Anwendungsbereich von § 2 II Nr. 3 TDG ist jedoch nicht nur auf Navigationshilfen beschränkt, sondern erfaßt werden auch die Online-Anbieter, wie etwa AOL, CompuServe oder T-Online. Online-Dienste unterscheiden sich von reinen Access-Anbietern darin, daß sie sich nicht darauf beschränken, nur den Zugang zum Internet herzustellen, sondern es handelt sich um zum Teil sehr umfangreiche, selbständige Informations- und Kommunikationsangebote. Obschon diese inhaltlichen Angebote mitunter durchaus Ergebnis redaktioneller Gestaltung sein können, sind sie dennoch nicht als Mediendienste anzusehen, da sie nicht einer Allgemeinheit zur Verfügung stehen, sondern nur den registrierten Nutzern, mit zum Teil personalisierten Inhalten.

§ 2 II Nr. 4 TDG

118. In § 2 II Nr. 4 TDG werden als Beispiele für Teledienste *„Angebote zur Nutzung von Telespielen"* genannt. Erfaßt werden alle Spieleangebote, welche interaktiv gestaltet, also für eine individuelle Nutzung bestimmt sind und denen eine Übermittlung mittels Telekommunikation zugrunde liegt. Damit können Offline-Angebote, wie etwa Computerspiele auf CD-ROM, nicht als Telespiele im Sinne von § 2 II Nr. 4 TDG angesehen werden. Gleiches gilt, wenn Spielesoftware zunächst komplett auf den Rechner der Nutzer geladen wird, um dann Offline gestartet und genutzt zu werden.

119. Selbst wenn Telespiele im Einzelfall eine redaktionelle Gestaltung (etwa durch Moderation) erfahren, sind sie dennoch in aller Regel nicht als Medi-

endienste, sondern als Teledienste anzusehen, da mit Spieleangeboten wohl im seltensten Fall eine Meinungsbildung für die Allgemeinheit beabsichtigt wird.

§ 2 II Nr. 5 TDG

120. Zu den Telediensten zählen gemäß § 2 II Nr. 5 TDG des weiteren auch *„Angebote von Waren und Dienstleistungen in elektronisch abrufbaren Datenbanken mit interaktivem Zugriff und unmittelbarer Bestellmöglichkeit"*. Angebote in Form von Verteildiensten werden hiervon nicht erfaßt. Verteildienste erlauben, anders als die in § 2 II Nr. 5 TDG genannten Dienste, eben naturgemäß keine interaktive Nutzung. Zudem fehlt es bei Verteildiensten an der Möglichkeit, die dargebotenen Waren oder Dienstleistungen „ohne Medienbruch", also ohne Zuhilfenahme eines weiteren Kommunikationsmittels, zum Beispiel eines Telefons, in Anspruch zu nehmen.

121. Auch bei Abrufdiensten läßt sich eine klare Zuordnung finden: Hier ist danach zu fragen, ob eine redaktionelle Gestaltung zur Meinungsbildung für die Allgemeinheit im Vordergrund steht oder ob es vornehmlich um einen individuellen Leistungsaustausch geht. Soweit Abrufdienste hauptsächlich auf den Absatz von Waren- und Dienstleistungen ausgerichtet sind, handelt es sich um Teledienste im Sinne von § 2 II Nr. 5 TDG.

VI. Mediendienste

Informations- und Kommunikationsdienste

122. Kennzeichnend für Mediendienste ist zunächst, daß es sich um *Informations- und Kommunikationsdienste* handelt, die *in Text, Ton oder Bild* verbreitet werden. Wenn die Formulierung „Dienste" gebraucht wird, so sind damit die einzelnen konkreten Informations- und Kommunikationsangebote gemeint und nicht etwa das gesamte Angebotsspektrum eines Diensteanbieters. Entsprechend ist es möglich, daß innerhalb des einheitlich erscheinenden Gesamtangebots eines Anbieters ein Einzelangebot als Mediendienst, ein anderes als Teledienste zu bewerten ist.

123. Jegliche Vermittlung von *Text, Ton oder Bild* wird erfaßt, wobei diese Angebotsformen nicht alternativ nebeneinander stehen, sondern auch beliebig kombiniert vorliegen können.

Angebot und Nutzung

124. In Anlehnung an den in § 3 Nr. 1 MDStV definierten Begriff „Diensteanbieter" ist unter *„Angebot"* das Bereithalten eigener oder fremder Mediendienste zur Nutzung beziehungsweise die Zugangsvermittlung zu verstehen.

125. *„Nutzung"* ist entsprechend der Definition des Nutzers gemäß § 3 Nr. 2 MDStV die Inanspruchnahme der Mediendienste, insbesondere um Informationen zu erlangen oder zugänglich zu machen.

Allgemeinheit

126. Mediendienste sind ebenso wie Rundfunk an die *Allgemeinheit* gerichtet. Der Mediendienstestaatsvertrag erfaßt also keinesfalls Dienste der Individualkommunikation. Diese stehen vielmehr im Vordergrund der Regelungen des Teledienstegesetzes.

127. Die generelle Ausrichtung eines Informations- und Kommunikationsangebots an eine Allgemeinheit wird nicht zwingend dadurch verändert, daß die Inhalte zum individuellen Abruf bereitgestellt werden. Erst wenn die Nutzer nicht nur aus vorgegebenen Inhalten auswählen können, sondern die Möglichkeit haben, aktiven Einfluß auf die konkreten Kommunikationsinhalte zu nehmen, liegt eine individuelle Nutzung vor.

Redaktionelle Gestaltung als Tatbestandsmerkmal?

128. Das Vorliegen einer „redaktionelle[n] Gestaltung zur Meinungsbildung für die Allgemeinheit", ist keine zwingend notwendige Voraussetzung, um ein Informations- und Kommunikationsangebot als Mediendienst qualifizieren zu können.

129. § 2 I 1 MDStV umfaßt jegliche Informations- und Kommunikationsangebote, welche an die Allgemeinheit gerichtet sind, soweit dem nicht die Regelungen des Teledienstegesetzes entgegenstehen.

Fernmeldetechnische Verbreitung

130. Charakteristisch für Mediendienste ist gemäß § 2 I 1 MDStV schließlich, daß sie *„unter Benutzung elektromagnetischer Schwingungen ohne Verbindungsleitung oder längs oder mittels eines Leiters verbreitet werden“*. Die Länder haben sich mit dieser Formulierung vermutlich am Wortlaut von § 2 I 1 RStV orientiert. Dennoch bestehen in der Sache keinerlei Unterschiede zum Merkmal der *Übermittlung mittels Telekommunikation*, welches der Bund bei den Telediensten normiert hat.

Ausschlußtatbestände

§ 2 I 2 MDStV

131. Gemäß § 2 I 2 MDStV bleiben die Bestimmungen des Rundfunkstaatsvertrages unberührt. Mit dieser Regelung wird klargestellt, daß Informations- und Kommunikationsdienste, welche die Voraussetzungen von § 2 I RStV erfüllen - insbesondere das Kriterium der *Darbietung* -, weiterhin allein den Vorschriften des Rundfunkstaatsvertrags unterliegen.

132. Die Regelung des § 2 I 2 MDStV stellt zudem die Anwendbarkeit von § 20 II RStV sicher. Danach unterfallen Mediendienste, wenn und soweit sie dem Rundfunk zuzuordnen sind, gänzlich den Regelungen des Rundfunkstaatsvertrags.

§ 2 I 3 MDStV

133. Auch § 2 I 3 MDStV enthält verschiedene Ausschlußtatbestände. So „bleiben die Bestimmungen des Teledienstegesetzes in der in einem Bundesgesetz erstmalig beschlossenen Fassung, die Bestimmungen des Telekommunikationsgesetzes sowie der Bereich der Besteuerung unberührt“. Diese Regelung führt zu einer deutlichen Beschränkung des Anwendungsbereichs des Mediendienstestaatsvertrags, wie er sich in § 2 I 1 MDStV darstellt. So erfaßt die sehr weite Definition der Mediendienste in § 2 I 1 MDStV auch eine Reihe von Informations- und Kommunikationsangeboten, welche ebenfalls die Voraussetzungen des Teledienstegesetzes erfüllen. § 2 I 3 MDStV stellt sicher, daß solche Dienste allein den Vorschriften des Teledienstegesetzes unterfallen, also dem Anwendungsbereich des Mediendienstestaatsvertrags entzogen werden.

134. Aus diesem Grund empfiehlt es sich, bei der Abgrenzung von Telediensten und Mediendiensten als erstes zu prüfen, ob das in Frage stehende Informations- und Kommunikationsangebot dem Anwendungsbereich des Teledienstegesetzes unterfällt. Ist dies der Fall, so ist gemäß § 2 I 3 MDStV die Anwendung des Mediendienstestaatsvertrags auf dieses Angebot von vornherein ausgeschlossen. Es handelt sich dann ausschließlich um einen Teledienst, selbst wenn zugleich die Voraussetzungen von § 2 I 1 MDStV erfüllt sind.

§ 20 II RStV

135. Bei der Frage, ob ein Informations- und Kommunikationsangebot als Mediendienst angesehen werden kann, muß stets auch § 20 II RStV beachtet werden. Danach unterfallen Mediendienste, wenn und soweit sie materiell und inhaltlich dem Rundfunk zuzuordnen sind, allein den Bestimmungen des Rundfunkstaatsvertrags.

136. Mediendienste können mitunter – mit Blick auf die Meinungsbildungsrelevanz – dem herkömmlichen Rundfunk so nahe kommen, daß die zurückhaltenden Vorgaben des Mediendienstestaatsvertrags nicht mehr ausreichen, die zur Sicherung der Rundfunkfreiheit gemäß Art. 5 I 2 GG erforderlichen Maßnahmen zu gewährleisten. Auf genau solche Grenzfälle ist § 20 II RStV zugeschnitten.

137. Es ist ausgesprochen wichtig, diese Bestimmung restriktiv auszulegen. Würde man zu geringe Anforderungen an die rundfunktypische Meinungsbildungsrelevanz stellen, so würden mit § 20 II RStV nicht nur einzelne Sonderfälle erfaßt, sondern der Anwendungsbereich des Mediendienstestaatsvertrags würde zu Gunsten des Rundfunkstaatsvertrags erheblich beschnitten.

138. § 20 II RStV ist weniger für die allgemeine Abgrenzung von Rundfunkangeboten und Mediendiensten entscheidend, als vielmehr für bestimmte Sonderfälle, etwa wenn ein Mediendienst sich durch zusätzliche Angebote möglicherweise zu einer Rundfunkdarbietung verändert beziehungsweise wenn ein Informations- beziehungsweise Kommunikationsdienst verschiedene Angebote bereitstellt, welche zum Teil als Mediendienst, zum Teil aber als Rundfunk zu qualifizieren sind.

139. Betrachtet man zunächst allein das „wenn“, so sind die daraus resultierenden Rechtsfolgen ausgesprochen eindeutig: Stellt sich ein Mediendienst, etwa durch Aufnahme zusätzlicher Angebote, nunmehr als Rundfunk dar, unterfällt dieser Dienst allein den Bestimmungen des Rundfunkstaatsvertrags.

140. Mit Blick auf die „Soweit-Klausel“ des § 20 II RStV gilt folgendes: ein Mediendienst unterfällt allein den Bestimmungen des Rundfunkstaatsvertrags, wenn er untrennbar mit Angebotsteilen verbunden ist, welche sich nunmehr als Rundfunk darstellen. Grenzt sich der Rundfunkteil vom übrigen Mediendienst jedoch so deutlich ab, daß er auch eigenständig genutzt werden kann, so ist der ursprüngliche Mediendienst „soweit“ er sich jetzt als Rundfunk darstellt gemäß § 20 II RStV lizenzpflichtig, während der andere Teil weiterhin allein den Bestimmungen des Mediendienstestaatsvertrags unterfällt.

141. Eine hinreichende Abgrenzbarkeit einzelner Angebotsteile, welche deren eigenständige rechtliche Qualifizierung erlauben würde, ist nur dann gegeben, wenn sich die Angebote separat und selbständig nutzen lassen, also wenn die Nutzer frei bestimmen können, ob sie diese nebeneinander nutzen wollen oder nicht. Fest miteinander verbundene Teile, welche allenfalls eine optische Trennung aufweisen, sind als Einheit zu betrachten und als solche dem entsprechenden Rechtsrahmen zuzuordnen.

Beispielhafte Aufzählung

142. Um Informations- und Kommunikationsangebote sicher als Mediendienste ansehen zu können, genügt es nicht allein, daß die speziellen Voraussetzungen der in § 2 II MDStV genannten Beispiele erfüllt sind, sondern auch die allgemeinen Tatbestandsvoraussetzungen der Mediendienste im Sinne von § 2 I MDStV und die diversen Ausschlußtatbestände müssen berücksichtigt werden.

§ 2 II Nr. 1 MDStV

143. Von § 2 II Nr. 1 MDStV werden nur solche Teleshopping-Angebote in Form von Verteildiensten erfaßt, welche allein für den Warenmarkt und nicht schon für den Meinungsmarkt bestimmt sind.

§ 2 II Nr. 2 MDStV

144. Bei den in § 2 II Nr. 2 MDStV genannten Diensten wird die Grenze zu einer Rundfunkdarbietung dann überschritten, sobald die reine Präsentation von Daten und Meßergebnissen etwa durch Moderation begleitet oder durch zusätzliche Informationsteile ergänzt wird. Unproblematisch ist grundsätzlich die bloße Auswahl der Daten und deren graphische Aufbereitung.

145. Die Mediendienste im Sinne von § 2 II Nr. 2 MDStV sind inhaltlich strikt auf Daten und Meßergebnisse begrenzt.

146. Von den Telediensten, die gemäß § 2 I TDG für eine individuelle Nutzung bestimmt sind, unterscheiden sich die Angebote im Sinne von § 2 II Nr. 2 MDStV dadurch, daß sie ausdrücklich auf Verteildienste beschränkt sind.

§ 2 II Nr. 3 MDStV

147. Kennzeichnend für Angebote im Sinne von § 2 II Nr. 3 MDStV ist, daß sie rein textorientiert sind, also keine Bewegtbilddarstellungen enthalten. Dabei ist es für die Textorientierung durchaus unproblematisch, wenn die deutlich im Vordergrund stehenden Textbestandteile durch statische Bildelemente oder durch einzelne Tondokumente ergänzt werden. Sobald solche Angebote jedoch Bewegtbilder enthalten, welche für die Nutzer untrennbar mit den Textelementen verbunden sind, weist das gesamte Angebot eine rundfunktypische Meinungsbildungsrelevanz auf und unterliegt damit dem Rundfunkrecht.

148. Ebenso unproblematisch ist die Abgrenzung zu den Telediensten, da die Angebote im Sinne von § 2 II Nr. 3 MDStV auf Verteildienste beschränkt sind.

§ 2 II Nr. 4 MDStV

149. Durch die ausdrückliche Beschränkung auf Abrufdienste sind Verteildienste vom Anwendungsbereich des § 2 II Nr. 4 MDStV ausgeschlossen. Damit unterscheiden sie sich deutlich von den in § 2 II Nr. 1-3 MDStV genannten Verteildiensten. Ebenso werden Rundfunkangebote regelmäßig in Form von Verteildiensten dargeboten, so daß sich hier gleichfalls kaum Abgrenzungsschwierigkeiten ergeben.

150. Mit dem Ausschluß von Diensten, bei denen der individuelle Leistungsaustausch im Vordergrund steht, wird auch eine eindeutige Abgrenzung zu den in § 2 II Nr. 1, 3 und 5 TDG genannten Telediensten erreicht. Von § 2 II Nr. 4 MDStV werden zudem solche Dienste ausgeschlossen, bei denen die reine Übermittlung von Daten im Vordergrund steht. Das soll beispielsweise bei Fahrplänen, Flugplänen oder Devisenkursen der Fall sein. Damit werden also auch ein Großteil der Angebote zur Information im Sinne von § 2 II Nr. 2 TDG von dem Ausschlußtatbestand erfaßt. Schließlich sind vom Anwendungsbereich des § 2 II Nr. 4 MDStV noch die Telespiele ausgenommen, so daß auch mit Blick auf § 2 II Nr. 4 TDG keine Überschneidungen zu befürchten sind.

VII. Telekommunikation

Allgemeine Abgrenzungsfragen

151. Die Tatsache, daß sowohl Teledienste, wie auch Mediendienste und Rundfunkangebote mittels Telekommunikation im Sinne von § 3 Nr. 22 TKG übermittelt werden, bereitet keinerlei Abgrenzungsschwierigkeiten.

152. Während das Teledienstegesetz, der Mediendienstestaatsvertrag und der Rundfunkstaatsvertrag allein die inhaltlichen und nutzungsrelevanten Komponenten der Informations- und Kommunikationsangebote regeln, sind die Bestimmungen des Telekommunikationsgesetzes ausschließlich auf die Übertragungsmöglichkeiten, also auf den technischen Vorgang der Telekommunikation ausgerichtet.

153. Folglich sind Überschneidungen der Regelungsbereiche insoweit ausgeschlossen. Die Regelungen des Telekommunikationsgesetzes einerseits und die Bestimmungen des Teledienstegesetzes, des Mediendienstestaatsvertrags oder des Rundfunkstaatsvertrags andererseits, können funktionsbezogen nebeneinander zur Anwendung kommen.

Internet-Telefonie

Telekommunikationsdienst im Sinne von § 3 Nr. 24 TKG

154. Eigenständige Angebote zur Internet-Telefonie sind, soweit sie in der Regel gegen Entgelt erbracht werden, Telekommunikationsdienste im Sinne von § 3 Nr. 24 TKG.

Telekommunikationsdienst im Sinne von § 3 Nr. 10 TKG

155. Sofern ein eigenständiges Angebot von Internet-Telefonie eine gewisse Häufigkeit aufweist und auf eine gewisse Dauer angelegt ist, handelt es sich insbesondere bei einem jedermann zugänglichen Angebot auch um einen Telekommunikationsdienst im Sinne von § 3 Nr. 10 TKG.

Öffentlich zugängliche Telefondienste im Sinne von § 3 Nr. 17 TKG

156. Eigenständige, für jedermann zugängliche Internet-Telefonie-Angebote können, sobald sie konstant das Kriterium der Sprachübertragung in Echtzeit erfüllen, und eine ausreichende Notrufmöglichkeit bereitstellen als Öffentlich zugängliche Telefondienste im Sinne von § 3 Nr. 17 TKG angesehen werden.

157. Soweit Internet-Telefonie über Breitbandtechnik betrieben wird, kann heute eine mit herkömmlicher Sprachtelefonie vergleichbare Echtzeitübertragung durchaus ermöglicht werden.

158. Allerdings kann Internet-Telefonie mit ganz unterschiedlicher Qualität angeboten werden. Des weiteren kann bei der paketvermittelten Internet-Telefonie auch eine grundsätzlich gute Übertragungsqualität in Zeiten hoher Netzbelastung spürbar beeinträchtigt werden. Allerdings steht es zu erwarten, daß derzeit mitunter noch bestehende Mängel bei der Sprachqualität zunehmend in den Hintergrund treten werden.

159. Derzeit bestehen bei Internet-Telefonie-Angeboten verschiedentlich noch Einschränkungen hinsichtlich der Funktionalität von Notrufmöglichkeiten. Generell ist es jedoch auch bei Internet-Telefonie möglich, eine Notruffunktion einzurichten.

VIII. Rechtliche Einordnung verschiedener Dienste

160. Bei der rechtlichen Qualifizierung eines Informations- beziehungsweise Kommunikationsdienstes kommt es nicht auf das Gesamtspektrum der Angebote eines Diensteanbieters an, sondern es ist allein auf das konkrete Angebot einer einzelnen, in sich abgeschlossenen Informations- beziehungsweise Kommunikationsdienstleistung abzustellen.

161. Allerdings können einzelne Angebote mitunter auch nebeneinander zur Anwendung kommen. Soweit sich die einzelnen Angebotsteile hinreichend deutlich von einander abgrenzen, so sind sie eigenständig rechtlich zu bewerten. Das ist dann der Fall, wenn sich die Angebote separat und selbständig nutzen lassen, also wenn die Nutzer frei bestimmen können, ob sie diese nebeneinander nutzen wollen oder nicht. Fest miteinander verbundene Teile, welche allenfalls - wie etwa bei Laufbändern, die parallel zum Fernsehprogramm dargeboten werden - eine optische Trennung aufweisen, sind als Einheit zu bewerten und als solche dem entsprechenden Regulierungsrahmen zuzuordnen.

IX. Fazit/ Ausblick

162. Eine trennscharfe und praktikable Abgrenzung der Anwendungsbereiche von Rundfunkstaatsvertrag, Teledienstegesetz, Mediendienstestaatsvertrag und Telekommunikationsgesetz ist durchaus möglich.

163. Es gilt zu erwarten, daß auch künftige, bislang noch nicht absehbare Informations- und Kommunikationsangebote anhand der gefundenen Abgrenzungskriterien, in das bestehende Regelungssystem eingeordnet werden können.

164. Auch ein einheitliches Mediengesetzbuch wäre nicht in der Lage, Abgrenzungsschwierigkeiten vollständig zu vermeiden. Auch innerhalb eines einheitlichen Rechtsrahmens wären differenzierte Regelungen notwendig, die sich an der jeweiligen Meinungsbildungsrelevanz der verschiedenen Informations- und Kommunikationsdienste orientieren. Folglich besteht kein Grund, das bisherige, durchaus praktikable Regelungssystem aufzugeben, in dem sich die einzelnen Regelungsbereiche im übrigen sehr wohl deutlich voneinander abgrenzen lassen.

J. Glossar

Rundfunkangebote, Mediendienste, Teledienste und Telekommunikationsdienstleistungen unterscheiden sich häufig nur in kleinen Details. Für eine sachgerechte Zuordnung moderner Informations- und Kommunikationsdienste zu den verschiedenen medienrechtlichen Regulierungsrahmen ist es daher unumgänglich, sich auch deren technische Seite näher anzuschauen. Ohne dies würde man nicht darüber entscheiden können, ob der jeweilige Dienst etwa an eine Allgemeinheit gerichtet ist oder eher im Bereich der Individualkommunikation anzusiedeln ist beziehungsweise ob es sich um eine redaktionelle Darbietung handelt. Aber auch eine Vielzahl anderer juristischer Fragen bedarf technischer Grundkenntnisse. Von daher sollen im Folgenden, neben verschiedenen anderen Fachtermini, die in dieser Arbeit angesprochenen Informations- und Kommunikationsangebote - in alphabetischer Reihenfolge - näher erläutert werden[1177].

I. Abrufdienste

Bei *Abrufdiensten* werden die Informations- und Kommunikationsinhalte aufgrund und entsprechend einer individuellen Anforderung seitens der Nutzer aus einem Datenspeicher übertragen[1178]. Die Datenübermittlung kann direkt auf den Abruf folgen oder zu einem späteren Zeitpunkt stattfinden. Letztern Falls wird von *Bestelldiensten* gesprochen. Bei diesen soll es in der Hand des Anbieters liegen, den Zeitpunkt der Übertragung der gewünschten Daten selbst festzulegen[1179]. Im übrigen sind die *Abrufdienste* gerade dadurch gekennzeichnet, daß die Nutzer den Zeitpunkt des Abrufs der Inhalte völlig frei bestimmen können.

[1177] Weiterführende Literatur dazu: Babiak, Effektive Suche im Internet; Barron/ Ellsworth/ Savetz, Internet für Insider; Illik, Electronic Commerce; Klau, Das Internet; Plate, Internet kompakt; Rost/ Schack, Der Internet-Praktiker.

[1178] Vgl. auch Gersdorf, Rundfunkbegriff, S. 30f; Hochstein, NJW 1997, 2977, 2979; Hoffmann-Riem, AfP 1996, 9, 13; Meier, in: Roßnagel, Recht der Multimedia-Dienste, § 2 MDStV, Rn. 63; Pappi, Teledienste, Mediendienste, Rundfunk, S. 39; Legaldefinitionen von Abrufdiensten finden sich auch in § 3 Nr. 4 MDStV bzw. in § 3 Nr. 4 TDG. Diese Definition entspricht einer Begriffsbestimmung in Art. 2 a ECRL i.V.m. Art. 1 Nr. 2 der Richtlinie 98/34/EG in der Fassung der Richtlinie 98/48/EG.

[1179] Gersdorf, Rundfunkbegriff, S. 30f; ebenso Meier, in: Roßnagel, Recht der Multimedia-Dienste, § 2 MDStV, Rn. 63.

Neben der zeitlichen Disponibilität können *Abrufdienste* - im Unterschied zu linearen Verteildiensten[1180] - auch inhaltlich den Nutzern Auswahlmöglichkeiten bieten und die Aufnahme interaktiver Kommunikationen eröffnen. Die Nutzer können sich also quasi ihr eigenes Programm zusammenstellen und sogar Einfluß auf die Inhalte nehmen. Allerdings sind inhaltliche Interaktionsmöglichkeiten keine notwendige Voraussetzung für *Abrufdienste*. Entscheidendes Kriterium für *Abrufdienste* ist allein, daß Daten (Texte, Töne, Bilder) erst aufgrund und entsprechend der Anforderung eines einzelnen Nutzers übertragen werden.

II. Access-Provider

Anders als Online-Dienste[1181], wie zum Beispiel T-Online, AOL oder CompuServe, bieten reine *Access-Provider* lediglich den Zugang zu einem Netzwerk, wie etwa dem Internet, ohne darüber hinaus zusätzliche Informationsangebote bereitzuhalten. Solche Zugangsanbieter, auch Internet-Service-Provider (ISP) genannt, stellen also allein die technischen Mittel zu Verfügung, damit die Nutzer sich mit einem Netzwerk verbinden und die dort angebotenen Informations- und Kommunikationsmöglichkeiten nutzen können. Die Verbindung mit dem Internet erfolgt in aller Regel über das Telefonnetz. In diesen Fällen übernehmen die *Access-Provider* insbesondere die Aufgabe, die Verbindung zwischen Telefonnetz und dem Internet herzustellen.

III. Chat-Foren

Chat-Foren bieten ihren Nutzern die Möglichkeit mit anderen Nutzern zu kommunizieren. Dies kann entweder in „geschlossenen Räumen“ erfolgen, welche nur einem bestimmten Nutzerkreis zu Verfügung stehen oder aber in „offenen Räumen“, zu denen alle Nutzer Zugang haben. Die Kommunikation erfolgt schriftlich und die Texteingaben der Nutzer können von den übrigen Teilnehmern zumeist nahezu zeitgleich verfolgt werden. Typisch für die Chat-Kommunikation ist auch die Verwendung zahlreicher Abkürzungen und Symbole. So werden sogenannte „Emoticons“ dazu eingesetzt, Gefühle zum Ausdruck zu bringen, wie etwa das Smiley, welches mit Doppelpunkt, Bindestrich und Klammer ein Lächeln symbolisieren soll: „:-)“.

[1180] Siehe auch dort, S. 349.
[1181] Siehe weiter unten, S. 344.

IV. Client-Server-Architektur

Die überwiegende Zahl der Internet-Dienste funktionieren nach dem *Client-Server-Prinzip*: Dabei ist ein *Server* ein Programm, das für ein anderes Programm, den *Client*, eine Dienstleistung (Übermittlung von Daten, Erbringung von Rechenleistungen) bereitstellt. Die Kommunikation zwischen *Client* und *Server* beginnt zumeist mit einem Signal des Empfängers (*Client*), mit welchem dieser Dienstleistungen vom Server anfordert (*request*), welche daraufhin vom *Server-Programm* erbracht werden.

Die *Server* werden häufig nach ihrer konkreten Aufgabe benannt, so wird beispielsweise von FTP-Servern, News-Servern, Mail-Servern oder WWW-Servern gesprochen.

V. Content-Provider

Unter dem Begriff *Content-Provider* sind Inhaltsanbieter zu verstehen, welche eigene Inhalte den Nutzern anbieten, wie zum Beispiel der Betreiber einer *Homepage*.[1182] Sie unterscheiden sich damit deutlich von *Access-Providern*, die lediglich den Zugang zu Inhalten vermitteln.

VI. Domain-Name

Das *Domain-Name-System (DNS)* gestattet es, anstelle der numerischen *IP-Adressen*[1183] ebenso eindeutige, symbolische Namens-Adressen (*Domain-Namen*) zu verwenden. Diese bieten gegenüber den *IP-Adressen* vor allem den Vorteil, daß sie erheblich einprägsamer und aussagekräftiger sind.

Die Namen im *DNS* sind hierarchisch aufgebaut:

[hostname.[subdomain.[subdomain.[...]]]].domain.topleveldomain

Dabei ist der *hostname* der Name des Rechners. Mit *subdomain* werden Untergliederungen der *domain* bezeichnet und die *topleveldomain* verdeutlicht, welcher Hauptdomain die *domain* angehört. Zu den Hauptdomains gehören neben den ursprünglichen Top-Level-Domains, welche in den USA eingerichtet wurden und aus der Anfangszeit des Internets stammen (*com, edu, net, mil, org, gov*) auch die verschiedenen Länder-Codes, wie zum Beispiel *de* für Deutsch-

---

1182 Vgl. auch Determann, Kommunikationsfreiheit im Internet, S. 69f; Mayer, Das Internet im öffentlichen Recht, S. 51.

1183 Siehe auch dort.

land (uk - Großbritannien, nl - Niederlande, fr - Frankreich, jp - Japan u.v.m). Zudem gibt es noch eine Reihe neu zugelassener Top-Level-Domains, wie etwa info, biz, aero, coop, museum, pro, name.

Damit allerdings zwei Rechner systemintern eine Verbindung aufbauen können, muß der *Domain-Name* erst in die zugehörige *IP-Adresse* umgewandelt werden. Dies erfolgt in der Regel automatisch über sogenannte Name-Server.

VII. E-Mail-Liste

Bei *E-Mail-Listen* handelt es sich praktisch um eine Liste von E-Mail-Adressen, in welche sich die Nutzer eintragen können, um mit den anderen Teilnehmern per E-Mail zu kommunizieren. Jeder Nutzer kann eine E-Mail an die *Mailing-Liste* senden, welche sodann über einen sogenannten *Listserver* an alle in die *Liste* Eingetragenen verteilt wird. *E-Mail-Listen* werden zu den verschiedensten Themen angeboten. Manche verfügen über einen Moderator, der darüber entscheidet, welche Beiträge an die Listenteilnehmer verbreitet werden. Solche Angebote werden als *moderierte Mailing-Listen* bezeichnet. Nicht alle *E-Mail-Listen* können von jedem Interessenten genutzt werden. So gibt es *geschlossene Mailing-Listen*, welche nur für einen bestimmten, vom Betreiber der *Liste* zugelassenen Personenkreis nutzbar sind.

VIII. Fernsehtext

Fernsehtext (früher: *Videotext*) ist ein Informationsdienst mit dem neben dem laufenden Fernsehprogramm zusätzliche Texte und einfache Graphiken übertragen werden können. Diese werden in der sogenannten vertikalen Austastlücke zwischen den Fernsehbildern verschlüsselt und unsichtbar gesendet[1184]. Um den *Fernsehtext* sichtbar zu machen, bedarf es eines speziellen Decoders, der freilich in den meisten modernen Fernsehgeräten vorhanden ist. *Fernsehtext* bietet den Nutzern die Möglichkeit, zu einem selbst gewählten Zeitpunkt, gezielt auf bestimmte „*Videotext-Tafeln*" zuzugreifen[1185] und diese beliebig lang auf dem Fernsehschirm zu betrachten. Es werden eine Vielzahl thematisch unterschiedlicher Informationen, auf separat anwählbaren Tafeln angeboten: wie etwa Nachrichten, Börsenkurse, Informationen zum laufenden Fernsehprogramm, Wetterdaten und vieles mehr.

[1184] Siehe ausführlicher zu den technischen Aspekten: König, Teletexte, S. 8f.
[1185] Siehe hierzu auch unter dem Stichwort: *Zugriffsdienste*.

IX. FTP

FTP ist ein Dienstprogramm für die Dateiübertragung in Netzwerken und ist benannt nach dem ihm zu Grunde liegenden *File Transfer Protocol. FTP* gehört neben *WWW*, *Telnet* u.a. zu den sogenannten Basisdiensten des Internet. Während eine *Telnet*-Verbindung rein textorientiert ist, können mittels *FTP* beliebige Daten (Texte, Bilder, Programmdateien, Sounds, Videosequenzen u.v.m.) ausgetauscht werden.

Wie *WWW* oder andere Internet-Dienste besitzt *FTP* eine *Client-Server-Architektur*. Von einem Anbieter werden Dateien auf dem FTP-Server (FTP-Archiv) bereitgestellt und können von einem FTP-Client abgerufen werden. Grundvoraussetzung dafür ist, daß Server- und Clientrechner vernetzt sind und beide *TCP/IP* als Netzwerkprotokoll benutzen.

FTP kann auf verschiedene Arten verwendet werden:

- Ursprünglich war *FTP* für Benutzer gedacht, die für einen Computer eine Zugangsberechtigung besitzen und Dateien von dort abrufen (download) beziehungsweise dort ablegen (upload) wollen.
- Manche Anbieter machen Daten auf ihren FTP-Servern aber auch öffentlich zugänglich. Dabei handelt es sich um den sogenannten *Anonymous FTP*. Bei dieser Form, die inzwischen verbreiteter ist, als die ursprüngliche, besitzt der Benutzer keine spezielle Zugangsberechtigung, kann sich aber im Public-Bereich des Servers frei bewegen. Zu den anderen Bereichen und Dateien, insbesondere zum Systembereich, haben nicht autorisierte Nutzer allerdings keinen Zugang. Beim *Anonymous FTP* reicht es für das Einloggen auf dem FTP-Server aus, als Benutzernamen "*anonymous*", oft aber auch nur "*FTP*", anzugeben. Zusätzlich wird im Allgemeinen die eigene E-Mail-Adresse als Paßwort verlangt.

FTP kann man zum einen mittels eines speziellen FTP-Befehlssatzes nutzen. Die dazu notwendigen Befehle lassen sich, nachdem man das FTP-Programm mittels "*FTP*" gestartet hat, durch Eingabe von "*help*" hinter dem FTP-promt (ftp>) anzeigen.

FTP-Server werden regelmäßig nur von großen Institutionen oder Universitäten betrieben.

Für die Verzeichnisse der FTP-Server hat sich eine bestimmte Nomenklatur herausgebildet: "*PUB*" steht dabei für public und kennzeichnet den öffentlich zugänglichen Bereich. Mit "*UPLOAD*" wird das Verzeichnis benannt, in welchem die Benutzer eigene Dateien ablegen können.

X. Gopher

Gopher ist eine typische *Client-Server-Anwendung*, die den Aufbau eines verteilten Informationssystems ermöglicht. Die zentral angebotenen Informationen können dabei auf unterschiedlichen, mitunter weltweit verteilten Rechnern gespeichert sein.

Startet der Nutzer seinen *Gopher-Client*, so stellt dieser eine Verbindung zu dem gewünschten *Gopher-Server* her und fordert ein hierarchisch strukturiertes Verzeichnis aller angebotenen Objekte, samt Verweis auf deren Speicherort an. Danach wird die Verbindung zum Server wieder getrennt. Der Nutzer kann aus dem Verzeichnis ein Objekt auswählen. Daraufhin stellt der *Gopher-Client* eine Verbindung zu dem Rechner her, auf welchem das Objekt abgespeichert ist. Nach Abruf des Objekts wird auch diese Verbindung wieder beendet. Das Abrufen kann je nach Angebot auf ganz unterschiedliche Weise erfolgen, wie beispielsweise über *FTP* oder *Telnet*-Verbindungen.

Mit dem Aufkommen des *WWW* hat *Gopher* weitgehend an Bedeutung verloren.

XI. Homepage

Mit dem Begriff *Homepage* wird zumeist die Startseite, eines *WWW*-Angebots bezeichnet, mit dem sich Privatpersonen, Unternehmen, Behörden oder sonstige Organisationen im Internet darstellen. Die *Homepage* ist also jene Seite eines solchen Angebots, die von den Nutzern regelmäßig zuerst aufgerufen wird.

XII. HTTP

Das *HTTP* (*HyperText Transfer Protocol*) ist ein Protokoll für die Übertragung von Daten im *WWW*. Es ist also speziell auf die Übertragung und Nutzung von Hypertexten ausgerichtet und gewährleistet unter anderem das Erkennen von Übertragungsfehlern und deren Korrektur durch nochmaliges Übertragen. Beim *HTTP* besteht keine ständige Verbindung zwischen *WWW-Client* und *WWW-Server*. Nur auf Anfrage vom *Client* wird eine Verbindung aufgebaut, welche nach erfolgreicher Übertragung der Antwort vom *Server* wieder abgebrochen wird.

XIII. Hyperlink

Ein *Hyperlink* ist ein Querverweis in einer *Hypermedia-Anwendung*, dem etwa durch einfaches anklicken mit der Maustaste nachgegangen werden kann und der zu neuen Inhalten (Texte, Bilder, Töne) führt, welche wiederum durch Hyperlinks mit weiteren Inhalten verbunden sein können.

XIV. Hypermedia/ Hypertext

Hypermedia-Anwendungen sind dadurch gekennzeichnet, daß sie nicht linear strukturiert sind. Sie müssen also nicht in einer vorgegebenen Reihenfolge, etwa wie ein Buch, von vorn nach hinten, genutzt werden, sondern man kann über Querverweise (*Hyperlinks*) von einer Stelle des Angebots zu einer anderen Stelle oder gar zu einem neuen Angebot springen. *Hypermedia* umfaßt im Unterschied zu dem Begriff *Hypertext* nicht nur Angebote in Textform, sondern auch solche, welche multimediale Elemente wie etwa Bilder, Videos oder Musik enthalten.

XV. Internet-Broadcasting

Internet-Broadcasting kann als Radio oder Fernsehen im Internet umschieben werden. Dabei werden Audio- oder Videoangebote mittels eines kontinuierlichen Datenstroms vom Server des Veranstalters an den Client-Rechner des Nutzers gesendet. Solche Angebote erreichen zur Zeit noch nicht die Qualität herkömmlicher Rundfunkprogramme, was jedoch mit fortschreitender Übertragungstechnik in Zukunft durchaus der Fall sein kann.

XVI. Internet-Telefonie

Kennzeichnend für die Internet-Telefonie[1186] ist, daß die Sprachkommunikation ganz oder teilweise über das Internet erfolgt. Im Unterschied zu herkömmlichen Telefonaten, wird keine feste Verbindung zwischen den Gesprächsteilnehmern aufgebaut, sondern die Internet-Telefonie basiert auf einer paketvermittelten Übertragung. Das heißt, die Gesprächsinhalte werden in digitalisierte Pakete

[1186] Siehe auch VoIP (S. 350) beziehungsweise IP-Telefonie (S. 341).

zerlegt, welche einzeln, mitunter auf unterschiedlichen Wegen, über das Internet übertragen werden. Dadurch können die Leitungskapazitäten effizienter genutzt werden.

Allerdings führten das Zerlegen der Informationen, das getrennte Übertragen und das anschließende Zusammensetzen bislang noch zu deutlichen Nachteilen bei der Qualität der Sprachübertragung. Es kam zu spürbaren Verzögerungen bei der Übermittlung der Sprache (Package Delay) beziehungsweise sogar zu Verlusten einzelner Datenpakete (Package Loss). Soweit Internet-Telefonie über Breitbandtechnik betrieben wird, können derartige Probleme heute bereits ausgeschlossen werden. Allerdings ist es möglich, Internet-Telefonie mit ganz unterschiedlicher Qualität anzubieten. Des weiteren kann eine grundsätzlich gute Übertragungsqualität in Zeiten hoher Netzbelastung spürbar beeinträchtigt werden. Allerdings steht es zu erwarten, daß auch diese Probleme künftig entfallen werden.

Im Wesentlichen sind drei verschiedene Varianten der Internet-Telefonie zu unterscheiden: So kann die Kommunikation etwa über zwei direkt miteinander verbundene Computer erfolgen oder aber zwischen einem Computer und einem Telefon beziehungsweise über zwei Telefone.

Bei der direkten Kommunikation zwischen zwei Computern benötigen die Gesprächsteilnehmer jeweils einen, mit dem Internet verbundenen Computer, der über Mikrofon und Lautsprecher oder vergleichbare Geräte verfügt sowie identische beziehungsweise kompatible Kommunikationssoftware. Durch diese werden Aufbau, Verbindung und Beendigung des Gesprächs gesteuert. Bei dieser Variante der Internet-Telefonie können neben der Sprache auch Texte, Bilder oder andere Daten übertragen werden.

Die Internet-Telefonie zwischen Computer und Telefon wird über ein sogenanntes Gateway geführt. Dieses stellt die Verbindung zwischen Internet und öffentlichem, vermittelnden Telefonnetz her. Über einen Computer, der über die vorstehend bereits beschriebenen Ausstattungsmerkmale verfügen muß, kann mittels des Gateways eine Kommunikationsverbindung zu jedem beliebigen Telefonanschluß aufgebaut werden.

Ebenfalls über Gateways erfolgt die Internet-Telefonie zwischen zwei Telefonen. Der Anrufer wählt über das öffentliche, vermittelnde Telefonnetz ein Gateway an und kann anschließend die Telefonnummer des gewünschten Gesprächspartners eingeben. Das angewählte Gateway zerlegt die Sprache in Datenpakete und sendet sie über das Internet zum Ziel-Gateway. Dort werden die einzelnen Pakete wieder zusammengesetzt und über das öffentliche, vermittelnde Telefonnetz zur Zielrufnummer geleitet.

XVII. Intranet

Ein *Intranet* ist ein Netzwerk auf Basis der *TCP/IP*-Protokolle, das jedoch nicht in das Internet integriert ist, sondern regelmäßig nur auf einen bestimmten Personenkreis, etwa ein Unternehmen, beschränkt bleibt.

XVIII. IP-Adresse

Zur eindeutigen Identifizierung benötigt jeder mit dem Internet verbundene Rechner eine *IP-Adresse*[1187]. Im Unterschied zum *Domain-Namen*[1188] handelt es sich dabei um eine numerische Adresse. IP-Adressen haben eine Länge von 32-Bit. Zur besseren Lesbarkeit wird sie in 4 Bytes unterteilt. Diese sind mit Punkten voneinander getrennt. IP-Adressen haben damit folgende Struktur: a.b.c.d, wobei a, b, c und d jeweils Werte im Bereich von 1 bis 254 annehmen können. 0 und 255 haben eine Sonderstellung.

XIX. IP-Telefonie

Bei der *IP-Telefonie* erfolgt die Übermittlung der Kommunikationsinhalte ganz oder teilweise über paketvermittelnde Netze und basiert auf Internet-Protokollen[1189]. Ein Unterfall ist die *Internet-Telefonie*[1190]; hier erfolgt die Übermittlung der Kommunikationsinhalte ganz oder teilweise über das Internet.

XX. IRC

Der *Internet Relay Chat (IRC)* funktioniert weitgehend ähnlich wie ein *Chat-Forum*[1191]. Die Kommunikation erfolgt in sogenannten „channels", die sich meist auf bestimmte Themen beschränken. Die Nutzer haben aber auch die Möglichkeit, eigene Kanäle zu eröffnen, welche sie zudem auf bestimmte Teilnehmer begrenzen können. Beim Betreten eines „channels" sieht der Nutzer eine Liste aller Teilnehmer des jeweiligen Kanals. Mittels kurzer Befehle kann man

[1187] Noch ausführlicher zum Aufbau einer IP-Adresse, s. RRZN Hannover, Internet, Rn. 2.5.
[1188] Siehe auch dort.
[1189] Siehe hierzu auch unter dem Stichwort: TCP/ IP.
[1190] Siehe auch dort.
[1191] Siehe darum auch unter *Chat-Foren*, weiter oben.

neben der eigentlichen Kommunikation auch persönliche Nachrichten an einzelne Teilnehmer senden oder Informationen über diese abfragen, welche von ihnen freigegeben wurden. Mittels *IRC* lassen sich im übrigen auch Daten sehr einfach austauschen.

XXI. Link

Link ist die umgangssprachliche Kurzform von *Hyperlink*[1192].

XXII. Login

Unter *Login* versteht man die Anmeldung eines berechtigten Nutzers zu einem Informations- und Kommunikationsdienst oder bei einem Rechner zu Beginn der Nutzung.

XXIII. Moderierte Diskussionsforen

Es gibt eine Vielzahl sehr unterschiedlicher Angebote, die als *Diskussionsforen* bezeichnet werden. Hierzu gehören vornehmlich *E-Mail-Listen* und *Newsgroups*.

Diskussionsforen können sowohl *moderiert* als auch *unmoderiert* angeboten werden. Kennzeichnend für ein *moderiertes* Angebot ist, daß die Diskussionsbeiträge der Teilnehmer nicht automatisch veröffentlicht, sondern zuvor von einem *Moderator* überprüft werden.

XXIV. MUD

MUDs (Multi-User-Dungeons; auch: Multi-User-Dimensions oder Multi-User-Domains) sind auf Text basierende, virtuelle Welten[1193].

Die ersten *MUDs* entstanden bereits Ende der 70er Jahre. Dabei handelte es sich um Abenteuerrollenspiele, ähnlich dem klassischen "Dungeons and Dragons". Heute gibt es weltweit mehrere Hundert solcher *MUDs* und ständig ent-

---

[1192] Ausführlicher darum unter dem Stichwort: *Hyperlink*.

[1193] Ausführlicher: Schindler, in: Handbuch Medien: Computerspiele, S. 137ff; s. auch Bruckman, in: Medien und Öffentlichkeit, S. 337ff.

stehen neue, zunehmend auch für "ernsthafte" Zwecke, wie etwa dem Erfahrungsaustausch unter Wissenschaftlern. Die meisten dienen jedoch der reinen Unterhaltung.

In *MUDs* können sich eine Vielzahl von Personen gleichzeitig aufhalten und miteinander kommunizieren. Die virtuellen Welten in *MUDs* sind textbasiert, es gibt also keine Bilder oder Grafiken wie bei den meisten üblichen Computerspielen. Sobald man sich über *Telnet* und die *IP-Adresse* in das *MUD* eingeloggt und seinen "character" erschaffen hat, wird die Beschreibung der Landschaften, Personen und Objekte als Text auf dem Bildschirm angezeigt. Auch die eigenen Handlungen erfolgen nur über Texteingabe.

XXV. Multi-Perspektiv-Fernsehen

Multi-Perspektiv-Fernsehen ermöglicht dem Nutzer, eine Fernsehsendung aus verschiedenen Kameraperspektiven heraus zu verfolgen, welche er individuell auswählen und zwischen denen er jederzeit wechseln kann[1194].

XXVI. Near-video-on-demand

Beim Near-video-on-demand werden die Inhalte in raschen periodischen Abständen wiederholt. Damit wird den Zuschauern ein Einstieg zu unterschiedlichen, autonom bestimmten Zeitpunkten ermöglicht. Sie sind nicht mehr auf die einseitige Festlegung des Ausstrahlungszeitpunkts durch den Anbieter angewiesen, sondern können in hoher zeitlicher Disponibilität auf die periodisch dargebotenen Inhalte zugreifen[1195].

Die Wiederholung kann sowohl auf dem Kanal der Erstausstrahlung, als auch auf anderen Kanälen erfolgen[1196]. Auch wenn Near-video-on-demand vielfach im Zusammenhang mit Pay-per-view-Angeboten diskutiert wird, kommt es dennoch nicht auf eine spezielle Finanzierungsform an[1197]. Inhaltlich ist Near-video-on-demand nicht auf Videofilme, wie sie in Videotheken angeboten werden beschränkt, selbst wenn die Bezeichnung dies eventuell suggerieren könnte[1198].

[1194] Vgl. auch Lent, Rundfunk-, Medien-, Teledienste, S. 151.
[1195] Vgl. Gersdorf, Rundfunkbegriff, S. 37ff; Eberle, ZUM 1994, 530, 531.
[1196] Vgl. Gersdorf, Rundfunkbegriff, S. 38; Schrape, Prognos AG, Digitales Fernsehen, S. 24.
[1197] *A.A.* sind Gersdorf, Rundfunkbegriff, S. 37; Eberle, ZUM 1994, 530, 531.
[1198] Gersdorf, Rundfunkbegriff, S. 38.

XXVII. News/ Newsgroups/ Usenet

NetNews (kurz: *News*) ist ein weltweites, öffentliches Kommunikationsmedium, zur Diskussion, zum Informationsaustausch oder zur Verbreitung von Daten (Musik, Bilder, Software etc.), an dem sich jedermann - wie bei einem „Schwarzen Brett“ - mit eigenen Beiträgen beteiligen kann. Die *News*-Inhalte werden in sogenannten *Newsgroups* hierarchisch nach Themengebieten geordnet. Weltweit gibt es Tausende *Newsgroups* zu den unterschiedlichsten Themen. Zu den wichtigsten internationalen Hierarchien zählen:
comp (Computer und verwandte Themen),
misc (Diskussionen, die nicht eindeutig in eine der anderen Kategorien passen),
news (Gruppen, die sich mit *News* selbst befassen),
rec (Hobby, Freizeit, Unterhaltung),
sci (allgemeine wissenschaftliche Themen),
soc (soziale und kulturelle Themen),
talk(Diskussionsgruppen etwa über Politik oder verwandte Themen).

Diese „Top-Level-Hierarchien“ werden noch weiter verzweigt. Die einzelnen Hierarchiestufen werden dabei durch Punkte getrennt. Bei landesspezifischen Gruppen wird das jeweilige Länderkürzel vorangestellt. Deutschsprachige Gruppen beginnen darum mit *de*.

Im Unterschied zu *E-Mail-Listen* müssen sich die Nutzer nicht zur Teilnahme an einer *Newsgroup* anmelden. Jedermann kann mit Hilfe eines *News-Readers* die auf einem *News-Server* bereitgestellten Inhalte lesen, auf einen Beitrag antworten oder einen eigenen Artikel in eine *Newsgroup* einstellen („*posten*“).

Die *News-Server* gleichen ihre Datenbestände in kurzen Zeitabständen untereinander ab. Dadurch werden die einzelnen Beiträge der Nutzer weltweit verbreitet. Die Gesamtheit aller *News-Server* wird als „*Usenet*“ bezeichnet.

XXVIII. Online-Dienste

*Online-Dien*ste bieten ihren Abonnenten eine eigenständige Informations- und Kommunikationsplattform mit vornehmlich eigenen Inhalten. Kennzeichnend ist insbesondere die strukturierte Aufbereitung der Informationen, wodurch ein schneller und gezielter Zugriff zu den unterschiedlichsten Themengebieten ermöglicht wird. Zudem stellen *Online-Dienste* eine Reihe von Kommunikationsangeboten bereit, wie etwa den Austausch von E-Mails oder die Möglichkeit, in Diskussionsgruppen mit anderen Nutzern des *Online-Dienstes* in direkten Kontakt zu treten. Neben den eigenen Informations- und Kommunikationsangeboten bieten die meisten *Online-Dienste* auch einen Zugang zum *WWW* und zu anderen Internet-Angeboten. Zu den bekanntesten *Online-Diensten* in Deutschland zählen T-Online, AOL und CompuServe.

XXIX. Pay-per-channel/ Pay-per-view

Pay-per-channel und *Pay-per-view* sind Varianten des *Pay-TV*. Solche Angebote können nur gegen Zahlung eines Entgelts genutzt werden. Beim *Pay-per-view* zahlt der Nutzer für die tatsächlich von ihm abgenommenen Programmbeiträge. Beim *Pay-per-channel* ist das Entgelt pauschal für die Nutzung eines bestimmten Kanals zu entrichten. Die Programme werden verschlüsselt ausgestrahlt und können nur mittels eines Decoders genutzt werden.

XXX. Proxy Caching

Unter *Proxy Caching* ist das Zwischenspeichern von häufig angeforderten Daten - etwa aus dem *WWW* - zu verstehen. Dazu betreiben viele Zugangsprovider sogenannte *Proxy-Server*, die meist gleichzeitig auch als *Cache-Server* genutzt werden. Darum wird häufig auch von *Proxy-Cache-Servern* gesprochen.

Wenn ein Nutzer etwa eine bestimmte Internetseite aufrufen will, so wird seine Anfrage zunächst an den *Proxy-Server* geleitet. Dieser prüft, ob die entsprechenden Inhalte auf dem *Cache-Server* gespeichert sind. Ist dies der Fall, so können die Daten von dort direkt an den Nutzer übermittelt werden. Wenn nicht, fordert der *Proxy-Server* die Inhalte bei der vom Nutzer angegebenen Originaladresse an, leitet sie an den Nutzer weiter und speichert sie zugleich im *Cache-Server*. Wenn nunmehr von anderen Nutzern dieselben Inhalte angefordert werden, so kann auf die vorhandenen Daten im *Cache-Server* zurückgegriffen werden.

Dies bietet den Nutzern den Vorteil, daß sie schneller auf gewünschte Inhalte zugreifen können. Ein Nachteil des *Proxy Cachings* ist hingegen, daß die *Cache-Inhalte* mitunter nicht immer aktuell sind.

XXXI. Push-Dienste

Bei den *Push-Diensten* müssen im Unterschied zu den klassischen *Pull*-Diensten die Inhalte nicht mehr von den Nutzern abgerufen (pull) werden, sondern sie werden von den Anbietern automatisch an die Nutzer gesendet (push)[1199]. Dazu ist lediglich erforderlich, daß die Nutzer solche Angebote abonnieren. Entsprechend dem Abonnement werden die gewünschten Inhalte dann automatisch an die Nutzer versandt.

Zu den *Push-Diensten* zählen zum Beispiel Informationsangebote, welche den Nutzern, gemäß ihren zuvor festgelegten Präferenzen und zu vorgegebenen Zeiten, aktuelle Nachrichten aus Wirtschaft, Politik, Sport etc. senden. *Push-Dienste* können aber auch automatisch Software-Updates auf die Rechner der Nutzer laden oder als Grundlage für Webcasting-Angebote dienen.

XXXII. Radiotext

Radiotext ist prinzipiell mit dem *Fernsehtext* vergleichbar. Auch hier werden über die Displays der Radiogeräte zusätzliche Informationen neben dem laufenden Radioprogramm angezeigt, wie beispielsweise Verkehrsnachrichten oder Wetterdaten. Dazu werden zur Zeit sehr unterschiedliche technische Verfahren verwendet (RDS, SWIFT, DAB oder ADR)[1200].

XXXIII. Special-interest-Programme

Als *Special-interest-Programme* werden regelmäßig solche Rundfunkprogramme bezeichnet, welche thematisch hoch spezialisierte Programme für bestimmte Zielgruppen anbieten. Dazu zählen insbesondere Angebote, die auf bestimmte Berufsgruppen zugeschnitten sind. *Special-interest-Programme* sind vergleichbar mit Spartenangeboten, in der Regel weisen sie allerdings eine noch stärkere thematische Begrenzung auf.

[1199] Vgl. hierzu auch Leupold, ZUM 1998, 99, 100; Mayer, Das Internet im öffentlichen Recht, S. 44; Spindler, in: Roßnagel, Recht der Multimedia-Dienste, § 2 TDG, Rn. 87ff; RRZN Hannover, Internet, Rn. 5.3.

[1200] Vgl. hierzu auch Meier, in: Roßnagel, Recht der Multimedia-Dienste, § 2 MDStV, Rn. 59.

XXXIV. Suchmaschinen

Suchmaschinen bieten den Internet-Nutzern die Möglichkeit, das Internet nach bestimmten Inhalten zu durchsuchen. Dazu geben die Nutzer ein oder mehrere Suchbegriffe in ein Formular der *Suchmaschine* ein. Nach kurzer Zeit werden die Ergebnisse der Suche angezeigt. Je nachdem wie erfolgreich die Suche war, wird eine Reihe von *Links* zu Inhalten angeboten, die den Suchbegriffen entsprechen.

Die *Suchmaschinen* setzen überwiegend sogenannte Robot-Programme ein, die das Internet automatisch nach neuen Inhalten durchsuchen. Die so gewonnenen Ergebnisse werden in einer Datenbank abgelegt. Allerdings werden keine ganzen Internetseiten gespeichert, sondern nur deren *URL*, das Datum der letzten Aktualisierung und einzelne Stichwörter, welche für die Seite charakteristisch sind.

Diese Informationen werden dann entsprechend den Anfragen der Nutzer durchsucht. Die gefundenen Ergebnisse werden zumeist in einer bestimmten Reihenfolge aufgelistet, die sich an der Relevanz für die Suchanfrage orientiert. Als besonders einschlägig werden oft jene Seiten bewertet, in denen die gesuchten Stichwörter häufiger oder bereits im Titel vorkommen.

Neben den rein *automatischen Suchmaschinen*, gibt es auch solche, die zusätzlich beziehungsweise ausschließlich *redaktionell gestaltete Verzeichnisse* anbieten. Solche Verzeichnisse werden manuell zusammengestellt, indem Redakteure im Internet nach neuen Inhalten suchen und bestimmten Rubriken zuordnen.

XXXV. TCP/ IP

TCP/ IP wird als Sammelbegriff für eine Vielzahl verschiedener Protokolle, die den Datenaustausch zwischen Rechnern ermöglichen, verwandt. Allerdings handelt es sich bei *TCP* (*Transmission Control Protocol*) und *IP* (*Internet Protocol*) auch um zwei eigenständige Protokolle. Das *TCP* sichert die korrekte Übertragung der Daten, die in einzelne Pakete zerlegt werden. Das *IP* übernimmt die Zustellung der Datenpakete an die jeweilige Zieladresse.

XXXVI. Teleshopping

Unter dem Begriff *Teleshopping* wird eine Vielzahl unterschiedlichster elektronischer Angebote, die auf den Absatz von Waren und Dienstleistungen ausgerichtet sind, zusammengefaßt. Dazu gehören beispielsweise *Direct Response TV (DRTV)*, reine *Teleshopping-Kanäle* und *Online-Warenkataloge*.

Beim *Direct Response TV* werden innerhalb regulärer Fernsehwerbung ca. 30-60 Sekunden lange Werbespots ausgestrahlt. Die so beworbenen Angebote können per Telefon bestellt werden.

Unter reinen *Teleshopping-Kanälen* sind Fernsehsender zu verstehen, deren Programme durchgängig auf den Absatz von Waren und Dienstleistungen ausgerichtet sind. Solche Angebote können allerdings sehr unterschiedlich gestaltet sein. So gibt es *Teleshopping-Kanäle*, bei denen die reine Produktpräsentation eindeutig im Vordergrund steht beziehungsweise solche, welche auch eine Reihe von Darbietungen enthalten, die erkennbar keinen Produktbezug aufweisen, wie etwa allgemeine Nachrichten, bloße Unterhaltung etc. Die Bestellung der angebotenen Waren und Dienstleistungen erfolgt auch bei den *Teleshopping-Kanälen* regelmäßig per Telefon.

Im Unterschied zu den vorangegangenen Beispielen können die *Online-Warenkataloge* individuell und interaktiv genutzt werden. Die in einem - in aller Regel über das Internet abrufbaren - elektronischen *Warenkatalog* präsentierten Produkte, können direkt, also ohne Medienbruch, erworben werden.

XXXVII. Telnet

Mit *Telnet* kann man eine Netzverbindung zu einem entfernten, ebenfalls das *Telnet-Protokoll* unterstützenden Rechner aufbauen und auf diesem Arbeiten, indem man etwa die dort vorhandenen Programme nutzt. Der eigene Arbeitsplatzrechner wird dabei lediglich als Terminal zur Eingabe und Ausgabe verwendet. Die eigentliche Rechenleistung erbringt der angewählte Rechner. Eine typische *Telnet-Anwendung* war lange Zeit der Zugriff auf die Online-Kataloge (OPAC) von Bibliotheken. Diese Angebote werden heute jedoch vornehmlich über das *WWW* erbracht.

XXXVIII. URL

URL steht als Abkürzung für Uniform Resource Locator und dient dazu, Informationsquellen im Netz eindeutig zu bezeichnen. Um einzelne Dateien im gesamten Internet sicher auffinden zu können, genügen nicht nur der Dateiname und das zugehörige Verzeichnis. Wichtig ist auch der Name des Rechners, auf dem die Datei gespeichert ist, und nachdem es im Internet verschiedene Dienste (*FTP*, *Gopher*, *WWW*, etc.) und somit verschiedene Protokolle gibt, wird schließlich mit der *URL* noch die Zugriffsmethode festgehalten.

Die vollständige Syntax einer *URL* sieht daher folgendermaßen aus:

Zugriffsmethode://Host[:Port]/Pfad/Datei

Die Angabe der Zugriffsmethode bestimmt sich nach dem Dienst, welcher genutzt werden soll. Für das *WWW* ist *http://* anzugeben; andere Zugriffsmethoden sind: *ftp://*, *gopher://*, *news://*, *mailto:*, *file://*, *wais://*, *telnet://* . Der *Host* ist der Rechnername und ist entweder als *Domain-Name* anzugeben oder als *IP-Adresse*. Die Angabe der Ports ist optional. Der Port hat mit dem jeweiligen Internetdienst zu tun. Es gibt allgemein festgelegte Ports, z.B. 80 für das http-Protokoll. Solche Standardports müssen nicht angegeben werden.

XXXIX. Verteildienste

Verteildienste, als klassische Erscheinungsform der Massenkommunikation, sind dadurch gekennzeichnet, daß die einseitig vom Anbieter vorgegebenen Inhalte, in Form eines planmäßig ablaufenden Gesamtprogramms, von einer Stelle an eine unbestimmte Vielzahl von Empfängern vermittelt werden[1201]. Der Zeitpunkt der Ausstrahlung und damit auch der Rezeptionsmöglichkeiten der Nutzer wird einseitig vom Anbieter festgelegt[1202]. Die Rezipienten können die *Verteildienste* lediglich passiv nutzen. Sie haben weder zeitliche noch inhaltliche Auswahlmöglichkeiten. Ihnen bleibt lediglich das Ein-/ Aus- oder Umschalten.

Zu den *Verteildiensten* werden vielfach auch die *Zugriffsdienste* gezählt[1203].

[1201] Vgl. auch Gersdorf, Rundfunkbegriff, S. 27f; Hochstein, NJW 1997, 2977, 2979; Hoffmann-Riem, AfP 1996, 9, 13; Meier, in: Roßnagel, Recht der Multimedia-Dienste, § 2 MDStV, Rn. 50; Pappi, Teledienste, Mediendienste und Rundfunk, S. 39; Amtl. Begr. zu § 2 MDStV, abgedruckt in Ring, Medienrecht, Bd. II, G II 1.300; Legaldefinitionen von Verteildiensten finden sich auch in § 3 Nr. 3 MDStV bzw. § 3 Nr. 3 TDG.

[1202] Ebenda.

[1203] Siehe darum auch unter dem Stichwort *Zugriffsdienste*.

XL. Video-on-demand

Beim *Video-on-demand* werden die Inhalte (zum Beispiel Videos) nicht wie bei *Verteildiensten* in Form planmäßig ablaufender Programme dargeboten, sondern einzeln zum *Abruf* auf einem Server bereitgestellt[1204]. Die Nutzer haben die Möglichkeit, zu einem individuell wählbaren Zeitpunkt, bestimmte Inhalte auszuwählen und vom Server abzurufen.

XLI. Videotext

Videotext ist der veraltete, aber zum Teil noch sehr gebräuchliche Begriff für jene Dienste, welche heute überwiegend als *Fernsehtext* (siehe hierzu weiter oben) bezeichnet werden[1205].

XLII. VoIP

VoIP ist eine Kurzform für *Voice over Internet Protocol* und steht dem Begriff *IP-Telefonie*[1206] gleich.

XLIII. WWW

Das World Wide Web (*WWW* oder auch *W3*) wurde 1989 im CERN (dem Europäischen Kernforschungszentrum in Genf) entwickelt. Es war als Werkzeug für die Echtzeit-Kooperation zwischen Physikern gedacht und zwar nicht nur zwischen denen des CERN, sondern weltweit.

Die im *WWW* angebotenen Dokumente sind meist multimedial (Texte, Bilder, Musik, Video etc.) gestaltet und bieten mit Hilfe von *Hypertext* regelmäßig die Möglichkeit, zu anderen Web-Sites zu springen. *Hypertext* führt den Nutzer mittels markierter Wörter oder entsprechenden Symbolen zu weiteren Seiten. Dazu genügt in der Regel ein einfacher Mausklick oder ähnliches. So kann man durch das Internet "surfen" ohne sich explizit um Netzadressen kümmern zu

---

[1204] Vgl. hierzu auch Eberle, ZUM 1994, 530, 531f; Gersdorf, Rundfunkbegriff, S. 39f.

[1205] So auch Lent, Rundfunk-, Medien-, Teledienste, S. 147; Meier, in: Roßnagel, Recht der Multimedia-Dienste, § 2 MDStV, Rn. 58; zum Videotext s. auch König, Teletexte, S. 8f.

[1206] Siehe auch dort, S. 341.

müssen. Auf Grund der Verbindung von Multimedia und *Hypertext* spricht man im Zusammenhang mit dem *WWW* auch gern von *Hypermedia.*

Ebenso wie viele andere Internetdienste funktioniert *WWW* auf dem *Client-Server-Prinzip.* Die Kommunikation erfolgt zwischen einem WWW-Server, der Informationen bereitstellt, und einem *Client* (WWW-Browser), der die Informationen anzeigt. Das Protokoll dafür heißt *HTTP* (*Hypertext Transfer Protocol*). Mittels dieses Protokolls fordert der Client über eine sogenannte *URL* bei einem Server ein ganz bestimmtes Hypertext-Dokument an. Diese Datei wird dann vom Server an den Client übermittelt. Enthält das Dokument neben Text auch Bilder oder andere Multimediabestandteile, so werden auch diese Datei für Datei übertragen. Dabei ist es nicht ungewöhnlich, wenn die einzelnen Bestandteile von verschiedenen Servern stammen.

Hypertext-Dokumente werden meist mit Hilfe der *Hypertext Markup Language* (*html*) formatiert. Es gibt aber auch andere Sprachen, wie etwa *xml* (*Extensible Markup Language*).

Neben dem CERN hat auch das NCSA[1207] (National Center for Supercomputing Applications University of Illinois, Urbana-Champaign) einen entscheidenden Beitrag für die Entwicklung des *WWW* geleistet - insbesondere bei der Erstellung von Web-Software. Heute wird jedoch die Entwicklung des Web von keiner dieser Organisationen mehr kontrolliert. Weil die Spezifikationen offen und inklusive sind, wird die Entwicklung des Web von zahlreichen Kräften aus Forschung und Wirtschaft vorangetrieben. Das CERN und das Massachusetts Institute of Technology (MIT) haben die WWW-Organisation (W3C[1208]) ins Leben gerufen. Dieses Konsortium beabsichtigt, die zukünftigen Entwicklungen zu koordinieren. Das W3C ist jedoch gleichfalls offen. Seine Aufgabe ist es nicht, etwas zu kontrollieren, sondern ein Forum für Kooperationen zur Verfügung zu stellen - damit soll vermieden werden, daß das Web in verschiedene inkompatible Enklaven aufgesplittert wird.

XLIV. Zugriffsdienste

Zugriffsdienste sind dadurch gekennzeichnet, daß die Informations- und Kommunikationsinhalte in periodischen Abständen wiederholt werden[1209]. Ebenso wie bei den *Verteildiensten*, werden jedoch die Inhalte und der Programmablauf

[1207] http://www.ncsa.uiuc.edu

[1208] http://www.w3.org

[1209] Vgl. auch Gersdorf, Rundfunkbegriff, S. 29f; Hoffmann-Riem, AfP 1996, 9, 13; Meier, in: Roßnagel, Recht der Multimedia-Dienste, § 2 MDStV, Rn. 62; Pappi, Teledienste, Mediendienste, Rundfunk, S. 39.

einseitig vom Anbieter vorgegeben. Auch der Zeitpunkt der Ausstrahlung wird vom Anbieter durch Festlegung des Wiederholungszyklus bestimmt[1210]. Aufgrund dieser Ähnlichkeit zu den *Verteildiensten*, werden die *Zugriffsdienste* auch Vielfach als Teilmenge der *Verteildienste* angesehen[1211]. Der einzige Unterschied besteht darin, daß die Nutzer bei den *Zugriffsdiensten* den Zeitpunkt bestimmen können, zu dem sie auf die Informationen zugreifen wollen[1212].

[1210] Gersdorf, Rundfunkbegriff, S. 29; Meier, in: Roßnagel, Recht der Multimedia-Dienste, § 2 MDStV, Rn. 62.

[1211] So wird bspw. der früher als Zugriffsdienst qualifizierte Fernsehtext heute in § 2 II Nr. 3 MDStV als Verteildienst bezeichnet.

[1212] Vgl. Gersdorf, Rundfunkbegriff, S. 29; Hoffmann-Riem, AfP 1996, 9, 13; Meier, in: Roßnagel, Recht der Multimedia-Dienste, § 2 MDStV, Rn. 62; Pappi, Teledienste, Mediendienste, Rundfunk, S. 39.

Literaturverzeichnis

Literatur

Alcatel SEL Stiftung: Interaktivität: Individualisierte Massenkommunikation?, Workshop Stuttgart 1996, hrsg. von der Alcatel SEL Stiftung für Kommunikationsforschung, Stiftungsreihe Heft 24.

Alternativkommentar Grundgesetz: Kommentar zum Grundgesetz für die Bundesrepublik Deutschland, hrsg. von Erhard Denninger, Wolfgang Hoffmann-Riem, Hans-Peter Schneider und Ekkehart Stein, 3. Aufl., Neuwied 2001ff, zitiert: Wolfgang Hoffmann-Riem.

Arndt, Adolf: Das Werbefernsehen als Kompetenzfrage, in: JZ 1965, 335.

Babiak, Ulrich: Effektive Suche im Internet: Suchstrategien, Methoden, Quellen, 2. Aufl., Köln 1998.

Bachof, Otto/ *Rudolf,* Walter: Verbot des Werbefernsehens durch Bundesgesetz?, Frankfurt a. M., Berlin 1966.

Badura, Peter: Grundpflichten als verfassungsrechtliche Dimension, in: DVBl 1982, 861.

Barron, Billy/ *Ellsworth,* Jill H./ *Savetz,* Kevin M.: Internet für Insider, deutsche Übersetzung: Hajer, Hans/ Kolbeck, Rainer, Haar bei München 1996.

Beck'scher TKG-Kommentar: hrsg. von: Wolfgang Büchner, Jörg Ehmer, Martin Geppert, Bärbel Kerkhoff, Hermann-Josef Piepenbrock, Raimund Schütz, Fabian Schuster, München 2000, zitiert: Jörg Ehmer, Raimund Schütz.

Bermanseder, Markus: Wann sind Mediendienste dem Rundfunk zuzuordnen?, Zum ordnungsrechtlichen Rahmen für die neuen Informations- und Kommunikationsdienste, in: ZRP 1997, 330.

Berth, Rolf: Wähler- und Verbraucher-Beeinflussung, Empirische Grundlagen und theoretische Ansätze, Stuttgart 1963.

Bethge, Herbert: Freiheit und Gebundenheit der Massenmedien, in: DVBl 1983, 369.

ders.: Grundpflichten als verfassungsrechtliche Dimension, in: NJW 1982, 2145.

Beucher, Klaus/ *Leyendecker,* Ludwig/ *v. Rosenberg*, Oliver: Mediengesetze, Rundfunk, Mediendienste, Teledienste, Kommentar zum Rundfunkstaatsvertrag, Mediendienste-Staatsvertrag, Teledienstegesetz und Teledienstedatenschutzgesetz, München 1999.

Bleckmann, Albert: Öffentlich-rechtliche Spartenprogramme als Bestandteil der Grundversorgung?, Rechtsgutachten, unter Mitwirkung von Ulrich Pieper, Ingo Erberich, hrsg. vom Verband privater Rundfunk und Telekommunikation e.V. (VPRT), Berlin 1996.

Bleisteiner, Stephan: Rechtliche Verantwortlichkeit im Internet, - unter besonderer Berücksichtigung des Teledienstegesetzes und des Mediendienste-Staatsvertrags -, Köln, Berlin, Bonn, München 1999.

Böckenförde, E.-W./ *Wieland,* Joachim: Die „Rundfunkfreiheit" – ein Grundrecht?, Überlegungen zu den verfassungsrechtlichen Vorgaben in Art. 5 Abs. 1 GG für die Organisation des Rundfunks, in: AfP 1982, 77.

Bonner Kommentar zum Grundgesetz: Hrsg.: Rudolf Dolzer, Klaus Vogel, Karin Graßhof, Heidelberg 1950ff, zitiert: Christoph Degenhart.

Brinkmann, Thomas: Rundfunkordnung und Wettbewerb, Anmerkungen zu dem auf dem 56. Deutschen Juristentag in Berlin gehaltenen Referat von Prof. E. J. Mestmäcker, in: Media Perspektiven 1986, 557.

Bruckman, Amy S.: Gender Swapping auf dem Internet, in: Medien und Öffentlichkeit, Positionierungen, Symptome, Simulationsbrüche, hrsg. von Rudolf Maresch, München 1996.

Bucher, Hans-Jürgen: Wie interaktiv sind die neuen Medien? Grundlagen einer Theorie der Rezeption nicht-linearer Medien, in: Die Zeitung zwischen Print und Digitalisierung, hrsg. von Hans-Jürgen Bucher, Ulrich Püschel, Wiesbaden 2001.

Bullinger, Martin: Der Rundfunkbegriff in der Differenzierung kommunikativer Dienste, in: AfP 1996, 1.

ders.: Freiheit von Presse, Rundfunk, Film, in: Handbuch des Staatsrechts der Bundesrepublik Deutschland, hrsg. von Josef Isensee und Paul Kirchhof, Band VI, Freiheitsrechte, § 142, Heidelberg 1989.

ders.: Kommunikationsfreiheit im Strukturwandel der Telekommunikation, Baden-Baden 1980.

ders.: Ordnung oder Freiheit für Multimediadienste, in: JZ 1996, 385.

ders.: Rechtliche Eigenart der Vollprogramme im Rundfunk, in: ZUM 1994, 596.

ders.: Strukturwandel von Rundfunk und Presse, Rechtliche Folgewirkungen der neuen elektronischen Medien, NJW 1984, 385.

ders./ Mestmäcker, Ernst-Joachim: Multimediadienste, Struktur und staatliche Aufgaben nach deutschem und europäischen Recht, Baden-Baden 1997.

Degenhart, Christoph: Meinungs- und Medienfreiheit in Wirtschaft und Wettbewerb, in: Festschrift für Rudolf Lukes, hrsg. von Herbert Leßmann, Bernhard Großfeld, Lothar Vollmer, Köln, Berlin, Bonn, München 1989.

ders.: Programmauftrag Internet, Öffentlich-rechtliche Rundfunkanstalten und Online-Dienste, in: MMR 1998, 137.

ders.: Rechtliche Aspekte des Teleshopping, in: ZUM 1995, 353.

ders.: Rundfunk und Internet, in: ZUM 1998, 333.

Der Parlamentarische Rat 1948-1949: Akten und Protokolle, Band 2, Der Verfassungskonvent auf Herrenchiemsee, hrsg. vom Deutschen Bundestag und vom Bundesarchiv, Boppard am Rhein 1981.

Der Parlamentarische Rat 1948-1949: Akten und Protokolle, Bände 5/I, 5/II, Ausschuß für Grundsatzfragen, hrsg. vom Deutschen Bundestag und vom Bundesarchiv, Boppard am Rhein 1993.

Determann, Lothar: Kommunikationsfreiheit im Internet, Freiheitsrechte und gesetzliche Beschränkungen, Baden-Baden 1999.

Deutsches Institut für Wirtschaftsforschung: Künftige Entwicklung des Medien- und Kommunikationssektors in Deutschland, Beiträge zur Strukturforschung, Heft 162, Berlin 1996.

Diesbach, Martin: Pay-TV oder Free-TV, Zur Zulässigkeit der verschlüsselten Exklusivübertragung sportlicher Großereignisse, Baden-Baden 1998.

Dill, Ricarda: Rundfunkbegriff und Telekommunikationsdienste, in: Herausforderungen an das Recht der Informationsgesellschaft, hrsg. von Andreas Haratsch, Dieter Kugelmann, Ulrich Repkewitz, Mainz 1996.

Dittmann, Armin: Der Rundfunkbegriff im Wandel der Medien, Symposium zum 65. Geburtstag von Professor Dr. iur. Dr. h.c. Thomas Oppermann, hrsg. von Armin Dittmann, Frank Fechner, Gerald G. Sander, Berlin 1997.

Donsbach, Wolfgang: Die Selektivität der Rezipienten, Faktoren, die die Zuwendung zu Zeitungsinhalten beeinflussen, in: Medienwirkungen, Einflüsse von Presse, Radio und Fernsehen auf Individuum und Gesellschaft, Untersuchungen im Schwerpunktprogramm "Publizistische Medienwirkungen", Forschungsbericht, DFG, hrsg. von Winfried Schulz, Weinheim 1992.

ders.: Selektive Zuwendung zu Medieninhalten, Einflußfaktoren auf die Auswahlentscheidung der Rezipienten, in: Massenkommunikation, Theorien, Methoden, Befunde, hrsg. von Max Kaase und Winfried Schulz, Opladen 1989.

Dörr, Dieter: Der Rundfunkbegriff im Wandel der Medien, Symposium zum 65. Geburtstag von Professor Dr. iur. Dr. h.c. Thomas Oppermann, hrsg. von Armin Dittmann, Frank Fechner, Gerald G. Sander, Berlin 1997.

Dreier, Horst: Grundgesetz, Kommentar, Band I, Artikel 1-19, Tübingen 1996, zitiert: Helmuth Schulze-Fielitz.

Duden/ Das große Wörterbuch der deutschen Sprache, In zehn Bänden, Band 5: Impu-Leim, 3. Aufl., Mannheim 1999.

Eberle, Carl-Eugen: Regulierung, Deregulierung oder Selbstregulierung?, Aktuelle Regelungsprobleme bei Online-Diensten, in: Festschrift für Manfred Engelschall, Medienrecht im Wandel, hrsg. von Matthias Prinz, Butz Peters, Baden-Baden 1996.

ders.: Schriftliche Stellungnahme des Zweiten Deutschen Fernsehens zur Anhörung der Arbeitsgruppe "Rundfunkbegriff" der Rundfunkreferenten der Länder am 15.Juni 1994, in: ZUM 1994, 530.

Engel, Christoph: Medienrechtliche Konzentrationsvorsorge, in: Die Sicherung der Meinungsvielfalt, DLM (Hrsg.), Berlin 1995.

ders.: Rundfunk in Freiheit, in: AfP 1994, 185.

Engel-Flechsig, Stefan: Das Informations- und Kommunikationsdienstegesetz des Bundes und der Mediendienstestaatsvertrag der Bundesländer, - Einheitliche Rahmenbedingungen für Multimedia -, in ZUM 1997, 231.

ders./ Maennel, Frithjof A./ *Tettenborn,* Alexander: Das neue Informations- und Kommunikationsdienste-Gesetz, in: NJW 1997, 2981.

dies.: Neue gesetzliche Rahmenbedingungen für Multimedia, Die Regelungen des IuKDG und des MDStV, Heidelberg 1998.

Engel-Flechsig, Stefan/ *Roßnagel,* Alexander: Multimedia-Recht, Gesetze, Rechtsverordnungen, EU-Richtlinien, Empfehlungen, München 1998.

Enquete Kommission "Zukunft der Medien in Wirtschaft und Gesellschaft, Deutschlands Weg in die Informationsgesellschaft", Meinungsfreiheit - Meinungsvielfalt - Wettbewerb, Rundfunkbegriff und Regulierungsbedarf bei den Neuen Medien, hrsg. vom Deutschen Bundestag, Bonn 1997, zitiert: Erster Zwischenbericht der Enquete-Kommission, Entwurf eines Zwischenberichts der Fraktion der SPD, Entwurf eines Zwischenberichts der Fraktion BÜNDNIS 90/ DIE GRÜNEN.

Europäisches Medieninstitut: Bericht über die Entwicklung der Meinungsvielfalt und Konzentration im privaten Rundfunk gemäß § 21, Abs. 6, Staatsvertrag über den Rundfunk im vereinten Deutschland, in: Die Sicherung der Meinungsvielfalt, DLM (Hrsg.), Berlin 1995.

Evangelisches Staatslexikon: Band II, N-Z, hrsg. von Roman Herzog, Hermann Kunst, Klaus Schlaich, Wilhelm Schneemelcher, 3. Aufl., Stuttgart 1987, zitiert: Roman Herzog.

Fechner, Frank: Medienrecht, Lehrbuch des gesamten Medienrechts unter besonderer Berücksichtigung von Presse, Rundfunk und Multimedia, 3. Aufl., Tübingen 2002.

Fenchel, Jörg: Negative Informationsfreiheit, Zugleich ein Beitrag zur negativen Grundrechtsfreiheit, Berlin 1997.

Ferger, Herbert/ *Junker,* Harald: „Neue Medien" und Fernmelderecht, Die Fernmeldekompetenz des Bundes aus Art. 73 Nr. 7 GG im Lichte neuer Formen der Individualkommunikation, in: DÖV 1981, 439.

Fink, Udo: Wem dient die Rundfunkfreiheit?, in: DÖV 1992, 805.

Flieger, Heinrich: Die öffentliche Meinung in der Staatsphilosophie von Thomas Hobbes, Diss., Düsseldorf 1975.

Fuhr, Ernst W./ *Krone,* Gunnar: Pay-TV und Rundfunkbegriff, Zur Frage der rundfunkrechtlichen Einordnung von Pay-TV und der Regelungskompetenz der Länder hinsichtlich des Satellitenfernsehens, in: FuR 1983, 513.

Funke, Rainer: Neue Informations- und Kommunikationstechnologien - eine Herausforderung für die Rechtsordnung, in: Festschrift für Manfred Engelschall, Medienrecht im Wandel, hrsg. von Matthias Prinz, Butz Peters, Baden-Baden 1996.

Galilei, Galileo: Lettera a Madama Cristina di Lorena, Granduchessa di Toscana, von 1615, in: Le opere di Galileo Galilei, Volume V, Florenz 1895.

Geiger, Willi: Die Grundrechte der Informationsfreiheit, in: Festschrift für Adolf Arndt zum 65. Geburtstag, hrsg. von Horst Ehmke, Carlo Schmid, Hans Scharoun, Frankfurt a.M. 1969.

Gersdorf, Hubertus: Der verfassungsrechtliche Rundfunkbegriff im Lichte der Digitalisierung der Telekommunikation: ein Rechtsgutachten im Auftrag der Hamburgischen Anstalt für Neue Medien, Berlin 1995.

ders.: Multi-Media: Der Rundfunkbegriff im Umbruch?, Insbesondere zur verfassungsrechtlichen Einordnung der Zugriffs- und Abrufdienste?, in: AfP 1995, 565.

ders.: Neue Dienste zwischen Gesetzgebungskompetenz von Bund und Ländern, in: Festschrift für Manfred Engelschall, Medienrecht im Wandel, hrsg. von Matthias Prinz, Butz Peters, Baden-Baden 1996.

Göckel, Andreas: Telefonieren im Internet, in: Handbuch Multimedia-Recht, Rechtsfragen des elektronischen Geschäftsverkehrs, hrsg. von Thomas Hoeren, Ulrich Sieber, Teil 23, München 2003, Stand: Mai 2003.

Goertz, Lutz: Wie interaktiv sind Medien?, Auf dem Weg zu einer Definition von Interaktivität, in: RuF 1995, 477.

Gounalakis, Georgios: Der Mediendienste-Staatsvertrag der Länder, in: NJW 1997, 2993.

ders.: Konvergenz der Medien - Sollte das Recht der Medien harmonisiert werden?, Gutachten C für den 64. Deutschen Juristentag, München 2002.

ders./ Rhode, Lars: Elektronische Kommunikationsangebote zwischen Telediensten, Mediendiensten und Rundfunk, in: CR 1998, 487.

Grimm, Dieter: Die Meinungsfreiheit in der Rechtsprechung des Bundesverfassungsgerichts, in: NJW 1995, 1697.

ders.: Schutzrecht und Schutzpflicht, Zur Rundfunkrechtsprechung in Amerika und Deutschland, in Festschrift für Ernst Gottfried Mahrenholz, Gegenrede - Aufklärung - Kritik - Öffentlichkeit, hrsg. von Herta Däubler-Gmelin, Klaus Kinkel, Hans Meyer, Helmut Simon, Baden-Baden 1994.

ders.: Verfassungsrechtliche Perspektiven einer dualen Rundfunkordnung, Zum vierten Fernsehurteil des Bundesverfassungsgerichts, in: RuF 1987, 25.

Habermas, Jürgen: Strukturwandel der Öffentlichkeit, Untersuchungen zu einer Kategorie der bürgerlichen Gesellschaft, Frankfurt a.M. 1990.

Hain, Karl-Eberhard: Rundfunkfreiheit und Rundfunkordnung, Baden-Baden 1993.

Hallenberger, Gerd: Interaktive multimediale Zukunft und gewachsene Medienkultur, in: Interaktivität: Individualisierte Massenkommunikation?, Workshop Stuttgart 1996, hrsg. von der Alcatel SEL Stiftung für Kommunikationsforschung, Stiftungsreihe Heft 24.

Hartstein, Reinhard/ *Ring,* Wolf-Dieter/ *Kreile,* Johannes/ *Dörr,* Dieter/ *Stettner/* Rupert: Rundfunkstaatsvertrag, Kommentar, Band I und II, Stand: Juli 2003.

Heeter, Carrie: Implications of New Interactive Technologies for Conceptualizing Communication, in: Media Use in the Information Age, Emerging Patterns of Adoption and Consumer Use, hrsg. von Jerry L. Salvaggio, Jennings Bryant, Hillsdale/ New Yersey 1989.

Herrmann, Günter: Rundfunkrecht, Fernsehen und Hörfunk mit Neuen Medien, München 1994.

Herrmann, Günter: Fernsehen und Hörfunk in der Verfassung der Bundesrepublik Deutschland, zugleich ein Beitrag zu weiteren allgemeinen verfassungsrechtlichen und kommunikationsrechtlichen Fragen, Tübingen 1975.

Hesse, Albrecht: Rundfunkrecht, Die Organisation des Rundfunks in der Bundesrepublik Deutschland, 3.Aufl., München 2003.

ders.: Zur aktuellen Entwicklung des Rundfunkrechts, in: BayVBl. 1997, 132.

Hesse, Konrad: Grundzüge des Verfassungsrechts der Bundesrepublik Deutschland, 20. Aufl., Heidelberg 1995.

Heyl, Cornelius v.: Teledienste und Mediendienste nach Teledienstegesetz und Mediendienste-Staatsvertrag, in: ZUM 1998, 115.

Hochstein, Reiner: Teledienste, Mediendienste und Rundfunkbegriff - Anmerkungen zur praktischen Abgrenzung multimedialer Erscheinungsformen, in: NJW 1997, 2977.

Hoffmann-Riem, Wolfgang: Der Rundfunkbegriff in der Differenzierung kommunikativer Dienste, in: AfP 1996, 9.

ders.: Diskussionsbeitrag zum 64. DJT, in: Verhandlungen des Vierundsechzigsten Deutschen Juristentages, Teil M, Konvergenz der Medien – Sollte das Recht der Medien harmonisiert werden?, Band II/2 (Sitzungsberichte – Diskussion und Beschlußfassung), hrsg. von der Ständigen Deputation des Deutschen Juristentages, München 2002.

ders.: Kommunikations- und Medienfreiheit, in: Handbuch des Verfassungsrechts der Bundesrepublik Deutschland, hrsg. von Ernst Benda, Werner Maihofer, Hans-Jochen Vogel, Teil 1, § 7, 2. Aufl., Berlin, New York 1995.

ders.: Kommunikationsfreiheit für Werbung, - zugleich eine Anmerkung zu den Benetton-Entscheidungen des BGH -, in: ZUM 1996, 1.

ders.: Multimedia-Politik vor neuen Herausforderungen, in: RuF 1995, 125.

ders.: Pay-TV im öffentlich-rechtlichen Rundfunk, Baden-Baden, Hamburg, 1996.

ders.: Rundfunkrecht neben Wirtschaftsrecht: zur Anwendbarkeit des GWB und des EWG-V auf das Wettbewerbsverhalten öffentlich-rechtlichen Rundfunks in der dualen Rundfunkordnung, Baden-Baden 1991.

ders./ Schulz, Wolfgang/ *Held,* Thorsten: Konvergenz und Regulierung, Optionen für rechtliche Regelungen und Aufsichtsstrukturen im Bereich Information, Kommunikation und Medien, Baden-Baden 2000.

ders./ Vesting, Thomas: Ende der Massenkommunikation? Zum Strukturwandel der technischen Medien, in: Perspektiven der Informationsgesellschaft, hrsg. von Wolfgang Hoffmann-Riem, Thomas Vesting, Baden-Baden, Hamburg 1995.

Höflich, Joachim R.: Der Computer als "interaktives Massenmedium", Zum Beitrag des Uses and Gratifications Approach bei der Untersuchung computer-vermittelter Kommunikation, in: Publizistik 1994, 389.

ders.: Technisch vermittelte interpersonale Kommunikation - Grundlagen, organisatorische Medienverwendung, Konstitution "elektronischer Gemeinschaften", Opladen 1996.

ders.: Zwischen massenmedialer und technisch vermittelter interpersonaler Kommunikation - der Computer als Hybridmedium und was die Menschen damit machen, in: Computernetze - ein Medium öffentlicher Kommunikation?, Berlin 1997.

Holznagel, Bernd: Multimedia zwischen Regulierung und Freiheit, in: ZUM 1999, 425.

ders.: Probleme der Rundfunkregulierung im Multimedia-Zeitalter, in: ZUM 1996, 16.

ders./ Enaux, Christoph/ *Nienhaus,* Christian: Grundzüge des Telekommunikationsrechts, Rahmenbedingungen, Regulierungsfragen, Internationaler Vergleich, München 2001.

ders./ Vesting, Thomas: Sparten- und Zielgruppenprogramme im öffentlich-rechtlichen Rundfunk, insbesondere im Hörfunk, Baden-Baden/ Hamburg 1983.

Illik, Anton J.: Electronic Commerce, Grundlagen und Technik für die Erschließung elektronischer Märkte, München, Wien 1999.

Immenga, Ulrich/ *Mestmäcker,* Ernst-Joachim: GWB, Gesetz gegen Wettbewerbsbeschränkungen, Kommentar, München 1992, zitiert: Ernst-Joachim Mestmäcker.

Isensee, Josef: Die verdrängten Grundpflichten des Bürgers, - Ein grundgesetzliches Interpretationsvakuum -, in: DÖV 1982, 609.

Jäckel, Michael: Interaktion, Soziologische Anmerkungen zu einem Begriff, in: RuF 1995, 463.

Janik, Viktor: Der deutsche Rundfunkbegriff im Spiegel technischer Entwicklungen, in: AfP 2000, 7.

ders.: Rundfunkregulierung auch im Internet?, in: K&R 2001, 572.

Jarass, Hans D.: Die Freiheit der Massenmedien, Zur staatlichen Einwirkung auf Presse, Rundfunk, Film und andere Medien, Baden-Baden 1978.

ders.: Die Freiheit des Rundfunks vom Staat, Gremienbesetzung, Rechtsaufsicht, Genehmigungsvorbehalte, staatliches Rederecht und Kooperationsformen auf dem verfassungsrechtlichen Prüfstand, Berlin 1981.

ders.: Online-Dienste und Funktionsbereich des Zweiten Deutschen Fernsehens, Rechtswissenschaftliches Gutachten, ZDF-Schriftenreihe, Heft 53, Mainz 1997.

ders.: Rundfunkbegriffe im Zeitalter des Internet, Zum Anwendungsbereich der Rundfunkfreiheit, des Rundfunkstaatsvertrags und des Mediendienste-Staatsvertrags, in: AfP 1998, 133.

ders./ Pieroth, Bodo: Grundgesetz für die Bundesrepublik Deutschland, 6.Aufl., München 2002.

Klau, Peter: Das Internet, Der größte Informationshighway der Welt, Bonn 1995.

Klein, Hans H.: Die grundrechtliche Schutzpflicht, in: DVBl 1994, 489.

ders.: Die Rundfunkfreiheit, München 1978.

Kleinsteuber, Hans J./ *Hagen,* Martin: Interaktivität - Verheißungen der Kommunikationstheorie und das Netz, in: Das Netz-Medium, Kommunikationswissenschaftliche Aspekte eines Mediums in Entwicklung, hrsg. von Irene Neverla, Opladen, Wiesbaden 1998.

Kloepfer, Michael/ *Neun,* Andreas: Informationsrecht, München 2002.

Knothe, Matthias: Neues Recht für Multi-Media-Dienste, Die Ländersicht, in: AfP 1997, 494.

Koenig, Christian/ *Neumann,* Andreas: Telekommunikationsrechtliche Ansprüche auf Leistungen der Fakturierung und des Inkassos für Internet-by-Call-Dienstleistungen, in: K&R 2004, Beilage 3, S. 4.

König, Eberhard: Die Teletexte, Versuch einer verfassungsrechtlichen Einordnung, München 1980.

König, Michael: Die Einführung des digitalen Fernsehens, Neue Probleme und Implikationen für den Wettbewerb und die Medienkonzentration, Baden-Baden 1997.

Korn, Steven W.: US-amerikanische Medienkonzentrationsbestimmungen aus Sicht des Praktikers, in: ZUM 1994, 625.

Krajewski, Markus: Spür-Sinn. Was heißt einen Hypertext lesen?, in: Soziologie des Internet, Handeln im elektronischen Web-Werk, hrsg. von Lorenz Gräf, Markus Krajewski, Frankfurt a.M. 1997.

Krause-Ablaß, Günter B.: Kommunaler und privater Rundfunk im lokalen Bereich, in: DÖV 1962, 249.

Kresse, Hermann: Grundversorgung und integrative Pluralismussicherung, Zu den Eckpunkten des klassischen Rundfunkauftrags, Rechtsgutachten - erstattet im Auftrag des Verbandes privater Rundfunk und Telekommunikation e.V. (VPRT), hrsg. vom VPRT, Bonn 1995.

Kressin, Roger: Neue Medien zwischen Rundfunk und Individualkommunikation, Frankfurt a.M. 1998.

Kröger, Detlef/ *Moos,* Flemming: Mediendienst oder Teledienst?, Zur Aufteilung der Gesetzgebungsmaterie Informations- und Kommunikationsdienste zwischen Bund und Ländern, in: AfP 1997, 675.

dies.: Regelungsansätze für Multimediadienste, - Mediendienstestaatsvertrag und Teledienstegesetz -, in: ZUM 1997, 462.

Kübler, Friedrich: Konzentrationskontrolle des bundesweiten Rundfunks, in: Die Sicherung der Meinungsvielfalt, DLM (Hrsg.), Berlin 1995.

ders.: Massenkommunikation und Medienverfassung, Bemerkungen zur "institutionellen" Deutung der Presse- und Rundfunkfreiheit, in: Festschrift für Peter Lerche zum 65. Geburtstag, hrsg. von Peter Badura und Rupert Scholz, Wege und Verfahren des Verfassungslebens, München 1993.

ders.: Marktversagen und Meinungsfreiheit, in: Festschrift für Ernst-Joachim Mestmäcker zum siebzigsten Geburtstag, hrsg. von Ulrich Immenga, Wernhard Möschel, Dieter Reuter, Baden-Baden 1996.

Kuch, Hansjörg: Der Staatsvertrag über Mediendienste, in: ZUM 1997, 225.

Kull, Edgar: "Dienende Freiheit" - dienstbare Medien?, in Festschrift für Peter Lerche zum 65. Geburtstag, hrsg. von Peter Badura und Rupert Scholz, Wege und Verfahren des Verfassungslebens, München 1993.

ders.: Rundfunkgleichheit statt Rundfunkfreiheit, Zum dritten Fernsehurteil des Bundesverfassungsgerichts, in: AfP 1981, 378.

Kurth, Matthias: Voice over IP – Revolution oder Evolution auf dem TK-Markt?, in: MMR Beilage 3/ 2005, 3.

Lang, Norbert: Multimedia, in: Grundwissen Medien, Hrsg. Werner Faulstich, 4. Aufl., München 2000.

Lent, Wolfgang: Rundfunk-, Medien-, Teledienste, Eine verfassungsrechtliche Untersuchung des Rundfunkbegriffs und der Gewährleistungsbereiche öffentlich-rechtlicher Rundfunkanstalten unter Berücksichtigung einfachrechtlicher Abgrenzungsfragen zwischen Rundfunkstaatsvertrag, Mediendienstestaatsvertrag und Teledienstegesetz, Frankfurt a.M. 2001.

Lenz, Friedrich, Werden und Wesen der öffentlichen Meinung, Ein Beitrag zur politischen Soziologie, München 1956.

Lerche, Peter: Rechtsprobleme des Werbefernsehens, Frankfurt a.M., Berlin 1965.

ders.: Rundfunkmonopol, Zur Zulassung privater Fernsehveranstaltungen, Frankfurt a.M., Berlin 1970

Leupold, Andreas: „Push" und „Narrowcasting" im Lichte des Medien- und Urheberrechts, in: ZUM 1998, 99.

Lexikon zur Soziologie: hrsg. von Werner Fuchs-Heinritz, Rüdiger Lautmann, Otthein Rammstedt, Hanns Wienold, 3. Aufl., Opladen 1994.

Libertus, Michael: Zulässigkeit und Grenzen von Online-Angeboten öffentlich-rechtlicher Rundfunkanstalten de lege lata und de lege ferenda, in: ZG 1999, 161.

Lieb, Wolfgang: Kabelfernsehen und Rundfunkgesetze, Berlin 1974.

Lippmann, Walter: Die öffentliche Meinung, Reprint des Publizistik-Klassikers, Bochum 1990.

Löffler, Martin: Die öffentliche Meinung, Publizistik als Medium und Faktor der öffentlichen Meinung, München, Berlin 1962, zitiert: *Adolf Arndt*, Begriff und Wesen der öffentlichen Meinung, S. 1ff

ders./ Ricker, Reinhart: Handbuch des Presserechts, 4. Aufl., München 2000, zitiert: Reinhart Ricker.

Lüder, Klaus: Rundfunk im Umbruch: Stand und Entwicklung der finanziellen und wirtschaftlichen Situation der öffentlich-rechtlichen Rundfunkanstalten, Vorträge und Diskussionsbeiträge der 52. Staatswissenschaftlichen Fortbildungstagung 1984 der Hochschule für Verwaltungswissenschaften Speyer, Berlin 1985, zitiert: Erhard Kantzenbach.

Mailänder, Peter: Diskussionsbeitrag zum 64. DJT, in: Verhandlungen des Vierundsechzigsten Deutschen Juristentages, Teil M, Konvergenz der Medien – Sollte das Recht der Medien harmonisiert werden?, Band II/2 (Sitzungsberichte – Diskussion und Beschlußfassung), hrsg. von der Ständigen Deputation des Deutschen Juristentages, München 2002.

ders.: Konzentrationskontrolle zur Sicherung von Meinungsvielfalt im privaten Rundfunk, Eine vergleichende Untersuchung der Rechtslage in Deutschland, Frankreich, Italien, Großbritannien, Spanien, Österreich sowie den Niederlanden und im Europäischen Recht, Baden-Baden 2000.

Maletzke, Gerhard: Psychologie der Massenkommunikation, Theorie und Systematik, Hamburg 1978.

Mangoldt, Hermann v.: Das Bonner Grundgesetz, Berlin, Frankfurt 1953.

ders./ Klein, Friedrich/ *Starck,* Christian: Das Bonner Grundgesetz, Kommentar, Band 1: Präambel, Artikel 1 bis 19, 4.Aufl., München 1999, zitiert: Christian Starck.

Marko, Elisabeth: Subjektiv öffentliche Rechte auf Rundfunkveranstaltung und Rundfunkempfang?, Diss., Jena 1996.

Maunz, Theodor/ *Dürig,* Günter: Grundgesetz, Kommentar, Band I, Art. 1-11, München 2003, zitiert: Roman Herzog.

Mayer, Patrick G.: Das Internet im öffentlichen Recht, Unter Berücksichtigung europarechtlicher und völkerrechtlicher Vorgaben, Berlin 1999.

Meinberg, Ralf/ *Grabe,* Olaf: Voice over IP – IP basierter Sprachdienst vor dem Hintergrund des novellierten TKG, in: K&R 2004, 409.

Mertens, Christoph: Regulatorische Behandlung der Internet-Telefonie, in: MMR 2000, 77.

Mestmäcker, Ernst-Joachim: Recht und Organisation der Telekommunikation, in: Kommunikation ohne Monopole II, Ein Symposium über Ordnungsprinzipien im Wirtschaftsrecht der Telekommunikation und der elektronischen Medien, hrsg. von Ernst-Joachim Mestmäcker, Baden-Baden 1995.

ders.: Referat zum 56. Deutschen Juristentag, Abteilung Rundfunkrecht, Thema: In welcher Weise empfiehlt es sich, die Ordnung des Rundfunks und sein Verhältnis zu anderen Medien - auch unter dem Gesichtspunkt der Harmonisierung - zu regeln?, in: Verhandlungen des Sechsundfünfzigsten Deutschen Juristentages, hrsg. von der Ständigen Deputation des Deutschen Juristentages, Band II (Sitzungsberichte), Teil O, München 1986.

Meyn, Hermann: Massenmedien in Deutschland, Konstanz 2001.

Michel, Eva-Maria: Rundfunk und Internet, Die Zulässigkeit von Internet-Aktivitäten der öffentlich-rechtlichen Rundfunkanstalten, in: ZUM 1998, 350.

Micklitz, Hans-W.: Rundfunkrechtliche Fragen des Teleshoppings, in: NJW 1990, 1569.

Müller-Terpitz, Ralf: Internet-Telefonie, Eine regulatorische Betrachtung, in: MMR 1998, 65.

Münch, Ingo v./ *Kunig,* Philip: Grundgesetz-Kommentar, Band 1, Präambel bis Art. 19, 5. Aufl., München 2000, zitiert: Rudolf Wendt.

Navarra, Christine: Wie interaktiv ist das Internet?, Nutzungsmöglichkeiten und erforderliche Medienkompetenz, Stuttgart 2000.

Neft, Hans: Rundfunkwerbung und Rundfunkfreiheit, Inhaltliche Bindungen der Rundfunkwerbung durch Anforderungen des Art. 5 I 2 Grundgesetz, München 1994.

Noelle-Neumann, Elisabeth: Öffentliche Meinung, Die Entdeckung der Schweigespirale, Berlin, Frankfurt a.M. 1996.

dies.: Öffentliche Meinung und Soziale Kontrolle, Tübingen 1966.

dies.: Wirkung der Massenmedien auf die Meinungsbildung, in: Das Fischer Lexikon, Publizistik, Massenkommunikation, hrsg. von Elisabeth Noelle-Neumann, Winfried Schulz, Jürgen Wilke, Frankfurt a.M. 1999.

Opp, Karl-Dieter: Verhaltenstheoretische Soziologie, Eine neue soziologische Forschungsrichtung, Reinbek (Hamburg) 1972.

Ory, Stephan: Rechtsfragen des Abonnementfernsehens, in: ZUM 1988, 255.

Pappi, Urban: Teledienste, Mediendienste und Rundfunk, Ihre Abgrenzung im Recht der elektronischen Medien, Baden-Baden 2000.

Paptistella, Gertrud: Zum Rundfunkbegriff des Grundgesetzes, in: DÖV 1978, 495.

Parlamentarischer Rat, GG (Entwürfe): Grundgesetz für die Bundesrepublik Deutschland (Entwürfe), Formulierungen der Fachausschüsse, des Allgemeinen Redaktionsausschusses, des Hauptausschusses und des Plenums, Bonn 1948/ 49.

Paschke, Marian: Medienrecht, 2. Aufl., Berlin, Heidelberg 2001.

Pieper, Karin/ *Wiechmann,* Peter: Der Rundfunkbegriff, Änderungen durch Einführung des interaktiven Fernsehens?, in: ZUM 1995, 82.

Plate, Jürgen: Internet kompakt, Das müssen Sie wissen, München 1997.

Rager, Günther/ *Weber*, Bernd (Hrsg.): Publizistische Vielfalt zwischen Markt und Politik, Mehr Medien - mehr Inhalte?, Düsseldorf 1992, zitiert: Udo Branahl, Otfried Jarren, Günther Rager, Bernd Weber.

Reetze, Jan: Medienwelten, Schein und Wirklichkeit in Bild und Ton, Berlin, Heidelberg 1993.

Report of the Committee on Financing the BBC: Chairman: Alan Peacock, London 1986.

Ricker, Reinhart: Digitalisierung und interaktive Medienangebote - Grenzen für ARD und ZDF?, in: AfP 1998, 437.

ders./ Schiwy, Peter: Rundfunkverfassungsrecht, München 1997.

Ridder, Christa-Maria: Teleshopping - elektronisches Versandhaus oder Fernsehprogramm?, in: Media Perspektiven 1995, 414.

Riefler, Katja: Zeitungen Online: Was sucht ein Traditionsmedium in Computernetzen?, in: Computernetze - ein Medium öffentlicher Kommunikation?, Hrsg. Klaus Beck, Gerhard Vowe, Berlin 1997.

Ring, Wolf-Dieter: Medienrecht, -Bundes- und Landesrecht-, Vorschriftensammlung, Band II, III, Stand: Mai 2003.

ders.: Pay-TV ist Rundfunk!, in: ZUM 1990, 279.

ders.: Rundfunk und Internet, in: ZUM 1998, 358.

Rogers, Everett M.: Communication Technology, The New Media in Society, New York 1986.

Rossen, Helge: Freie Meinungsbildung durch den Rundfunk, Die Rundfunkfreiheit im Gewährleistungsgefüge des Art. 5 Abs. 1 GG, Baden-Baden 1988.

Roßnagel, Alexander: Recht der Multimedia-Dienste, Kommentar zum IuKDG und zum MDStV, München 2003, zitiert: Christoph Meier, Gerald Spindler.

Rost, Martin/ *Schack,* Michael: Der Internet-Praktiker, Referenz und Programme, Hannover 1995.

Rötzer, Florian: Interaktion - das Ende herkömmlicher Massenmedien, in: Medien und Öffentlichkeit, Positionierungen, Symptome, Simulationsbrüche, hrsg. von Rudolf Maresch, München 1996.

RRZN Hannover: Internet, Eine Einführung in die Nutzung der Internet-Dienste, 7. Auflage, Hannover 1999.

Sacher, Werner: Dimensionen und Komponenten der Interaktivität von Multimedia-Systemen, Augsburger schulpädagogische Untersuchungen, Nr. 20, Augsburg 1996.

Schambeck, Herbert: Staat, Öffentlichkeit und öffentliche Meinung, Berlin 1992.

Schellenberg, Martin: Pluralismus: Zu einem medienrechtlichen Leitmotiv in Deutschland, Frankreich und Italien, in: AöR 1994, 427.

Scherer, Joachim: Telekommunikationsrecht und Telekommunikationspolitik, Baden-Baden 1985.

Scheuner, Ulrich: Pressefreiheit, in: VVDStRL 22, 1.

Scheurle, Klaus-Dieter/ *Mayen,* Thomas: Telekommunikationsgesetz (TKG), München 2002, zitiert: Simone Lünenbürger.

Schindler, Friedemann: CyberCommunities - herumhängen, kommunizieren, spielen und lernen, in: Handbuch Medien: Computerspiele, Hrsg. Jürgen Fritz, Wolfgang Fehr, Bundeszentrale für politische Bildung, Bonn 1997.

Schliersee-Papier: Bericht der Rundfunkreferenten der Länder zur Frage der Veranstaltung privater Rundfunksendungen und des Rundfunkbegriffs, vom 29. April 1975 und 1. Ergänzung vom 29.4.1975, abgedruckt in: Ring, Medienrecht, Band III, D-I/ D-II.

Schmidt, Walter: Die Rundfunkgewährleistung, in: Beiträge zum Rundfunkrecht, Heft 22, hrsg. im Auftrag der ARD vom Hessischen Rundfunk, Frankfurt a.M. 1980.

Schmitt Glaeser, Walter: Die Rundfunkfreiheit in der Rechtsprechung des Bundesverfassungsgerichts, in: AöR 112, 215.

ders.: Kabelkommunikation und Verfassung, Das privatrechtliche Unternehmen im "Münchner Pilotprojekt", Berlin 1979.

Schoch, Friedrich: Betätigung öffentlich-rechtlicher Anstalten und Körperschaften im Online-Bereich, in: AfP 1998, 253.

ders.: Öffentlich-rechtliche Rahmenbedingungen einer Informationsordnung, in: VVDStRL 57, 158.

Scholz, Rupert: Zukunft von Rundfunk und Fernsehen: Freiheit der Nachfrage oder reglementiertes Angebot?, in: AfP 1995, 357.

Schrape, Klaus: Digitales Fernsehen: Marktchancen und ordnungspolitischer Regelungsbedarf, Ein Bericht der Prognos AG im Auftrag der Bayerischen Landeszentrale für neue Medien (BLM), München und der Landesanstalt für Rundfunk Nordrhein-Westfalen (LfR), Düsseldorf, BLM-Schriftenreihe Band 30, München 1995.

Schroeder, Werner: Teleshopping und Rundfunkfreiheit, - Zur Anwendbarkeit rundfunkrechtlicher Normen auf Teleshopping-Kanäle - , in: ZUM 1994, 471.

Schulte, Olaf A.: Wie interaktiv ist die Nutzung des Internets?: eine Fallstudie zu rezeptiven und kommunikativen Motiven der Internetnutzung, Berlin 1999.

Schulte-Kellinghaus, Jan: Rundfunkbegriff und Gesetzgebungskompetenzen im digitalen Zeitalter, Diss., Bonn 1998.

Schulz, Wolfgang: Jenseits der "Meinungsrelevanz", Verfassungsrechtliche Überlegungen zu Ausgestaltung und Gesetzgebungskompetenzen bei neuen Kommunikationsformen, in: ZUM 1996, 487.

Schwarz-Schilling, Christian: "Pay-TV" - und doch kein Rundfunk!, in: ZUM 1989, 487.

Soziologie-Lexikon: hrsg. von Gerd Reinhold, Siegfried Lamnek, Helga Recker, München, Wien 1991.

Spindler, Gerald: Referat zum 64. DJT, in: Verhandlungen des Vierundsechzigsten Deutschen Juristentages, Teil M, Konvergenz der Medien – Sollte das Recht der Medien harmonisiert werden?, Band II/1 (Sitzungsberichte – Referate und Beschlüsse), hrsg. von der Ständigen Deputation des Deutschen Juristentages, München 2002.

ders./ Schmitz, Peter/ *Geis*, Ivo: TDG, Teledienstegesetz, Teledienstedatenschutzgesetz, Signaturgesetz, Kommentar, München 2004.

Stammler, Dieter: Kabelfernsehen und Rundfunkbegriff, in: AfP 1975, 742.

Starck, Christian: Grund- und Individualrechte als Mittel institutionellen Wandels in der Telekommunikation, in: Kommunikation ohne Monopole II, Ein Symposium über Ordnungsprinzipien im Wirtschaftsrecht der Telekommunikation und der elektronischen Medien, hrsg. von Ernst-Joachim Mestmäcker, Baden-Baden 1995.

ders.: "Grundversorgung" und Rundfunkfreiheit, in: NJW 1992, 3257.

Steimer, Hans-Jürgen: Grundprobleme der Rundfunkfinanzierung unter besonderer Berücksichtigung der Finanzierung des "Zweiten Deutschen Fernsehens", Diss., Mainz 1985.

Stender, Jutta: "Staatsferne" und "Gruppenferne" in einem außenpluralistisch organisierten privaten Rundfunksystem, Diss., Regensburg, 1987.

Stettner, Rupert: Ist es zulässig, TV-Spots der Bundeswehr in den Werbeblöcken öffentlich-rechtlicher oder privater Programme zu schalten?, in: ZUM 1995, 559.

Stettner, Rupert/ *Tresenreiter,* Wolfgang: Sperrstunde im Teleshop, Zur rechtlichen Beurteilung von Zeitrestriktionen für Teleshopping und von Teleshoppingkanälen, in: ZUM 1994, 669.

Stock, Martin: Medienfreiheit als Funktionsgrundrecht, Die journalistische Freiheit des Rundfunks als Voraussetzung allgemeiner Kommunikationsfreiheit, München 1985.

ders.: Zur Theorie des Koordinationsrundfunks, Baden-Baden 1981.

ders./ Röper, Horst/ *Holznagel,* Bernd: Medienmarkt und Meinungsmacht, Zur Neuregelung der Konzentrationskontrolle in Deutschland und Großbritannien, Berlin/ Heidelberg 1997.

Stolte, Dieter: Bleibt Fernsehen Fernsehen?, Ein Diskussionsbeitrag zu den Veränderungen des Fernsehens in einem sich verschärfenden multimedialen Wettbewerb, ZDF-Schriftenreihe 52, Mainz 1997.

Tettinger, Peter J.: Neue Medien und Verfassungsrecht, München 1980.

Theis, Horst E.: Die Multimedia-Gesetze: Erläuterungen, Gesetzestexte, amtliche Begründungen, Neuwied, Kriftel, Berlin 1997.

Vesper, Sebastian: Das Internet als Medium, Auftrittsanalyse und neue Nutzungsoptionen, Bardowick 1998.

Vesting, Thomas: Fortbestand des Dualen Systems?, in: K&R 2000, 161.

Waldenberger, Arthur: Teledienste, Mediendienste und die „Verantwortlichkeit" ihrer Anbieter, in: MMR 1998, 124.

Wieland, Joachim: Die Freiheit des Rundfunks, Zugleich ein Beitrag zur Dogmatik des Artikel 12 Absatz 1 GG, Berlin 1984.

Windthorst, Kay/ *Franke,* Nicole: Internet-Telefonie – Sprengsatz im System der Telekommunikationsregulierung?, in: CR 1999, 14.

Wissenschaftlicher Beirat beim Bundesministerium für Wirtschaft und Technologie, Offene Medienordnung, hrsg. vom Bundesministerium für Wirtschaft und Technologie, Referat Öffentlichkeitsarbeit, Berlin 2000.

Wolf, Joachim: Medienfreiheit und Medienunternehmen, Berlin 1985.

Wörterbuch der Soziologie: Band 2: Ich-Rückkopplung, hrsg. von Günter Endruweit und Gisela Trommsdorff, Stuttgart 1989.

Würzburger Papier: Zweiter Bericht der Rundfunkreferenten der Länder zur Frage des Rundfunkbegriffs, insbesondere der medienrechtlichen Einordnung von „Videotext", „Kabeltext" und „Bildschirmtext" (Teleschriftformen), vom 25. Mai 1979, abgedruckt in: Ring, Medienrecht, Band III, D-III.

ZDF-Schriftenreihe, Heft 50, Digitales Fernsehen - eine neue Medienwelt?, Interdisziplinäre Tagung an der Universität Konstanz 1993, Mainz 1994.

ZDF-Schriftenreihe, Heft 58, ZDF.vision, Das Programmbouquet: Digital und interaktiv, Mainz 2000, zitiert: Albrecht Ziemer, Bruno Krüger.

BR-Drucksachen/ BT-Drucksachen/ EU-Richtlinien/ EU-Dokumente

BR-Drs. 755/ 03: Gesetzentwurf der Bundesregierung, Entwurf eines Telekommunikationsgesetzes (TKG).

BT-Drs. 13/ 3609: Gesetzentwurf der Fraktionen der CDU/ CSU, SPD und F.D.P., Entwurf eines Telekommunikationsgesetzes (TKG).

BT-Drs. 13/ 7385: Gesetzentwurf der Bundesregierung, Entwurf eines Gesetzes zur Regelung der Rahmenbedingungen für Informations- und Kommunikationsdienste (Informations- und Kommunikationsdienste-Gesetz – IuKDG).

BT-Drs. 14/ 1191: Bericht der Bundesregierung über die Erfahrungen und Entwicklungen bei den neuen Informations- und Kommunikationsdiensten im Zusammenhang mit der Umsetzung des Informations- und Kommunikationsdienste-Gesetzes (IuKDG).

BT-Drs. 14/ 6098: Entwurf eines Gesetzes über rechtliche Rahmenbedingungen für den elektronischen Geschäftsverkehr (Elektronischer Geschäftsverkehr-Gesetz – EGG).

ECRL: Richtlinie 2000/ 31/ EG des Europäischen Parlaments und des Rates über bestimmte rechtliche Aspekte der Dienste der Informationsgesellschaft, insbesondere des elektronischen Geschäftsverkehrs, im Binnenmarkt („Richtlinie über den elektronischen Geschäftsverkehr") vom 8. Juni 2000.

EU-Fernsehrichtlinie 1989: Richtlinie 89/ 552/ EWG des Rates zur Koordinierung bestimmter Rechts- und Verwaltungsvorschriften der Mitgliedstaaten über die Ausübung der Fernsehtätigkeit, in: ABl. EG Nr. L 298/ 23 v. 17.10.1989, ber. ABl. EG Nr. L 331/ 51 v. 16.11.1989, geänd. durch die Richtlinie 97/ 36/ EG v. 30. Juni 1997, ABl. EG Nr. L 202/ 60 v. 30. Juli 1997.

EU-Fernsehrichtlinie 1997: Richtlinie 97/ 36/ EG des Europäischen Parlaments und des Rates zur Änderung der Richtlinie 89/ 552/ EWG des Rates zur Koordinierung bestimmter Rechts- und Verwaltungsvorschriften der Mitgliedstaaten über die Ausübung der Fernsehtätigkeit, in: ABl. EG Nr. L 202/ 60 v. 30.7.1997.

Kommission der Europäischen Gemeinschaften, Der Status der Sprachübermittlung im Internet nach Maßgabe des Gemeinschaftsrechts und insbesondere der Richtlinie 90/ 388/ EWG, in: ABl. EG 98/ C6/ 04.

Kommission der Europäischen Gemeinschaften, *Grünbuch zur Frequenzpolitik* in Verbindung mit Maßnahmen der Europäischen Gemeinschaft für Bereiche wie Telekommunikation, Rundfunk, Verkehr und FuE, Brüssel 1998, KOM (1998) 596 endg.

Kommission der Europäischen Gemeinschaften, *Grünbuch zur Konvergenz der Branchen* Telekommunikation, Medien und Informationstechnologie und ihren ordnungspolitischen Auswirkungen, Ein Schritt in Richtung Informationsgesellschaft, Brüssel 1997, KOM (1997) 623.

Richtlinie 98/ 34/ EG des Europäischen Parlaments und des Rates über ein Informationsverfahren auf dem Gebiet der Normen und technischen Vorschriften, vom 22. Juni 1998.

Richtlinie 98/ 48/ EG des Europäischen Parlaments und des Rates zur Änderung der Richtlinie 98/ 34/ EG über ein Informationsverfahren auf dem Gebiet der Normen und technischen Vorschriften, vom 20. Juli 1998.

Richtlinie 2002/ 21/ EG des Europäischen Parlaments und des Rates über einen gemeinsamen Rechtsrahmen für elektronische Kommunikationsnetze und -dienste (Rahmenrichtlinie), vom 07. März 2002.

Veröffentlichungen aus dem Internet

(alle zuletzt abgerufen am: 09.09.2005)

ALM: Positionspapier vom 23.03.99, Medienregulierung im Wandel - Zum Rang und zur Rolle der Landesmedienanstalten, Düsseldorf 1999, *http://www.alm.de*

DLM: Erstes Strukturpapier über die Zuständigkeit der Landesmedienanstalten im Grenzbereich zwischen Rundfunk und Mediendiensten und die Unterscheidung von Rundfunk und Mediendiensten, Aktualisierte Fassung: Stand Dezember 1998, *http://www.alm.de*

Doetz, Jürgen: Welchen Rahmen braucht eine "offene Medienordnung"?, Anmerkungen zum Gutachten des Wissenschaftlichen Beirats des Bundesministeriums für Wirtschaft und Technologie aus Sicht des Verbandes Privater Rundfunk und Telekommunikation e.V. (VPRT), Bonn 2000, *http://www.vprt.de/dateien/sn_020200_Gutachten_Wissensch_Beirat.pdf*

Lanier, Jaron: "Interaktivität ist ein Witz", Jaron Lanier im Gespräch mit Tom Sperlich von der Zeitschrift c't, abgedruckt in c't 6/ 95, S. 68, *http://www.heise.de/ct/95/06/068/*

Schulz, Wolfgang: Thesenpapier zur Abgrenzung von Mediendiensten und Rundfunk, Zur Anhörung des AK Recht der DLM am 27. April 1998, *http://www.hans-bredow-institut.de/ws-lehr/aktuelles/thesenpapier.html*

Zeitungen/ Zeitschriften

Der Spiegel: Nr. 34, vom 21.08.2000, Abkehr von der Politik (S.99), "Deutsche ehrliche Stücke" (S.100), Interesse erloschen (S.100), Optimierte Klippschule (S.106).

Die Welt: 29. Juli 2000, Das Netz wählt seine Regierung (S. 5), von Christian Buck, dort zitiert: Dieter Otten.

Die Zeit: 18/ 2001, Berlusconis Imperium.

Die Zeit: 32/ 2001, Schaut auf dieses Land.

Stiftung Warentest: Plaudern per Päckchen, in: test 2005, Heft 8, S. 28.

Schriften zum Wirtschafts- und Medienrecht, Steuerrecht und Zivilprozeßrecht

Herausgegeben von Jürgen Costede und Gerald Spindler

Band 1 Reiner Fu: Die stille Gesellschaft im internationalen Steuerrecht aus deutscher Sicht. 1997.

Band 2 Kirsten Forsblad: Restschuldbefreiung und Verbraucherinsolvenz im künftigen deutschen Insolvenzrecht. 1997.

Band 3 Vassilios Tountopoulos: Die Reichweite der registerrechtlichen Gründungsprüfung einer AG. Eine Untersuchung unter rechtsvergleichendem Aspekt. 1998.

Band 4 Franc Pfahl: Die Maßgeblichkeit der Handelsbilanz, ein dem Steuerbilanzrecht vorgegebenes Grundprinzip? Von der Notwendigkeit einer steuerrechtlichen Begründung der durch § 5 Abs. 1 EStG in das Steuerrecht übernommenen handelsrechtlichen Vorschriften der Gewinnermittlung. 1999.

Band 5 Michael Schröder: Die Wertpapierhandelsaufsicht nach dem Zweiten Finanzmarktförderungsgesetz. 1998.

Band 6 Daniela Hasche: Die Sachgründung der GmbH. 1999.

Band 7 Oliver Wendt: Die rechtliche Problematik von Strahlenschäden. Rechtliche und rechtstatsächliche Aspekte der Haftung für Strahlenschäden unter Einbeziehung der Vorfälle in der strahlentherapeutischen Abteilung des Universitäts-Krankenhauses Eppendorf. 2000.

Band 8 Susanne Matussek: Zum Werbungskostenbegriff im Einkommensteuerrecht. 2000.

Band 9 Klaas Ziervogel: Rufausbeutung im Rahmen vergleichender Werbung. Veränderungen im Zuge der gesetzlichen Regelung vergleichender Werbung. 2002.

Band 10 Sven Wortberg: Lösungsklauseln und Insolvenz. 2003.

Band 11 Eva Ullrich: Die Zurechnung von Buchgutschriften. Zufluß und Leistungsfähigkeit im Einkommensteuerrecht. 2004.

Band 12 Carmen Werner: Einkommensteuerrechtliche Zurechnungen bei mittelbaren Beteiligungen an Personengesellschaften. 2003.

Band 13 Ulf Andreas Nissen: Die Online-Videokonferenz im Zivilprozess. 2004.

Band 14 Oliver Wiegmann: Grund, Grenzen und Wirkungsweise des § 105 InsO. 2004.

Band 15 Holger Seidler: Eigene Aktien. Eine Analyse des Aktien-, Handelsbilanz- und Kapitalmarktrechts zur Ermittlung von Deregulierungspotential und Regulierungsbedarf. 2004.

Band 16 Stefan Eck: Providerhaftung von Konzernunternehmen. Rechtliche Zusammenschau von Konzernunternehmen bei der Verbreitung rechtsverletzender Informationen im Internet. 2004.

Band 17 Frauke Fasold: Die einkommensteuerliche Problematik der Buchwertfortführung. Übertragung stiller Reserven und Gewinnrealisierung im Einkommensteuerrecht. 2005.

Band 18 Thomas Linke: Selbstregulierte Streitlösung für deutsche Domains. 2005.

Band 19 Malte Abel: Pfändungsschutz nach § 851 ZPO. Speziell die Pfändung zweckgebundener Forderungen. 2005.

Band 20 Harriet Eidam: Typische Risiken des elektronischen Rechtsgeschäftsverkehrs. 2005.

Band 21 Katharina Schmitz: Haftung für Links. Zur Verantwortlichkeit des Hyperlinksetzers und Suchmaschinenbetreibers unter besonderer Berücksichtigung von Verkehrs- und Garantenpflichten. 2006.

Band 22 Thomas Miserre: Rundfunk-, Multimedia- und Telekommunikationsrecht. Abgrenzung der Anwendungsbereiche von Art. 5 I 2 GG, Rundfunkstaatsvertrag, Teledienstegesetz, Mediendienstestaatsvertrag und Telekommunikationsgesetz. 2006.

FSC
www.fsc.org
MIX
Papier | Fördert
gute Waldnutzung
FSC® C083411

Kolibri 360 GmbH
Ferdinand-Jühlke-Straße 7
99095 Erfurt, Deutschland
produktsicherheit@kolibri360.de

Druck:
CPI Druckdienstleistungen GmbH
im Auftrag der
Kolibri 360 GmbH
Ferdinand-Jühlke-Str. 7
99095 Erfurt